냉전의 시대,
유랑하는 타자들

한국영화에 나타난 타자성의 문화 정치

냉전의 시대 유랑하는 타자들 – 한국영화에 나타난 타자성의 문화 정치

초판 1쇄 발행 2022년 4월 15일
초판 2쇄 발행 2022년 10월 10일
글쓴이 한영현 **펴낸이** 박성모 **펴낸곳** 소명출판 **출판등록** 제1998-000017호
주소 서울시 서초구 사임당로14길 15 서광빌딩 2층
전화 02-585-7840 **팩스** 02-585-7848
전자우편 somyungbooks@daum.net **홈페이지** www.somyong.co.kr

값 23,000원 ⓒ 한영현, 2022
ISBN 979-11-5905-686-4 93680

이 저서는 2017년 정부(교육부)의 재원으로 한국연구재단의 지원을 받아 수행된 연구임(NRF-2017S1A6A4A01019828)

THE ERA OF THE COLD WAR, WANDERING OTHERS : THE CULTURAL POLITICS OF OTHER'S CHARACTER IN KOREAN FILMS

냉전의 시대,
유랑하는 타자들

한국영화에 나타난 타자성의 문화 정치

한영현 지음

책을 내면서

지난 2019년 봉준호 감독의 영화 〈기생충〉이 제92회 미국 아카데미 시상식에서 4개 부분을 석권하며 국제적인 명성을 날렸다. 이미 유수의 국제 영화제에서 수많은 상을 휩쓸고 전 세계 관람객들의 시선을 사로잡았던 이 작품의 아카데미 수상은 어느 정도 예견된 것이었다. 그런데 봉준호 감독의 쾌거는 국제 무대에 한국 영화를 널리 알린 데 있는 것만은 아니었다. 2019년은 '한국 영화 100년'을 기념하는 해였다. 그런 점에서 봉준호가 쏘아 올린 거대한 공은 바로 한국 영화 100년 역사를 기념하는 것이기도 했다.

한국 영화 100년의 역사를 기념하는 해에 탄생한 이 영화가 자본주의 양극화가 초래한 대비되는 두 가족의 삶을 풍자적으로 재현했다는 점은 흥미롭다. '가족'과 '자본'은 이미 기존 한국 영화사의 수많은 작품 속에서 재현의 요소로 끊임 없이 활용되었던 것인 바, 이 작품은 어쩌면 그러한 역사적 궤적을 따라 현재에 이른 한국 영화사의 응축된 저력을 보여 준 대표적인 사례가 아닌가 한다.

돌이켜 보건대 전후 남한 사회를 변화·발전시켜 왔던 주요한 추동력은 자본주의 체제였고 가족은 그 체제를 떠받치고 사회를 구성하는 중요한 요소였으며 개개인은 그 우산 아래에서 사회적 정체성을 확보해 나갈 수 있었다. 그러나 늘 그렇듯이 삶은 녹록치 않다. 정체성을 확보하기 위한 헤게모니 투쟁은 필연적으로 밀려나는 자들, 즉 타자들을 양산할 수밖에 없다.

예술이 이러한 삶의 굴곡들을 놓치지 않고 반영하여 대중을 위로하고 사회를 비판함으로써 매체의 소명에 충실할 수 있다는 것은 이미 상식으로 받아들여진다. 가령, 한국 영화사의 위대한 작품으로 회자되는 몇몇 작품들을 떠올려 보기만 해도 이러한 경우는 흔히 발견할 수 있다.

한국 영화는 분단 이후 형성된 남한의 사회 분위기를 녹여 내면서 대중과 접속하는 길을 여러 방면으로 모색해 왔다. 그중의 하나가 바로 사회에 편재한 자본주의 영향력과 그것을 전가의 보도로 삼는 정권의 칼날 같은 통치 속에서 살아가야 했던 대중의 삶, 즉 밀려나지 않기 위한 몸부림 속에서 타자성의 감각을 내면화할 수밖에 없었던 자들의 현실을 재현의 장으로 소환하는 것이었다. 이러한 타자성의 감각은 당대의 지난한 삶을 살았던 수많은 대중이 내면화한 공통의 트라우마가 아니었을까.

그렇게 보자면 영화 〈기생충〉이 21세기 글로벌 자본주의가 초래한 극단적 양극화와 가족의 풍경을 풍자적으로 그려냈을 때 전 세계 관람객들이 너나 할 것 없이 열광할 수 있었던 것도 이들이 경험한 타자성의 감각과 밀접하게 관련되어 있었을 것이다.

나의 글은 이러한 타자성의 감각이 어떤 역사적 과정을 밟아 현재에 이르렀는지를 살펴보는 과정과 접속해 있다. 한국 영화사에서 그동안 '타자성'을 주제로 한 단행본이 출간되지 않았다는 점도 이 글을 시작하게 한 계기였지만 그 개념이 포함하고 있는 내용이 어떤 것이며 어떤 형태로 표현되었는지를 알고 싶은 마음이 컸다.

한국 영화사를 공부하며 많은 작품 속에 재현된 이러한 타자성의 감각에 늘 관심을 가져온 내게 이 글은 그러한 관심의 반영이자 결과물이다. 부족하고 부끄러운 글이지만 읽는 사람들이 이를 통해 냉전 시대를 관통했던 수많은 타자들의 편린을 살피고 현재 우리 삶의 구석구석을 재성찰하는 계기로 삼길 바란다.

덧붙여 공부에 대한 인내와 노력이 부족함에도 불구하고 여기까지 올 수 있도록 많은 힘과 위로를 건넨 주변의 모든 이들에게 감사와 사랑을 전한다.

끝으로 부족한 글을 출판해 준 소명출판에도 깊이 감사드린다.

2022 봄, 연구실에서

차례

들어가며

　냉전 이데올로기는 해방기뿐만 아니라 전후 대한민국 역사의 물질적·정신적 기반을 형성하는 데 결정적 요소로 작용했다. 해방 직후부터 조선은 미·소의 신탁통치 속에서 극심한 좌우갈등을 겪으며 세계 냉전 질서 속으로 편입되었고 이는 한국전쟁의 비극적 경험으로 불거지고 말았다. 해방과 냉전 질서로의 편입이 한국전쟁과 분단의 경험으로 연결되면서 전후 대한민국의 국가 성립과 유지는 냉전 이데올로기로부터 자유롭지 못한 태생적 한계를 지니게 되었던 것이다. 이후 탈냉전의 도래와 글로벌 신자유주의에 기반한 자본의 재편성 속에서도 분단 역사와 냉전 이데올로기는 대중의 현재적 삶을 결정하는 무의식적 트라우마로 작용하고 있다.

　이러한 맥락에서 보자면 냉전 시대에 대한 관심과 분석은 대중의 현재 삶에 영향을 미치는 냉전 문화의 요소와 그 의미 및 특징을 밝히는 데 있어 중요하다. 특히, 한국영화는 냉전 시대 대중의 삶을 반영한 가장 대표적인 매체로 작용했다는 점에서 관심을 가질 필요가 있다. 그럼에도 불구하고 한국영화사에서 냉전 시대 전반을 통시적 차원에서 접근하는 시도는 쉽게 찾아보기 어려운 실정이다.

　물론, 이른바 '분단영화'의 장르 속에서 영화의 경향성과 특징을 역사적으로 살펴본 경우를 발견할 수 있는 것은 사실이다. 이영일은 분단영화가 남과 북으로 분단된 우리 민족의 비극적인 영상증언이며, 현대사가 빚어낸 이데올로기와 체제의 대립이 빚어낸 가지가지 양상일 뿐만 아니라 눈물과 상처와 염원의 표현이라고 정의내리면서, 냉전 시대에 제작·상영된 일련의 영화 장르들을 '분단영화'의 범주 아래에서 분석한다.[1] 그는 "민족의 분단시대라는 커다란 배경에서 파생한 작품 경향"이자 "변모들"로서의 영화들을 "거시적인 역사적 관점에서 분단영화라고 말할 수 있을 것"이라고 주장한다. 이러한 정의에 따르면, "월남 소재의 영화, 반공영화, 군사물, 이데올로기영화, 이산가족영화" 등이 분단영화에 포함된다.[2] 물론, 한국전쟁으로 인한 국토의 분단이 가져온 이데올로기적 갈등과 대립 그로부터 야기된 민족의 비극적 삶의 양상을 드러낸다는 차원에서 보자면, 분단영화의 차원에서 작품들을 분석·평가하는 연구의 적절성과 필요성에 충분히 공감할 수 있다. 현재까지 '분단영화'에 대한 연구 논문이 지속적으로 제출되어 왔던 데는 이러한 이영일의 관점에 대한 연구자들의 동의와 공감이 어느 정도 작용하고 있었다고 봐야 할 것이다.

그러나 이영일이 살펴본 1980년대 이전까지의 영화 작품들에 대한 분석과 평가는 이후 제대로 이루어지지 않고 있는 실정이다.[3] 일반적으로 '분단영화' 연구는 주로 1980년대 후반 이후 영화 작품을 대상으로 이루어지는 경향성을 보이는데, 이러한 접근은 탈냉전 시대 이후로 제작·상영된 영화들에 재현된 두드러진 특징에서 기인한다. 말하자면, '1980년대 후반부터 한국 사회가 경제적·정치적으로 급격히 변화하면서 한국전쟁 영화들도 이전과는 질적으로 다른 양상을 보였고, 반공영화로 제작되는

---

1 이영일, 「분단비극 40년 영상 증언한 한국영화」, 『북한』, 1984.6, 북한연구소 참조.
2 위의 글, 106쪽.
3 1980대 중반 이전까지 제작·상영된 영화를 '분단' 차원에서 접근한 논문으로 김경욱, 「1980년대 이후, 한국 분단영화에 재현된 역사적 트라우마에 관한 연구」, 『영화연구』 63호, 한국영화학회, 2015를 들 수 있다. 이 논문에서는 1980년대 초중반의 영화 몇 편을 분석의 대상에 포함시키고 있다. 그러나 논문 제목에서 밝혔듯이 1980년대 후반 이후 탈냉전 시대의 영화까지 분석 대상에 포함하여 역사적 차원에서 논의를 전개한 경우에 해당하므로 실제로는 온전히 1980년 후반 이전 냉전 시대를 연구한 것이라고 할 수 없다는 한계를 보여 준다.

영화들이 전무해졌을 뿐만 아니라 새로운 것들'이었기 때문이다.[4] 80년대 후반의 민주적 진전이 분단 문제를 반공 이데올로기의 잣대로 사고하는 방식에서 극복하는 계기를 마련했다는 점에서 보자면,[5] 확실히 탈냉전 시대에 제작·상영된 '분단영화'의 다채로움은 '반공주의'라는 냉전 시대의 주요 이데올로기에서 벗어남으로써 가능해졌다는 사실을 알 수 있다.

그런데 위의 말에 동의하기 위해서는 몇 가지 사항에 대한 고찰이 필요해진다. 우선, 탈냉전 시대의 분단영화를 반공주의 재현 여부와 결부시키게 되면, 냉전 시대 분단영화를 반공 이데올로기를 전면화한 영화로 단순화할 우려가 발생한다는 점이다. 물론, 한국전쟁을 다룬 전쟁영화를 비롯한 몇몇 영화 장르에 한정하자면 이러한 시각을 제시하는 것은 타당하다. 다만, 이승만과 박정희, 전두환으로 이어지는 무려 30여 년에 이르는 통치 권력의 역사 속에서 반공 이데올로기가 반향했던 폭넓은 영향력을 단지 한국전쟁을 다룬 일련의 반공영화 속에서 이해하게 된다면, 이는 '분단영화'를 무엇보다 '전쟁을 다룬 영화'의 범주 안에 한정시키는 한계를 노출하게 된다.

한편으로 분단영화를 분단 시대의 민족 문제를 포괄적으로 다룬 영화로 이해한다면, 다음으로 생각해 볼 수 있는 문제는 '분단'과 '냉전'과의 관계에 대한 것이다. 사실, 냉전 논리의 결과로서 초래된 한국적 사건이 바로 '분단'이었다는 점에 주목할 필요가 있다. 세계적 냉전 질서의 재편성 속에서 한국전쟁이 촉발되었던 까닭에 이 전쟁은 국제전의 성격으로 인

---

4   남승석·장원윤, 「분단의 영화적 형상화와 무교적 메타포」, 『영화연구』 58, 한국영화학회, 115쪽.
5   김충국, 「분단과 영화–봉합의 환상을 넘어 공존의 실천으로」, 『한국민족문화』 53, 부산대 한국민족문화연구소,, 281쪽.

식되었다. 따라서 한국전쟁의 휴전과 분단 체제의 성립 및 남북한 국가 성립과 존속은 비단 국지적 사안으로서가 아니라, 미소 냉전 체제가 요구했던 바의 사안과 그 실행에 긴밀하게 연관되어 있었다. 한국은 북한의 배후에 존재하는 소련을 중심으로 한 세계 공산주의 진영의 팽창 야욕에 맞서 민족적 결속을 통해 국가 체제를 유지·강화해 나감으로써 미국 중심 자유 진영의 일원으로 국제적 입지를 다져 나가는 과정에 놓여 있었다. 비록 '분단영화'라는 범주 안에서 일정 정도 '반공주의'를 논의할 수 있다 하더라도 '분단'을 초과해 있는 혹은 그것을 초래한 냉전 논리와 그로부터 야기된 반공주의의 포괄적인 영향력은 우리의 관심을 좀 더 광범위한 차원으로 넓힐 필요성을 제기한다. 이승만과 박정희 그리고 전두환 정권의 주요한 통치 이념이었던 '반공주의'는 공산 정권과의 적대적 대결 구도를 상정하고 있었지만, 이는 근본적인 차원에서 냉전 시대 국가의 성립 및 존속과 연관된 다양한 통치성 속에서 분절되어 표출되었다.

앞서 이영일의 주장대로 '분단영화'가 분단 이후 우리 민족의 비극적 삶을 재현한 것이라는 점에 동의하더라도 그것은 냉전 논리와 접속한 반공주의 통치 논리로부터 출현한 다양한 삶의 양상이 영화 디제시스 속에 재현된 것이었다는 점에 초점을 맞춰야 한다. 요컨대, '분단'을 초래한 냉전 논리를 국가의 반공주의적 통치 논리의 다양한 분절 속에서 파악할 때, 분단 시대 한국영화의 특징과 의미에 좀 더 다각도로 접근해 나갈 수 있다는 것이다.

게다가 '냉전 시대 영화=반공영화'라는 단순 논리에 의해 한국영화사에서 '냉전'과 '반공' 관련 영화가 홀대를 당해 왔다는 점을 감안하면, 냉전 시대 한국영화에 대한 새로운 접근이 요청된다. 물론, 반공주의를 전면화한 냉전 시대 한국영화 작품에 대한 분석이 지금까지 이루어져 오기는 했으나, 대개 몇몇 작품에 대한 단편적인 접근이 시도되었던 것에 불과하다. 뿐만 아니라 '전쟁'이나 '반공주의'에 초점을 맞추다 보니, 대체적으로 대표적인 몇몇 작품만이 분석 대상으로 호출되거나 논의가 반복 재생산되는 한계를 보여 주기도 했다.

이런 점을 고려하면 냉전 시대 한국영화를 분석하되, 좀 더 광범위한 작품 층위에서 역사적인 흐름에 따라 논의를 전개하기 위한 방법론이 필요해진다. 이 글에서 냉전 시대 한국영화에 재현된 타자들에 초점을 맞추고자 하는 이유도 여기에서 비롯되었다.

'분단영화'와 관련 선행 연구들에 대한 비판적 접근을 통해 냉전 시대 한국영화의 의미와 특징을 탐구하기 위해서 다음의 몇 가지 부분에 초점을 맞추고자 한다.

첫째, 앞서 언급했듯이 전후 냉전 시대 국가 통치 전략으로 위세를 떨쳤던 '반공주의'는 북한으로 대표되는 공산 세력에 대한 적대적 대결 구도를 상정했지만, 이를 뒷받침했던 '승공 논리'는 크게 두 가지 차원에서 분절되었다. 무엇보다 승공은 남북통일과 공산 세력의 붕괴를 목표로 했기에 공산 세력과 북은 물리쳐야 할 절대 악으로 표상되었다. 그러나 전후 세계적 냉전 질서의 팽팽한 긴장 상태는 이와 같은 승리를 쉽사리 허락하지 못했다. 가령, 이승만 정권은 강력한 반공주의로 호출한 '북진 통일'의 야망을 통해 미국의 경제 원조를 이끌어내고 이를 통해 국민 통합을 시도했으나 이는 반공 전선의 최전방에 있던 한국 국민국가 성립과 존속의 명분으로는 작용했으되, 실제 승공의 현실화를 가져오지는 못했다. 사실, 전후 한국의 국민 국가 성립과 존속은 이러한 승공 논리를 통치 전략으로 활용하는 가운데 가능해지는 것이었다. 북한과 배후 세력을 일망타진할 수 없는 팽팽한 냉전 질서 속에서 분단 국가 한국의 선택은 결과적으로 경제적 발전과 근대화를 통해 승공 논리를 정권의 존립 근거로 주장하는 결과로 이어졌다. '미국의 경제적·군사적 원조가 한국의 산업을 전전戰前 수준 이상으로 발전시키고 백만대군을 유지하는 데 큰 도움을 준 덕분에 결과적으로 극동에 있어 가장 강력한 반공기지로서 자유세계수호란 중대사명을 적극적으로 수행하고 있다'[6]는 1950년대 이승만 정권의 시대 인식은 1960년대 쿠데타로 정권을 수립한 박정희 시대에 이르러서도 변하지 않는 공통된 것으로 한층 강화된 양상을 보였다. "경제적 실력을 지닌 민주적인 반공국가를 이룩하는 것을 목표로 삼고"[7] 있었던 박정희 쿠데타 세력은 1960년대에 들어서면서 미국 원조의 양상이 변화하는 상황을 민감하게 인식하고 강력한 민족주의를 내세워 자립 경제 성장을 추진함과 동시에 그것을 승공 논리에 결부하여 반공국가 성립과 존속의 발판으로 삼았다. '반공을 국시의 제일의로 삼되, 자유우방과의 유대를 더욱 공고히 하고, 국민도의와 민족정기를 바로잡기 위해 청신한 기풍을 진작시키며 절망과 기아선상에서 허덕이는 민생고를 시급히 해결하고 국가자주경제 재건에 총력을 경주한다'[8]는 혁명공약은 박정희 정권의 승공 논리와 경제 발전과의 긴밀한 상관성을 잘 드러낸다. 경제 성장과 반공주의의 강력한 유착 관계는 1980년대 전두환 정권에서도 여전히 강력한 국가 존립의 근거였다. '과학기술과 경제력이 개발도상국의 수준을 넘어 중진국의 대열

---

6 「경원효과(經援效果)는 뚜렷」, 『동아일보』, 1957.2.27.
7 「미국의 추가원조 기대 민주적인 반공국가 이룩」, 『경향신문』, 1961.5.31.
8 「혁명공약」, 『동아일보』, 1966.5.14.

에' 들어섰을 뿐만 아니라, '공산주의와 대항하고 있는 자유우방, 특히 아시아에 있어서는 군사 강국으로서 반공 이념과 정신력에 있어 어느 국가보다도 우월한 입장에 있다'[9]는 인식은 전두환이 집권 직후 실행한 아시아순방과 미국 레이건 대통령과의 정상회담 등에서도 엿볼 수 있는 것이었다.

요컨대, 냉전 시대 반공주의를 떠받치는 승공 논리는 '경제 발전'과 '안보 체제'의 결탁 속에서 국가의 통치 전략으로 맹위를 떨쳤다. 한국전쟁이라는 전면전이 분단의 아픔을 남긴 채 전 국민의 정신적 트라우마로 내면화되는 가운데 전후 국가의 통치 전략은 '경제 발전'과 '안보 체제'를 지속적으로 소환하면서 국민들을 근대화의 최전선으로 불러냈던 것이다.

둘째, 경제 발전이 곧 집단 안보 체제의 강화와 승공의 논리로 귀결되는 것일 때 근대화의 최전선으로 호출된 국민들이 반공국가의 주체성을 획득하는 것은 근대화의 최전방에서 국가가 요청한 통치술과 상관 관계에 놓임으로써, 스스로를 규정해 나가는 일련의 실천 행위와 맞닿아 있다.[10] 냉전 시대 반공국가의 성립과 존속에 필요한 근대화의 논리와 어떻게 접속하느냐의 여부에 따라 국민 국가의 주체성을 획득하느냐의 여부가 결정되는 것이다. 물론, 냉전 시대 반공국가가 요청한 경제 발전을 통한 집

---

9 「지도력 반경 넓히는 정상외교」, 『경향신문』, 1981.6.25.
10 이는 미셸 푸코의 다음 논의에서 참조한 것임을 밝힌다. 그에 따르면 국가는 통치술과의 상관 관계 속에서 탄생하게 되는 상관물로서 이해해야 한다. 국가는 이미 존재하고 있는 것이기도 하지만 충만하게 존재하지 않는 아직 구축되어야 할 것으로서, 통치술은 바로 이러한 구축되어야 할 국가의 내적 전략이다. 한편, 통치자가 인간을 통치한다는 것은 통치자가 피통치자에게 부과하는 실천 같은 것이 아니라 통치자와 피통치자의 상호위치를 규정하고 확정하는 실천인 한, 그것은 서로 간의 상호작용, 이를테면 일련의 충돌·합의·상호양보에 의해 부과되는 것이다.(미셸 푸코, 오트르망 역, 『생명관리정치의 탄생』, 난장, 2012, 19~51쪽 참조)

단 안보 체제의 요청은 강력한 통치술로 작용함으로써 국민들을 근대화의 주체로서 불러 세우려고 시도했다는 점에서 문제적이었다.

그러나 이러한 강력한 통치술의 작용에도 불구하고, 국민 만들기와 관련된 주체화 과정은 쉽지 않았다. 전후의 급격한 사회 변화 속에서 형성되었던 복잡한 개별성들은 국가 통치술과의 권력 관계 속에서 뜻대로 포섭되지 않는 잔여를 남길 수밖에 없었다. 냉전 시대 반공국가주의가 표방했던 강력한 경제적 근대화와 집단 안보 체제의 구축이 강력한 통치술을 통해 국민들을 주체로 호명하려 노력했음에도 불구하고 그 실천 과정에서 꾸준히 지속적으로 출현했던 타자들은 반공국가주의 통치성이 은폐하거나 배제했던 권력의 어두운 이면을 드러내는 비판적 존재들로 반공국가주의에 맞서고 있었다. 이는 일종의 "저항으로서의 삶을 강조하는, 대안적 실존을 향한 다른 형태의 삶의 힘을 강조하는 소수자적 흐름"으로서, 반공국가주의의 통치 권력을 "삶을 지배하는 힘권력으로 (다소 거칠게) 정의할 수 있"다면, 이로부터 형성되는 타자들을 "저항하는 그리고 주체성의 대안적 생산을 낳는 삶의 힘"으로 정의할 수 있다.[11] 반공국가의 통치술은 저항하는 타자들, 즉 국가 통치성과 그것이 포섭하려는 개별성들의 상호 관계 속에서 권력의 면모를 드러낸다. 타자들은 냉전 시대 반공국가주의 안에서 안정된 자리를 확보하지 못한 채 불안하고 불온한 정체성으로 부유하지만, 오히려 이러한 존재들의 정체성은 냉전 시대 반공국가가 구축

11　안토니오 네그리·마이클 하트, 정남영·윤영광 역, 『공통체』, 사월의책, 2014, 101쪽. 안토니오 네그리와 마이클 하트는 푸코의 책들을 관통하는 권력의 타자들이 지닌 '저항'의 성격에 관심을 기울인다. 이 저항적 타자들은 새로운 대안적 주체성을 지닌 존재로 새롭게 인식되어야 하는데, 네그리와 하트는 이들을 '다중'의 이름으로 호명함으로써 푸코의 저작들에서 드러나는 삶 정치의 새로운 면을 드러낸다.

하고자 했던 경제 발전 논리와 집단 안보 체제가 지닌 한계와 부조리를 드러냄으로써 냉전 시대의 민낯을 새롭게 인식하는 계기를 마련한다.

위의 두 가지 맥락을 고려하면, 분단영화와 몇몇 작품들에 한정된 분석의 한계에서 벗어나 냉전 시대 한국영화를 타자들의 재현 방식 속에서 분석해야 할 필요성이 좀 더 분명해진다. 냉전의 논리가 한국영화의 재현 양상에 미친 영향력은 비단 분단 문제를 다룬 몇몇 영화들 속에서만 확인할 수 있는 좁은 범위에 한정되어 있지 않다.

한국영화는 냉전 국가의 통치술과 대중과의 권력 관계를 둘러싼 상호작용 및 그로부터 발생하는 주체성과 타자성의 문제들을 드러내는 중요한 문화적 매체로서, 타자들을 통해 냉전 시대 반공국가주의에 비판적으로 접근하는 통로를 마련해 주는 중요한 역할을 했다. 타자성은 냉전 시대를 관통했던 국가 권력의 통치술이 그 시대를 몸소 체험했던 수많은 개별성들을 포섭했던 양상에 주목함으로써 쉽게 포착하기 어려웠던 타자화된 삶의 편린들과 저항의 지점들을 살펴보는 데 유효하다. 물론, 여기서 말하는 타자화된 삶의 편린들과 저항의 지점들은 앞서 언급한 네그리와 하트가 주목하고자 했던 '다중'으로서의 삶정치적 저항, 즉 삶 경험으로부터 출현했던 '자유'와 '실천'의 사회적·집단적 움직임들만큼 적극적이고 강력할 수는 없었다. 다만, 이 글에서 주목하고자 한 타자화된 삶의 편린들과 저항의 지점들은 가혹한 냉전 시대를 몸소 체험하고 감내해야 했던 수많은 익명의 타자들을 재현의 장place으로 소환함으로써 때로 그들의 삶을 위로하거나 현실을 비판적으로 인식하는 계기를 마련한다는 의미와 접속하고 있다. 특별히 냉전 시대 한국영화는 그 문화적 대표성으로 인해 냉전 시대 국가 권력이 정조준한 표적이 되었던 바, 검열의 날카로운 칼날이 영화 제작·상영의 자율성을 크게 훼손했음에도 불구하고 냉전 시대 대중적 삶의 타자화된 편린들과 저항의 지점을 포착해내는 지속적인 노력을 보여 주었다.

위와 같은 맥락에서 이 글은 냉전 시대 한국영화에 재현된 타자들을 분석함으로써 당대 문화 예술을 둘러싼 국가 통치성의 문제뿐만 아니라, 영화적 모색의 비판적이고 생산적인 측면을 부각시켜 보고자 한다. 이를 위해 크게 다음과 같은 시기 구분과 방법론으로 접근할 예정이다.

첫째, 이 글은 크게 다섯 단계로 구분하여 진행된다. 제1부에서는 본격적으로 영화 작품에 대한 논의를 전개하기 전에 냉전과 한국영화의 관계에 대해 이론적으로 고찰한다. 논의에서 밝히고자 하는 것은 반공주의와 근대화 담론의 결합 및 대중문화와 타자성의 관계 등에 대한 것이다. 한국영화가 구체적으로 냉전의 논리로서 제시된 반공주의와 근대화 담론을 전유한 방식을 살펴보고, '타자성'의 범주와 개념에 대해 언급한다.

둘째, 제2부에서는 1950년대 한국영화를 분석하기 위해 이 시대를 '혼돈과 균열의 시대'로 규정한다. 한국전쟁의 발발과 분단의 아픔에서 채 벗어나지 못했던 이 시기는 전후의 혼란을 바로잡고 국가의 기틀을 재정립해야 하는 당면 과제가 주어졌다. 따라서 1950년대는 전후의 부작용과 새로운 정치·사회·경제·문화의 제 영역들이 복잡한 양상으로 뒤엉켜 있는 혼란의 시대였다고 해도 과언이 아니다. 이승만 정권의 집권과 혼란의 수습은 사회 내에서 발생했던 다양한 부조리를 해결하기에 역부족이었다. 그만큼 국가의 통치성은 사회 내에 존재하는 복잡하고 다양한 개별성들과의 상호 작용 속에서 안정된 국가 정립을 시도하기에 어려움을 겪었다. 한국영화는 사회에서 출현했던 1950년대의 혼돈과 균열의 양상을 타자들의 모습을 통해 비판적으로 재현함으로써 냉전의 시대 감각을 대중적으로 전유했다.

셋째, 제3부에서는 1960년대 한국영화를 분석하기 위해 이 시대를 '순응과 갈등의 시대'로 규정한다. 1960년대 박정희 정권은 '근대화'와 '반공주의'를 국가 통치성의 근간으로 활용하여 사회 내에 존재하던 다양한 개별성들을 관리·조직했고, 이를 통해 국가 권력을 장악·유지해 나갔다. 따라서 1960년대는 정권이 요청한 주체성을 획득하는 한편으로 그 실천의 과정 속에서 갈등이 불거지는 시기였다고 할 수 있다. '순응과 갈등의 시대'로 1960년대를 규정한 것도 이러한 맥락에서 연유한다.

넷째, 제4부에서는 '절망과 저항의 시대'로 1970년대를 규정하고 논의를 전개했다. 박정희 정권의 유신 체제와 함께 출발했던 1970년대는 일상화된 비상계엄령의 시대, 항시적인 예외 상태에 사회의 모든 존재들이 타자화된 상태로 노출되었던 시대였다. 그래서 모두가 타자화되었지만, 그럼에도 불구하고 유신 체제에 대한 저항의 운동과 문화적 움직임들이 포착되기도 했다는 점에서 '저항'을 실천하던 시대이기도 했다.

다섯째, 마지막으로 제5부에서는 1980년대를 '비판과 모색의 시대'로 규정한다. 박정희 정권의 갑작스런 붕괴는 새로운 시대에 대한 대중의 희망을 추동했지만, 전두환 군부 세력의 집권은 반공국가주의의 권위주의적 통치성에 있어 획기적 변화를 가져오지 못하는 한계를 노정했다. 그럼에도 불구하고 1980년대는 박정희 정권을 거치며 응축되었던 민족운동 및 5·18운동을 둘러싸고 발흥했던 반식민·반제국주의 운동의 전개, 야간통행금지, 컬러TV의 대중화, 전두환 정권의 '3S정책', 86아시안 게임과 88올림픽 개최 등을 통해 새로운 역사적 변화를 맞이했다. 변화된 사회상과 함께 한국영화 또한 새로운 모색을 향해 발을 내디뎠다. 반공국가주의의 통치성이 여전히 위력을 발휘했지만, 권력과 사회 내부의 개별성들이 상호작용하는 가운데 한국영화는 타자화된 존재들을 통해 변화하는 삶의 편린들을 비판적으로 모색했다.

위에 언급한 시기적 구분은 사실상 정권과 통치술의 변화를 기반으로 하고 있을 뿐만 아니라, 정권의 특징을 드러내기 위해 규정한 것이다. 한국영화가 냉전 시대 국가 통치 권력의 작용에서 자유로울 수 없었을 뿐만 아니라 그것과 긴밀한 길항 관계에 놓여 있었다는 점에 근거하여 시기를 구분하고 의미를 규정하였음을 밝힌다.

한편으로 각 시기별 영화 작품을 분석하기 위한 방법론을 간략히 설명하면 다음과 같다. 이 글은 영화를 둘러싼 제반 배경 및 재현된 영화 속 인물과 가족, 공간 등에 특히 주목했다.

첫째, 영화 작품에 대한 접근을 위해 먼저 당대 반공국가주의의 양상 및 그와 연관된 대중의 삶을 검토했다. 이는 각 시대별 정권이 요구했던 삶의 양태를 살펴봄으로써만 타자화된 존재들의 양상을 추출해낼 수 있기 때문이다. 구체적으로 구분된 각 시대별 통치성의 특징과 대중의 현실을 검토함으로써 타자성의 출현 배경을 제시하고자 했다.

둘째, 영화에 재현된 타자성을 검토하기 위해 시대별 영화에 재현된 가족 공동체에 주목했다. 가족이야말로 각 시대별 정권의 통치성이 겨냥한 주체성의 특성을 가장 두드러지게 드러내는 요소로 작용했기 때문이다. 영화에 재현된 가족 공동체의 양상과 그 안에서 구성되는 주체성과 타자성의 차별화된 양태를 분석함으로써 당대 정권이 목표로 설정했던 통치성의 구체적인 방향과 내용을 타진할 뿐만 아니라 그것을 체현한 주체성을 통해 타자성의 구성 방식을 추출해내고자 했다.

셋째, 한편으로 이 글은 타자성의 의미와 특징을 분석하기 위해 '공간'에 관심을 가지고 논의를 전개했다. 공간은 타자화된 존재들의 의미에 좀 더 심층적으로 접근하는 통로가 되어 준다고 판단했기 때문이다. 반공국가주의 통치성은 사회를 관리·통제하기 위한 공간적 위계 질서를 상정했다. 근대화와 반공주의와의 결탁 속에서 공간은 통치술이 요청한 방식을 따라서 위계화되고, 그 위계화된 공간 속에서 주체와 타자들이 배치될 때 타자화된 존재는 공간의 위계 질서 속에 폐쇄적인 방식으로 위치하게 된다. 가령, '공간'은 '과거-현재-미래'의 시간적 흐름을 상징하거나 '지체(봉건)-발전(근대)'의 역사적 진보를 표상하기도 한다. 근본적으로 이는 '내부(안정)-외부(불안정)'의 이분법적이고 인식론적인 기반 위에서 상정되는 것으로서 '주체-타자'의 정체성 구성 과정과 긴밀하게 상호작용하는 중요한 요소이기도 하다.

넷째, 위의 공간적 위계 질서에 따르자면 영화 작품에 재현된 인물들, 특히 타자화된 존재들과 그들을 생산하는 반공국가주의 통치성 및 그것이 요청한 주체들의 제 양상은 영화 디제시스 안에서 복합적으로 작용하는 반공국가주의 통치성과 공간의 복합적 상호작용 속에서 자연스럽게 추출될 수 있는 것이다.

요컨대, 냉전 시대 국가 통치성과 그것이 요청했던 가족 공동체와 공간의 위계 구조 및 인물들의 출현 양상이 서로 복잡한 상호작용 속에서 영화 디제시스를 구성하게 된다. 이와 같은 관계에 주목함으로써 이 글은 냉전 시대 유랑하는 타자들을 재현해내는 방식 및 그것의 의미와 특징을 밝힘으로써 한국영화가 냉전 시대를 바라보았던 비판적 지점을 드러낼 수 있기를 기대한다. 이는 냉전의 차갑고 엄혹한 시대에 대중의 냉전 감각을 날카롭게 인식하고, 그것을 재현의 현장으로 소환하여 타자화된 수많은 대중을 위로하고 어루만져 주었던 한국영화의 어떤 따뜻한 시선을 포착하는 작업이기도 할 것이다.

제1장

냉전과 한국영화의
관계에 대한 고찰

1. 냉전의 논리와 대중문화 지형의 성립

1) 냉전의 문화 논리와 대중문화

1945년 해방은 '해방'과 '종속'의 새로운 국면을 열었다. 일본 제국주의에 종속되었던 식민지 역사에는 마침표를 찍었으나, 신탁통치로 인한 미소 냉전 질서에 새롭게 편입·종속되는 새로운 역사적 국면에 맞닥뜨리게 되었던 것이다. 미소 냉전 질서로의 편입은 국내의 좌우익 진영의 극심한 헤게모니 갈등에 불을 질렀고, 이 과정은 이후 한국 냉전 시대의 개막을 알리는 요란한 서막이 되었다. 이후 1950년 발발한 한국전쟁은 해방 이후 발생한 냉전 갈등을 가장 첨예하게 드러낸 역사적 계기로 작용했다. 미소 냉전 체제의 국제적 성격을 짙게 드리운 이 전쟁으로 말미암아 비로소 한국은 분단의 현실에 직면해야 했으며, 한국인들은 전쟁의 처참한 결과를 직접 목도함으로써 정신적·물질적 차원의 삶 전체를 새롭게 구조화할 수밖에 없는 현실에 처하게 되었다. "피난 생활, 가족이산, 전쟁고아, 경제파탄, 사회불안 등 전쟁의 참화는 참으로 엄청난 것이었으며", "국토를 황폐화시키고 수많은 사상자를 냈으며 거의 천문학적 숫자의 재산상의 손실을 가져온 전쟁으로 순식간에 가족을 잃고 가산이 소실·파괴되는 충격적인 사태 변화에 한국인 그 누구도 거기에 대응할 기력도 용기도 상실케 되는 피해망상과 허무주의가 팽배하게 되었다."[1]

한국전쟁이 가져온 한국의 분단 현실과 한국인들의 삶의 판도 변화는 1950년대 전후 현실을 이해하고 해석하는 주요한 핵심으로 작용해 왔다. 무엇보다 한국전쟁이 국제 냉전 질서의 화약고로 작용했다는 점, 이후 이승만과 박정희, 전두환 정권이 냉전 체제와 분단 현실을 중요한 정치 수단으로 활용했다는 점 등에서 한국전쟁과 냉전 체제는 이후 한국의 정치·경제·사회·문화의 각 방면에 전방위적으로 직·간접적 영향을 미친 요소였다고 할 수 있다.[2]

따라서 냉전의 시대를 경유하는 한국 대중문화의 지형을 탐색하는 데 있어 그 성립과 전개 및 내용의 역사적 조건을 살피는 것은 중요하다. 한국 대중문화의 지형 또한 냉전 질서로 재편된 전후 분단 현실과 정권의 존

---

1 정성호, 「한국전쟁과 인구사회학적 변화」, 한국정신문화연구원 편, 『한국전쟁과 사회구조의 변화』, 백산서당, 1999, 12~37쪽.
2 이와 관련하여 다음의 논의를 참조해 볼 수 있다. "전쟁과 냉전은 이처럼 한반도에 크고 싶은 상흔을 남겼다. 한국은 최전선에 서서 전쟁을 치른 대가로 자유 진영의 지원과 보호를 받으며 급속한 경제 성장을 이루었지만, 호전적인 체제 대립을 활용한 권위주의 체제가 들어서고 지속된 탓에 해방된 지 40여 년이 지난 후에야 국민의 뜻에 따라 정치가 이루어지는 민주화를 이룰 수 있었다. 그리고 그 민주화가 이뤄진 후에야 한국 사회는 지난 시기를 돌아보며 전쟁과 권위주의가 남긴 상처들을 성찰하고 이를 넘어서려는 노력들을 시작할 수 있었다. 하지만 전쟁이 끝나고 60여 년이 지난 지금까지도 한반도엔 여전히 전쟁의 그림자가 드리워져 있다."(김학재, 「자유진영의 최전선에 선 국민」, 『한국현대생활문화사 1950년대』, 창비, 2016, 58쪽)

폐와 매우 밀접하게 연관되어 있기 때문이다.

그렇다면 냉전 시대 대중문화 지형을 탐색하기 위해 고려해야 할 사항은 무엇인가. 우선적으로 고려해야 할 것은 냉전 시대의 성립에 대한 것이다. 한국전쟁이 냉전 체제의 결정적 순간이었다는 점을 감안할 때, 냉전의 시대는 전후 한국의 분단 현실을 전제하게 된다. 이른바 "냉전 질서를 정초하는 세계냉전의 한국화"로서, 한국전쟁 이후 분단의 현실은 냉전 체제의 확고한 지대로서 작용했다.

전후 오랫동안 지속된 한국의 냉전 시대는 대중문화 지형의 성격과 특징을 결정짓는 매우 중요한 요소이다. 언급한 바대로, 전후 공고해진 분단 현실과 냉전 체제의 고착화는 이승만과 박정희 그리고 전두환 정권으로 이어지는 무려 40여 년 독재 정권 내내 지속되었다. 이 글이 문제 삼고 있는 냉전 시대 대중문화 지형의 성립과 전개 및 내용 또한 이러한 독재 정권의 역사적 흐름과 시기적으로 맞물려 있다.[3]

한편, 전후 냉전 시대는 한국이 미국의 식민적 하위 파트너로 편입되는 전개 과정을 보여 준다. 여기서 말하는 '하위 파트너'로서의 한국적 상황은 '경제 발전'과 '반공주의'라는 두 측면과 밀접하게 연관되어 있다. 미국 자본주의 체제에 편입된 한국은 국가 안보와 경제 발전을 두 축으로 한 근대화 담론을 적극 추진해 나갔다. 동시에 미소 냉전 체제 경쟁의 하위

---

3   이 글에서는 한국전쟁의 정전 협정이 체결되고 휴전이 공식화된 전후, 즉 1953년 이후 이승만 정권으로부터 박정희 정권, 전두환 정권에 이르는 40여 년의 역사적 기간 동안을 연구의 범주로 설정하여 전두환 정권이 막을 내린 1988년까지의 영화를 탐색한다. 1980년대 후반은 세계적 냉전 체제가 와해되고 전두환 정권의 독재 체제가 막을 내린 역사적 결절점으로서 이후 민주주의의 변화, 신자유주의에 기반한 세계화 추세, 문화 개방에 따른 글로벌화 등의 역사적 변화가 새롭게 초래된 시기와 맞물려 있다. 따라서 이 글에서는 본격적인 냉전 시대를 1953년 이후로부터 1988년까지로 설정하여 한국영화를 분석·평가함으로써 영화사의 새로운 지점을 탐색하고자 한다.

식민지적 보루로 자리매김해 나가는 과정에서 한국의 정치 권력은 한편으로는 반공주의를 내세워 북한을 비롯한 체제 저항 세력 일반을 반공주의로 몰아세워 '주적'으로 타자화시킴과 동시에, '경제 발전'의 유토피아적 진보 담론을 유포함으로써 국민들을 경제 개발 주체로 호명하고 발전의 과정에서 빚어진 총체적이고 심각한 내부의 분열과 갈등을 은폐·봉합하는 과정을 밟아 나갔다.

따라서 경제 발전과 반공주의는 전후 냉전 시대 전개 양상과 내용 형성에 있어 주요한 키워드로 확실하게 자리잡는다. "동아시아 개발독재체제는 전체주의만큼 견고한 것은 결코 아니지만 강력한 반공국가주의 근대화 이데올로기에 입각해 있다"[4]는 주장은 이러한 반공주의와 경제 발전 논리의 국가적 전유를 명확하게 드러낸다.

미국 중심의 자본주의 체제로 편입됨과 동시에 동아시아 반공의 보루로 자리매김하는 과정은 '미국화'의 다층적인 면모를 연출하는데, 냉전 시대 대중문화 정치 지형 성립의 내적 논리 또한 정치 논리와 긴밀하게 연관되어 출현하기 시작했다. 가령, 1950년대의 경우 문화적으로 선진 미국의 물질문명을 적극적으로 받아들이면서 근대화 담론을 내면화하는 문제가 사회적으로 제기되었을 뿐만 아니라,[5] 미국 패권주의 하에 성립되는 하위 식민적 반공 논리가 대중에게 각인되는 현상이 발생했다. 대중문화의 지형을 가름하는 이러한 냉전 시대 문화 논리는 전후 황폐화된 한국의 현실

---

4 이병천, 「개발독재의 정체 경제학과 한국의 경험」, 『개발독재와 박정희 시대』, 창비, 2012, 23쪽.
5 이하나는 1950년대 미국화에 대해 논의하며 한국이 자유세계 반공국가의 보루로서 자임하는 상황은 미국으로 하여금 미국 문화와 문명을 전파하는 첨병으로서의 한국의 역할을 스스로 인정하는 계기를 형성했다고 주장한다.(이하나, 「미국화와 욕망하는 사회」, 『한국현대생활문화사 1950년대』, 창비, 2016 참조)

을 봉합하고 대중에게 반공주의와 개발주의에 기반한 유토피아적 미래를 상상하게 하는 유용한 방법론으로 작용했다.

한편으로 냉전 시대 대중문화 정치 지형은 체제의 안정성 도모와 연관된다. 종종 대중문화는 정권과 체제의 이데올로기적 방법론으로 기능하는데, 정권과 체제의 안정과 유지에 기여하는 방향으로 대중문화의 지형이 형성될 가능성이 존재하는 것이다. 가령, 이승만 정권은 체제의 안정과 유지에 있어 냉전의 진영 논리를 적극적으로 활용했는데, 이때 그 방법론적 수단으로 작용한 것이 바로 정부의 선전 매체 및 우익 대중매체였다. 이를 통해 이승만 정권은 초기 반공국가로서 체제와 지배의 정당성을 획득할 수 있었다.[6]

따라서 1950년대 이후 냉전 체제의 성립과 그에 맞물린 지배 정권의 정치적 논리에 근거하여 형성된 대중문화 정치 지형은 반공주의와 근대화 담론에 기반한 문화 논리를 표현하는 방식으로 형성된다고 할 수 있다. 그런데 전후 냉전 담론은 전후의 폐허를 재건하고 남한의 반공 블록을 형성하는 데로 귀결되는 바, 당대의 대중문화는 이러한 경제 재건과 반공 블록의 형성을 위한 다방면의 노력들을 전유했다.

눈여겨 보아야 할 것은 전후의 피폐한 한국의 상황이다. 물질적·정신적 황폐화로 인한 절망과 허무의 늪에서 전후의 국민들을 반공과 개발의 주체로 호명하기 위해서는 무엇보다 '재건'에 대한 유토피아적 희망을 제공하는 것이 급선무였다. 미래에 대한 긍정성과 삶에 대한 의지를 되살려내는 데 가장 유용한 수단으로 작용한 것이 대중 매체였으며 이는 대중문

---

6   김봉국, 「이승만 정부 초기 자유민주주의론과 냉전 담론의 확산」, 『한국사학보』 66호, 고려사학회, 2017, 283쪽.

화가 '재건' 담론의 중요한 장소로 기능했음을 의미한다. 이를 반영하듯 1950년대 대표적인 잡지 『명랑』은 "전후의 도시적 생활 감각으로서 '명랑'을 강조"했으며,[7] 이러한 "1950년대 『명랑』이 제공하는 명랑한 것으로 포장된 미국문화의 신선함과 성공과 희망으로 포장된 고전적인 영웅 서사의 결합은 '명랑'이 대중에게 거부감을 주지 않으면서도 '긍정적' 이미지에 대한 환상을 심어 줌으로써 '국민'으로 호명할 수 있는 유효한 용어였다는 것을 말해 준다".[8] 1950년대 황폐한 사회 현실에서 비롯된 절망과 우울을 '명랑'한 감정으로 봉합하고 이를 통해 '국민'적 주체로 소환하는 것은 곧 반공주의와 근대화 담론을 수행할 정권 친화형 인간을 형성하는 과정이기도 했다. 한편, 『명랑』과 더불어 1950년대를 풍미했던 대표적인 대중 잡지 『희망』은 전후의 암흑상을 조명함으로써, 절망과 우울의 전후 도시 공간 속에서 근대화에 기반한 반공국가주의의 '희망'을 끊임 없이 강조했다.[9] '명랑' 혹은 '희망'과 같은 긍정적 감정을 동원하는 대중 잡지들의 특징은 당대 한국영화의 제작 경향에서도 발견할 수 있다. 가령, "'국가 이데올로기와 교훈성' '쇼와 코미디'의 매우 어색한 만남을 주조로 한 코미디 영화는 신생 대한민국에 대하여 끊임 없이 밝고, 유쾌하고, 희망적인 이미지를 생산하고 반공, 애국주의, 민족주의 등의 코드를 영화에 삽입하는 방식으로 이데올로기적 목적을 성취"했다.[10]

---

7 권두현, 「전후 미디어 스케이프와 공통 감각으로서의 교양－취미 오락지 『명랑』에 대한 물질 공간론적 접근」, 『한국문학연구』 44호, 한국문학연구소, 2013, 13쪽.

8 최애순, 「1950년대 활자매체 『명랑』 '스토리'의 공유성과 명랑 공동체」, 『한국문학이론과 비평』 59호, 한국문학이론과비평학회, 2013, 257쪽.

9 한영현, 「잡지 『희망』이 상상한 전후 재건 도시」, 『대중서사연구』 23, 대중서사학회, 2017 참조.

10 김청강, 「현대 한국의 영화 재건 논리와 코미디 영화의 정치적 함의(1945-60)－명랑하고 유쾌한 '발전 대한민국' 만들기」, 『진단학보』 112호, 2011, 진단학회, 32쪽.

그렇다면 이 재건 담론의 대중문화적 모색에서 특징적인 것은 무엇이었는가.

첫째, 대중 감정의 동원을 생각해 볼 수 있다. 대중문화에서 제기되었던 '명랑'과 '희망', '유쾌' 등은 모두 대중 감정의 동원에 기반해 있다. 사실, 이러한 '감정'의 동원은 "망각과 위로, 그리고 무엇보다도 카타르시스의 기능을 수행했기 때문"에 가능했다.[11] 이는 필연적으로 '감정의 정치적 효과'를 수반한다. 혼돈과 균열을 은폐·봉합하는 효과적인 방법론으로서 제기된 대중문화의 '감정'은 반공국가주의와 근대화 담론을 실어 나르는 가장 유용한 수단으로 작용했던 것이다. 그런데 문제는 이 감정의 동원이 위에서 언급했듯이, 어떤 특수한 형태의 감정을 형성함과 동시에 지워 버리는 역할을 수행한다는 점이다. 말하자면, 랑시에르가 지적했듯이 "감각적인 것의 나눔은 나누어진 공통과 배타적인 몫들의 배정 사이의 관계가 감각적인 것에서 결정되는 방식"을 보여 준다는 것이다. "감각적 확실성에 따라 몫들과 부분들의 배정을 예견하는 이러한 배정은 그 자체로 보이는 것과 보이지 않는 것, 들리는 것과 들리지 않는 것의 나눔을 전제한다."[12] 어떠한 감정/감각이 당대의 주요한 이데올로기적 이념과 맞닿을 때, 그 공통 감정/감각은 그 확실성에 참여하지 못하는(혹은 참여할 수 없는) 어떤 감정/감각을 전제함으로써만 그 확실성을 주장할 수 있다. 따라서 확실성에 기반한 감정/감각은 그것에서 배제된 것, 보이지 않는 것, 들리지 않는 것에 대한 관심 또한 유발한다.

---

11 강인철, 「한국전쟁과 사회의식 및 문화의 변화」, 한국정신문화연구원 편, 『한국전쟁과 사회구조의 변화』, 백산서당, 1999, 272~273쪽.
12 자크 랑시에르, 양창렬 역, 『정치적인 것의 가장자리에서』, 길, 2016, 222~223쪽.

대중문화를 통해 유통되었던 긍정적 감정/감각들이 반공주의와 근대화 담론을 실어 나르는 유용한 정치 수단이 되었다는 점을 미루어 볼 때, 이 감정들이 소환하고자 했던 반공주의와 근대화 담론 및 그것을 내면화한 국민 주체 뒤로 은폐된 타자적 형태들에 대해 다시 생각하게 된다.

둘째, 재건 담론은 근대 '도시화'라는 측면과 연결되어 있으므로, 대중 문화 정치에서 이 도시화와 관련된 근대화 문제를 검토해 볼 필요가 있다.

실제로, 1950년대를 주름잡던 대중 잡지『명랑』과『희망』등은 '도시 성' 속에서 해석되고 이해될 소지가 있다. "『명랑』의 스토리는 스타, 참피 온, 영화, 연극 등등 각종 이슈화된 이야기를 담고 있지만, 그 속에서 독자 가 즐긴 것은 바로 동시대의 도시 문화"였다.[13] 뿐만 아니라, 잡지『희망』 또한 전후 폐허가 된 도시의 암흑상을 적극적으로 소환함으로써, 도시적 감각으로서의 희망적 메시지를 독자들과 공유하려고 노력했다.[14]

여기에서 '도시화'는 매우 중요한 요소이다. "1950년대 도시, 특히 서 울에는 근대화에 기여할 인적 자원과 부, 권력의 기형적인 집중이 두드러 졌다"[15]는 점에서도 알 수 있듯이 전후의 도시 및 도시화는 근대화 담론의 가장 핵심이 되는 공간적 장소이자, 도시로 집중된 인구의 관리 및 통제 등을 총괄함으로써 반공국가주의의 공통된 규율과 질서를 규정지어 나가 는 데 있어 중요한 요소로 작용했다. 푸코에 의하면 "도시 문제가 다양한 안전 메커니즘 사례의 핵심"이라고 할 수 있다. 그는 17~19세기 근대 국 가에서 일어난 새로운 변화를 도시 문제와 관련해 논의하면서, 이 시기 도

---

13 최애순, 앞의 글, 251쪽. 권두현 또한 잡지『명랑』을 분석하면서 이 잡지가 도시적 감각을 불러일으키는 매체임을 밝힌다. 이와 관련된 논의는 권두현, 앞의 글 참조.
14 이와 관련하여 한영현 앞의 글 참조.
15 강인철, 앞의 글, 265쪽.

시의 순환, 즉 나쁜 순환과 좋은 순환을 통치하고 관리하는 문제가 제기되기 시작했으며 이 순환에 내재된 나쁜 위험 요소를 제거함으로써 안전 메커니즘이 작동했다는 점을 말한다. 이는 근대 국가의 통치성이 인구의 안정과 관리, 그것의 방법론으로 제기된 안전 메커니즘에 의해 가능해졌음을 의미한다.[16]

　요컨대, '도시' 혹은 '도시화'는 인구의 관리와 통제 및 도시 내부의 나쁜 순환과 좋은 순환을 관리하고 위험 요소를 제거하는 안전 메커니즘 속에서 이해하고 해석해야 한다. 이는 전후 서울을 중심으로 한 도시와 도시화 양상을 해석하고 이해하는 데 참조점을 제공한다. 전후 근대화의 표상으로 자리잡은 서울 중심의 도시화는 재건 담론의 물질적 장소로 기능했을 뿐만 아니라, 도시로 몰려든 수많은 인구와 그 안에서 발생하는 좋은 순환과 나쁜 순환을 관리하고 통제하는 통치성의 실험장이기도 했다. '명랑'과 '희망' 및 '유쾌'와 같은 감정 정치가 도시의 물질적·정신적 제 가치들과 연동하고 있었다는 사실은 대중문화를 통해 반공국가의 이른바 '좋은 순환'을 형성해 나가고자 한 정치 권력이 내세운 통치성의 문화적 판본이라고 할 수 있는 것이다. 이승만 정권에서 뿐만 아니라, 이후 박정희와 전두환 정권에 이르기까지 '도시' 및 도시화는 냉전 시대 정치 권력의 통치성이 가장 명확하게 드러나는 물질적·공간적 장소로서 기능했다.

　한편, 이렇듯 도시가 냉전 시대 정치 권력의 통치성을 구현하는 장소로서 기능한다는 것은 '도시' 및 '도시화'가 불확정성 속에서 유동적 운동성을 내포하고 있다는 것을 의미하기도 한다. 이른바 '나쁜 순환'이라고 명

16　미셸 푸코, 오트르망 역, 앞의 책, 89~129쪽 참조.

명될 만한 것을 가려내고, 안전의 통치 메커니즘을 작동하는 과정에서 국가 권력이 요구하는 반공주의와 근대화 담론에 장애물로 작동하는 다양한 요소들이 지속적으로 호출될 수밖에 없기 때문이다. 전후의 혼란 속에서 도시는 다양한 정체성을 지닌 수많은 사람들로 북적거렸고, 그만큼 사회의 불안정성은 증가할 수밖에 없었다. 이 사회적 불안정성은 남한의 체제 안정성을 심각하게 위협하는 요소로 작용했다. 동시에 미국 자본주의 체제로의 편입은 서구의 물질 문명을 흡수하고 자유 민주주의를 지향하는 사회 문화적 변화를 초래하여 통제되지 못한 욕망과 갈증의 다양한 양상을 초래했다. 이에 대해 정치 권력은 한편으로는 전후의 황폐화된 도시를 점령한 허무와 절망, 불안의 감정들을 반공주의의 논리로 봉합하고 한편으로는 미국 중심의 서구 문명의 직접적 수혜로 발생한 뜻밖의 혼란한 양상을 근대화 담론으로 우회하면서 도시와 내부의 불안정성을 끊임 없이 의식하고, 위험 요소들을 제거해 나가는 순환 운동을 반복해 나가야만 했다.

따라서 도시와 도시화에 기반한 전후 대중문화 지형은 '명랑'이나 '희망', '유쾌'의 감정을 정치적으로 동원함으로써, 실제 현실에서 맞닥뜨리는 대중의 민낯을 봉합하는 논리와 겹쳐져 있었다. 이 대중의 진짜 현실 속에는 반공주의의 이념을 무력화하고, 근대화 담론의 거창한 논리를 비켜 가는 대중의 움직임이 놓여 있었다. 그것은 바로 전후 도시와 도시화로 인해 정착지로부터 이탈된 유랑의 존재들, 즉 디아스포라적 정체성을 내면화한 존재들이다. 이들은 '명랑'과 '희망', '유쾌'를 발산하는 도시와 도시화의 문명 세계에 속해 있으면서도 속해 있지 않은 유령적 존재들로서, 그들의 유동하는 정체성은 끊임 없이 국가 정치 권력의 안정성을 위협하고 외부의 타자로서 반공주의와 근대화 담론의 질서를 훼손하는 존재로 반복 재생산되었다. 전후 반공주의와 근대화 담론에 근거해 있는 대중문화의 정치적 지형은 바로 이러한 유랑하는 타자성들을 호출하면서도 그들을 끊임 없이 도시의 외부적 존재로 터부시함으로써, 명랑과 희망의 미래적 유토피아를 상상했다.

2) 대중문화가 소환한 타자의 형상들

전후 대중문화 지형 속에서 '타자'의 형상으로 호출되는 존재들의 범주는 매우 포괄적이다. 가장 일반적으로 호명되었던 대중문화의 '타자'는 '여성'이었다. 전후 '미망인'이나 '양공주', '매춘녀' 혹은 '유한 마담', '아프레걸' 등으로 호명된 여성들은 성적 타락과 쾌락 추구, 서구 물질 문명의 아이콘, '제국-식민'의 젠더적 표상, '국가-남성' 지배 질서를 교란하는 유혹자 등으로 상징화됨으로써 반공국가주의와 근대화 담론의 발전 논리에서 적극적으로 배제되어야 할 존재로 낙인찍혔다.[17] 소공동 일대를 가득 매운 "다방"과 "카바레", 그리고 "갈보의 준동",[18] "미숙한 청춘과 웃음을 파는 밤의 여인들이 출몰하며 서러움에 지친 역사를 다시금 이어나

---

17 "춤바람 난 유부녀(자유부인), 전쟁으로 남편을 잃고 집 밖으로 나온 전쟁 미망인, 미국적 라이프스타일과 개인주의를 의장으로 걸치고 거리를 활보하는 맹랑한 아가씨들(아프레 -걸), 미군에게 몸을 판 대가로 자본주의적 풍요를 맛보는 양공주까지, 전후의 스크린을 수놓았던 '위험한 여성들'은 당대의 문제 즉 전후의 빈곤, 가치관의 혼돈, 가족의 붕괴를 전면적으로 드러내고 있었다. 그들은 전쟁으로 전통적인 삶의 방식이 파괴된 상태에서 도덕적 통념에 대한 도전을 감행했다. 문제는 그들의 도전이 소비주의와 물질주의 같은, 전후 한국을 휩쓸었던 미국 대중문화가 유포한 가치에 대한 경도로 표현되었다는 것이다."(이순진, 「영화, 독보적인 대중문화」, 『한국현대생활문화사 1960년대』, 창비, 2016, 116쪽)
18 「[서울 풍물지②] 소공동 일대」, 『주간희망』, 1956.9.14, 30쪽.

가는" 동대문 주변은 청계천 주변의 즐비한 판자집이 상왕십리까지 이어 지며 사창굴로 되었다는[19] 1950년대 대중 잡지 『희망』의 짧은 기사에서 도 확인할 수 있듯이, 이러한 대도시 어둠의 공간에 독버섯처럼 자라나는 젠더화된 암흑상은 전후 지속적으로 '여성'을 반공국가주의와 근대화 담론의 타자적 형상으로 매개하고 있었던 정황을 알려 준다. 또한 해방 후부터 1950년대까지 냉전 시대의 신문 소설을 분석하면서 "자유, 민주의 소비에서 소비의 주체는 남성 여성 모두를 포함하지만 처벌되는 것은 주로 여성이라는 점에서 대중 감성의 주체는 남성이었다"고 지적한 김복순의 주장을 통해, 냉전 시대 '여성'의 젠더화된 지위와 위치가 '타자성'의 중요한 표상으로 자리매김되어 왔다는 점을 짐작할 수 있다.[20]

　이러한 관점에 근거하자면, 전후 반공국가주의와 근대화 담론의 전개 과정에서 대중문화에 표현되었던 '여성'은 앞의 두 담론을 견인하고 강화하기 위한 담론의 매개자로서 타자화되었던 셈이다. 이는 '여성'을 근대 중산층 가정 주부로 표상했던 『여원』과 같은 대중 잡지에서도 마찬가지 였다. 근대 미국 중심의 서구 물질문명과 근대화 담론을 실어 나르는 대중 잡지들은 여성을 중산층 가정 주부로 상상하도록 촉구함으로써, 여성을 '가정'이라는 사적 공간 안에 가두는 젠더 정치를 암암리에 수행했던 것 이다.[21]

---

19 「[서울 풍물지④] 동대문 주변」, 『주간희망』, 1956.9.21, 23쪽.
20 김복순은 냉전 시대 신문 소설을 분석하면서 다음과 같이 논의한다. "냉전체제는 사회 정치적인 불안, 경제적인 불안정성, 계급불안에 대한 비공산주의적 해결책, 계급 대신 국가 (민족) 선택이라는 대 전제 하에 여성 담론을 현모양처, 산업 역군으로 제한하려 하였다. (김복순, 「냉전 미학의 서사욕망과 대중감성의 젠더─해방 후~1950년대까지의 신문 소설을 중심으로」, 『여성문학연구』 27호, 한국여성문학학회, 2012, 128쪽)
21 이와 관련된 논의는 김현주, 「1950년대 여성잡지 〈여원〉과 '제도로서의 주부'의 탄생」, 『대중서사연구』 18호, 2007을 참조할 것.

그런데 이렇듯 타자성을 '여성'으로 한정 짓는 논의는 그 외의 다양한 '타자'의 양상들에 대한 확장된 분석을 가로막는 장애로 작용한다. 앞서 언급했듯이 전후 반공국가주의와 근대화 담론은 '도시'와 '도시화'와 관련된 '안전 메커니즘' 및 '감정의 동원 정치' 속에서 다층적으로 논의해야 할 필요가 있다. 따라서 전후 냉전 시대 반공국가주의와 근대화 담론의 작동 속에서 도시로 몰려든 수많은 디아스포라들의 삶을 좀 더 총체적인 틀에서 파악함으로써 대중문화 속에 표현된 '타자성'의 특성과 성격을 파악해야 하는 것이다. 이에 참조점을 제공해 줄 만한 대중 잡지의 기획 기사를 살펴보면 다음과 같다.

> "구린내와 곰팡내가 숨막히게 풍기는" '다리밑'에서 비참하게 살아가는 지게꾼 가족, "전승은 이루어지고 평화는 다시금 깃들어 오는데 홀로 노두路頭를 헤매어야 하는 전쟁 미망인"[22]
>
> "부모 형제도 집도 없이 날이면 날마다 이 거리 저 거리를 헤매며 온갖 천대를 받고 사는 부랑아"[23]
>
> "사창"과 "전재의 터전에 빈틈 없이 지어진 판자와 천막집 비좁은 골목길"을 기반으로 살아가는 남산 일대의 군상들[24]
>
> "주사윗군, 점장이, 목적 없이 아우성치는 연설가, 녹쓸은 매소부, 떡장수, 물장수, 시골 손의 호기를 노리는 사진사"가 우글대는 파고다 공원[25]

---

22 「[잃어버린 군상②] 먹고 살기에 마른 눈물=그 이름 전쟁미망인」, 『주간희망』, 1956. 6.29, 12쪽.
23 「[잃어버린 군상④] 백주의 암흑=꿈 없는 비극의 씨들」, 『주간희망』, 1956.7.13, 15쪽.
24 「[잃어버린 군상⑥] 백주의 암흑 서울의 지붕밑=구슬픈 남산길의 생태」, 『주간희망』, 1956.7.27, 40쪽.
25 「[잃어버린 군상⑧] 밝을 줄 모르는 서울의 25시」, 『주간희망』, 1956.8.24, 21쪽.

이 기사는 대중 잡지 『희망』에 게재된 '잃어버린 군상' 시리즈의 내용이다. 1956년 6월 22일부터 8월 24일까지 약 두 달간 연재된 이 시리즈에서 전후 서울로 몰려든 다양한 군상들의 현주소를 파악할 수 있다. '지게꾼', '전쟁 미망인'과 '부랑아', '빈민들', '매소부', '연설가', '떡장수', '물장수', '사진사' 등은 모두 전후 서울의 곳곳에 포진하고 있던 '군상'을 대표한다. 이 군상들의 표현에서 주목해야 할 것은 이들의 '빈민성'과 '장소 상실'이다. 전후의 처절한 가난과 정착지 없는 고통스런 삶을 대변하는 이들은 앞서 논의한 '여성'적 타자성과는 차별화되는, 냉전 시대 유랑하는 타자들의 또다른 형상들이다. 이들이 바로 전후 도시와 도시화의 안전 메커니즘에 있어 가장 걸림돌이 되는 유동하는 불안정성들이었다. 이러한 다양한 군상들은 1950년대적 현상에만 국한되지 않고, 이후 박정희 시대의 산업 근대화와 전두환 정권의 개발 독재 시대에도 지속적으로 양산되면서 정치 권력의 통치성을 위협하는 요소로 작용했다. 이들은 도시의 빈민으로 자리잡고 있었는데, 위의 기사에서 확인할 수 있듯이 '암흑'과 '두려움'의 표상으로 이미지화되었다. 도시의 어둠을 대표하는 자들로서 타자화된 이들을 통해 전후 대중문화에 표현된 '명랑'과 '희망', '유쾌'의 감정들이 바로 이러한 타자화된 존재들을 망각하고 은폐하기 위한 것이었음을 추론해 볼 수 있다. 특히, 이들은 '장소 상실'의 존재로 규정되었다. 이들은 안정된 정착지 없이 공원이나 다리 밑 혹은 판자집과 천막촌을 전전하는 도시 안의 '비-장소'에서 출현했다. 이 '비-장소'는 도시를 통치하기 위한 안전 메커니즘에 붙잡히지 않는 불안과 두려움의 감정들을 산출하기에 충분했다. 이렇듯 이들은 '비-장소'적 존재로서 혹은 '불안'과 '두려움'을 환기하는 '사회악'이자 '어둠'으로 호출됨으로써 "내부로부터의 위협"을 가장 첨예하게 드러내는 사회적 타자로 소환되었던 것이다.

한편 임유경은 1960년대 한국을 '불온의 시대'로 명명하면서 "내부로부터의 위협"을 통치하는 "불온생산체제"의 가동을 언급한다. 내부로부터의 위협에 해당하는 두 가지는 바로 '공산주의 사상'과 '빈곤'이었다. 박정희는 1964년 발생한 6·3사태를 통해 정치적·사회적 불안에 편승한 공산주의의 준동을 막아내야 할 필요성을 인식하였을 뿐만 아니라, '빈곤'을 내부의 적으로 상정하여 빈곤이 가져올 불온한 요소들을 '노동'을 통해 무마하고, 북한의 체제 경쟁에서 승리하기 위한 교두보를 마련하고자 했다.[26] 이렇듯 대중문화가 소환했던 사회적 타자들은 1960년대 박정희 정권에 이르러 '불온성'과 결합하고 지배 권력의 적극적인 감시와 규율의 대상으로 의미화되기에 이르렀다.

'사회악'과 '불온한 자들'로 오염된 이들 타자화된 존재들은 지배 권력과 지식인들의 언설 체계 속에서 단순화되고 획일화된 방식으로 존재했다. 위에서 살펴본 대중 잡지 『희망』에서 살펴볼 수 있듯이 이들은 그저 '악'과 '불온'의 언설 체계 속에서 스스로 재현의 목소리를 갖지 못한 채 구성되는 존재들이었다. 김원은 이렇듯 자기 목소리를 갖지 못한 채 사라져 버린 타자들에 관심을 가지면서 그들의 목소리를 추적한다. 그는 배제되고 사라져 간 타자들을 언급하면서 이들을 "서발턴"으로 명명한다. "박정희 시기 현실 속의 서발턴도 다시 공포영화에 등장했던 유령들과 마찬가지로 비가시적이고 말할 수 없는 존재로 한국 사회를 배회했다. 한국 사회는 그들의 이야기를 듣고 싶어하지 않았으며, 그들에게 오염되어 근대

---

26 임유경, 『불온의 시대-1960년대 한국의 문학과 정치』, 소명출판, 2017 참조.

화가 지체되고 사회 질서가 혼란스러워질까 봐 두려워했다"[27]고 말하면서 그는 광부와 파독노동자, 파월 병사, 도시 빈민, 폭도, 살인자, 소년범, 양공주, 빨갱이 등으로 명명되는 사회적 타자들의 목소리를 찾아 들려 준다.

경제 성장을 반공주의 선전을 위한 금과옥조로 삼던 박정희 정권의 통치성은 빠른 속도의 도시화와 이주민들을 낳았다.[28] 1970년대 문을 여는 시점에서 발생한 광주대단지 사건은 도시화로 인해 서울로 밀려든 이주민들이 빈민층으로서의 자신의 존재를 드러낸 상징적인 것이었다. 1960~70년대 파행적인 근대화와 도시화로 인해 발생한 이러한 도시의 빈민층은 1980년대 전두환 정권의 개발 독재 시대에도 여전히 정권의 통치성을 위협하는 것으로 인식되었다.

사실, "최소한의 인권과 정치적 자유가 보장되지 않는 거대한 수용소"[29]와도 같던 냉전 시대 한국의 현실에서 반공국가주의와 근대화 담론을 위해 기계적 노동력으로 소모되었던 국민 전체가 사회적 타자였다고 해도 과언이 아니다. 그러나 냉전 시대 대중문화 속에서 적극적으로 호명되고 소환된 냉전 주체로서의 건전하고 명랑한 주체들, 가령 남성 가부장과 중산층 가정 주부 혹은 신세대 엘리트 등은 최소한 계급·성별·신분·자본의 안정화된 경계선 안에서 자기 목소리를 진술할 기회를 얻을 수 있었다.[30] 대중문화는 이들의 목소리를 적극 활용함으로써 반공국가주의와 근

---

27 김원, 『박정희 시대의 유령들』, 현실문화, 2011, 23쪽.
28 1970년 당시 50.1%였던 도시화율은 1980년대 이르면 68.7%에 이르게 되고 1990년에는 81.9%까지 상승한다.(국토해양부, 「우리 국토 면적 10만km² 넘었다」, 국토해양부, 2008, 15쪽)
29 이정우, 「개발독재와 빈부격차」, 『개발독재와 박정희 시대』, 창비, 2012, 228쪽.
30 냉전 시대 대중 잡지들은 계급·신분·권력·자본 등의 층위에서 중상류층에 속하는 엘리트 중심의 담론을 적극적으로 소환하고 그들의 삶을 집중 조명하는 기사를 게재하는 경향이 농후했다. 가령, 1950년대 대중 잡지 『희망』에는 사회 저명 인사들의 가족 화보와

대화 담론을 적극적으로 사회에 유포하고, 냉전 문화의 지형을 형성해 나갈 수 있었던 것이다. 그런 점에서 냉전의 시대 대중문화는 사회적 타자들이 거주하는 장소와 성격을 가장 암묵적으로 부드럽게 공표하고 있었을 뿐만 아니라, '내부'와 '외부'의 경계를 문화적으로 생산하는 주요한 거점 역할을 했다. 사실, '타자의 형상'은 "임의적 특이성", "개념적으로 규정되지 않는" 것이었지만, 대중문화 지형 안에서 '타자들'로서 새롭게 '외부'로서 발견되고 개념화되었던 것이다.[31]

따라서 대중문화에 부정적 방식으로 드러나는 이러한 타자의 형상들에 관심을 가지고 냉전 시대 문화적 지형에 접근함으로써, 당대 문화 지형의 총체적인 그림을 새롭게 그려 나갈 필요가 있다. 리처드 커니는 "진정한 서사는 언제나 '타자로 향하는 길 위'에 서 있다"고 말한다. 그에 따르면 "타자로 향하는 길"은 바로 "소통에 대한 관심"과 연결된다. 이는 사실과 정보에 대한 단순한 관심을 뛰어 넘어 그러한 통계적이고 사실적인 역사 이면에 숨겨져 있는 타자의 서사에 접근함으로써 역사 연구의 영역을 확대하는 일과 연결된다.[32] 냉전 시대 대중문화 연구의 지평을 넓히는 데 있

그들의 인터뷰 등을 싣는 다양한 기사가 게재되었는데, 이들에 대한 각종 화보와 기사는 사회적 엘리트들의 목소리를 실어 나름으로써, 대중의 지향해야 할 삶의 표본을 구성하려 했다. 사회 저명 인사와 가정이 소개되는 과정에서 근대화된 삶에 필요한 선진 가족 모델이 구상되었을 뿐만 아니라, 그들이 내세운 풍요와 안정에 기반한 가치관이 대중에게 암암리에 전파되었다.

31 조르조 아감벤은 임의적인 것은 순수한 특이성으로서 어떤 개념으로 규정되지 않는다고 주장한다. 그는 칸트의 철학에 기대어, 어떤 특이성은 특정한 개념이나 실제 속성에 관여함으로써가 아니라 "텅 빈 무규정 상태인 총체성과의 관계"를 통해 구성된다고 본다. 이에 따르면, "외부는 규정된 공간 너머에 있는 어떤 공간이 아니라, 통로, 즉 규정된 공간으로 하여금 접근을 가능하게 하는 외부성이자, 한마디로 말하면 그 공간의 얼굴, 그것의 형상이다."(조르조 아감벤, 이경진 역, 『도래하는 공동체』, 2014, 95~97쪽)

32 리처드 커니, 이지영 역, 『이방인, 신, 괴물』, 개마고원, 2016, 327쪽 참조.

어 '타자의 형상들'에 대한 관심이 중요할 수밖에 없는 이유를 여기에서 발견할 수 있다. 이를 통해 냉전 시대 반공국가주의와 근대화 담론을 실어 나르는 문화적 판본으로서의 대중문화가 지닌 총체적 지형을 확보할 수 있기 때문이다.

3) 한국영화와 대중문화의 길항

한국영화와 대중문화는 다음의 몇 가지 측면에서 길항 관계를 맺고 있었다.

첫째, 전후 대중문화가 '도시'와의 밀접한 관련성 속에서 나름의 대중 담론을 형성해 왔던 것처럼 한국영화 또한 가장 도시적인 문화로서 당대 대중의 문화적 욕망을 실어 나르는 매체적 특성을 보여 주었다. "1950년대 영화붐을 매개로 하여 도시에서는 1950년대에 본격적으로 형성되기 시작한 '미국의 대중문화가 범람했다"[33]는 지적에서도 알 수 있다시피, 전후에 극장가를 점령했던 할리우드 영화의 공세와 〈자유부인〉1956을 비롯한 서구 물질문명을 적극적으로 차용한 한국영화들의 개봉은 당대 대중 잡지나 신문 연재 소설 등이 구축했던 도시적 문화 현상을 적극적으로 실어 나르기에 분주했다. 여기에 1956년 외화의 범람을 막고 국산 영화를 진흥하기 위한 영화 입장료 면세 조치로 인해 1950년대 후반 국산 영화의 중흥기가 도래하자 바야흐로 한국영화는 1960년대 들어 연평균 200편에 달하는 제작을 이루어냄으로써, 도시인들의 대중적 욕망을 실어 나르는 용광로로 군림하기에 이른다. 이때 한국영화는 당대 대중문화적 현

---

33 강인철, 앞의 글, 271쪽.

상을 적극적으로 수용함으로써 대중문화의 대표적 매체로서 역할을 충실하게 이행한다. 그럼에도 불구하고, 간과하지 말아야 할 것은 한국영화와 대중문화의 상호 작용 속에서 발생하는 매체 간의 특성과 성격에서 기인한 균열과 차이이다. 가령, 영화 〈자유부인〉의 경우 신문 연재 소설 『자유부인』을 성공적으로 영화화한 대표적인 사례라고 할 수 있으나, 영화 〈자유부인〉에서 오선영의 캐릭터를 통해 재현되는 도시적 삶과 인물들의 배회, 전통과 근대의 갈라짐, 귀환의 불가능성 등은 영화라는 시각적 매체와 감독의 연출 의도 속에서 원작과의 차이를 표출한다. 이와 같은 차이는 이범선의 소설 『오발탄』을 영화화한 유현목 감독의 작품 〈오발탄〉에서 시각적으로 재현된 도시적 삶에서도 발견되는 특징들이다.

특히, 냉전 시대 반공국가주의와 근대화 담론을 통해 건전하고 성실한 국민 주체를 '명랑'과 '희망'의 감정으로 소환했던 대중문화의 여러 담론들과 견주어 봤을 때, 한국영화는 이러한 대중문화의 감정들을 적극적으로 소환하면서도 미세한 균열의 틈새를 시각화된 재현 이미지 속에서 연출하곤 했던 것이다.

둘째, 냉전 시대 한국영화의 정체성 모색과 관련하여 대중문화와 맺고 있는 관계에 대한 것이다. 전후 한국영화는 미국의 자본주의 체제와 문화의 공세 속에서 민족 영화로서의 한국영화적 특색을 찾아 나가려는 모색의 기로에 서게 되었다. 반면, 당시 대중문화, 특히 대중 잡지에 실린 영화 관련 기사들은 대체로 '할리우드 영화 작품과 배우에 얽힌 흥미 위주 내용으로 점철되어 있었다. 『명랑』이나 『희망』과 같은 1950년대 대표적인 대중잡지에서 소개하는 영화 관련 기사들은 대동소이했으며, 1950~60년대 대표적인 지식인 잡지로 군림했던 『사상계』는 비록 흥미와 오락 위주의 할

리우드 영화 소개는 지양했으나 주로 예술성을 갖췄다고 평가되는 '구라파 영화'나 한국의 '문예 영화' 중심으로 영화 관련 소식을 전달하고 논평하는 데 치중했다. 이렇듯 대중 잡지에 게재된 '영화' 담론은 실제 한국영화의 모색과 동떨어져 있었던 것이다.

여기서 살펴봐야 할 것은 대중문화의 영화 담론과는 별개로 진행된 한국영화의 정체성 모색 속에서 냉전 시대 한국영화의 특수성을 발견할 수 있다는 점이다. 1950년대 한국영화의 예술성과 과학성 및 오락성은 물밀듯이 밀려드는 미국 중심의 외화에 비해 턱없이 낮은 수준에 머물러 있었다. 따라서 영화계 안팎의 여러 관계자들로부터 "국산영화의 기업적인 편의와 국내 무대예술의 발전을 위해서라도 외화의 무제한 수입과 범람은 (국내 경제나 문화적으로 미루어 보더라도) 그리 좋은 현상이라고 할 수 없다"[34]는 문제 제기가 자연스럽게 흘러 나오는 실정이었다. 이는 "국산 영화가 어떻게 거센 외국 영화와 국제 무대에서 대결하여 그 시장을 개척할 도리가 있겠는가"[35] 하는 비탄조의 비판적 성찰과도 연결되는 것이었다. 이러한 외화에 대한 비판적 문제 제기는 1960년대에 들어서도 여전히 계속되었다. "국산영화과 슬픈 계산서를 남긴 대신 외화는 무난하게 순조롭게 하한기를 넘겼다"[36]는 논조 등을 통해서도 짐작할 수 있듯이 할리우드 중심의 외화 공세와 그에 열광하는 영화팬들의 반응 속에서 국산 영화의 위기를 인식하고 한국영화의 정체성을 모색하려는 노력들이 지속적으로 연출되었다. 이는 한국영화의 과학성과 예술성·오락성을 성취해야 한다는 당

---

34 박인환, 「외화본수를 제한/영화심위 설치의 모순성」, 『경향신문』, 1955.12.3.
35 이청기, 「한국영화 성찰의 계기/위기를 어떻게 극복할 것인가」, 『경향신문』, 1955.7.4.
36 「영화계의 하한기 결산/방화ㅡ근래 드문 낮은 기록/외화ㅡ강(强) 프로로 호경기」, 『서울신문』, 1962.9.3.

면 과제로 귀결되었으며 '반공영화'를 비롯한 모든 장르의 영화에 적용되는 보편적인 원칙으로 통용되어 나갔다.[37] 뿐만 아니라, 구라파와 할리우드 영화에 대한 한국영화의 대응책으로서 로컬니즘에 기반한 민족 영화를 호명하는 등의 노력을 통해 한국 민족 영화의 터전을 마련하고자 했다.[38]

이와 같은 한국영화의 모색 속에서 발견할 수 있는 것은 '예술성', '오락성', '과학성'이 '반공영화'와 '문예 영화'를 비롯한 다양한 장르의 한국영화를 판단하는 보편적 기준으로 작용함으로써, 결과적으로 냉전 시대 정치 권력이 요청했던 '반공주의'와 '근대화 담론'에 순조롭게 부응하지 못하는 이른바 '불온한' 영화들의 제작과 상영이 이루어지는 토대로 작용했다는 점이다. 불온이 체제의 논리였던 '믿음과 명랑'의 화해할 수 없는 대립쌍으로 존재했다는 점을 감안하면,[39] 한국영화계는 냉전 시대 자구책으로 설정한 민족 문화로서의 영화적 정체성을 구현해 나가는 과정에서 불온한 작품을 창출해내는 모순적인 상황에 처하게 되었던 셈이다. 유현목 감독의 영화〈오발탄〉1961이 국내외에서 예술성을 인정받았음에도 불구하고, '상영금지처분'이라는 우여곡절을 겪은 사건이나 이만희 감독의〈7

---

37 1950년대 영화계에서 활동했던 저명한 평론가였던 오영진과 이청기는〈주검의 상자〉와〈피아골〉에 대한 평가에서 '반공영화'의 주제의식뿐만 아니라 그 작품 자체가 지닌 오락성과 대중성, 예술성에 대한 논의를 구체적으로 전개해 나갔다. 이와 관련된 내용은 다음의 기사를 참조할 것. 오영진,「반공영화의 몇 가지 형(상)/〈주검의 상자〉를 평하기 위한 하나의 서론」,『한국일보』, 1955.8.3;「반공영화의 몇 가지 형(하)/〈주검의 상자〉를 중심으로」,『한국일보』, 1955.8.4; 이청기,「피아골에 대한 소견/주제는 고답적인 반공효과 노린 것(상)」,『한국일보』, 1955.9.1;「피아골에 대한 소견/실패의 원인은 작품정신의 모호화(하)」,『한국일보』, 1955.9.2. 한편, 허백년은 '오락성'과 '예술성'의 합일이 필요하다는 점을 주장하면서 한국영화의 나아갈 길을 모색한다.(허백년,「오락이냐 예술이냐, 양면성에 고민하는 영화계」,『조선일보』, 1958.12.2)
38 이와 관련한 내용은 다음의 기사를 참조할 것. 유두연,「영화기법의 신경향/네오 레아리즘에 대하여」,『조선일보』, 1954.5.10; 이규환,「한국영화의 걸어 갈 길」,『서울신문』, 1954.11.7.
39 임유경, 앞의 책, 55쪽.

인의 여포로〉가 '반공법' 위반으로 사회적 논란이 되었던 사건, 이후 이원세 감독의 〈난장이가 쏘아 올린 작은 공〉1981의 무자비한 검열 사건에 이르기까지 냉전 시대 한국영화의 민족 영화로서의 정체성 모색은 대중문화에 비친 영화 담론과는 전혀 다른 지점에서 반공국가주의와 근대화 담론에 대한 저항의 서사를 새로 쓰게 된다.

셋째, 한국영화와 대중문화에서 거론되었던 '타자들'에 관한 것이다. 앞서 언급했듯이, 대중 잡지를 비롯한 전후 대중문화는 반공국가주의와 근대화 담론을 견인하는 방향에서 사회적 타자들을 사회악으로 호명했다. 이들은 도시의 안전 메커니즘을 교란하는 '불안'과 '두려움'을 환기하는 존재로 명명되었으며, 이들에 대한 배제와 삭제를 통해 냉전 시대를 통어하는 '명랑'과 '희망', '유쾌'의 감정들이 사회적으로 유통되기에 이른다.

한국영화가 이와 같은 대중문화의 감정/감각을 적극적으로 활용한 측면은 간과할 수 없는 부분이다. 실제로 1960년대 초반에 증가하기 시작했던 '가족 멜로 드라마' 장르는 인기 있는 라디오 방송극을 영화화하여 대중의 많은 사랑을 받았다. 〈로맨스 빠빠〉1960와 〈서울의 지붕 밑〉1961과 같은 가족 멜로 드라마는 '가족' 이데올로기를 적극 활용하는 가운데, 가족 구성원이 겪는 개인적 · 사회적 갈등과 문제들을 '명랑'과 '희망'의 담론으로 봉합하는 서사를 충실하게 따른다.

그러나 냉전 시대 한국영화에는 '가족'으로 호명되지 못한 수많은 존재들이 배회하고 있다는 사실 또한 간과할 수 없다. 이 배회하는 존재들은 대중문화에서 타자화했던 전후 '잃어버린 군상들'의 다른 이름이었다.

2. 한국영화에 스며든 냉전의 논리와 타자성

1) 반공국가주의와 근대화 담론의 영화적 전유

주지하다시피, 반공주의는 자체의 이론적 개념과 내용을 내포하고 있기보다는 '공산주의'에 대한 대항 담론으로서 '승공'과 관련된 다양한 언술 및 담론과 결합되어 통치 권력의 수단으로 이용되어 왔다. 특히, 반공주의가 가장 강력한 힘을 발휘한 것은 근대화 담론과의 결합 속에서였다. 이는 냉전 시대 한국영화 속에서 '공간'과 '장소'의 위치 설정과 관련된 권력 관계 형성의 양상과 긴밀히 조합되어 나타나는 특징을 보인다. 이를 좀 더 구체적으로 논의하면 다음과 같다.

우선 '반공주의'와 '근대화 담론'에서 공통적으로 추출할 수 있는 '공간성'과 관련된 것이다.

반공주의는 다음과 같은 측면에서 특정한 '공간'을 점유하고 '경계'를 설정하는 문제와 긴밀하게 조응한다. 우선, '반공주의'는 '남'과 '북'이라는 영토적 한계를 구획하는 물리적 공간 분할과 분리해서 상상할 수 없다. '승공'과 연관된 반공주의는 '북'쪽을 불법 점거하고 있는(정부 혹은 국가로서 인정받을 수 없는) 괴뢰 정권을 타도해야 할 대상으로 선정하되, 한반도의 유일한 합법 정부로서의 '남한'의 국가적 정체성과 체제 정당성을 확보하기 위한 '영토 분할적' 권력 위계의 설정 및 한계 설정과 물리적으로 떼어놓을 수 없는 이념이라는 것이다. 이는 물리적 공간을 '외부'와 '내부'로 분할·구획하여 외부를 '불법'과 '적', '악'으로 규정하는 반공주의 담론의 내용 형성 과정에 다름 아니다.

둘째, 영토 내부, 즉 '남한'의 안정된 위치를 설정하고 안정된 국가 체제를 성립하기 위한 경계 설정에 대한 것이다. '북한'을 '적'으로 규정함으로써 얻게 되는 '남한'의 내부는 이제 안정과 질서에 기반한 건전하고 명랑하고 유쾌한 미래적 유토피아를 건설하는 과제로 가득 찬다. 이때 '남한'의 안정과 질서의 표상으로 자리잡는 것은 '거주'와 관련된 것들이다. 앞서 논의했듯이, 전후 남한 도시는 전쟁으로 인한 사회적 혼란과 황폐화로 인한 불안정성을 내포하고 있었다. 이러한 불안정성을 관리하기 위한 효과적인 방법으로 제기된 것이 바로 '거주' 및 가족 공동체를 형성하는 것과 관련된 안정성이다. '거주'지와 안정된 공동체를 갖는다는 것은 최소한의 생존권을 보장받는 것을 의미하며 이는 인간이 물리적·심리적 안정감을 회복하는 조건이 된다. 이로써 인간은 인간다운 기본권을 행사할 수 있으며 이 과정에서 '국민'으로 호명받기에 이른다. 전후 도시를 가득 메운 불안정성 속에서 벗어나기 위한 가장 효과적인 방법은 바로 이러한 '거주'와 공동체에 대한 안정성의 회복과 관련되어 있었다. 그렇다면 이 안정된 거주의 공간으로부터의 이탈은 곧 '기본권'이나 '생존권'에 대한 권리 박탈이며 곧 '국민'으로서의 추방이라고 할 수 있을 것이다. 거주지를 상실한 이들의 이름을 '난민'이라고 부를 수 있다면,[40] 반공주의는 '남한'이라는 국가 체제의 안정과 질서를 도모하는 과정에서 반공주의를 적극적으로 활용하는 가운데, 수많은 거리의 난민을 양산함으로써 국가 내부에 존재하는 또다른 '외부'를 지속적으로 형성해 나갔다.

　근대화 담론의 경우도 비슷한 맥락에 놓여 있다. 특히 박정희 정권을 시

---

[40] 서경식은 재일 조선인의 난민적 정체성을 탐구하는 글에서 다음과 같이 서술한다. "난민이라고 하는 것은 국가로부터의 해방이기 이전에 국가로부터의 추방이며, 그것은 대부분의 경우 생존권이라는 기본권으로부터의 추방을 의미하는 것입니다."(서경식, 임성모·이규수 역, 『난민과 국민 사이』, 돌베개, 2014, 224쪽)

작으로 전두환 정권에 이르기까지 '근대화'는 곧 '경제 개발'과 '성장 위주 발전'의 의미로 해석되었다. 이로 인해 '전통'과 '과거'는 '봉건성'과 '구악'으로 치부되었으며 도시 문명에 기반한 현대적이고 합리적인 삶이 국민들에게 요청되었다. 급속한 도시화와 '이촌향도' 현상의 급증은 '도시'와 '도시적 삶', '도시화'의 다양한 문제를 양산했다. 이러한 근대화는 크게 다음의 두 가지 문제로 수렴된다.

우선 '농촌'과 '도시'로 구분되는 영토적 분할 및 도시 개발과 형성에 있어 '도시'의 공간을 관리·규율하는 문제가 제시된다. '농촌'과 '도시'의 분할은 '도시' 중심의 위계 질서를 형성함으로써 '농촌'을 '도시' 진입을 위한 전초 기지로 삼는 모종의 권력 관계를 형성한다.[41] 동시에 도시화로 인해 불거져 나오는 사회적 문제들, 특히 도시에서 안정된 거주지를 확보하지 못한 '거리'의 존재들에 대한 관리의 문제를 노출함으로써 도시 내부에서 '거주'를 중심으로 한 권력적 위계 질서를 형성한다. 요컨대, '도시'는 '농촌'과의 관계 속에서 영토적 경계와 한계를 구획할 뿐만 아니라, '도시' 내부에 존재하는 '안정', '불안정'과 관련된 '안팎'의 공간적 분할 또한 내포하고 있다.

다음으로 근대화 담론에 기반하여 탄생한 '도시'는 구시대적 과거를 청산하고 선진화된 발전의 이미지를 창출하는 데 기여했다. 이는 '농촌'을 봉건적인 '구악'으로 타자화함으로써 가능해지는 것이다. '농촌'으로 표

41　이와 관련하여 나리타 류이치는 근대 도시 공간이 인간을 전통 사회에서 도시로 끌어내어 도시적 삶이 요구하는 존재로 변화시킨다고 말한다. "근대의 도시 공간은 '문명화'하에서 사람들을 '전통사회'로부터 끌어내어 공적·익명성을 특징으로 하는 새로운 공간 질서를 형성하고, 사람들에게 그 새로운 공간 질서 하의 새로운 신체와 정신의 상태를 요구한다."(나리타 류이치, 서민교 역, 『근대 도시 공간의 문화 경험』, 뿌리와이파리, 2011, 79쪽)

상되는 '봉건성'과 '구악'은 타도해야 할 것으로서 대상화되고, '도시'는 밝고 깨끗하며 발전된 시각적 이미지 속에서 지향해야 할 미래의 비전으로 표상되기에 이른다. 이러한 구분은 '도시'가 지닌 공간적 분할 속에서 가능해지는 것이다. "일반적으로 도시는 공간으로서 존재하고, 그 공간은 한편으로 균일성을 만들어냄과 동시에 다른 한편으로는 (균일성의 제어를 받으면서) 다양한 중층적인 관계-결합을 만들어낸다."[42] 요컨대, 근대화 담론의 상징적 표상으로 자리잡은 '도시'는 단순히 문명화된 공간을 형성하는 차원에 머물지 않으며 '도시'의 외부와 내부에 각각의 중층적인 관계와 결합을 형성함으로써 도시를 중심으로 한 공간의 권력 관계를 형성하는 것이다.

이렇듯 반공주의와 근대화 담론은 공통적으로 '공간'의 분할과 구획에 따른 권력 관계를 내포하고 있다. 이는 '승공'에 기반한 남한의 체제 안정과 발전, 그것의 가장 중요한 표상으로 자리잡기 시작한 '도시'의 안전 관리 메커니즘과 결정적으로 맞닿아 있다.

냉전 시대 한국영화가 반공주의와 근대화 담론과 접속하는 지점도 여기이다. 다음의 몇 가지 점에서 반공주의와 근대화 담론은 서로를 견인하면서 한국영화의 도시적 상상력 속에서 조합된다.

'반공주의'와 '근대화 담론'은 도시의 안정된 거주 공간을 이탈한 거리의 불안정한 존재들, 혹은 뚜렷한 정체성을 확보하지 못한 불가지不可知의 존재들을 적극적으로 호명하고 그들을 처벌하는 과정을 통해 시각적으로 재현된다.[43] 사회적 불안과 불안정성을 '명랑'과 '유쾌', '희망' 등의 건전

---

42 나리타 류이치, 앞의 책, 20~21쪽.
43 남북한의 대결을 전면화한 반공영화의 경우에도 영화의 배경은 '도시'로 특정되고, 이 장

한 감정으로 전환하기 위해서 호명된 이들 거리의 존재들은 '상실'과 '유랑', '불안', '허무' 등의 부정적이고 악한 감정들을 환기한다. 따라서 이들에 대한 적극적인 호명과 처벌은 남한 사회의 체제 안정성과 긍정적 감정을 회복하고 상기시키는 중요한 대상이 된다. 동시에 이러한 방식의 재현 과정은 안정된 가족 공동체와 거주 공간에 정착한 존재들, 이른바 경제적 부와 사회적 명성, 훌륭한 지식과 품성, 합리적 사고 등으로 무장한 '국민'으로 호명되는(호명될) 존재들에게 힘을 실어 줌으로써 냉전 시대 반공주의와 근대화 담론이 실어 나르는 물리적·심리적 장소의 미래 지향적 주소지가 어디인지를 분명하게 말해 준다. 이는 냉전 시대 한국영화가 반공주의와 도시적 상상력을 통해 형성하는 특정한 공간이라고 할 수 있을 것이다.

그러나 한편으로 '반공주의'와 '도시적 상상력'에 기반한 이와 같은 한국영화의 재현 방식은 또 하나의 공간을 형성하는데, 그것은 안정된 체제 바깥에 존재하는 또다른 '비-장소'이다. 여기에 존재하는 거리의 타자화된 존재들은 유랑하는 전후의 난민으로서 '농촌'에서 '서울'로 혹은 서울의 화려한 밤거리에서, 빈민촌 등지에서 지속적으로 출몰하면서 전후 남한의 체제를 위협하는 타자로 시각화된다. 이들은 '비-장소'에서 도시의 안정과 질서를 위협하는 '악'한 존재로, 즉 계몽의 대상으로 존재하지만, 사실 '존재' 그 자체로 도시의 특정한 거점을 확보함으로써 한편으로는 도시적 삶을 비추는 거울이자 연민의 대상으로, 한편으로는 냉전 시대 정치 권력이 강요하는 현실의 부조리에 대한 저항과 균열의 '공간적 표상'

소에서 벌어지는 남북의 대결 양상은 근대화의 다양한 시각적 스펙터클과 교묘하게 결합되어 '선'과 '악'의 구도 속에서 두 체제를 상징화한 인물들이 놓여 있는 공간과 결합된다.

으로 이미지화된다.

다음으로, 여기서 논의해 볼 필요가 있는 것은 이렇듯 타자화된 유랑하는 존재들에 대한 대중의 집단적 감정 구조에 대한 것이다.[44] 냉전 시대 동안 한국영화는 정치 권력이 강요한 검열을 비롯한 제도적 억압에도 불구하고 예술적 성취를 위한 노력을 경주해 왔다. 이 과정에서 체제의 냉혹한 시선을 거스르는 존재들을 적극적으로 영화적 재현의 대상으로 이미지화함으로써 대중의 삶이 처한 현실의 부조리에 가까워지려 애쓴 것이다.

따라서 한국영화에 재현된 유랑하는 타자들의 정체성을 단순히 반공주의와 근대화 담론에 결박된 단순한 것으로 치부하는 것에는 문제가 있다. 이는 곧 한국영화에 재현된 반공주의와 근대화 담론을 실어 나르는 도시 안팎의 공간이 지닌 혼종성과 저항성에 대해 개방적인 시각을 가져야 함을 의미한다. 말하자면, 한국영화에 재현된 '타자들'과 그들의 '장소'는 대중의 감정이 쉽게 다다를 수 있는 정박지이자, 현실의 부조리를 탐색할 수 있는 대중의 피난처라는 것이다. 냉전 시대 정치 권력은 지속적으로 반공주의와 근대화 담론을 통해 정권 친화적인 국민과 삶을 요구했지만, 실

---

44 레이먼드 윌리엄즈는 사회에 존재하는 '감정 구조'에 대해 논의하면서 이것이 어떤 세계관인 이데올로기와 같은 신념과 이념의 체계와는 다른, 실제로 사회 안에서 활발히 체험되고 느껴지는 경험 속에서 형성되는 감정들에 결부되어 있다고 주장한다. 그가 논의하고자 하는 대상은 충동, 억제, 경향 등이 지닌 특징적인 요소, 특히 의식과 여러 관계가 지닌 특수한 정서적 요소이다. 이것은 이른바 '느껴진 생각이고 생각된 느낌'을 표현한 것으로서, 예술과 문학은 이러한 감정의 구조를 살필 수 있는 주요한 매체이다. 이러한 용해된 형태의 사회적 경험으로 정의할 수 있는 감정의 구조가 나타날 때는 하나의 계급이 형성된다.(레이먼드 윌리엄즈, 박만준 역, 『마르크스주의와 문학』, 지식을만드는지식, 2013, 259~275쪽 참조) 레이먼드 윌리엄즈의 논의에 기대자면, 냉전 시대 대중 영화 속에서 재현된 '유랑하는 타자성'은 반공국가주의와 근대화 담론으로 결합한 전후 냉전 시대를 살아가는 사회의 집단 대중의 사회적 경험을 반영함으로써, 대중의 감정 구조를 추론해내는 방법론으로 작용할 뿐만 아니라, 냉전 시대 출현하기 시작한 타자적 존재들의 계급적 특성과 의미를 살피는 데에도 효과적으로 작용할 수 있다.

제로 대중이 가 닿는 정박지는 달랐다. 이 부조리한 삶을 가장 위로하고 감싸 안을 수 있는 언어는 영화 이미지였다. 한국영화는 도시적 상상력을 통해 냉전 시대 대중의 삶이 이루어졌던 현장을 영화적 공간으로 소환함으로써, 지속적으로 출현하는 유랑하는 타자성 속에서 반공주의와 근대화 담론의 기획이 실패한 것임을 상기하는 데 복무했다. 이로써 '유랑하는 타자성'은 명랑과 희망이 가득찬 반공과 근대의 점철하는 도시 속에서 도저히 파악할 수 없는 혹은 사로잡을 수 없는 불안정성과 혼존성을 유지함으로써 대중문화 정치의 반쪽짜리 실패와 성공을 이미지화했다.

2) 한국영화의 타자들, 개념과 범주

'타자'는 특정한 공간적 감각을 동반하여 형성되는 상대적인 개념이다. '주체(나)'와 '타자(너)' 사이에 존재하는 거리는 일정 정도 분리된 감각적 실천과 인식 속에서 가능해지는데 주체가 자신의 공간을 인식하고 구성하는 방식에 따라서 자연스럽게 타자의 영역이 형성되기 때문이다. 서로 다른 공간에 존재한다는 정서와 감각이 이렇듯 분리의 인식 속에서 실천될 때, 과연 이 '분리'의 기준이 무엇인가 궁금해진다. 이는 물질적·정신적 거리감과 관련되어 있다. 주체의 정체성이 확고해지는 공간은 근본적으로 공간에 대한 확신과 신뢰에 기초한다. 물질적·정신적으로 특정한 확신과 신뢰에 기반하여 어떤 '인정'의 공간이 형성되고 그 안에 거주함으로써 주체는 자신의 확고한 정체성을 수립해 나갈 수 있는 것이다.[45] 물

---

45 여기서 말하는 '주체-타자' 공간의 '분리'는 확고 부동한 '분리의 기준'이나 어떤 경계를 설정하는 것은 아니다. 주체가 어떤 공간적 분리를 통해서 정체성을 형성해 나가는 과정은 '운동성'에 기반한 '과정'을 의미하는 것일 뿐이기 때문이다. '주체-타자'의 정체성이나 공간은 역사적 시공간 속에서 다양한 경험과 이념, 윤리 등에 따라 하나의 과정으로서

론, 이때 주체 구성의 공간에 필수적인 것은 인정할 만한 어떤 특수한 경험이다. 확신과 신뢰에 기반한 인정의 경험이 축적되고 응축됨으로써, 특수한 공간과 그것을 구성한 주체의 정체성이 확립되기에 이른다. 이는 다음과 같은 주장과도 일맥 상통한다. "인간은 신체의 긴밀한 경험을 통하여 그리고 타인과의 긴밀한 경험을 통하여 자신의 생물학적 욕구와 사회적 관계에 적합하고 또 그것을 충족시킬 수 있도록 공간을 조직한다."[46] 인간이 타인과의 관계적 경험을 통해 자신의 신체적·사회적 욕구와 생활에 적합한 공간을 구성한다는 말은 곧 '경험'을 통해 형성되는 주체의 물질적·정신적 안정과 충족의 공간 성립과 관련 맺는다. 다만, 여기서 한 가지 간과한 것은 관계적 경험을 논하는 데 있어 빠트리고 있는 '타인'의 존재에 관한 것이다. 사실, '타인'과의 경험 속에서 인간은 자신에게 충족감과 안정감을 주는 공간을 설정함으로써, 타인과는 차별화되는 혹은 타인과의 관계 속에서 우위에 놓인 장소를 선점하고자 한다. 따라서 '타인'에 대한 경험은 그 자체로 순수한 공간 구성의 전제 조건으로서가 아니라, 권력 관계를 동반하는 것일 때 좀 더 명확한 의미를 확보할 수 있다. 그런데 이 권력은 포섭된 자와 배제된 자들 혹은 영역들을 분리해내는 효과를 낳는다. 푸코는 법·규율 권력의 메커니즘을 통해 국가와 사회를 통치함으로써 그 영역 안에 포섭되어야 할 존재들을 호명한다고 주장한다. 푸코에 따르면, "'통치하다'는 자신이나 타인, 타인의 신체, 더 나아가 그 영혼

지속되고 있으며 이 과정 속에서 다양한 주체성과 공간들이 서로 겹치고 나뉘어짐으로써 새로운 정체성과 공간적 의미를 창출한다. 이는 앙리 르 페브르의 "하나씩 독립적으로 분리되는 사회적 공간이란 추상에 불과하다. 구체적인 추상으로서의 사회적 공간은 망과 경로, 관계의 묶음을 통해서 '실재적으로' 존재한다"는 주장과도 연결되는 것이다.(앙리 르 페브르, 양영란 역, 『공간의 생산』, 에코리브르, 2014, 153쪽)

46 이 푸 투안, 구동회·심승희 역, 『공간과 장소』, 대윤, 2011, 63쪽.

이나 행동방식에 행사될 수 있는 지배를 지칭하기도" 한다.[47] 이러한 인간에 대한 통치 권력을 통해 국가나 사회에 포섭되는 존재를 호명하는 법과 규율 권력은 필연적으로 법과 규율 권력에 포섭되지 않는 타자의 영역들을 발견하는 작업에 다름 아니다. '도시' 혹은 사회적 '경험'이라는 측면에서 보자면, 푸코가 말한 통치성은 안전 도시에 대한 법과 규율의 권력 작용의 효과일 뿐만 아니라, '경험' 또한 법과 규율 같은 권력 작용 속에서 사회적으로 인정받을 수 있는지의 여부가 판단된다. 따라서 '주체'의 정체성과 그가 머무는 '공간'의 성격은 법·규율의 권력 메커니즘, 즉 이에 기반한 통치성의 범주 안에서 어떤 공통된 경험을 수반함으로써 형성될 수 있는 것이다.

대중문화의 영역에서 한국영화가 도시의 경험에 기반한 감정 정치의 한 측면을 담당하고 있다는 점을 앞에서 언급했다. 이 감정 정치 또한 주체 구성의 공간 속에서 권력의 통치 메커니즘에 기반해 있을 수밖에 없다. 말하자면 어떤 특정한 공통 감각을 형성하는 경험과 그에 기반한 공간 속에서 주체 형성의 과정이 이루어진다는 것이다.

이는 무엇보다 '타자'의 형성 조건으로 기능한다는 데 초점을 맞춰야 한다. 어떤 공통적인 것에 대한 "감성의 분할" 속에서, 공통적인 것과 배타적인 몫들이 동시에 결정되는 것이다.[48] 대중문화 영역에서 형성되는 냉

---

47 미셸 푸코, 오트르망 역, 앞의 책, 178쪽.
48 자크 랑시에르는 '감성의 분할'에 대해 주장하면서 다음과 같이 논한다. "어떤 공통적인 것의 존재 그리고 그 안에 각각의 몫들과 자리들을 규정하는 경계설정들을 동시에 보여주는 이 감각적 확실성의 체계를 나는 감성의 분할이라고 부른다. 감성의 분할은 따라서 분할된 공통적인 것과 배타적 몫들을 동시에 결정 짓는다. 몫들과 자리들의 이러한 분배는 어떤 공통적인 것이 참여에 소용되는 방식 자체 그리고 개인들이 이 분할에 참여하는 방식 자체를 결정하는, 공간들, 시간들 그리고 활동 형태들의 어떤 분할에 의거한다."(자크 랑시에르, 오윤성 역, 『감성의 분할』, 도서출판b, 2008, 13~14쪽)

전 시대 공통 감각은 사실, 냉전 시대의 도시 경험과 거기에서 비롯된 권력화된 사회적 인정 속에서 공간의 점유를 통해 형성된다. 이 공간은 감성의 분할, 즉 공통된 몫들과 배제된 몫들을 나누는 중요한 지점으로서 주체의 정체성이 구성되고 배치되는 장소로서 기능한다. '타자'의 개념은 바로 이 주체와 공간의 정체성에서 배제되고 배타적으로 형성되는 몫들의 구체적인 대상이자 이름이라고 할 수 있다.

따라서 한국영화에 재현된 타자를 정의하기 위해서는 무엇보다 각 시대별로 권력에 기반하여 성립된 주체와 공간의 정체성을 우선 살펴봐야 한다. 이 글에서는 1950년대부터 1980년대에 이르는 냉전 시대 영화의 타자들을 살펴보기 위해 각 시대별 주체와 공간의 정체성을 우선 탐색하고자 한다.

우선, 1950년대 '혼돈과 균열의 시대'를 살펴보기 위해서는 전후 '반공 국가주의'와 '문화 제국주의'라는 양 축의 권력 메커니즘에 초점을 맞춰, 이 두 이념을 반영한 주체와 공간의 정체성을 밝혀 보고자 한다. 1950년대 한국영화에서 가장 두드러지는 특징은 '전통 가부장 국가라는 유토피아'가 설정되어 있다는 점이다. 여기서 말하는 '전통 가부장 국가라는 유토피아'는 이승만 체제가 강력하게 내세웠던 '반공 국가주의'의 메타포로서 남북한의 대결 구도에서 '남한'의 정통적 체제 정당성을 환기하기 위한 문화적 전략의 일환으로 구상된다. '국부'를 자처했던 이승만의 체제 이념을 상기할 때, 한국영화에 재현된 '전통 가부장 국가'는 '가부장' 국가로서의 남한의 체제 정당성을 환기할 뿐만 아니라, 그 체제 정당성에 근거하여 남북한 긴장 관계와 정전 협정 직후의 사회적 혼란을 돌파하고자 하는 '반공 국가주의'의 전략적 선택이라고 할 수 있기 때문이다. 동시에 미국 중심의 서구 문화가 사회 전반을 잠식하고 있던 당시 상황에서 문화적 혼란과 균열을 봉합하기 위한 방편으로서도 '전통 가부장 국가'라는 유토피아적 상상은 절실히 요청되었다. 보수적 전통 가부장의 권위와 권력을 중심으로 통치되는 가부장 국가의 정체성은 서구 외래 문물의 범람과 그로 인한 부작용들을 효과적으로 관리하고 처벌하는 규율로서 작용하기에 충분했다.

이러한 1950년대 권력의 작용 아래에서 한국영화는 '반공 국가주의'의 유토피아적 상상력을 집과 가족 공동체, 이에 상반되는 '거리'의 공간적 재편을 통해 영화적으로 재현했다. 전통 가부장이 지배하는 '집'과 가족 공동체는 '안정'과 '풍요', '명랑'과 '희망'의 건전한 감정을 산출함으로써 전후 도시를 점령한 혼란과 균열의 감정들을 차분하게 가라앉히고, 사회적 질서를 재편성하는 공간으로 자리매김했다. 이 '집'은 그 장소를 지키거나 그 장소로 귀환함으로써만 주체성을 구성하거나 회복할 수 있는 물질적·정신적 기반이다.

이 반대편에 놓인 것이 바로 타자의 공간이었다. '거리'는 이러한 혼란과 균열을 상징하는 공간으로 재현되는데, 1950년대 한국영화에서 타자들은 '거리'의 존재들로 드러난다. 집을 떠나 배회한 채, 집으로 귀환하지 못한 여성들 혹은 아예 정주할 '집'의 공간을 확보하지 못한 존재들이 바로 거리를 배회하는 유랑하는 타자들이었다. 주로 서구 문화를 추종하는 유한 마담들, 기지촌이라는 서구 제국주의의 부정적 표상으로 재현되는 기지촌의 양공주들, 건달들 등의 모습으로 이들을 살펴볼 수 있다.

한국영화는 반공국가주의와 서구 문화 제국주의에 기반한 주체 구성 방식을 공간을 통해 재현하는 동시에 이들에 의해 배타적인 범주로 밀려나 버린 타자들의 유랑하는 정체성들을 슬쩍 끼워 넣음으로써 영화적 모색의 새로운 지점을 보여 준다.

1960년대 한국영화에서 가장 핵심이 되는 냉전 시대 논리는 바로 반공 국가주의와 산업 근대화의 양대 축이었다. 이 두 이념은 박정희 정권의 통치 수단으로 작용하면서 한국영화에 흔적을 남기게 된다. 이 글에서 주목하고자 하는 것은 '1960년대 근대화 담론으로 이완된 반공국가주의'이다. 박정희 정권은 '경제 성장'을 곧 '반공주의'로 규정지었다. '승공'의 가장 큰 전략은 '경제 성장'이었다. 따라서 1960년대 한국영화를 분석하는 데 있어 냉전 시대 승공 논리와 경제 논리의 결합을 주의 깊게 살펴볼 필요가 있다.

근대화 담론이 가장 맹위를 떨치던 박정희 정권에서 '성장'의 주체로 호명된 것은 건전한 가족이었다. 특히, 성장의 가능성을 내포한 가족 담론이 가장 중요한 전략적 거점이었는데, 이는 한국영화에서 재현된 '중산층 판타지' 속에서 살펴볼 수 있는 대목이다. 안정된 중산층 가족을 위한 토대로서의 '집'과 '가족'은 가족의 '세대 교체' 속에서 건전하고 성실한 미래의 성장을 가늠하는 방식으로 영화 속에서 재현되었다. 한편, 이러한 '집'과 '가족'을 통한 근대화 담론의 문화적 변용은 반공국가주의 내부에 존재하는 불온한 세력들을 건전하고 안정된 '가족' 안으로 편입하려는 시도로서 표출된다.

이러한 작용 아래에서 불온하거나 안정된 세계로 편입되어야 할 대상으로 호명되는 존재들이 등장하는데 이들은 주로 '무능력'과 '빈곤'의 상징으로 재현된다. 가령, 경제 성장의 메타포로 작용하는 가족 집단에서 구세대의 무능한 가장으로 재현되는 아버지의 존재 등이 그들이다. 이들은 건전한 경제 성장과 반공국가주의를 위해 안전하게 가족 안으로 편입되거나 희생되어야 할 존재들이다. 이들이 놓여 있는 공간은 '거리' 혹은 '해방촌'과 같은 가난의 상징으로 치부된 공간으로서 타자들이 놓여 있는 도시적 상상력 속에서 1960년대 반공국가주의와 근대화 담론이 지향하고자 했던 문화 논리의 일단을 짐작케 한다.

한편, 1960년대 중후반 등장했던 〈팔도강산〉 시리즈는 박정희 정권의 통치성을 문화적 판본으로 가장 적나라하게 드러낸 영화로서 이를 통해 정권이 반공국가주의와 근대화 담론을 통해 완벽하게 배제하고자 한 것이 무엇인지를 살펴보는 좋은 자료이다. 이 영화는 '영토'와 '스펙터클한 공업 도시', '노동' 등의 시각적 재현에 중점을 둔다. 발전된 남한 영토의 특정한 도시 공간들은 '반공 국가주의'의 메타포로서 기능하며 노동하는 신체의 일사불란한 대열, 산업 발전을 외치는 젊은 산업 역군들의 희망찬 메시지는 경제 성장을 직접적으로 선전한다. 그러나 이 시각적 스펙터클은 그 완벽함 때문에 역설적으로 배제된 영토들과 '전태일 열사의 죽음'과 같은 현실 노동의 고통, 산업 역군들의 피눈물 등을 재환기하는 효과를 낳는다. 따라서 이 영화들을 통해 1960년대 완벽하게 재현의 장에서 사라져 버린 진짜 대중의 민낯을 상상하게 되는 것이다.

1970년대는 절망과 저항의 시대를 관통하는 한국영화적 모색을 살펴본다. 유신 체제에 기반한 경제 발전 논리는 사회 안에서 밀려난 자들을 대거 양산했다. 그렇다면 이 시대 주체 구성의 안전한 공간은 존재했을까. 이 글에서는 '서울'로 대표되는 '도시'가 지닌 상상된 '힘'과 '권력' 자체가 안정과 평안의 거주 공간으로서, 주체 구성의 지점으로서 상상되었다고 본다. 1970년대 서울을 중심으로 한 도시화는 대거 무작정 상경남녀를 양산했는데, 이들은 10여 년 전 '가족'과 '집'이라는 구체적인 공간적 현실 속에 더 이상 놓여 있지 않았다. 성공의 꿈을 꾼 채 무작정 서울로 상경한 이들에게 '서울'이라는 '도시'가 뿜어내는 가상의 힘과 권력 그 자체가 유토피아적 '가족'이자 '집'의 공간으로 인식되었던 것이다. 따라서 1970년대 한국영화에 재현된 공간은 사실 도시의 주변부를 맴도는 존재들, 즉 '도시'의 거점을 확보하지 못한 채 상상된 내부의 밖을 서성이는 타자들로 채워져 있었다. 그래서 대도시 서울은 '꿈'과 '권력', '힘(부)'의 상상된 본거지이자 '난민 수용소'로서의 양가적인 얼굴로 등장했다. 이 야누스의 얼굴로 등장한 영화 속 대도시 '서울'을 통해 대중문화적 판본으로 재해석된 반공국가주의와 근대화 담론의 절망적 밑바닥을 확인할 수 있다. 이 과정에서 가족 공동체의 파괴와 그 주변을 서성이는 타자들이 '죽음'이라는 문제를 중심으로 대두되는 양상 및 젠더화된 양상을 파악할 수 있게 된다.

1980년대는 언뜻 보기에 박정희 정권의 권력 체제를 그대로 본떠 놓은 듯하다. 그러나 "1980년대 한국영화는 정치적으로 열린 틈새를 비집고 역사적, 사회적, 성적 문제를 건드리기 시작한 공적 담론의 장소가 되었다는 점"[49]에서 1970년대와는 다르다. '3S정책'과 컬러 TV 방송의 출발, 야간 통행 금지, 1986년 아시안게임, 1988년 서울 올림픽 개최 등의 굵직한 문화적 변동 속에서 한국영화는 근대화와 반공주의로 점철된 냉전 시대의 그늘을 새롭게 조명하고 그동안 잊혀진 것들에 관심을 기울이는 새로운 시도를 모색해 나갔다.

반공 국가주의와 근대화 담론으로 무장한 냉전 논리는 1980년대에도

---

49 김미현, 『한국영화 역사』, 커뮤니케이션북스, 2014, 68쪽.

여전했지만, 1970년대부터 발생하기 시작한 근대화 부작용들은 1980년대에 이르러 좀 더 본격화되는 양상을 보였다. 무엇보다 도시는 1970년대의 부작용들이 미처 해결되지 못한 상태에서 방치되어 있었다. 한국영화는 정권의 문화 정책을 전유하면서 이러한 도시의 삶이 가져온 1970년대 미완의 문제에 좀 더 근접해 들어갔다. 따라서 1980년대 주체 구성의 공간은 '도시'의 문제를 비판적으로 모색하는 특정한 공간을 설정하는데 그것은 '주체-타자'의 공간 이분법 자체를 교란하고 경계를 무너뜨리는 것이었다. 1980년대 한국영화에서 재현되는 주체성과 그 공간은 그동안 한국영화에서 재현된 타자들과 그 공간에서 형성되는 것으로서, 이른바 주체성의 전도 현상이자, 잊혀졌던 타자화된 공간을 드러나게 하는 정치적 움직임이라고 할 수 있을 것이다. 이는 랑시에르가 말한 일종의 "정치적 활동"과도 연결되는데, 그에 따르면 "정치적 활동은 어떤 신체를 그것에 배정된 장소로부터 이동시키거나 그 장소의 용도를 변경하는 활동이다. 이러한 활동은 보일 만한 장소를 갖지 못했던 것을 보게 만들고, 오직 소음만 일어났던 곳에서 담론이 들리게 하고, 소음으로만 들렸던 것을 담론으로 알아듣게 만드는 것이다".[50] 그동안 제대로 인식되지 못한 채, 소음으로만 존재했던 타자들의 목소리를 들려 주는 모색의 기운을 1980년대 한국영화의 재현장 속에서 발견할 수 있다. 영화가 재현한 도시 난민의 공간 그리고 중산층과 빈민층 가족의 대립 및 이로부터 연유하는 폭력의 문제는 '가족 공동체'를 둘러싼 근대화의 문제, 도시화와 공간의 대립 및 통치성의 폭력 문제 등을 복합적으로 이해하면서, 소음으로 존재했던 타자들

---

50 자크 랑시에르, 진태원 역, 『불화』, 길, 2016, 63쪽.

의 목소리를 들을 수 있도록 촉구한다. 한편, 1980년대에 이르면 비로소 영화에서 분단과 민족 문제를 폭넓게 다루는 시도가 가능해진다. 이 과정에서 주목할 만한 것은 그동안 잊혀진 분단과 민족의 타자들이 소환된다는 점이다. 이들은 빈곤하고 불행한 사회적 타자들이자 젠더화된 존재들로서 전후 반공국가주의가 내세웠던 가부장 중심 이데올로기가 내포한 폭력성과 근대화의 문제들을 천착하는 계기를 마련해 준다. 이 과정에서 반공국가주의와 근대화 담론의 공고한 결합은 점차 느슨해지고, 냉전 시대를 관통했던 힘의 논리는 점차 무뎌지는 것을 짐작해 볼 수 있다.

이렇듯 한국영화는 1950~80년대까지 '도시'적 경험을 기반으로 하는 영화적 상상력 속에서 반공국가주의와 근대화 담론을 실어 나르는 문화적 매체의 역할을 담당하면서, 재현의 장에 '주체-타자'의 논리를 감정 정치로 환원하는 많은 장치들을 마련해 왔다. 특히, '집'과 '가족 공동체', '근대화' 등과 연루된 주체 구성의 논법들을 통해, '타자'의 공간과 감각들을 양산해 내었다는 게 특징적이었다. 그러나 이러한 '타자'들에 대한 호출은 한국영화가 이들을 '적'으로 혹은 '타도의 대상'으로 상정했다는 것을 의미하지는 않는다. 오히려 한국영화는 '타자'들을 호출함으로써, 대중문화로서 한국영화가 위치해야 할 장소를 끊임 없이 모색해 왔다고 할 수 있다.

3) 한국영화 타자성의 정치, 냉전을 바라보는 대중문화의 시선

한국영화에 있어 '대중성', 즉 대중에게 어필할 수 있는 '오락성'과 '예술성'을 갖춘 영화를 제작하는 것은 시대를 막론하고 가장 중요한 것이었다. "대중의 진정한 친구요 반려자이기로는 다시 말하여 대중에게 영합하거나 아첨하기에 급급할 수도 없고 대중을 외면해 버릴 수도 없는—나아가서는 대중을 이끌어 올리기도 해야 한다는 사명감에 있어서는 영화가 지닌 비중이 가장 크다 하겠다"[51]는 1960년대 영화계의 주장은 1950년대 시기 "영화가 대중과의 유기적인 관련성을 필수로 한다면 그를 관객의 의식적인 욕구가 명확한 방향에로 반영됨으로써 창작자 의식의 모멘트가 달성되어야 한다는 점도 빼놓을 수 없는 형상화 과정의 한 요소임을 명기해야 할 것이다"[52]는 주장과 맞닿아 있다. 두 주장은 공통적으로 영화가 대중과의 호흡 속에서 '예술성'과 '오락성'을 갖춤으로써 대중적 영화로서의 정체성을 확보할 수 있다는 점을 환기한다. 한국영화의 이러한 특성이 보편적 경향이라면, 이는 '타자성'의 문화 정치로서 한국영화를 이해하는 데도 참조점을 제공한다.

위에서 언급했듯이 냉전 시대 한국영화는 '주체-타자' 논리의 성립과 분절을 통해 내러티브의 뼈대를 구성해 왔다. 반공국가주의와 근대화 담론을 전유한 '주체'와 그가 놓인 '공간'은 '안정'과 '풍요', '명랑'이라는 감정 정치를 수행하는 장소로서 기능했으며, 이는 여기에서 배제되고 삭제되는 '타자'와 그가 놓인 '공간'을 자연스럽게 연출했다. 이러한 이분법적이고 단순한 관계의 설정은 한편으로는 당대 냉전 논리와 그것의 그물망에서 벗어나 있는 다양한 타자적 존재들을 두 차원에서 견인한다는 점에서 특징적이다. 뿐만 아니라 중요한 것은 전자의 경우 미래 지향적 가능성과 연결되어 있지만, 후자의 경우 '현재-과거'의 현실적 토대와 연결되어

---

51 「[문화계용어논단] ① 과연 바로 쓰이고 있는자…/문예영화와 대중」, 『서울신문』, 1967.2.28.
52 박승걸, 「영화계의 새로운 시도/제작의식의 승화와 영화적 감각의 모오멘트」, 『동아일보』, 1956.5.4.

있다는 점이다. 이 말은 영화에 재현된 '주체'와 그 장소로서의 '공간'이 전후 냉전 시대 정치 권력이 요청한 문화적 담론의 실천장으로서 도래해야 할 당위적 목표로서 지속적으로 환기된다는 의미이기도 하다. 반면, 도래해야 할 당위적 목표를 위해 삭제되거나 배제되어야 할 '타자'와 그가 놓인 '공간'은 전후 '지금 바로 여기'의 현실이자 청산해야 할 '과거'로서 의미화된다. 이를 감안하면, 전후 한국영화에 재현된 '주체—타자'의 두 구성체는 '미래—현재(과거)'의 역사적 관계 속에서 이해되어야 할 것이다.

여기에서 다시 '타자성의 정치'와 '대중성'의 문제로 돌아가 보면, 전후 냉전 시대 한국영화에 재현된 '타자성'의 문화 정치가 대중이 처한 '현재' 및 '과거'와 직결되는 문제라는 점을 추론할 수 있다. 위에서 언급한 것처럼 한국영화가 '예술성'과 '오락성'을 견인하기 위해 끊임 없이 노력해 왔다면, 이 과정에는 대중과 만나는 어떤 접점이 필요해진다. '예술성'과 '오락성'을 환기하기 위한 다양한 장치들이 마련되겠지만, 근본적으로 영화가 두 가지의 영화적 목표를 성취하기 위해서는 근본적으로 '대중과의 접점', 즉 대중의 현실과 만나는 전제가 수반되어야 한다는 뜻이다.

이 글에서는 바로 이러한 접점의 한 지점으로서 '타자성의 정치'를 논하고자 하는 것이다. 냉전 시대 한국영화에서 재현되는 주체의 구성과 공간이 미래를 선취하려는 권력의 계몽적 통치술에 관련되어 있다면, 여기에서 밀려나 구성되는 타자와 그 공간은 선취되지 못한 채 아직 미완의 것으로 남겨진 대중의 현실과 과거에 접속하고 있는 것이다. 따라서 한국영화에 재현된 '타자성의 정치'는 냉전 시대를 바라보는 대중의 현실을 보여주는 하나의 시선으로 작용할 수 있다.

여기서 한 가지 더 살펴봐야 할 것은 '타자성'의 정치로서 냉전 시대 대중의 현실 및 과거와 조우함으로써, 주체성의 구성과 그것이 놓인 공간의 성격이 상상된 것으로 해석된다는 점이다. 이는 계몽의 미래적 비전 속에서 상상된 주체와 공간의 구성체가 지닌 내용적 빈약함과 허위성을 폭로할 뿐만 아니라, 어떤 특수한 동일성과 완결성을 갖추지 못했음을 드러낸다는 의미이기도 하다. 말하자면, "특정 장소의 정체성은 그 내부의 역사에서 도출되는 것이 아니다. 그것은 정확히 말해 '바깥세상'과의 상호 작용의 특수성에 의해 더 많이 작용된다".[53]

사실, 한국영화에 재현된 '주체-구성'의 이분법적 논리 성립과 분절은 주체성의 구성과 공간적 결합을 통해 반공국가주의와 근대화 담론을 실어 나르면서 대중에게 냉전 논리를 주입하고자 한다. 그러나 이것이 계몽적 통치술에 기반한 미래적 목표로 설정됨으로써, 이미 그 현실적 구체성과 실천력은 사실상 빈약성을 노출할 수밖에 없었다. 이러한 논리 성립에 의해 바깥으로 밀려난 타자들과 그들이 놓인 공간은 대중이 놓인 과거-현재의 구체적 현실을 반영함으로써 오히려 거리의 타자들 혹은 중심이라고 상상된 영역의 바깥으로 밀려난 타자들에 대중의 공감적 시선이 머물게 되는 역효과를 낳는다.

이로써 오히려 한국영화에 재현된 타자성의 문화 정치는 냉전 시대의 현실을 살던 대중의 삶을 엿보는 거울이자, 냉전 시대 반공국가주의와 근대화 담론의 문화적 기획이 작동한 논리를 역으로 추적하는 방법론으로 작용할 수 있게 된다. 더불어 냉전 시대를 돌파하기 위해 작동했던 정치 권력의 문화 논리가 사실은 '반공주의'와 '근대화 담론'의 옷을 입고 거창

---

53 도린 매시, 정현주 역, 『공간, 장소, 젠더』, 서울대 출판문화원, 2015, 306쪽.

하게 주장되었지만, 실제로는 대중의 현실과 상호 교섭함으로써 그 빈약성과 비현실성을 노출하고 있었다는 점 또한 확인할 수 있다.

한국영화에 재현된 타자성의 문화 정치가 냉전 시대를 바라보는 대중의 시선을 보여 준다면, 주목해야 할 것은 당대 대중의 과거와 현재의 삶이 유랑하는 타자성으로 이해될 수 있다는 점이다. 냉전 시대 대중의 현실적 삶은 유토피아적으로 구성된 풍요롭고 안정된 도시적 공간의 바깥에 머물고 있었다. 근본적으로는 대중의 삶 자체의 성격이 불안정과 유동성에 강박되어 있었다고 봐야 한다. 왜냐하면 영화에 재현된 타자들의 삶은 어떤 특정한 공간에 정박하지 못한 채 끊임 없이 유랑하고 있기 때문이다. 거처가 없는 삶은 경계를 넘나드는 것이었고, 이는 냉전 시대 대중의 끊임 없는 불안과 정서적 황폐함을 반영하는 메타포이기도 하다.

한편으로 이러한 유랑하는 타자들의 영화적 재현은 영화계 지식인들이 담론화했던 '예술성'과 '오락성'의 온전한 결합이 왜 그토록 쉽사리 달성되지 못한 것이었는가에 대한 하나의 답을 제공한다. 영화 평론가와 감독 및 기타 문화계 저명 인사들이 신파조의 저급한 대중 영화의 양산을 한탄하면서, '예술성'과 '오락성'을 겸비하며 '대중성'을 획득해야 한다고 소리 높여 외쳤지만 그것은 쉽게 달성할 수 없는 난제였다. 대중과 접촉하는 길은 그들의 현실적 삶을 그려내는 일에 맞닿아 있었지만, 그것은 결국 당대 지식인들이 보기에 '신파조'에 머물기 일쑤였다. 사회 밑바닥 인생의 눈물겹고 구차한 인생살이 혹은 황당한 성공 신화, 선악의 극단적 대립 등이 난무하는 영화는 장르별 특성과 상관 없이 폭발적으로 증가했고 '예술성'과 '오락성'에 대한 지속적인 문제 제기를 가져왔기 때문이었다. 그러나 사실, 이러한 '저급한 류'로 평가된 신파조 영화 속에서조차 '주체−타자'의 논리 성립 속에서 냉전 시대 문화 논리를 반영하고 있었음을 간과할 수 없다. 따라서 이 '타자성'의 문화 정치는 '예술성'과 '오락성'을 겸비했다고 판단되는 특정한 영화 장르에만 국한되지 않는 냉전 시대 한국영화의 광범위한 작품들 속에서 냉전 시대를 이해하는 대중의 현실적인 시선을 포착하는 데 효과적으로 작용한다.

제2장

혼돈과 균열의 시대
1950년대 한국영화

1. 전후 재건 공간의 영화적 재현과 거리의 존재들

1) 1950년대 전후 재건 공간과 통치성

1950년대 전후의 풍경은 실로 참담했다. '5백만이 넘는 남한 인구가 집을 잃고 방황한 것으로 집계되었으며 피난생활, 가족 이산, 전쟁고아, 경제파탄, 사회불안 등 전쟁의 참화는 참으로 엄청난 것이었다.'[1] 그러나 이러한 참상은 하루 빨리 극복되어야 할 것으로 인식되었다. 우울투성이의 전후 현실을 극복하고 명랑한 사회 건설을 위해 노력해야 한다는 인식은 1950년대 전후 재건 담론의 주요한 내용이었다. 이는 전쟁 직후 환도에 대한 감상을 서술한 다음의 진술에서도 확인된다. "아비규환의 피난이란 비극을 교훈 삼아 환도의 길이 바로 조국 통일의 길이 되게 하기 위하여 모름지기 총력을 경주하여 폐허화한 수도로 하여금 옛모습같이 부활케

---

1   정성호, 「한국전쟁과 인구사회학적 변화」, 한국정신문화연구원 편, 『한국전쟁과 사회구조의 변화』, 백산서당, 1999, 12쪽.

할 것이며 모든 면에 재건 부흥에 힘을 다하여 성업 전취에 이바지할 기반이 될 것을 바라고 싶고"[2]라는 메시지는 수도 서울의 재건과 조국 통일의 위업을 연결하여 희망의 메시지를 담론화하는 방식을 보여 준다. 이러한 시선에서 짐작할 수 있듯이 재건은 폐허화된 서울의 풍경을 옛 모습으로 부활케 하는 것일 뿐만 아니라 명랑한 공간의 모습으로 쇄신하는 것에서 시작될 수 있었다.

사실, "1950년대의 재건론은 경제재건과 문화재건을 양대 축으로 하여 이미 법적, 구조적으로 성립된 대한민국을 어떤 내용을 가지고 만들어 나갈 것인가 하는 고민의 과정을 보여 준다"고 할 수 있다.[3] 그런데 근본적으로 '재건론' 자체가 매우 포괄적인 개념이었다는 점에서 '경제 재건'과 '문화 재건'은 '경제'와 '문화'의 어떤 특수한 영역에 한정되어 있었다기보다는 이에 포섭되는 사회 제 영역의 부흥과 발전을 위한 노력과 움직임들로 이해해야 할 것이다. 다시 서울의 풍경으로 돌아가 보면, 폐허화된 전후의 참상을 가장 시각적으로 드러내는 도시의 모습은 재건 담론의 중요한 대상으로 포착될 수밖에 없었다. 따라서 경제적으로 풍요롭고 발전된 도시의 모습을 갖추되, 명랑하고 건전한 문화적 풍취를 풍기는 도시를 재건해야 한다는 당위는 위의 『희망』 잡지에서 진술된 내용과도 겹칠 뿐만 아니라, 전후 경제 재건과 문화 재건의 시각화된 표상으로서의 도시 공간을 재고하는 데 있어 참조점을 제공한다.

여기에서는 이러한 1950년대 도시를 재건 공간의 중요한 대상으로 인

---

2   손영수, 「[희망 멧세-지] 부산을 떠나는 서울 시민에게」, 『월간 희망』, 1953.9, 37쪽.
3   이하나, 「1950~60년대 재건 담론의 의미와 지향」, 『동방학지』 151호, 연세대 국학연구원, 2010, 406쪽.

식하면서 논의를 시작하고자 한다. 여기서 말하는 전후 재건 공간은 정권의 이데올로기가 내세웠던 계몽 담론을 '공간'적 차원에서 새롭게 의미화한 것이다. 이는 다음과 같이 구체적으로 설명할 수 있다.

첫째, 전후 한국 사회는 전례 없는 '이동성' 속에 있었다. 전쟁의 와중에 수많은 남북의 사람들이 뒤섞이고, 생존을 위해 이동했다. 전후 도시 서울은 집을 잃은 수많은 전재민으로 들끓었으며 이는 사회의 혼란과 혼돈을 가중시켰다. 뿐만 아니라 당장 생계를 유지해야 하는 전쟁 미망인들과 과부들을 비롯한 수많은 여성들이 집 밖으로 나가 삶을 개척해야 했다. 여기에 서구화의 범람으로 인해 서울의 거리는 온갖 수입 풍물과 그것을 온 몸에 걸친 사람들로 북적였으며 그것은 또한 대중의 욕망을 부추겼다. 이러한 모든 혼돈을 해결하고 국민 국가의 정체성을 확보하기 위해서 정권은 무엇보다 끝없이 부유하는 '이동'의 부정적 요소들을 척결하고 '정착'과 '안정'을 도모해야 했다. '정착'과 '안정'은 이것을 가능케 하는 특정한 장소를 전제한다. 에드워드 렐프는 "진정한 장소감이란 무엇보다도 내부에 있다는 느낌이며, 개인으로서 그리고 공동체의 일원으로서 나의 장소에 속해 있다는 느낌"이라고 말한다. 또한 "이 소속감은 곰곰이 생각해 보지 않아도 알 수 있는 것으로, 집이나 고향, 혹은 지역이나 국가에 대해서 느끼는 감정"이다.[4] 여기서 말하는 장소는 어떤 내부, 즉 공동체의 일원으로서 자신이 집이나 국가에 대해 가지는 안정된 느낌을 통해 가능해진다고 할 수 있다. 이에 기대자면, 1950년대 전후 정권이 내세운 계몽 담론은 공간적 차원에서 보자면, 전후의 혼돈과 혼란을 잠재우기 위한 개인적 · 집

---

4   에드워드 렐프, 김덕현 · 김현주 · 심승희 역, 『장소와 장소상실』, 논형, 2005, 150쪽.

단적 정체성의 어떤 장소를 규정하는 것과도 연결된다. 이 장소는 정착과 안정을 도모할 수 있는 '집'이나 '국가' 혹은 '고향'으로 상징되는 의미 있는 곳이 될 것이다. 따라서 전후의 '재건 공간'은 바로 이러한 '정착'과 '안정'을 도모하는 장소를 끊임 없이 호출함으로써 형성된다.

그런데 이것은 '재건 공간'으로 호출해야 할 계몽의 타자를 전제한다. 여기에서 두 번째로 고려해야 할 요소가 도출되는데, 전후 재건 공간에 대한 인식은 계몽 담론이 포섭해야 할 타자로부터 생산된다. 이들은 정착과 안정의 장소 밖에 존재하는 것들이다. 의미 있는 장소를 상실했다고 판단되는 이들은 '집'이나 '고향', '국가'로부터 이탈된 불안정하게 배회하는 자들로 규정될 수 있다. 여기에는 서구 문화를 추종하는 여성들뿐만 아니라 안정된 장소에서 이탈했다고 판단되는 사회적 타자들이 대거 포함된다.[5] 타자들로 규정된 이들을 통해 사회 내부의 재건 공간은 통합과 질서를 위한 당위적 장소로서 의미화된다. 따라서 이들은 재건 공간의 탄생을 위해 소비되는 '필요악'이라고 할 수 있다.

이처럼 전후 재건 공간은 '정착'과 '안정'의 장소와 그 반대편에 위치한 '방황'과 '불안정'의 장소의 배치를 통해 규정된다. 그러나 1950년대 한국영화는 이러한 이분법적 공간 배치와는 다른 차원을 재현하고 있어 흥미롭다. 영화는 상반된 공간의 배치가 만나는 새로운 접경 지대를 창출하는데, 이는 상반된 요소가 결합하여 새로운 의미를 구현하는 변증법적 통일에 비유될 만하다.[6]

---

[5] 이러한 사회적 타자들은 도시 내부에서 '악'의 공간을 점유한 양공주를 비롯한 부랑아나 떠돌이 혹은 소매치기, 살인범 등을 망라한다. 이들 사회적 타자들은 도시의 암흑 공간을 무질서와 혼돈의 장소로 상징화하는 존재들이다. 관련 논의는 한영현, 「잡지 『희망』이 상상한 전후 재건 도시」, 『대중서사연구』 23호, 대중서사학회, 2017을 참조할 것.

전후 재건 공간을 분석할 때 세 번째로 고려해야 할 사항은 이와 관련된다. 영화는 정착과 안정의 계몽적 장소를 규정하기 위해 '방황'과 '타락', '불안정'의 장소들을 호출하고 그 속의 존재들을 포섭하려 하지만 그것은 쉽지 않다. 이는 근본적으로 '정착'과 '안정'의 장소가 상상된 것으로서만 존재할 뿐 현실에서는 불가능하기 때문이다. 전쟁의 발발과 참상의 현실화 그리고 서구 문명의 도래에 따른 전통성의 상실, 그에 따른 수많은 혼돈과 변화가 초래된 1950년대 현실은 완벽한 안정과 정착의 장소가 이미 그 기능을 상실했음을 증명하고 있었다. 따라서 이러한 완벽한 장소로의 귀환과 불안정에 대한 봉합은 불가능한 것이었다. 이러한 근본적 문제는 영화의 재현 속에서 상반된 공간 배치가 만나 창출해내는 '외부를 포함한 내부'의 장소 출현 속에서 이미지화된다. 말하자면, 한국영화에서 1950년대 전후 재건 공간은 이러한 과정 속에서 새롭게 규정되어야 한다.

여기에서는 이러한 전후 재건 공간의 의미와 특징을 살펴보기 위해 1950년대 한국영화 몇 편을 선정하여 분석하고자 한다. 논의의 초점이 '재건의 공간'에 있기 때문에 영화를 선정하는 기준은 '도시'를 주요 배경으로 했거나, '도시'의 장면이 영화 전개에서 중요한 비중을 차지한다고 판단되는 경우 그리고 '도시' 공간에 대한 감독의 비판적 시선이 농후하다고 판단되는 것으로 정했다.[7] 선정된 작품들을 다음의 절차에 따라 분

---

6 여기서 말하고자 하는 새로운 접경 지대의 출현은 당대 한국영화의 문화 생산 환경에서 중층 결정된 담론의 결과물이라고 판단된다. 이승만 정권의 계몽 이데올로기를 한국영화가 적극적으로 수용하는 듯 보이지만, 그것을 반영하는 과정에서 영화 생산의 주체들은 1950년대를 살아가는 당대 대중의 삶을 반영할 수밖에 없었고 영화 생산의 주체들과 대중의 삶 그리고 문화 환경의 길항 관계 속에서 한국영화 속에 정권의 계몽 이데올로기에 포섭되지 않는 새로운 접경 지대가 출현하고 있었다고 할 수 있는 것이다.

7 이와 같은 기준으로 선정한 영화를 살펴보면 다음과 같다. 김소동, 〈돈〉(1959); 신상옥, 〈지옥화〉(1958), 이용민, 〈서울의 휴일〉(1956), 한형모, 〈자유부인〉(1956) 등이다. 영

석했다. 우선, 타자화된 공간의 재현이 드러나는 양상을 살펴보되, 이 공간의 배치에서 계몽의 시선이 작용하는 방식에 초점을 맞춰 영화를 분석했다. 특별히 1950년대 영화에서 '집'과 '고향'의 장소를 재현하는 방식에 초점을 맞춰, 이 방식에 드러나는 계몽의 시선을 살펴보았다. 다음으로 이 공간의 밖에 위치한다고 상정되는 도시의 공간들, 즉 '거리'와 '댄스홀', '기지촌' 등의 타자화된 장소들을 분석하되, 이 곳에 존재하는 인물들의 의미와 함께 분석하고자 했다. 마지막으로 이러한 상반된 두 공간의 배치 속에서 '외부를 포함한 내부'를 보여 주는 장소를 추출하여 이 공간이 전후 이승만 정권이 내세운 정권 이데올로기를 어떻게 변화시키고 있는지, 영화의 새로운 접근 방법을 살펴보기로 한다.

2) 타자화된 공간 재현과 계몽의 시선

1950년대 영화의 계몽적 시선을 분석하는 데 있어 초점을 맞춰야 할 부분은 인물보다는 그들이 놓여 있는 '공간'이다. 사회의 악을 퇴치하고 유랑하는 타자들을 처벌하는 폐쇄성과 고유성 · 순결성을 내포하고 있는 공간은 그 자체로 권력의 장소로서, 즉 타자와의 관계에 있어 안정과 정착의 우월적이고 주체적인 지위를 획득한 장소로 기능한다. 푸코의 말처럼, '권력은 소유물도, 힘도 아니며 늘 관계일 뿐이다'.[8] 장소의 권력은 장소들 간의 위계적인 관계 속에서 형성되며 이 과정에서 계몽은 권력의 장소 밖에 구성되는 상대적으로 열등하고 타자화된 장소, 서열화된 장소들을

화에서 '재건 공간'을 살펴보기 위한 논의이므로 당대의 '사극 영화'와 '반공영화' 장르는 선정에서 제외하였음을 밝힌다.

8   미셸 푸코, 김상운 역, 『사회를 보호해야 한다』, 난장, 2015, 208쪽.

생산하거나 그것을 규정하는 시선 속에서 형성된다. 따라서 공간의 차원
에서 계몽의 시선을 눈여겨 볼 때, 분석 대상으로 떠오르는 것은 권력의
관계에 따라 형성되는 타자화된 공간이라고 할 수 있을 것이다.

1950년대 한국영화를 논하는 데 있어서 가장 권력화된 장소라고 할 수
있는 것은 바로 '집'과 '고향'의 특별한 공간이다. 이 두 공간은 근본적으
로 어떤 안전지대를 구획하는 대표적인 국가의 상징이라고 할 수 있다.[9]
이는 사회 전반을 계몽적 시선으로 구획하고 '안정'과 '정착'의 상상적 이
미지를 형성함으로써, 타자화된 공간들의 의미를 규정하는 권력의 힘으
로 작용함으로써 가능해진다.

1950년대 한국영화 중에서 가장 뜨겁게 논의되는 작품은 단연 〈자유부
인〉1956이다. 이 영화는 완고한 전통주의자 장태연 교수와 춤바람에 나서
가정을 등진 부인 오선영의 갈등과 화해의 과정을 재현함으로써 장안의
화제를 불러일으켰다. 상반된 두 인물을 중심으로 전개되는 영화의 흐름
을 따라가다 보면 자연스럽게 이들의 관계가 영화의 핵심이라는 것을 알
수 있다. 그러나 사실, 이 영화에서 제대로 주목받지 못한 것은 그들이 놓
여 있는 공간이다. 이 영화는 사회적 안정성을 확보하는 '집'을 특권화함

---

9 이는 미셸 푸코의 다음 논의에 기대어 추출한 논의임을 밝힌다. "국가란 무엇일까요? 국
가는 우선 영역·영토입니다. 그리고 국가는 사법의 공간이자 법, 규칙, 관습의 총체입니
다. 게다가 하나의 신분은 아니라 할지라도 적어도 다수의 신분들, 다시 말해서 그들의 지
위에 의해 정의되는 신분들의 총체입니다. 마지막으로 국가는 앞서의 세 가지 것, 즉 영
역, 관할권, 제도, 혹은 개인들이 갖는 신분의 일정한 안정성입니다."(미셸 푸코, 오트르
망 역, 앞의 책, 350쪽) 여기서 푸코는 '국가'의 개념을 네 가지 차원에서 논의한다. 여기
서 국가는 영토와 영역을 구획하는 것인데, 사실 이것은 법과 규칙, 관습을 통해 총체적으
로 구성되는 것이자, 특정한 신분들이 정리되고 안정됨으로써 구성된다. 요컨대 국가는
권력의 작용이라 할 수 있는 법과 규칙, 관습들에 따라 신분들이 정의되고 안정된 일정한
영토의 구획화에서 비롯되는 것이다. 푸코의 논의는 국가가 어떤 특정한 권력 작용에 의
해 형성된 의미 있는 장소의 생성으로부터 비롯될 수 있음을 지시하고 있다.

으로써, 집을 떠난 자들, 즉 서구화와 방탕함, 물질만능주의가 가득한 '거리'의 존재들을 처벌하고 그들의 회계를 요구한다. 영화에서 오선영이 집을 나가 일을 시작하는 번화한 명동의 '파리 양장점' 그리고 '댄스홀', '다방' 등은 수많은 불특정 다수의 욕망 가득한 존재들이 드나드는 혼돈의 장소로서 가시화된다. 장태연과 은미가 주로 한적하고 고요하며 전통적인 장소에서 만남을 이어 가는 상황과 대비하면 오선영이 놓여 있는 공간의 의미가 더욱 선명해진다. "'집'이라는 장소를 잃어버린 여성들의 경우, 적절한 사회적 경험을 상실하게 되고 결국 곤혹스런 상황에 처하게 된다."[10] 오선영 또한 '집'을 상실함으로써 거리의 여자로 낙인찍힌다. 이는 곧 공간의 위계적 배치로서 장태연의 '집'은 외부의 이질적인 것들이 침범할 수 없는 순결하고 안정적이며 고유한 장소로 권력화되어 있다. 장태연은 옆집 춘호의 방으로부터 들려 오는 레코드 음악소리조차 불허한다. 그는 강력하게 지켜지는 집을 수호하는 주체가 될 때 비로소 초월적 권력을 지니게 된다. 이러한 가부장적 권위는 은미와의 관계나 한글 강습 과정에서가 아니라 비로소 집의 중심에 놓여 있음으로써 형성되기 때문이다. 그가 이 고정된 장소에 놓여 있음으로써만 집을 등지고 나간 오선영과 같은 거리의 타자들을 처벌하는 주체로서 권력을 획득할 수 있는 것이다.

이는 〈서울의 휴일〉1956에서 펼쳐지는 영화적 세계에서도 확인된다. 송기자와 남원장의 화려한 집은 상류층의 명랑하고 건전한 가정을 판타지적으로 재현한 결과이다. 그런데 이러한 화려한 집은 상류층 지식인이 주체로 정립되는 권력의 공간이다. 두 젊은 부부의 권력은 이들이 놓여 있는

---

10 홍혜원, 「'집'의 장소성과 젠더」, 『어문연구』 제88집, 어문연구학회, 2016, 298쪽.

장소로부터 형성되기 때문이다. 거리의 부랑아에 속아 임신한 채 호소하러 오는 곳이자 살인범의 자식이 어머니를 살리기 위해 달려오는 곳은 남원장의 산부인과이다. 그녀는 이 장소를 지킴으로써 주체로서의 권력을 획득한다.[11] 그녀가 남편과의 화려한 주말을 포기한 채 혹은 남편 없는 외로움을 달래기 위해 거리를 배회한 뒤에 얻는 것은 바로 그녀가 있어야 할 장소에 존재함으로써 가능해진다. 송기자가 친구들의 속임수에 속아 도시와 변두리를 배회하면서 살인범을 잡는 것은 거의 우연에 가깝다. 그의 역할이 가장 도드라지는 곳은 바로 살인범의 처자식이 살고 있는 판자집에서이다. 이 허름하고 빈곤한 공간은 두 부부의 계몽적 실천을 두드러지게 하는 역할에 충실하다. 말하자면, 사회의 상류층으로서 이들이 놓인 공간과 판자촌은 계몽의 주체인 두 상류층 부부의 역할에 권력을 부여하고 이들의 정체성을 확고히 하는 상징으로 기능하는 것이다.

'집'을 중심으로 집 밖의 공간, 즉 혼란과 혼돈을 상징하는 '거리'의 다양한 공간들이 이분법적으로 배치되는 경향성을 일부 영화들에서 발견할 수 있다면 '고향'이라는 특정한 공간은 몇몇 영화의 재현 속에서 공간의 배치와 함께 새로운 의미로 해석된다.

1950년대 한국영화 속에서 '고향'은 작품 전체를 통어統御하는 상상의 공간이자 유토피아적 공간으로 상정된다. 이 '고향' 또한 안정과 정착의 이미지로 부각되면서 서구화에 물든 방탕하고 타락한 자들의 유랑流浪을

---

11 남원장은 옥이의 억울함을 풀기 위해 거리로 직접 나가 부랑아를 만나 일을 해결하는 해결사 역할을 수행한다. 가난한 자들에게 그녀는 문제를 해결하는 법의 상징적 존재로서 등장하는 것이다. 살인범의 딸이 어머니의 산고(産故)를 호소하러 온 후 그녀가 살인범의 집으로 가서 부인을 구완하는 것 또한 그녀가 사회적으로 가장 가까이 있는 권력의 담지자임을 지시한다.

〈그림 1〉 영화 〈서울의 휴일〉의 한 장면

처벌하고 그것을 순화시킬 수 있는 주체적 장소로서 특권화된다.

영화 〈지옥화〉1958에서는 영식과 동식 두 형제의 삶을 통해 '고향'으로의 귀환이 지닌 의미를 가장 극적으로 재현한다. 영화의 주제는 '고향으로의 귀환 문제'이다.

이 영화에서 '고향'은 기지촌과 대도시 서울의 혼란스러운 방탕의 삶을 청산할 수 있는 고유하고 순결한 상상의 공간으로 이미지화되는데, 이 유토피아적 공간이 특권화됨으로써 소냐와 영식이 놓여 있는 도시의 공간이 '방탕'과 '타락', '자본주의적 욕망', '서구화'가 혼합된 타자화된 공간으로 규정된다. 끊임 없이 귀향을 형에게 권하는 순수한 청년 동식이 결국 주체로서 마지막까지 살아남을 수 있는 것은 그가 '고향'을 저버리지 않았기 때문이다.

이는 영화 〈돈〉1959에서 '고향'을 가로질러 달리는 거대한 기차의 모습을 통해 또다른 양상으로 재현된다. 봉수는 가난하지만 순수한 시골 고향의 이미지를 상징하는 존재로서, 그는 자신의 고향에 있을 때에야 비로소 가부장의 권위와 권력을 가질 수 있을 뿐이다. 온갖 사기와 부패가 범람하는 서울의 거리에서 낭패를 본 봉수가 결국 자신의 주체성을 회복할 수 있는 곳은 바로 가진 것은 없으나 오래 정착해 살아온 고향 땅이었다.

이렇듯 두 영화에서 계몽의 시선은 인물들 자체에 놓여 있기보다는 이들이 놓여 있는 공간, 즉 방탕한 도시의 이면들을 비추는 '고향'이라는 상상적 공간을 통해 형성되고 있다. 이 공간은 순수성과 고유성을 발휘함으로써 도시를 불안정과 타락의 장소로 의미화한다. 그럼으로써 '고향'은 가장 순수한 장소이자 1950년대의 가장 타락한 장소를 처벌하고 거기로부터 벗어나 돌아가야 할 귀환의 장소로 권력화된다.

3) 계몽의 타자, '도시'의 부유하는 존재들

1950년대 한국영화에 재현된 '문제적 인물들'에 대해 일별해 보자. 그들은 주로 살인범〈서울의 휴일〉, 자유부인〈자유부인〉〈서울의 휴일〉〈여사장〉,[12] 고리대금업자〈돈〉, 양공주·밀수업자·깡패·소매치기〈지옥화〉 등으로 정리된다. 1950년대 당시 '양공주'와 '살인범', '밀수업자', '깡패', '소매치기'는 도시의 음지를 배경으로 살아가는 '사회악'의 상징이었다. 당대 기사에서도 알 수 있다시피 이들은 '서울역'과 같은 도시의 주요한 지역을 기반으로 하여 순진하고 선량한 사람들을 악의 구렁텅이로 빠지게 하는 존재들로 치부되었다.[13] 뿐만 아니라 유한마담들은 서울의 댄스홀과 다방 등을 무

---

12 여기서 말하는 '자유부인'의 의미는 1950년대 당시 서구식 문화를 체현하고 사회 활동을 함으로써 집 밖에서 자유롭게 활동했던 여성들을 총칭한다. 이들은 1950년대 서구 문화에 대한 대중의 욕망을 상징함과 동시에 남성 가부장제 사회에서 보수적 담론에 의해 타락과 방종의 문제적 인간형으로 치부되는 이중적 의미로 해석된 존재이다. 이와 관련된 논의는 다음을 참조할 것. 이하나, 「전쟁미망인 그리고 자유부인」, 『한국현대생활문화사 1950년대』, 창비, 2016.

대로 사교 모임과 계를 빙자하여 풍기문란을 일으키는 사회악의 대표적인 존재들이기도 했다. 고리대금업자도 예외는 아니었다. 그들은 농촌의 경제를 파탄에 이르게 하는 존재로서 척결의 대상이었다. 따라서 영화에 재현된 문제적 인물들은 곧 1950년대 사회에서 '악'을 대표했는데, 이는 비단 이들의 부정적 역할에만 놓여 있는 것이 아니었다.

이들은 계몽의 타자였는데 이들을 척결한다는 뜻은 곧 도시의 정화와 관련될 수밖에 없었다. 질서를 회복하고 사회 안정을 가져옴으로써 국가의 정체성을 회복한다는 것은 어떤 공간에 침범한 악한 요소들을 외부로 밀어내고 혼란과 혼돈을 잠재우는 것과 연결된다. 특히, 문제가 되는 것은 거리를 가득 메운 불특정 다수, 즉 도시의 부유하는 존재들의 목적 없는 배회를 차단하고 사회 안정을 도모하기 위해 그들을 본래 있던 자리로 귀

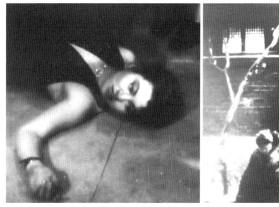

〈그림 2〉 영화 〈자유부인〉의 한 장면

---

13 "시골 사람들 가운데서 서울역을 '무서운 곳'이라고 말하는 사람일수록, 대개는 소매치기의 면도칼 세례나 펨푸보이(뚜쟁이)의 사기에 걸린 쓰디쓴 경험을 갖고 있다. (…중략…) 서울역에 닿자마자 손님을 사창굴로 안내하는 것도 펨푸보이의 기발한 착안일 것이다. (…중략…) 입장에선 우리도 하루 속히 서울역이 밝고, 깨끗하고 명랑한 역이 되어주기를 애타게 바라고 있는 것이다."(「마의 종착역」, 『주간희망』, 1957.3.8, 16~17쪽)

환시키거나 그들에게 어떤 자리를 배정하는 일과 관련되어 있었다. 만약 귀환과 배정이 불가피하다면 그들 부유하는 자들에게 남는 것은 죽음뿐이다.

영화 〈자유부인〉에서 집을 나간 오선영은 파리 양품점 사장 한태석과의 불륜 장면을 들킨 후 정처 없이 거리를 배회한다. 영화의 마지막을 장식하는 이 장면 중간, 그녀는 댄스홀에서 자살을 한 친구 윤주를 실은 응급차가 거리를 지나가는 것을 잠시 바라본다. 윤주의 죽음과 오선영의 방황은 그들에게 귀환해야 할 장소가 부재한다는 사실에서 기인한다. 저명인사의 부인이지만, 첩을 둔 남편 때문에 혼자 자립할 요량으로 사업에 손댔으나 결국 사기를 당한 윤주에게는 돌아갈 집이 부재한다. 이러한 부재로 인해 그녀에게 남은 선택지는 '죽음'이 될 수밖에 없는 것이다. 그녀에게 '댄스홀'이 죽음의 장소라는 점은 흥미롭다. 장태연 교수의 '집'이라는 안전 지대에서 가장 멀리 떨어져 있는 '댄스홀'은 방종과 타락의 불특정 다수들이 뒤섞이는 혼돈의 장소인데, 이곳이 바로 '죽음'의 장소가 된다는 점은 이 영화에서 '윤주'의 존재가 가장 타락한 계몽의 타자이기 때문이다. 어떤 안전 지대도 갖지 못한 도시의 부유하는 존재는 바로 '윤주'였고, 그녀는 결국 죽음을 통해 그것을 증명했다.

윤주와 같은 존재는 영화 〈지옥화〉에 재현된 '소녀'와 '영식'이라고 할 수 있다. '소녀'는 거처가 없는 존재라고 해야 맞다. 미군에 기생하고 살아가는 그녀에게는 안전 지대란 없기 때문이다. '기지촌'은 '미국'이라는 제국의 힘에 기반해 형성된 하위 식민지로 기능한다.[14] 따라서 이 공간은 외

---

14 이는 다음과 같은 논의와도 연결되어 있다. "기지촌은 미국 제국의 탈영토화된 지역성이거나 한국 "내부의" 영토화된 디아스포라라고 말해질 수 있다. 그와 함께 기지촌은 인종

부의 제국 권력에 의해 유지되는 불안정하고 기생적인 장소이다. 따라서 '소냐'와 같은 양공주는 근본적으로 안정된 장소에서 이탈한 외부의 타자로 인식된다. 영화에서 '고향으로의 귀환'이 그토록 중요한 것은 이 이탈된 장소에서 파생된 타자들이 귀환해야 할 장소가 필요했기 때문이다. 소냐는 그것을 거부했고, 그녀를 사랑했던 영식 또한 기생적인 삶을 그만둘 수 없었다. 따라서 그들의 죽음은 선택할 수 있는 장소를 거부한 자들의 당연한 귀결이었다고 봐야 한다.

영화 〈서울의 휴일〉은 특이한 방식으로 사회악의 출현을 재현한다. 송기자는 서울 근교에서 우연히 두 인물과 마주치는데, 한 사람은 남자한테 실연당한 상처로 정신 이상에 빠진 여성이다. 영화의 전개상 매우 낯설지만 꽤 오랫동안 그녀와 송기자의 장면이 계속되어 흥미롭다. 그녀의 뜻밖의 출현은 전쟁과 그 참상을 사랑의 상처로 전유한 것으로 유추해 볼 수 있다. 그녀는 비정상적인 상태이지만, 근교의 고립된 장소에 머물러 있다는 점에서 처벌의 대상이라기보다는 교정과 감시의 대상으로 재현된다. 그래서 이 뜻밖의 출현은 계몽적 타자를 그가 놓여야 할 공간에 배치하는 안전한 방법을 보여 준다. 또다른 인물은 바로 살인범이다. 그 또한 송기자가 근교에서 서울로 돌아오는 과정에서 별안간 출현한다. 이 뜻밖의 출현은 결과적으로 그를 체포하는 것으로 귀결되는데, 여기서 살인범의 체포는 그가 귀환해야 할 장소, 즉 그의 집을 안전한 공간으로 재배치함으로써 정리된다. 이는 살인범을 교정하고 감시하는 방법으로 읽힌다. 그는 시

주의화된 게토로서 한국의 나머지 영토로부터 분리되어 있으며, 그로 인해 기지촌 거주자들의 미국과의 연결의 느낌(혹은 연결의 욕망)은 더욱 강해지게 된다."(이진경, 나병철 역, 『서비스 이코노미』, 소명출판, 2015, 308~309쪽)

혜를 베푼 송기자와 남원장 부부에 의해 안전한 자신의 자리로 돌아와야 하는 것이다. 따라서 두 부부의 시혜는 살인범을 계몽의 타자로 취급하되, 그를 지속적으로 감시하고 처벌하는 장소의 선택과 배치를 노리고 있는 것이다.

이에 비해 영화 〈돈〉에서의 고리대금업자의 죽음은 그의 자리가 주어져 있지 않아서 생긴 결론인 만큼 자못 심각하게 읽어야 한다. 그는 '돈'이라는 자본주의적 욕망을 내면화한 인물일 뿐만 아니라, 순진한 시골 처녀 '옥경'을 겁탈하려는 범죄자이며, 봉수를 비롯한 순박한 농부들을 상대로 협잡과 협박을 일삼는 문제적 존재이다. 그의 죽음은 '고향'이라는 순수하고 고유한 장소의 의미를 훼손하지 말아야 할 당위로부터 연유한다.

이렇듯 1950년대 영화는 당대 사회악으로 명명되던 부정적 존재들을 적극적으로 호출하고 그들을 계몽의 타자들로 재현한다. 그러나 이 부정적 존재들은 단순히 그들의 역할에서 계몽적 타자로 재현된다기보다는 그들이 배치된 장소 속에서 타자로 규정된다. 안전한 장소 혹은 귀환해야 할 장소를 갖지 못한 자들은 타자로서 적극적으로 호출되었으며, 이들에게 사회의 질서와 안정을 도모할 만한 장소가 배치되어야 한다고 영화는 말한다.

4) 사회·국가 구성의 대중적 전유, 영화의 '경계' 공간

영화에 재현된 상반된 두 공간의 배치는 단순히 '주체-타자' 이분법 속에서 규정되는 것으로 해석될 소지가 많다. 영화의 서사를 따라가다 보면 사회적 타자들이 그들이 소속되어야 할 집과 고향으로 안전하게 돌아가는 과정을 밟기 때문이다. 그러나 서사적 흐름과는 다른 차원에서 영화에 재현된 공간을 마주하게 되면, 과연 계몽적 포섭이 안전하게 이루어지고 있는 것인지에 대한 의문이 남는다. 그만큼 영화는 어떤 잔여를 남긴다.[15] 1950년대 한국영화에서는 타자들이 돌아가야 할 귀환의 장소가 명확하게 주어져 있지 않다는 것을 발견할 수 있다. '집'과 '고향'은 이미 어떤 훼손과 오염의 상태 속에 놓여 있기 때문에 유토피아적 상상의 장소로서만 규정될 뿐이다. 유토피아는 실제 장소를 갖지 않는 상상된 곳으로서 본질적으로 비현실적인 공간이다.[16] 이렇듯 근본적으로 상상된 비현실적인 공간으로서의 '집'과 '고향'은 그 자체로 현실의 부조리를 극복하기 위한 계몽적 실천의 방법론이 될 수는 있으나 그 실재에 다가갈 수는 없는 불가능성을 내포할 수밖에 없다.

1950년대 한국영화가 표면적으로는 당대 정권이 요구한 계몽 담론을 받아들이는 것처럼 보일 수 있다. 그러나 영화의 내러티브를 이루고 있는 다양한 요소들, 특히 '공간'의 차원에 주목해 보면 영화는 대중의 삶에서 비롯된 중층적인 변화의 결들을 매우 복잡하게 반영하고 있었다고 봐야 한다. 당대 다층적인 문화 변동과 거기에서 도출된 문화 생산물 속에서 한국영화는 당대의 변화해 가는 대중적 삶의 미묘한 지점을 드러내고 있었다. 따라서 1950년대 한국영화에 재현된 '돌아갈 수 없는 불가능한 유토피아'로서의 '집'과 '고향'은 당대 정권과 문화 환경의 길항 관계 속에서

---

15 여기서 말하는 '잔여'는 완벽하게 계몽의 시선에 의해 포착되고 그것에 포섭되는 결말의 구조를 따른다고 보이지만, 실상 그 과정에서 관람객들에게 전달되는 새로운 가능성 혹은 새로운 의미 전달의 측면을 의미한다.

16 미셸 푸코는 유토피아에 대해 다음과 같이 설명한다. "유토피아는 실제 장소를 갖지 않는 배치이다. 그 배치는 사회의 실제 공간과 직접적인 또는 전도된 유비 관계를 맺는다. 그것은 그 자체로 완벽한 사회이거나 사회에 반한다. 그러나 어쨌거나 유토피아는 근본적으로, 그리고 본질적으로 비현실적인 공간이다."(미셸 푸코, 이상길 역, 『헤테로토피아』, 문학과지성사, 2014, 47쪽)

은연중 출현하고 있는 새로운 대중문화의 변화를 포착해내는 공간적 지점이라고 할 수 있다.

영화 〈자유부인〉에서 윤주와 달리 돌아가야 할 집이 있는 오선영은 한태석과의 불륜 현장이 발각된 후 거리를 배회하다 결국 집으로 귀환한다. 물론, 남편 장태연은 그녀에게 문을 열어 줄 용의가 전혀 없다. 그러나 결국 아이로 인해 대문은 열리고 장태연이 바라보는 가운데 오선영은 아이를 안고 흐느껴 운다. 이 장면은 표면적으로 오선영이 장태연에게 용서받은 것으로 해석되곤 한다. 그러나 공간의 차원에서 보자면, 오선영의 집으로의 귀환은 완벽하게 처리되지 않았다고 봐야 한다. 오선영이 집으로 들어가지 않고 장태연이 집 밖으로 진출함으로써 이들 가족은 거리에서 만난다. 이와 같은 설정은 그들의 현실이 장태연의 집이 아닌, 집 밖에 놓여 있다는 점을 은연중 드러낸다. 또한 그녀가 이후 '집'으로 들어갈 가능성을 놓고 볼 때(아직은 진입할 수 없는 유토피아적 장소이지만) 한 가정의 주체이자 권력자로서 그가 지키고 있던 집은 더 이상 그 순수성과 고유성을 유지할 수 없다. 따라서 영화에서 재현된 이들 가족이 서 있는 집 밖의 거리 공간은 한편으로는 타락한 외부이자 한편으로는 순수한 내부를 포함한 어떤 경계의 장소를 연출한다. 이 '외부를 포함한 내부'의 공간은 '집'이 어떤 훼손과 오염을 전제할 수밖에 없는 불가능한 유토피아라는 점을 보여준다. 장태연이 오선영을 외면할 수 없다는 이유에서 혹은 그녀가 이후 집으로의 귀환을 마무리할 수 있다는 가능성에서 이 집 밖의 거리 공간은 단순히 '거리'라는 외부의 한 지점을 명시하기보다는 좀 더 심층적인 차원에서 1950년대 계몽의 시선이 귀환시키려고 한 안전한 정착지가 이미 대중 속에서 불가능해 보이거나 희미해져 가고 있다는 것을 암시한다.

영화 〈서울의 휴일〉에서 마지막 장면 또한 공간의 차원에서 새롭게 읽힌다. 가난한 범죄자의 판자집 마당에 선 젊은 부부는 서울의 전경을 바라보며 그들의 계몽적 실천이 휴일의 나들이보다 값진 것이었음을 확인한다. 그런데 판자집을 대표적 장소로 규정하는 가운데 서울의 풍경이 전개되는 장면을 보면, 이들 부부가 꿈꾸는 서울의 풍경과 면모가 아직 도래해야 할 미래의 것이라는 점을 발견하게 된다. 말하자면, 이들 부부가 서 있는 이 허름하고 비참한 범죄자의 판자집은 서울의 풍경과 오버랩될 뿐만 아니라, 이들의 계몽적 실천이 지향하는 서울은 상상된 유토피아적 장소로 전제되어 있을 뿐인 것이다. 부유한 상류층의 부부가 상상하는 공간이 귀환해야 할 어떤 내부로 상정된다면, 이들이 놓여 있는 판자촌과 서울의 풍경은 타자의 공간으로서 외부로 규정된다. 영화의 마지막 장면은 바로 이러한 상상된 내부와 현실의 외부가 만나 '내부를 포함한 외부'의 공간을 이미지화한다고 봐야 한다. 따라서 영화의 마지막 장면에서 그들이 자리한 곳은 1950년대 사회와 국가 구성의 상상력과 현실을 대중적으로 전유한 공간이라고 할 수 있다.

그렇다면 '고향'은 어떠한가. 영화 〈지옥화〉의 마지막 장면에서 동식은 양공주 주리와 함께 고향으로 갈 것을 결심한다. 주리는 소냐와 달리 전쟁통에 부모를 잃고 고아 신세가 되어 어쩔 수 없이 양공주의 길을 밟은 순수한 감수성을 지닌 존재로 재현되는데, 이는 소냐와는 대비되는 양공주의 이미지를 부각시키기 위해 선택된 것으로 보인다. 이 선택된 이미지로 인해 주리는 동식과 고향으로 돌아갈 수 있게 되는 것이다. 그러나 영화에서는 비단 그들의 고향으로의 귀환을 암시할 뿐이다. 이는 두 가지 차원에서 '외부를 포함한 내부'의 공간 연출과 밀접하게 관련된다. 첫째, 두 사람의 고향으로의 귀환이 예정되었다는 것은 '고향'이 더 이상 외부와는 단절된 완벽한 세계가 아니라는 점이다. '양공주'라는 기지촌 여성이 돌아가게 될 '고향'은 그 유토피아적 상상력 속에서 이미 훼손을 감당해야 할 장소로 의미가 변경되기 때문이다. 둘째, 영화는 두 사람의 고향으로의 귀환을 말하지만, 실제로 그것을 드러내지 않음으로써 주리의 귀환을 원천적으로 차단한다. 타자인 양공주 주리가 비로소 '고향'을 통해 주체성을 회복하고 귀환의 장소를 갖게 될 가능성은 있지만, 실제로 그것은 불가능한 꿈이 될 수 있다는 것이 영화의 마지막 결론에서 암시되는 것이다. 이렇듯 영화의 계몽적 시선이 머무는 장소인 '고향'은 '양공주'라는 가장 멀리 있는 타자인 그녀에게 도래할 수 있는 가능성의 공간이자(그녀는 고향의 내부로 진입할 수 있다) 닿을 수 없는 불가능의 공간(그녀는 영원히 그 장소의 외부에 머문다)이다. 그래서 영화에서 '고향'으로 돌아가기로 한 두 사람의 장면은 관람객들에게 어떤 상상의 공간, 즉 주리를 중심에 놓고 볼 때 '내부를 포함한 외부'의 공간을 상상케 한다.

'고향'의 이미지로 사유할 수 있는 영화 〈돈〉의 마지막 장면은 매우 인상적이다. 아버지의 살인죄를 뒤집어쓴 아들 영호가 소환되는 것을 멀리서 바라보던 봉수는 철로 위에서 절규한다. 영화의 첫 부분에서 시골의 논밭을 가르며 달리던 기차는 마지막 장면에서 그의 아들을 싣고 도시로 떠나는 것이다. 떠나는 기차를 따라가며 오열하는 철길 위의 봉수는 이 영화에서 '고향'이 지닌 이미지를 환기한다. 고리대금업자 억조가 사라지는 것과는 상관 없이 이미 고향은 '기차'라는 근대의 기계문명과 그것이 가져온 '자본'의 위력 속에서 훼손되고 파괴된 상태였다. 그 기차가 달리는 철길 위에 놓인 봉수는 그가 지키려는 고향의 순수성과 고유성이 불가능하다는 것을 의미할 뿐이다. '고향'이라는 완벽하게 순수한 귀환의 장소는 그의 아들에게조차 외부의 타락과 방종을 막아 줄 내부의 안전 지대가 될 수 없었다. 따라서 봉수가 오열하는 장소인 기차역과 기차길은 도시로부터 밀려든 외부의 타자성 위에 구축된 불안정하고 오염되어 가는 고향 내부의 위기와 균열을 공간적으로 이미지화하는 것이다.

요컨대, 1950년대 한국영화에서 재현된 '집'과 '고향'의 장소는 결과적으로 어떤 '경계'의 공간을 연출함으로써 사회와 국가의 완벽한 구성 과정이 내포하고 있는 어떤 불안정성과 오염 가능성, 불가능성 등을 보여 준다. 이러한 경계의 공간으로 인해 계몽의 실천은 근본적으로 어떤 실패를 전제할 수밖에 없다. 근본적인 차원에서 보자면, 1950년대 한국영화에 재현되는 이러한 경계의 공간은 당대 대중문화의 변화를 가늠해 보는 요소로도 읽힐 수 있다. 당대 대중문화는 정권의 계몽 담론에 포섭되지 않는 새로운 지대를 지속적으로 창출해내고 있었다. 1950년대 한국영화에 재현된 '외부를 포함한 내부'의 공간 출현이 이러한 당대 대중문화의 새로운 변화의 양상을 드러내는 하나의 방법론이 되고 있었던 셈이다.

1. 산업 근대화 가족의 탄생과 가난한 타자들의 출현

1) 근대화 담론으로 이완된 1960년대 반공국가주의

1960년대는 바야흐로 경제 발전이 본격적으로 추진된 근대화 시기였다. '반공 국가주의' 또한 이러한 경제적 근대화 속에서 새롭게 해석되어야 했다. 앞에서도 언급했듯이 '반공주의'가 충실한 내포적 의미를 가지지 못한 채 '국가주의'와 결탁하여 권력 통치의 담론으로 작용하고 있었다는 점을 감안한다면, 1960년대 반공주의 또한 국가를 지배하는 권력 장치의 하나로서 경제 담론과 긴밀하게 상호 작용하는 가운데 그 효력을 발휘해 나가는 경로를 자연스럽게 밟게 될 예정이었다. 특히, 1960년대에 이르면 냉전 시대의 역학 관계에 따라 본격적인 체제 경쟁이 냉전 구조를 지탱하는 중요한 기제로 작용하기 시작했다. 따라서 단순히 체제 유지를 위한 강력한 반공 논리를 내세우기보다는 '승공勝共' 이념을 적극적으로 호출하여 반공주의를 생산적 에너지로 활용하되, 이것을 국가 이데올로기를 유지·강화하는 방법론으로 활용하기 시작했다.

따라서 1960년대 반공국가주의는 경제 발전에 기반한 근대화 담론과 연계되어 한층 더 세밀하게 국민 삶의 현장 속으로 파고들 가능성을 보여 주었다. 6·25전쟁 후의 혼란상과 이승만 정권의 부정부패로 내내 불안정하고 복잡했던 1950년대를 거치면서 국민들의 생존과 직결된 가난의 문제는 실제로 해결되지 못한 난제로 남아 있었다. '반공주의'는 남북 냉전 체제의 유지와 국민 통합 그리고 때때로 미국의 경제 원조를 이끌어내기 위해 호출된 정권의 체제 유지용 방법론으로서 국민들의 실제적 생존 문제와는 다소 괴리를 보이고 있었던 셈이다.

이런 상황에서 박정희 정권의 근대화 담론은 국민들의 절박한 삶의 문제와 가장 긴밀하게 연결될 수 있는 정권의 통치 구호였다. '승공'의 논리에 힘입어 경제 근대화를 이룩함으로써 냉전 질서 속에서 한국적 위상을 정립하되, 발전을 통해 국민 모두가 잘 살 수 있다는 유토피아적 구상을 제시한다는 것은 매우 매력적인 것일 수 있었다는 말이다. 국민들로 하여금 경제 발전에 대한 판타지를 수용하는 데 수월한 지점을 제공하기도 했다는 말은 국민들의 경제 발전에 대한 풍요에의 판타지가 1960년대 반공국가주의에 의한 냉전 질서 체제에 쉽게 편승할 수 있도록 길을 마련해 줌과 동시에 냉전 체제 질서에 대한 무감각을 내면화하는 효과적인 기제로 작용할 수 있다는 의미이기도 했다.

이병천은 동아시아 개발독재체제가 반공국가주의 이데올로기에 입각해 있다는 점을 언급한다. 그에 따르면, 높은 자율성을 가진 독재 권력이 정치적 자유와 대중 참여를 억압하면서 국익과 개발의 이름으로 위로부터 국민 동원과 통합을 도모하는 체계, 세계질서의 패권구조에 적응하면

서 동시에 이를 적극적으로 활용하는 국가주의적 근대화체제가 바로 개발독재체제라고 말한다.[1]

1960년대를 전후하여 세계적으로 후진국 중심으로 형성되어 가던 이러한 독재 정권의 경제 개발 담론에 입각한 반공국가주의의 형성은 위로부터의 국민 동원과 통합을 작동시키는 강력한 카리스마적 권력 통치로 작용함으로써 발전의 가능성을 탐색한다. 그런데 여기에서 전제되어야 할 것은 자발적 국민 동의와 실천에 입각한 동원과 통합의 권력 체제를 구조화하는 것이다. 여기서 말하는 국민의 자발적 동의와 실천은 독재 정권에 대한 국민적 이해와 수용에서 비롯될 수 있다. 사실, 4·19혁명에 대한 국민적 기대에 부응하지 못했던 장면 정권의 실정 이후 발생한 5·16군사쿠데타와 박정희 군부 세력의 등장은 국민들에게 어느 정도 기대와 희망을 심어 주는 기능을 했던 것도 사실이다. 사상계 주필이었던 장준하를 비롯한 주요 지식인들조차 박정희 군부 세력에 대해 일말의 희망을 걸었던 것을 보면 이를 알 수 있다.[2] 국민들이 희망을 걸었던 것은 좌초한 혁명의 의의를 살려 민주주의의 기초를 확립하고, 경제 발전을 통해 번영된 국가를 수립하는 것이었다. 물론, 이러한 박정의 군부 세력에 대한 기대는 민정 이양의 약속을 파기하고, 군부 정권을 탄생시킨 박정희 정부에 대한 실망에 의해 서서히 사그라들기 시작했지만 말이다. 이후 한일회담과 베트남 파병으로 이어지는 정권의 파행적 행보와 경제 발전에 따른 부작용들에 대한 억압은 1960년대 박정희 독재 정권이 서서히 파시즘적 체제로 변화해 나가는 양상을 보여 준다.

---

1 이병천, 앞의 책, 23~24쪽.
2 이와 관련된 논의는 『냉전과 혁명의 시대 그리고 『사상계』』, 소명출판, 2015 참조.

요컨대, 1960년대 국민의 생존 문제와 직결된 '가난의 구제'라는 중요한 측면은 빈곤 문제 해결을 경제적 근대화 담론을 통해 극복하되, 그것을 반공국가주의와의 연속선상에서 국민들이 내면화할 수 있도록 하는 중요한 기제로 작용했다.

사실, 절대절명의 빈곤 문제 해결은 국민들의 삶과 직결될 수밖에 없었기 때문에 경제적 발전이 곧 '승공'이라는 논리는 국민들의 자발적 동의와 실천에 주요한 기제로 자리매김하는 데 있어 매우 효과적이었다. 한편으로 경제 발전 담론의 의장을 입고 나타난 반공국가주의는 국민들이 삶의 풍요에 집중함으로써, 반공국가주의가 내포한 문제적 지점들을 제대로 포착하는 데 있어 큰 장애물로 기능했다. 정권의 폭압 속에서도 국민들에게 경제적 풍요는 거부할 수 없는 중요한 생존 문제와 직결되어 있었기 때문이다. 이는 일종의 '사회적인 환상'으로서 박정희 정권의 파시즘적 폭력을 가리는 효과적인 장치였다. 지젝에 따르면 "사회적인 환상이란 개념은 적대라는 개념에 대한 필수적인 대응물이다. 환상은 정확히 적대적인 균열을 은폐하는 방식이다. 바꿔 말해서 환상은 이데올로기가 자기 자신의 균열을 미리 고려해 넣는 방식"인 것이다.[3]

사실, 정치적 변동과 열악한 노동 환경 속에서 비롯된 각종 사회 문제와 정치적 폭압 속에서도 경제 성장률은 놀라운 성과를 가져왔고,[4] 물질적

3 슬라보예 지젝, 이수련 역, 『이데올로기라는 숭고한 대상』, 인간사랑, 2001, 221쪽.
4 "주지하듯이 이 시대의 한국 경제는 대외지향적인 공업화정책에 힘입어 실질성장률이 연평균 8~9%에 이르는 미증유의 장기적인 고도 경제 성장을 달성했다. 제조업 중심 — 그것도 70년대에는 중화학 공업의 업종 중심 — 의 공업화 정책과 급속한 구조변동을 통해 한국의 경제사회는 본격적인 산업화시대에 접어들었다. 피고용자 수는 1962년의 230만 명에서 80년에는 650만 명으로 3배 가까이나 증가했다."(김삼수, 「박정희 시대의 노동정책과 노사관계」, 이병천 편, 『개발독재와 박정희 시대』, 창비, 2012, 183쪽)

삶의 풍요는 국민들의 안방을 장식하는 TV를 비롯한 최첨단 가전 제품들과 화려한 장식품 속에서 가시화되었다. 물질적 풍요와 기적적인 경제 성장률의 지표 속에서 형성된 사회적 환상이라는 숭고한 이데올로기는 국민들의 삶을 체제 내부로 수렴할 뿐만 아니라 '저항'과 '불안'을 잠식시키는 효과적인 권력 장치였던 것이다.

이러한 상황적 판단 아래, 1960년대를 규정하자면 그것은 대중적 차원에서 '순응'이 점차적으로 일상적 삶 안에 기입되는 시대였다고 할 수 있다. 물론, 이것을 완전한 순응이라고 말할 수는 없다. 이데올로기적 환상의 가림막이 걷히는 순간, 그 실제적인 삶의 모순이 때때로 일상적 삶에 침입하는 어떤 지점에서 '갈등'의 부조리한 현상을 목격하는 개개인을 발견할 수 있기 때문이다. 사회에는 항상 상징적 질서로 통합될 수 없는 어떤 적대적인 갈등이 가로지르고 있기 마련이며 이것을 가리기 위한 가림막으로서 환상의 목적은 '진정으로 존재하는 사회에 대한 하나의 비전을 구축하는 것'이기 때문이다.[5] 완벽하게 구축된 하나의 비전으로서의 환상 이면에 흐르는 적대와 갈등을 드러내는 순간이 바로 '순응'의 차원 이면에 존재하는 '갈등'의 지점이다.

이 부분에서 주목하고자 하는 것은 1960년대 반공국가주의가 경제적 근대화를 경유하여 성립됨으로써, 그것이 궁극적으로 물질적 풍요에 대한 이데올로기적 환상을 국민들에게 주입하는 데로 귀결된다는 점이다. 사회적으로 널리 공유된 하나의 비전, 즉 '풍요로운 삶'은 박정희 정권의 파시즘이 낳은 적대와 균열을 가리는 효과적인 장치로서 기능한다. 이 과

---

5 슬라보예 지젝, 이수련 역, 앞의 책, 220쪽.

정에서 '순응'과 '갈등'의 문제가 창출되는데, 이는 근본적으로 순응하는 주체의 성립과 그 과정에서 도태된 자들, 즉 '갈등'의 차원에 놓이는 적대와 균열의 '타자화된 존재'들을 형성한다는 점에서 근본적인 문제에 접근하게 된다.

이 문제에 접근하기 위해서는 무엇보다 '순응하는 주체란 무엇인가'에 대해 답해야 한다. 이를 통해 비로소 1960년대에 통용되던 '사회적 환상'의 일면을 확인할 수 있기 때문이다. 이 부분에서는 '순응하는 주체'를 '경제적 주체'로 정의하고자 한다. 1960년대 이후 점차 강력해지는 경제 발전 담론에 기반한 반공국가주의는 국민을 '경제적 주체'로 호명함으로써 물질적 풍요와 발전 담론에 흡수된 개인의 정체성을 암암리에 국민들에게 주입했고, 이는 하나의 사회적 비전으로서 박정희 정권 체제의 유지와 발전에 있어 하나의 거대한 이데올로기로 작용했다.

1960년대 한국영화에 대한 다양한 논의들이 진행되고 있지만 실제적으로 당대의 한국영화 재현 층위에서 가장 근본적인 출발을 알리는 것은 '경제적 주체'로서의 자기 정립이라고 할 수 있다. 이는 단순히 '경제적 주체'를 재현한다는 결과론적 차원에서 논의하는 것이 아니라, 그러한 주체가 구성되어 가는 과정, 즉 영화 재현의 차원에서 행해지는 주체의 정체성 확립의 맥락 속에서 발견할 수 있다고 판단된다. 이러한 주체 구성의 과정 속에서 그 정립된 자리에서 밀려나거나 주체로서의 자기 인식 과정에 놓여 있는 갈등하는 타자들의 성립 과정 또한 발견할 수 있다. 이를테면, 국가가 특정한 국민 주체로서의 공식적 정체성을 규정함으로써 비공식적 타자들을 생산하는 방식을 생각해 볼 수 있다. "국민 정체성의 구성은 한편으로 어떤 정체성의 형식들은 공식적으로 존재할 수 없다는 것을 요구한다"[6]는 점, "국가는 국민을 포함하는 용기用器가 아니라, 일련의 정치적인 수행의 반복들"[7]이라는 점을 상기한다면 특정한 주체성의 성립 과정에서 국가로 혹은 국민적 정체성으로 포섭되지 못하는 타자들의 성립을 발견할 수 있을 것이다.

결국 '타자'의 출현은 그것이 발생하는 근본적인 층위인 주체의 정립을 통해 발견할 수 있으며 이는 1960년대 순응하는 경제적 주체의 탄생 과정과 그 속에서 파생되는 갈등하는 타자들의 출현 과정 속에서 좀 더 구체적으로 확인할 수 있을 것이다.

2) 근대화 신화를 체현한 가족의 탄생

한국영화에 접근할 때 우선적으로 고려해야 할 것은 이 장르가 지닌 특성이다. 영화는 무엇보다 대중의 욕망과 접속하는 '판타지'적 속성을 지닌다. 동시에 대중의 삶을 반영한다는 측면에서는 '현실' 지향적 속성 또한 지닌다고 할 수 있다. '현실'과 '판타지'의 이중적 속성을 내포함으로써 영화는 대중의 삶과 접속할 수 있는 길을 모색하는 것이다.

판타지의 측면에서 볼 때 영화는 대중이 욕망하는 삶 혹은 주체의 방향을 따라 재현의 방향성을 탐구한다. 말하자면, 대중이 어떤 삶 혹은 주체성을 지향하고자 하는가에 예민하게 반응함으로써 영화적 재현의 장을 마련하는 것이다. 그러나 현실의 측면에서 볼 때 영화는 반성적 측면 또한 반영한다. 자신이 놓여 있는 현실에 대한 인식을 통해 지금 여기에 놓여 있는 삶과 그 안의 자신의 자리를 예리하게 탐구하는 측면 또한 내포하고

---

6   기욤 르 블랑, 박영옥 역, 『안과 밖―외국인의 조건』, 글항아리, 2014, 69쪽.
7   위의 책, 91쪽.

있기 때문이다. '주체성'의 측면에 초점을 맞추면, 영화는 호명되어야 할 주체성과 그 주체성에 다다르지 못하는 타자성과의 길항 관계를 판타지적 욕망과 반성적 현실 인식 속에서 예각화하여 반영하고 있는 셈이다. 이때 주체성과 타자성 사이에 벌어진 틈과 균열 속에서 현실의 부조리가 은연중 드러남으로써 영화가 지닌 문제성이 부각될 수 있다.

1960년대 한국영화에서 주체성은 무엇보다 근대화 신화를 체현하는 '경제적 인간형'의 분명한 호출 속에서 발견된다. 이 경제적 인간형은 무엇보다 '가족'이라는 집단적 정체성 속에서 기능하는 존재로서 그 의미를 획득하는데, 1960년대 초반 '가족 멜로 영화' 장르는 이러한 근대화 신화를 체현하는 가족의 탄생을 가시화한다.

1960년대 초반에 가족 멜로 영화가 집중적으로 제작·상영되어 큰 흥행을 했다는 점은 이미 많은 연구자들에 의해 제시된 논의이다. 기존의 논의들은 4·19혁명의 자유로운 분위기와 대중 영화의 제작 붐이라는 환경적 조건 하에서 다양한 가족 멜로 영화들이 제작·상영되었다는 점에 대체로 동의한다. 다만, 4·19혁명과 사회상의 변화 속에서 영화적 재현의 특징을 밝히는 데에서 나아가 당대 대중의 현실적 환경을 좀 더 고려해볼 필요가 있다. 4·19혁명에서 도시 빈민의 역할과 그 의미를 밝힌 연구에서도 짐작할 수 있다시피,[8] 1960년대에 접어들어서도 도시 빈민의 삶은 여전히 팍팍했다. 서울 인구의 대다수를 차지한 채 숨죽이고 살아가는 도

---

8 오제연은 '4·19혁명과 도시 빈민'의 관계에 대해 논의하는 글에서 4·19혁명에서 중심적 역할을 했던 도시 빈민들이 대학생을 비롯한 지식인들의 혁명 주체 구성 담론에 의해 목소리를 잃고 사라져 버렸다고 말한다. 그러나 그들은 1960년대 박정희 정권의 경제 발전 담론에서 여전히 소외된 채 도시의 광범위한 영역에 자리잡은 채 삶을 살아가는 존재들이었다.(오제연, 「4·19혁명과 전후 도시 빈민」, 『한국현대생활문화사 1960년대』, 창비, 2016 참조)

시 빈민들의 삶은 대중문화 조성의 물적 기반으로 작용했다. 이 지층에서 현실과 판타지를 오가는 대중문화의 결실이 생성될 수 있었기 때문이다. 영화의 차원으로 초점화하면, 1960년대 초반 유난히 집중적으로 제작·상영된 가족 영화는 도시 빈민의 판타지와 현실을 유머러스한 풍자 속에서 효과적으로 엮어낸 것이라고 할 수 있다. 특히 주목할 만한 것은 비참한 현실의 페이소스를 특유의 명랑한 기조로 장식함으로써 경제적 근대화를 추구하는 가족 공동체를 추구하는 방식이다. 이는 가족 공동체를 경제 공동체로 치환함으로써 경제 발전에 대한 판타지적 욕망을 투사하는 가장 대중적인 재현 논리라고 할 수 있다.

1960년대 초반의 가족 영화들은 대부분 경제적 가족 공동체를 지향하는 가운데 '가족'의 의미를 '경제 논리'로 의미 전환함으로써 가족 개개인을 경제 공동체의 일원으로 새롭게 정립하는 주체성을 강조한다.

이러한 재현 방식은 박정희 정권의 본격적인 집권이 시작된 1963년 이후에는 오히려 찾아보기 어려워진 것으로서[9] 경제적 근대화에 대한 인식이 비단 정권의 통치성 안에서 뿐만 아니라 실제적 현실 안에서 실제 요구되고 있었다는 정황을 짐작케 한다. 무엇보다 절대적 가난에서 벗어나 풍요로운 삶을 살고자 하는 욕망은 영화 안에서 경제적 가족 공동체의 구성과 그와 연관된 주체성의 확립 과정을 통해 대중적으로 공유되었다고 할

---

[9] 여기에서 대상으로 삼은 가족 영화의 목록은 다음과 같다. 김기영 〈하녀〉(1960), 강대진 〈마부〉(1961), 강대진 〈박서방〉(1960), 이봉래 〈삼등과장〉(1961), 이봉래 〈월급쟁이〉(1962), 신상옥 〈로맨스 빠빠〉(1960), 한형모 〈돼지꿈〉(1961), 한형모 〈골목 안 풍경〉(1962), 유현목 〈오발탄〉(1961), 이봉래, 〈새댁〉(1962), 박성복, 〈해바라기 가족〉(1961) 등이다. 이들 영화는 1960년에서 1962년 사이에 집중적으로 제작·상영되었다. 인기를 끈 라디오 홈드라마를 영화로 제작하였다는 측면을 감안하더라도 1960년대를 전후한 '가족 영화'에 대한 대중적 파급력과 그 재현 양상에서 드러나는 대중의 판타지와 현실을 '경제적 문제'와 연결하여 살펴봐야 하는 이유를 제공한다.

수 있는 것이다. 가령, 비슷한 시기 쏟아져 나온 가족 멜로 영화들을 호출할 때 주로 통용되었던 "서민"이라는 용어는 '가난'과 '생활'의 문제를 같은 층위에서 거론하는 데 유용했다. '서민의 애환이 비교적 잘 그려졌다'[10]고 평가된 〈박서방〉1960이나 "각박한 서민의 생활감이 나는 것"으로 작품성을 인정받아 백림영화제에 출품된 〈마부〉1961,[11] "소시민의 생활상이 지저분하지 않고 산뜻하게" 그려진 〈골목 안 풍경〉1962,[12] "서민생활에 앵글을 둔 명랑한 건전성을 추구하고" 있는 〈월급쟁이〉1962[13] 등은 모두 가난한 서민 계층의 생활에 깃든 애환에 주목하되, 그것을 특유의 유머 속에서 명랑하고 건전하게 재현했다. 여기에 다소 이색적인 소재로 "미완성하나마 주목할 만한 시험으로 관심을 끌었다"[14]고 평가된 영화 〈하녀〉1960 또한 그 주제 의식 차원에서 비슷한 맥락에 놓여 있었다. 그 괴기성과 실험성 때문에 사실 "모래성같이 공들여 쌓은 안정을 유지하려고 번민하는 소시민의 생활감정도 어렴풋 전달하지만, 주제의 간선이 뚜렷하지 않아 총체적으로 주는 감명이 엷다"[15]는 점이 영화의 한계로 노출되었지만, 영화의 무게 중심을 어디에 두느냐에 대한 비중의 차이가 문제일 뿐, 실상 내러티브와 주제 의식이 '소시민의 생활 감정'과 연계된 것이라는 점만은 분명했다. 반면, 동시대의 영화 〈오발탄〉1961의 경우는 흔하게 통용되었던 '소시민', '서민', '애환', '생활상' 등의 수식어와는 달리, '어둡고 불안한 현실' 문제를 적나라하게 드러냈다는 점에서 다른 층위에 놓여 있는 것처

10 「1960년 영화 회고」, 『한국일보』, 1960.12.25.
11 「베를린 영화제를 보고」, 『동아일보』, 1961.7.19.
12 「[새영화] 즐길 수 있는 드라마/박종호 감독 〈골목 안 풍경〉」, 『서울신문』, 1962.7.1.
13 「[새영화] 말쑥한 칼리카튜어/이봉래 감독의 월급장이」, 『경향신문』, 1962.7.21.
14 「60년의 영화계」, 『동아일보』, 1960.12.21.
15 「[신영화] 미수(未遂)했으나 주목할 실험/김기영 감독의 〈하녀〉」, 『동아일보』, 1960.11.9.

럼 보인다. 그러나 이 현실, 즉 "쓰레기처럼 굴러다니는 제대청년, 가난한 사람들의 누추한 생활상, 병든 노파, 신문 파는 소년, 양부인, 몸을 풀다 죽어가는 산모, 자식 구실도 아비 구실도 남편 구실도 형 구실도 못 하는 사나이, 모두 앞길이 깜깜하게 막힌 절망의 군상들이 하나, 둘 생활전선에서 좌절되어 가는 모습이 있는 그대로 그려져"[16] 있는 현실이 바로 당대 서민의 생활상이라는 차원에서 보자면, 〈오발탄〉이야말로 가장 솔직한 당대 가난한 자들의 삶을 반영했던 작품이라고 할 수 있을 것이다.

다만, 〈오발탄〉이 '현실' 그 자체의 부정적 실태에 주목했다면, 다른 영화들은 풍요로운 미래를 위한 발전적 주체 구성의 우여곡절을 내러티브의 중요한 요소로서 적극적으로 활용했다는 점에서 차별적이었다. 대중영화에서 호출되었던 '서민', '가부장'들은 국가와 민족의 발전을 위해 물질적·정신적 토대로서의 '가족 공동체'를 주도적으로 이끌어 나가야 할 존재로서 주체성을 획득하는 단계에 진입하게 되었다. 무엇보다 1960년대를 전후하여 요구되던 대중적 주체는 '경제적 인간형'으로서 자기 정립의 과정에 놓여 있는 존재였다.[17]

---

16 「지평선」, 『한국일보』, 1961.4.14.
17 이와 관련하여 이상록의 다음 논문을 참조할 수 있다. 이상록은 신자유주의 시대 '호모 에코노미쿠스'의 기원을 1960~70년대 박정희 시대에 형성된 인간형에서 찾는다. 박정희 정권이 요청했던 산업 근대화는 그 목표 달성을 위해 국민들이 총력 단결함으로써 이루어질 수 있는 것이었다. 이 과정에서 국가의 경쟁력은 곧 기업의 경쟁력과 동일시되었고, 기업에서 요구하는 합리성과 효율성이 점차 사회 전반에 침투함으로써, 경제적 성공을 위한 효율적이고 합리적인 인간 모델로서 '호모 에코노미쿠스'들이 출현하게 된다.(이상록, 「산업화시기 출세 성공 스토리와 발전주의적 주체 만들기」, 『인문학연구』 28호, 인천대 인문학연구소, 2018 참조) 박정희 정권 이후 적자생존과 승자독식의 경쟁 논리가 사회 전반을 움직이는 중요한 원리로 점차 조직화·체계화되어 갔다는 점을 감안하면, 1960년대 초반 가족 멜로 영화에서 재현되던 '경제적 인간형'은 이후 지속적으로 출현하게 될 '호모 에코노미쿠스'의 소박하고 대중적인 일면을 보여 준다고 할 수 있을 것이다.

영화 〈하녀〉에서 이층 양옥집을 지어 이사한 주인공 부부에게 들이닥친 고난은 그들이 구상한 가족 공동체에 균열을 야기하는 것으로 재현된다. 가정을 지켜내고자 하는 아내는 영화 안에서 가장 일관성 있고 강한 주체성을 지닌 존재이다. 남편의 하녀와의 불륜은 그 자체로 경제적 공동체로서의 성공적 미래를 계획하기 위한 초입 단계에 들어선 가족 공동체에게 필요한 존재가 무엇인지를 반성적으로 보여 주는 사건이다. 불륜이 가져온 가정의 위기와 파탄은 역설적으로 경제적 기반에 근거한 가족 공동체의 중요성을 환기시키는 가장 강력한 동기로 작용하는 것이다.

〈하녀〉와 같은 해에 개봉한 강대진 감독의 〈박서방〉과 신상옥 감독의 〈로맨스 빠빠〉1960의 내러티브 구조는 다른 양상을 보이지만, 이 두 영화가 공통적으로 지향하는 것은 경제적 근대화를 위한 가족 공동체에 필요한 주체 구성의 과정이라고 할 수 있다.

영화 〈박서방〉에서 가난한 해방촌에서 남의 집 구들장을 손봐 주며 살아가는 박서방이 겪는 근대화의 경험은 그가 경제적 근대화의 선상에서 자각하게 되는 자신의 위치이다. 말하자면 그는 자식들과 얽힌 관계 속에서 오롯이 근대화 선상에 선 자신의 처지에 반성적으로 접근하게 되는 것이다. 자신이 더 이상 경제적 발전 주체로서 기능할 수 없다는 인식은 새로운 주체성에 대한 승인과 맞물려 있다.

영화 〈로맨스 빠빠〉에서 주인공 로맨스 빠빠가 직면하는 것도 이와 비슷하다. 그는 회사의 감원 바람에 직격탄을 맞아 실직하는 과정에서 자신이 처한 현실에 반성적으로 접근한다. 자신의 나이로는 구직할 수 없는 현실 그리고 사회에서 요구하는 젊고 유능한 인재가 아니라는 인식은 그를 실직 상태로 내몰았지만, 이는 사회가 요구하는 당대의 주체를 호명하는

〈그림 3〉 영화 〈마부〉의 한 장면   〈그림 4〉 영화 〈로맨스 빠빠〉의 한 장면

방식이라고 할 수 있다. 오히려 아버지의 실직으로 철없던 자식들은 경제적 주체로서 새롭게 자기를 인식하고 정체성을 모색함으로써 아버지와는 다른 길을 걷는다. 이러한 변화된 관계 구도 속에서 영화 〈로맨스 빠빠〉 속에 재현된 가족은 더 이상 따뜻하고 안락한 정서적 공동체가 아니라, 경제적 공동체로서 새로운 의미를 획득하기에 이른다.[18]

"소박한 서민 감정에는 흙내와 같은 다정함이 있다"[19]는 평을 들었던 영화 〈마부〉는 가난한 도시 빈민의 삶을 다룬다는 점에서 영화 〈박서방〉과 같은 맥락에 놓여 있다. 영화의 내러티브 또한 비슷한 양상을 보인다. 여기에서도 아버지 '마부'는 직업의 전근대적 성격으로 말미암아 고난을 겪게 된다. 그의 시련은 곧 자신의 처지를 깨달아 가는 과정일 뿐만 아니라 자식들이 경제적 주체로서 새롭게 등장하는 과정이기도 하다.

---

18 영화 〈로맨스 빠빠〉에서 아버지의 실직을 알게 된 자식들이 집 대문에 돈을 벌기 위한 광고를 붙이자 그것을 본 아버지는 안식처인 가정에 그런 것을 붙이면 안 된다고 자식들에게 말한다. 그러나 이미 그 아버지의 권위는 경제적 능력을 상실한 가운데 큰 힘을 발휘하지 못한다. 자식들의 경제적 능력에 아버지와 가족의 생계가 결정되는 상황이 이미 발생했기 때문이다.

19 「[신영화] 서민생활을 그린 〈마부〉」, 『경향신문』, 1961.2.18.

이러한 내러티브 구조는 영화 〈삼등과장〉1961이나 〈골목 안 풍경〉 등 여러 작품에서 지속적으로 재현됨으로써 근대화의 초석으로 자리매김해야 할 경제적 가족 공동체의 출현을 알리고 있다. 그동안 분석에서 다소 소외되어 왔던 영화 〈해바라기 가족〉1961을 들여다보면 가족의 구성 자체가 생산적인 주체 구성의 차원에 놓여 있다는 점을 발견하게 된다. 부호 정진구의 집 과외 교사로 일하는 주인공 미원을 통해 정진구 가족의 불구화된 모습은 새로운 구조로 재편성된다. 정진구의 자식들은 향락과 음주, 방탕에 젖어 무위도식하는 처지로 재현된다. 정진구의 풍요로움은 이러한 자식들의 부조리한 삶에 의해 위기에 봉착한다. 이러한 삶은 가족들에게 닥친 시련을 통해 극복되는데, 이는 향락과 방탕에 젖어 있던 이들이 새로운 미래를 위한 건전한 주체로 탄생하는 과정이라고 할 수 있다. 큰아들 창식이 아버지의 사업을 물려받고 집안을 이끌어가는 새로운 주체로 거듭남으로써 집 안에 드리웠던 어둠은 사라지게 된다. 과거의 불구화된 삶을 청산하는 이 시련의 과정은 곧 새로운 발전의 주체로 거듭나는 과정이자 새로운 가족 공동체를 구성하는 과정이기도 하다.

요컨대, 이러한 근대화 신화를 체현한 가족 공동체의 출현은 1960년대 초반 경제적 주체에 기반한 가족 공동체가 대중의 판타지 속에서 강력하게 호출되고 있었던 정황을 설명해 준다. 물론, 이러한 공동체와 주체의 성립 과정은 필연적으로 이러한 주체성에서 밀려나간 자들을 생산하기에 이르는데, 1960년대 영화 재현 양상에서 볼 때, 가장 먼저 눈에 띄는 타자성의 표상은 바로 가난과 빈곤의 상징인 아버지들이었다.

3) 가난의 계층적 분화, 무능한 서민 가부장

경제적 근대화를 위한 전초 기지로서 출현하는 가족 공동체를 놓고 볼 때, 이 미래적 비전을 구축하는 집단적 판타지 속에서 지속적으로 밀려나는 것은 '가난'을 등에 업은 '과거'의 표상, 즉 무능한 서민 가부장이라고 할 수 있다. 전후의 혼란과 절박한 생존의 문제와 직결된 '가난'은 청산해야 할 과거이자 떨쳐 버려야 할 부정적 잔재로서 암암리에 영화 재현의 장에 출현한다. 이 모든 부정적 요소의 상징적 표상으로 작용하는 것이 무능한 서민 가부장, 즉 계층적으로 가장 밑바닥 인생에서 어떤 발전의 가능성조차 가늠해 볼 수 없는 존재인 것이다. 주체로 자신을 정위定位하는 데 필요한 조건은 이제 경제적 효율성과 능력을 겸비한 젊은 세대적 주체이다. 이 주체는 미래의 물질적 풍요와 안정을 담보하는 존재로서 계층적 사다리를 건너뛸 수 있는 가능성을 내포하고 있다.[20]

요컨대, '가난'은 그 자체로서가 아니라 '계급'과 '무능력', '부패' 등의 조건과 함께 고려되는 '과거'의 잔재로서 재현된다. 미래의 비전으로 구축된 사회적 환상의 영역 이면에는 이러한 사회적 적대와 균열의 은폐된 국면이 도사리고 있었다. 물론, 이는 영화 안에서 가장 부드러운 의장擬裝을 통해 처리되고 있었다. 위에서 잠시 언급했듯이, 영화 〈박서방〉과 〈마부〉 및 〈로맨스 빠빠〉 등에서 재현되는 경제적 능력을 상실한 서민 가부장은 재현의 장 속에서 그나마 페이소스를 녹여 내는 유머러스하고 너그

---

20 이러한 젊은 경제적 주체의 구성을 박정희 정권의 출현과 관련시켜 논의하는 다수의 연구들이 존재한다. 그러나 본고에서는 이러한 젊은 경제적 주체의 요구가 정권의 탄생 이전에 이미 6·25전쟁과 가난, 정치적 부정부패 속에서 자생적으로 발생한 것이라는 점에 방점을 찍어 논의하고자 한다. 이러한 영화와 현실과의 관련성은 이후 당대 잡지에서 요청되던 새로운 젊은 주체, 즉 1950년대 전후 시대로부터 요구되던 젊고 유능한 주체의 정체성을 탐구함으로써 좀 더 심층적으로 논의할 필요가 있다고 판단된다.

러운 몸짓과 대사 속에서 자연스럽게 극복되었다. 1960년대 초반 가족 영화에서 아버지는 살아 있었고 여전히 연민의 감정 속에서 자기 목소리를 유지할 수 있었기 때문이다. 영화 〈박서방〉에서 박서방은 자식들의 새로운 미래를 위해 빈곤에서 비롯된 계급적 열등감과 고집을 내려 놓음으로써, 상징적인 가부장으로 남을 수 있었으며, 〈마부〉에서 아버지는 장남의 고시 합격을 통해 비로소 더 이상 쓸모 없어진 천한 직업에서 벗어나기에 이른다. 이처럼 〈로맨스 빠빠〉와 〈골목 안 풍경〉, 〈서울의 지붕 밑〉 등에서 재현되는 아버지는 지금까지 가부장으로서의 실제적 능력을 상실하는 일련의 과정을 거침으로써, 더 이상 산업 근대화의 발전 가도에 자신의 설 자리가 없어졌다는 사실을 인식한다. 현재와 미래는 자식 세대의 것으로서 새롭게 재편성되며, 아버지는 '과거의 유물'로 서서히 잊혀진다. 무엇보다 이는 '가난'하고 '무능력'하며 산업 근대화가 요구하는 합리적이고 효율적인 능력을 획득하지 못한 계급으로서의 '서민' 가부장을 그 목표물로 설정하고 있다는 점에서 주목할 만하다. 무능한 서민 가부장은 점차 대중 영화에서 '과거'의 봉건적 잔재로서 삭제되는 타자적 존재로 인식되기에 이른다.[21]

---

21 이와 관련하여 1960년대 초반 가족 영화에 등장하는 '아버지'의 의미를 도출한 다음의 논의는 재고해 볼 만하다. '1960년대 초반 한국영화에서 아버지가 귀환하고 가족이 복구된 서사가 중심이 된 것은 사회 전반의 미국화와 전통적인 가치관의 붕괴에 대한 대중의 저항감이 표출된 것'이며 따라서 "가족 드라마는 1950년대 미국화에 대한 반작용으로 작동한 문화적 보수주의와 늙은 독재자를 몰아내는 데 성공한 4·19혁명 이후의 희망적 정서가 혼재되어 있던 시대의 산물"이라는 주장이다.(이순진, 「영화, 독보적인 대중문화」, 『한국현대생활문화사 1960년대』, 창비, 2016, 116~119쪽) 물론, 1960년대 초반 가족 영화의 '아버지'가 등장한 배경에는 미국 문화의 범람 및 4·19혁명의 분위기 등의 사회 문화적 변화가 놓여 있는 게 사실이다. 다만, 이러한 등장 배경의 조건에 대해서만 논의하게 된다면, '서민 가부장'의 갑작스런 등장과 소멸에 대해 충분히 논의할 수 없다고 판단된다. 당시 대중문화가 요청했던 '서민 가부장'은 '과거'를 호출하기 위한 환영적 존재로

이로써 1960년대 중반으로 접어들어 이러한 아버지의 존재가 영화에서 사라지게 된 정황을 짐작할 수 있다. 한국영화는 이후 물질적 풍요와 권력을 모두 갖춘 '재벌' 아버지 혹은 부유한 아버지를 호출했으며 영화에서 무능한 서민 가부장을 찾아보기 어렵게 되었다. 박정희 정권의 출범과 더불어 본격적인 경제 근대화가 이루어지는 과정에서 제작·상영된 한국영화에서 주로 등장하는 가족의 형태는 경제적 풍요와 빈곤의 양 극단을 보여 줌으로써 재현되는 특징을 보인다. 경제적 근대화를 통해 물질적 풍요와 권력을 획득한 완벽한 상류층 가족 공동체를 재현하는 한편에서는 빈곤과 궁핍한 삶을 견디면서 살아가야 하는 가난하고 불구화된 가족 공동체를 재현한다. 이러한 극단적인 설정은 이 두 대립된 공동체의 구성원들이 접촉하면서 발생하는 시련과 갈등 및 그 해결을 위한 배경으로 작용한다. 완벽하게 구축된 상류층 가족 공동체의 재현은 아버지의 경제적 능력에 기반한 것임을 은연중 암시하면서 이들 가족의 모자란 부분, 즉 일반적으로 '윤리적(정신적) 차원'을 보상받거나 교정하는 과정을 거치는데, 이때 필수 요소로 작용하는 것이 가난과 빈곤의 다른 극단에 놓인 인물과의 접촉이다. 주로 '사랑'과 '윤리', '자유' 등의 요소가 이 두 극단의 양측을 연결하며 감정적 연대를 촉발하는 계기로 작용하는데, 눈여겨볼 것은 가난의 측면에 놓여 있는 공동체의 재현 양상이다.

서, '봉건적 전통', '가난'과 '무지' 등을 '빈민성'의 계급적 차원에서 표상하고 있었다고 할 수 있다. 과거로부터 지속적으로 존재해 왔기 때문에 무시하거나 외면할 수 없지만, 더 이상 존재할 필요도, 존재해서도 안 되는 타자화된 대상으로서의 '서민 가부장'은 당시 대중 영화에서 때로 가족 공동체의 전통적 복원을 위해 때로 새로운 가족 공동체의 단합을 위해 때로 새로운 세대의 출현을 위해 임의적으로 호출할 수 있는 가장 편리한 대상이었다. 그러나 박정희 정권의 집권과 체계화된 산업 근대화의 발전 도상에서는 더 이상 쓸모 없어진 존재로서 서서히 영화 속에서 삭제되어 나갔다고 볼 수 있다.

가난한 자들의 가족은 대체로 불구화된 상태로서 아버지가 없거나 가족이 해체된 상태로 '가난'과 '불안' 혹은 '방황'을 재현하는 특징을 보인다. 현재의 가난은 무능한 아버지의 부재를 정당화하고 이러한 계층적 구조화 속에서 그들의 가난한 현재를 형성한 '가난'과 '아버지', '무능력'은 '부재'의 기호로서 처리된다.[22] 완벽하게 구성된 가족 공동체가 경제적 풍요와 권력의 획득에 기반하게 될 때, 계층의 위상학에서 가난한 서민 가부장의 실존은 위협당하게 될 뿐만 아니라 서둘러 삭제되어야 할 사회적 적대 혹은 균열의 요소로서 처리될 위험성이 커진다. 게다가 더 문제적인 것은 때로 이러한 부재한 가부장의 자리를 대신하여 '여성'이 희생의 속죄양으로 재현되는 양상이다.

조긍하 감독의 영화 〈육체의 고백〉1964에서 윤락녀 대통령 엄마의 네 딸들에 대한 집착과 고집은 그들의 풍요롭고 안정된 삶을 위한 희망에서 비롯된다. 가난하고 비참한 삶을 살아가는 대통령 엄마에게 가난한 화가였던 남편은 그녀의 자식에 대한 강박관념을 형성한 최초의 진원지로 재현된다. 가난한 화가였던 아버지를 대신하여 가부장이 된 대통령 엄마의 존재는 계층적으로 삭제된 가난한 서민 가부장의 역할을 여성이 대신함으로써 발생하는 문제적 현재를 잘 말해 준다. 자식들의 경제적 풍요를 바라던 그녀의 꿈은 그녀의 바람대로 살아가는 듯했던 동희의 파탄 난 삶을 통해 그 부조리를 드러낸다. 사실, 이 영화에서 대통령 엄마의 고난과 시

---

22 이를 사회적인 측면과 연결시켜 논의해볼 수도 있다. 아버지의 부재와 현재의 불구화된 가정은 6·25전쟁 이후 수많은 희생자들 속에서 출현한 불구화된 가족 및 가부장적 통치 질서가 구축되지 못한 혼란한 사회상을 반영하고 있다고 해석할 여지를 남긴다. 그럼에도 불구하고 결과적으로 이러한 현상은 현재의 불구화되고 가난한 현실에 대한 거부의 메커니즘이 1960년대 들어 더욱 강박적으로 작용하고 있다는 점이다. 이는 영화 속에 재현된 극단화된 가족 공동체의 대립과 접촉이 낳은 갈등 속에서 첨예화된다.

련은 곧 자식들이 자기 인식을 해 나가는 과정과 맞물려 있다. 언뜻 보기에 100억 재산가와 결혼하는 꿈을 꾸던 동희가 윤락녀로 전락하는 과정은 경제적 풍요가 진실한 삶이 아님을 보여 주는 것처럼 보인다. 그러나이 영화 전체를 관장하고 있는 것은 경제적 풍요와 권력을 획득하는 것이인생의 중요한 목표가 된 현실 그 자체이다. 대통령 엄마를 중심으로 구성된 가족의 불구성은 근본적으로 가난한 화가 아버지의 무능력에서 비롯된 것으로서, 그것을 보상받기 위한 치열한 노력 속에서 결과적으로 행해진 것이 바로 경제적 풍요와 권력의 획득이라는 목표이기 때문이다.

김기덕의 감독의 영화 〈떠날 때는 말없이〉1964는 〈육체의 고백〉과는 완벽하게 판이한 판본이지만 결과적으로는 계층화된 가난의 문제를 직접건드리면서 비슷한 결론에 도달하는 작품이라고 할 수 있다.

이 영화는 공장주의 딸로서 부유한 삶을 사는 미영이 가난한 생산직 노동자 김명수를 만나는 것으로 시작된다. 미영과 명수의 사랑과 결혼 그리고 죽음의 경로를 따라가는 과정에서 드러나는 것은 가난한 명수가 보여주는 부조리한 삶의 태도이다. 결과적으로 명수는 고등고시에 합격함으로써 신분적 상승을 이룩하지만 이것은 그가 풍요롭고 안정된 가족의 일원으로서 미영이 가진 혜택과 그녀의 완벽에 가까운 희생을 깨닫고 자신의 못남을 스스로 인식하는 과정과 맞닿아 있다. 그녀의 죽음은 명수의 성공의 밑거름으로 작용하는데, 이는 가난한 명수의 열등감과 열패감을 확연히 부각시킬 뿐만 아니라, 그것을 스스로 극복하고 자기 갱신하는 과정을 이룩하는 데 최종적으로 기여한다. 이는 근본적으로 경제적 풍요에 기반한 따뜻한 가족 공동체가 지닌 신뢰와 순수성에 무게를 싣게끔 관객을유도한다.

이렇듯 1960년대 중반에 접어들면서 영화에 재현되는 계층화된 가난의 문제는 서민 가부장의 부재와 그것을 대신하는 경제적 풍요와 권력에 기반한 가족 공동체의 출현 속에서 새로운 국면을 맞이하게 된다.

가난한 자들을 대변하는 표상으로서의 서민 가부장은 그 자리를 상실해 가고 있었으며, 풍요로운 물질적 기반 속에서 재현되는 가족 공동체는 이상화된 미래의 비전으로서 좀 더 강력하게 요청되고 있었다. 이제 가난한 서민 가부장은 재현의 장에서 서서히 삭제됨으로써 타자화된 존재로서 의미화되고 있었다. 이들은 때때로 가난한 자들의 발언, 즉 과거의 비참한 삶을 회상하는 진술 속에서 잠시 언급될 뿐 더 이상 재현의 현재적 존재로 소급되지 않는다.

그러나 가난한 자들이 속해 있는 불구적 가족 공동체의 재현 속에서 이들은 여전히 과거의 가난한 잔재로서 유령처럼 현존하고 있었다. 화려한 상류층의 완벽한 미장센 속에서 재현되는 가족 공동체가 강력한 힘을 발휘할수록, 그것의 강력한 영역을 확보해 주기 위한 외부의 존재들 또한 끊임 없이 호출되어야 하기에 경제적 풍요에 대한 대중의 강력한 판타지를 호출하는 영화의 재현장 안에는 필연적으로 비참한 밑바닥 인생의 가난한 과거가 반복적으로 재생산될 수밖에 없었다.

4) 중산층 판타지의 불안과 균열, 매혹의 하위 주체들

1960년대 한국영화에서 재현된 경제적 인간형은 근본적으로 풍요로운 삶에 대한 판타지 속에서 형성된 것이었다. 풍요로운 삶에 대한 욕망이 중산층 판타지를 호출하면서 1960년대 중후반에 접어들수록 영화의 미장센은 더욱 화려해지고 영화적 갈등 구조는 더욱 파격적인 양상을 띠게 된다.

도래해야 할 미래적 비전으로 소환되는 중산층 판타지는 완벽한 이상에 가까운 가족 모델을 재현하는 양상으로 변모해 나갔다. 핵가족 중심의 완벽한 가족 모델은 당대 대중 잡지를 비롯한 매체들에서 본격적으로 양산하기 시작한 대중 판타지의 가장 가시화된 판본이라고 할 만했다. 그런데 이러한 완벽한 가족 모델은 매혹적인 하위 주체들을 지속적으로 양산하고 있었다. 완벽한 가족 모델 이면에 도사리고 있는 불안과 균열의 조짐을 보여 주는 이들은 매혹적인 존재들로서 당대 요청되던 경제적 풍요와 그에 기반한 중산층 가족 판타지에 상처를 입힐 뿐만 아니라, 그 과정에서 자기 인식의 절차를 밟아 나감으로써 '주체성'과 '타자성'의 모호한 경계를 넘나들었다.

1960년대 후반 한국영화사상 한 획을 그은 정소영 감독의 영화 〈미워도 다시 한번〉1967은 성공한 한 남자의 완벽한 가족 이면에 도사리고 있던 비밀을 재현함으로써 대중에게 선풍적인 인기를 끌었던 작품이다. 영화에 재현된 중산층 가족은 주인공 남자와 만났던 과거의 여자가 등장함으로써 엄청난 갈등에 직면한다. 이 영화에서 완벽한 가족이 직면한 갈등 과정은 과거의 여자가 자신의 불행했던 과거로부터 벗어나 현실을 인식하는 과정과 맞물려 있다. 특히, 과거의 여자는 자식을 남자에게 건네 줌으로써 온전한 개인으로서 혹은 빈곤하고 어려운 처지에서 벗어나 새로운 삶을 모색하는 한 개인으로서 새 출발을 하게 되는 것이다. 그런데 이는 비단 자신의 주체성을 찾아가는 모색의 과정으로만 해석할 수 없다. 오히려 이 영화에서 과거의 여자가 남자를 찾아가고 아이를 맡기는 일련의 과정은 과거 남자와의 관계 속에서 자신의 삶을 온전히 살았던 주체적 존재였던 이 여성이 타자화된 자신을 인식하는 과정이라고 할 수 있다. 결과적으로 완벽하게 구성된 가족 모델의 해체 과정은 과거로부터 현재에 이르는 과정에서 타자화되어 갔던 그간의 상황, 즉 그녀가 어엿한 직업 여성으로서의 자기를 포기하고 미혼모이자 가난한 존재로 자신을 잃어 가던 과정을 되짚어 그녀가 타자로서 구성되어 가던 일련의 상황을 세밀하게 재현해내는 과정에 다름 아닌 것이다. 1960년대 여성에게 요구되었던 사회적 역할과 기대, 말하자면 1960년대 대표적인 대중 여성지 『여원』이 '스위트홈의 담론을 생산하고, 방송극에서조차 가부장 중심의 화목한 가족이 등장'하던[23] 상황에서 구성되었던 순종적인 여성상에 비하면, 영화 〈미워도 다시 한번〉의 여성은 사회적 담론의 경계를 배회하면서 타자성이 비집고 나오는 틈을 은연중 재현하고 있었던 셈이다.

사실, 1960년대 중후반으로 접어들수록 박정희 정권의 경제적 근대화는 가시적 성과를 내면서 가속화되어 갔지만, 성장 중심의 발전 이데올로기로 인해 나타나는 부작용들은 일반 국민들의 삶을 더욱 피폐하게 만들어 가고 있었다. 바야흐로 성장으로 인한 부작용들이 조금씩 사회 곳곳에서 돌출되는 시점이 바로 이 시대였다고 할 수 있다. 정권은 경제 성장률 지표에 근거하여 국민들에게 중산층 판타지를 지속적으로 주입하려 노력했지만, 실제로 이것은 구호와 선전에 국한된 것으로서 현실과는 괴리된 것이었다. 가난에서 탈출하고자 하는 욕망은 근본적인 차원에서 실현되지 않았다.

대중문화의 차원에서 보자면, 영화에서 재현되는 중산층 가족의 화려한 미장센은 현실과 동떨어진 세계로 인식되기 시작했다. 영화 〈미워도 다시 한번〉에서 재현되는 극적인 갈등 구조는 이러한 대중적 현실과 판타지 간의 부조리를 전시하는 영화적 장치라고 할 수 있을 것이다. 완벽했던 가족

---

23 권보드래·천정환, 『1960년을 묻다』, 천년의상상, 2012, 499쪽.

의 파괴와 과거의 그녀가 타자화되어 회귀하는 과정은 역설적으로 '신뢰'와 '믿음'에 근거했던 풍요에의 꿈이 산산조각남으로써 대중의 타자화된 현재를 보여 주는 메타포일 수 있기 때문이다. 따라서 그녀는 타자화된 하위 주체로서의 자신을 재현함으로써 대중에게 강렬하게 어필하는 매혹적 존재로 등장한다. 그녀는 과거의 믿음을 배신당한 타자화된 대중의 젠더화된 이름이라고 명명할 수 있을 것이다.

한편 김기덕 감독의 영화 〈맨발의 청춘〉은 중산층 판타지 속에서 출현하는 매혹적인 타자의 출현을 알리는 대표적인 영화이다. 외교관의 딸이자 대학생 요한나와 거리의 부랑자이자 깡패인 두수의 사랑 이야기는 극단적인 계급 차이를 극복한 사랑과 갈등의 관계를 재현한다.

영화에 재현된 이 극적 갈등 구조는 비단 이들의 계급을 넘어선 사랑이라는 식상한 스토리를 위해서만 기능하는 것은 아니다. 이 계급적 갈등 구조는 풍요롭고 완벽한 가족 공동체에 속해 있는 요한나의 두수에 대한 사랑을 통해 거리의 깡패 두수의 타자로서의 자기 인식 과정을 재현하는 데 초점을 맞추고 있다. 두수는 완벽한 요한나의 삶을 통해 자신의 삶을 비로소 인식한다. 그 인식은 자신이 사회에서 인정받지 못하는 완벽하게 타자화된 존재라는 것으로 귀결된다. 가난과 무지 그리고 범법과 향락 속에서 살아가는 그의 삶은 완벽하게 구성된 요한나에게로의 접근과 그녀의 관심 그리고 사랑을 통해 점차 확인되고 인식되기에 이른다. 요한나가 두수에게 접근할수록 두수의 타자화된 삶은 그 속살을 드러낸다. 이 영화는 두수의 타자로서의 자기 존재에 대한 인식을 철저하게 파고듦으로써, 1960년대 중반 서울이라는 대도시에서 거리의 부랑자로 혹은 깡패로, 범법자로 살아가는 한 인생이 맞닥뜨려야 하는 비참한 삶과 가난을 전시한다. 이를 통해 요한나의 완벽하게 구성된 삶이 지닌 풍요와 안정 그리고 거기에서 비롯된 순수함이 바로 두수의 비참한 삶을 통해 구성되는 것임을 여지 없이 드러내는 것이다.

영화의 결말에 이르러 목격하게 되는 두 사람의 자살은 이 두 존재의 삶이 결국에는 하나로 결합되어 있음을 암시한다. 요한나의 완벽한 삶은 두수의 불안전한 삶과 동면의 양면처럼 붙어 있는 것이다. 영화는 두 젊은이의 죽음을 통해 요한나로 대표되는 중산층의 삶이 두수와 같은 비참한 삶과 긴밀하게 연관된 한 축임을 암시할 뿐만 아니라, 두수의 타자화되어 가는 과정을 예리하게 파헤침으로써 중산층에의 판타지가 결과적으로 타자를 지속적으로 생산해내는 중요한 진원지라는 점을 드러낸다.

경제적 풍요의 완벽한 판본인 중산층 판타지는 대중의 현실과 부조리한 관계를 맺고 있었다. 1960년대 중후반으로 접어들면서 점차 가시화되는 경제적 성장 이면에서 지속적으로 떠밀려 타자화되어 가는 수많은 국민들의 비참한 삶은 대중문화의 재현장 속에서 패턴화된 방식으로 드러남으로써 대중이 겪어야 했던 당대의 설움과 고통을 대변했다.

영화 〈맨발의 청춘〉에서 밑바닥 인생을 살았던 가난한 두수는 요한나와의 극적 만남과 사랑 속에서 비로소 타자화된 자신과 대면한다. 이는 근본적인 차원에서 완벽한 경제적 성과와 중산층 판타지로 소비되던 당대의 풍요로운 삶과 만났을 때 자신들의 비참한 현실의 부조리를 비로소 인식하게 되는 타자화된 수많은 대중의 삶과 많이 닮아 있다. 요컨대 두수는 당대의 삶 속에서 타자화되어 가던 수많은 맨발의 청춘들을 대변하는 하나의 이름이었던 셈이다. 두수가 연민과 매혹의 존재가 될 수 있는 것 또한 바로 이러한 맥락에서일 것이다.

두수와 같은 매혹의 존재는 그것이 '남성'이라는 차원에서 주목할 만하다. 이 가난한 남성들이 안정된 중산층 가정의 여성들에게 매혹의 대상이 되는 것은 이른바 '다 가진' 여성들의 '결핍'과 '타락'에서 기인한다. 이성구 감독의 영화 〈댁의 부인은 어떠십니까〉1966에서 뿐만 아니라 이형표 감독의 영화 〈밤은 무서워〉1968 등에서도 드러나듯이, 중산층의 안정된 가정을 지키는 여성들은 근본적인 차원에서 '결핍'을 간직한, '타락'의 가능성을 지닌 존재들이다. 〈댁의 부인의 어떠십니까〉에서는 산업 역군으로서 아내를 소홀히할 수밖에 없는 남편 때문에 정숙의 외로움이 결핍으로 표출되는 한편, 〈밤은 무서워〉에서는 재벌가의 부유하고 완벽한 남편이 지닌 '성적 불구성' 때문에 유정의 성적 결핍이 타락과 방황으로 표출된다. 정신적·육체적 결핍을 보상하는 존재로 등장하는 인물은 '가난한 남자들'인데, 정숙은 아르바이트홀에서 우연히 만난 재석 때문에, 유정은 남편이 연루된 살인사건의 수사 때문에 우연히 만난 과거의 남자 박찬 때문에 위기에 처하게 된다. 두 영화에서 빚어지는 위기와 갈등은 근본적인 차원에서 '경제적 문제'와 얽혀 있다. 〈댁의 부인은 어떠십니까〉에서 정숙과 재석의 관계는 재석이 '돈'의 갈취를 목적으로 정숙에게 접근함으로써 결과적으로 파국에 이르며, 〈밤은 무서워〉에서 유정과 박찬의 관계는 과거 유정이 가난한 박찬을 저버리고 대재벌의 아들인 현재의 남편을 선택함으로써 위기에 봉착하게 되기 때문이다. 따라서 중산층 가정의 판타지화된 안정성은 경제적 갈등과 위기라는 물질적 조건 속에서 불안과 균열의 지점을 드러낸다. 여기에 중산층 가정의 가부장인 남성들의 경제적 풍요와 권력에 맞서 있는 가난한 남성들은 당대 사회 속에서 계층화된 남성의 위계 질서를 대중적으로 전유하고 있었다고 할 수 있다. 따라서 경제적 풍요와 성공의 권력 관계 사이에 놓인 여성은 권력의 헤게모니 장악을 두고 벌이는 두 남성 권력 계층들의 경쟁 구도를 대중 서사적 차원에서 우회하는 가장 쉽고 안전한 통로였다.

　요컨대, 매혹의 하위 주체들로 호출된 가난한 남성들은 1960년대 사회의 밑바닥에서 성공과 권력의 획득을 위해 분투하던 타자화된 계급의 상징적 얼굴들로서, 이들의 야망과 좌절로 인해 발생하는 갈등 양상은 '여성'이라는 젠더화된 존재들을 우회하면서 대중 영화 속에서 지속적으로 반복 재생산되었다. 매혹의 하위 주체들이 남성들일 때 이들은 훨씬 더 강력하고 매혹적인 존재로 출현할 수밖에 없는데, 그들이야말로 주도권을 쥐고 있는 성공한 남성 권력자들의 안정적 토대를 손쉽게 위협할 수 있는 대상들일 수 있었기 때문이다. 영화 〈미워도 다시 한번〉에 재현된 가정 밖의 여성이 비교적 순종적이고 얌전했던 데 비해 〈맨발의 청춘〉이나 〈댁의 부인의 어떠십니까〉, 〈하숙생〉 등의 멜로 영화에 등장하는 가난한 남성들이 더욱 위협적이고 치명적인 존재로 재현되는 데는 바로 이러한 당대의 산업 근대화 과정에서 발생한 권력의 헤게모니 투쟁이 은연중 작동하고 있었기 때문이었다고 할 수 있다.

2. 냉전과 근대화의 스펙터클한 유람 그리고 지워진 타자성의 표식들

1) 1960년대의 희망과 좌절에 대한 영화적 탐색

　성공에의 희망과 그것에서 파생된 좌절의 경험은 대중의 차원에서 박정희 정권의 시대를 파악하는 중요한 접근법 중 하나이다. 산업 역군이라는 이름으로 국민들은 경제적 주체로서 정체성을 확립해 나갔지만, 이 과정에 제대로 적응하지 못하는 사람은 자연스럽게 사회의 낙오자가 되었으며 많은 국민들이 혹독한 자본주의적 경쟁이라는 새로운 사회적 상황 속으로 내몰려 노예와도 같은 타율적 존재로 변하게 되었다.[24] 이러한 현실 속에서 1960년대 대중은 부조리한 삶의 어둠 속으로 빨려 들어갔다. 사실, 가난에서 탈출할 수 있다는 달콤한 희망은 박정희 정권의 냉전 인식을 대중적 감성으로 치환한 결과였다. 대중에게 주입된 가난 탈출의 성공 신화는 경제 발전을 통해 북한과의 대결선상에서 남한의 체제 우위를 보장함으로써 정권의 정당성을 유지시켜 줄 뿐만 아니라 반공주의를 강화시키는 계기로 작용할 수 있었기 때문이다. 따라서 박정희 정권의 대중문화 정책은 경제 발전과 반공주의에 기반한 당대의 냉전 인식에 접속되어 있었다. 영화 또한 예외는 아니다. 1960년대 한국영화는 가난 탈출의 성공 신화를 주입하는 과정에서 대중이 해야 할 선택의 방향을 희망과 좌절의 에피소드로 지시하는데 이는 근본적으로 냉전 시대의 논리인 경제 발전과 반공주의와의 연결 속에서 확정된다.

한국영화 〈팔도강산〉 시리즈는 이와 관련된 대표적인 사례일 것이다. 배석인 감독의 영화 〈팔도강산〉1967은 공보부 산하 국립영화제작소에서 촬영한 국책 영화로서 대중에게 공개된 후 큰 흥행을 했다.[25] 이에 힘입어 제작된 양종해 감독의 〈속 팔도강산 ─ 세계를 간다〉1968 또한 전편에 못지 않은 관객을 동원하여 이례적인 흥행을 이어갔는데,[26] 이는 두 가지 차원에

---

24 홍성태, 「폭압적 근대화와 위험사회」, 『개발독재와 박정희 시대』, 창비, 2012, 330쪽.
25 영화 〈팔도강산〉은 1967년 상반기 방화 흥행 실적 1위로 관객 314,949명이 관람한 것으로 집계되었다.(관련 기사 「상반기 흥행으로 본 영화 베스트 10」, 『대한일보』, 1967.6.17, 8쪽 참조)

서 눈여겨 볼 만하다. 첫째, 대중성의 차원이다. 이 영화는 경제 발전과 가난 탈출의 성공 신화를 표방함으로써 대중을 산업 역군의 주체로서 호명함으로써 발전된 국가의 미래상과 풍요로운 삶의 희망을 설파한다. 둘째, 냉전 인식의 차원이다. 이 영화는 줄곧 군사력의 증강을 전시하되, 그것에 의해 유지·발전해 나가는 경제력을 통해 북진 통일의 꿈을 주입한다. '대중성'과 '냉전 인식'은 박정희 정권의 체제 논리, 즉 냉전 인식의 자장 안에서 경제 발전과 반공주의를 대중적으로 주입하는 과정을 보여 준다.

여기에서 특히 관심을 갖는 부분은 이 지점이다. 이 영화는 대중의 가난 탈출과 성공 신화를 내세움으로써 대중성을 확보하고 있지만 무엇보다 이는 냉전 인식을 대중에게 주입하는 것을 목적으로 한다. 따라서 이 영화에 대해 접근하기 위해서는 '대중성'과 '냉전 인식'의 두 가지 차원을 함께 고려할 필요가 있다.

사실, 〈팔도강산〉 시리즈가 지닌 '대중성'은 이미 여러 차례 논의되어 왔다. 국책 영화로서 이 작품은 '조국 근대화'라는 정권의 이데올로기를 영화라는 대중적 매체를 통해 효과적으로 전달하는 대표적인 사례에 해당된다. '조국 근대화'라는 정권의 논리는 '대중성'과 만나 그 효과를 발휘하는데, 이때 '대중성'은 '조국 근대화'의 논리를 주입하기 위한 방법론으로 작용한다. 〈팔도강산〉이 상영되던 당시 신문 지면에 언급된 표현들, 즉 "흐뭇한 홈 드라마"[27]라든가 "오락영화", "명랑영화"[28] 등의 수식어 속

---

26 영화 〈속 팔도강산―세계를 간다〉는 1968년 방화 흥행 실적 2위로 〈미워도 다시 한번〉에 이어 관객 217,250명이 관람한 것으로 집계되었다.(관련 기사 「관객동원수로 본 68년도 영화」, 『대한일보』, 1968.12.21, 4쪽 참조)

27 「구정의 흥행가」, 『서울신문』, 1967.2.9, 8면. "김희갑 황정순 부부가 팔도강산을 유람하는 흐뭇한 「홈·드라마」".

28 「[새영화] 격조 있는 명랑영화 〈팔도강산〉」, 『경향신문』, 1967.2.25. "보기 좋게 호화로

에서도 이 영화가 마련해 놓은 대중적 장치들이 지닌 효과를 가늠해 볼 수 있다. 뿐만 아니라 〈속 팔도강산—세계를 간다〉의 경우 여러 신문 지면에서 해외 로케 촬영을 대대적으로 광고하고 『조선일보』에서는 해외 로케 현장에서 보내 온 김희갑의 편지를 엮어 '세계일주 합죽이 만유통신'을 연재함으로써 대중의 관심을 집중시켰다.[29]

그러나 정권의 논리를 주입하는 '대중성'이라는 효과적인 방법론은 다양한 차원에서 좀 더 비판적으로 접근해야 한다. 조국 근대화의 논리가 대중성과 만나 효과를 극대화한다는 점을 부인할 수는 없으나, 영화는 성실하고 강한 국민성을 내면화한 특정한 대중을 호출하고 그들이 가야 할 방향을 지시함으로써, 그 희망에 저해되거나 응답하지 못하는 대중을 삭제하는 전략을 취한다. 따라서 이 영화는 조국 근대화의 논리를 내면화한 특정한 대중을 호출하기 위해 화려한 '대중성'의 옷을 입고 있다. 이 옷은 바로 전 국토를 '산업 전시장'으로 재현하는 것으로 가능해진다. 이 화려하고 명랑한 의장擬裝 이면에 놓인 삭제된 타자들에 관심을 기울임으로써, 1960년대 대중의 좌절을 엿볼 수 있지 않을까. "냉전 그리고 자본주의와 사회주의 양 진영 간에 총력전은 그 밑에 사는 대중의 마음, 정신, 도덕 그리고 습속을 둘러싸고 다차원적으로 진행되었다."[30] 대중의 마음과 정신과 도덕, 습속을 가다듬고 정권의 구미에 맞게 조정하는 다차원적인 과정

운 구성과 다양성 있는 줄거리로 채워져 있는 오락영화. 시정(市政)의 서정과 가족의 구수한 인간미가 흐르고 있다. 김희갑의 여섯 딸을 둘러싸고 각종 직업의 남성들이 벌이는 명랑인생 화보."

29 이 기획 연재는 1968년 5월 26일 동경으로 시작으로 1968년 7월 16일 브라질을 마지막으로 하여 총 7회 『조선일보』에 게재되었다. 이후 『조선일보』 외에 『한국일보』, 『대한일보』 등도 김희갑의 해외 로케 귀국 기사를 게재함으로써 〈속 팔도강산—세계를 간다〉는 대중의 관심을 집중시키고 영화의 흥행성을 배가하는 역할을 했다.

30 김원, 앞의 책, 77쪽.

속에서 영화가 동원되었다면, 국책 영화로서의 〈팔도강산〉은 그 최전선에서 특정한 대중의 정체성을 형성하는 가운데, 삭제되어야 할 대중의 삶 또한 생산해 내었다.

영화 상영 전 해인 1966년 1월 18일 국회에서 발표한 박정희의 연두교서에서 가장 핵심이 되는 것은 '조국 근대화'였고, 이는 대중의 삶을 규정하는 기준이 되기도 했다. 〈팔도강산〉을 제작 주체인 공보부 장관은 당시 박정희의 연두 교서를 두고 "이 연두교서는 지금까지 "소비의 정체 속에서" 방황하던 우리 국민 앞에 "생산하는 발전"을 지향하는 새로운 국민의 정신적인 주체성의 확립과 희망과 약진에 부푼 꿈을 심어 주었다는 점에서 높이 평가되고 있다"고 밝혔다.[31] 여기에서 드러나듯이 '조국 근대화'는 그것을 달성하기 위한 국민의 정신적 주체성 성립 및 생산성 증대와 밀접하게 연결되어 있었다. 사정이 이러할 때, 대중의 삶을 배제한다는 것은 경제 발전에 저해되는 현실과 갈등과 문제를 삭제한다는 뜻과 맞닿아 있었다. 이 문제를 삭제함으로써 사회 통합을 저해하는 불온한 것들의 싹을 제거해 버리는 것이다. 이것은 "내부로부터의 위협", 즉 국가의 붕괴와 전복을 가져올 수 있다는 위험 요소로 인식된 '공산주의 사상'과 '빈곤'과 관련된 요소들을 제거하는 일이었다.[32] 이 삭제된 자리를 차지한 것은 경제 발전을 통한 통일 논리였다.

따라서 영화에서 주목해야 할 또다른 부분은 냉전 인식이다. 팔도강산의 유람과 세계 여행은 '기행'의 형식 속에서 남한 체제의 우월성 과시 및 영토의 구축과 확장 등의 문제와 상호 얽혀 있다. 반공주의와 경제 발전에

---

31 홍종철, 「대통령 연두교서의 역점」, 『동아일보』, 1966.1.22.
32 "내부로부터의 위협" 및 "불온성"과 관련된 논의는 임유경, 앞의 책을 참조할 것.

기반하여 진행되는 '유람'과 '여행'의 과정 속에서 냉전 시대의 영토적 상상력을 어느 정도 가늠해 볼 수 있는 것이다. 이 상상력 속에는 발전의 영토와 배제된 영토를 '가시화/비가시화'의 논리 속에서 생산하는 전략이 은폐되어 있다. 기존의 〈팔도강산〉 시리즈 연구에서는 본격적으로 '냉전 인식'을 거론하지는 않더라도, '조국 근대화' 담론을 통해 팔도강산의 영토를 위계화하고, 타문화를 인식하는 방식을 탐색함으로써 '냉전 인식'과 연관된 이 영화의 특징을 파악해 왔었다.[33] 그러나 '발전/지체' 혹은 '자유국가/공산국가'라는 구분으로 영화를 해석하는 차원에서 벗어나 영화에서 적극적으로 삭제하고 배제하고자 하는 '상상의 영토'가 전제되어 있다는 점에 주목해야 할 것이다. 이것이야말로 '정복해야 할 적'의 영토를 상상함으로써 체제의 정당성을 지속적으로 환기하고 냉전 인식을 강화하는 중요한 방법론으로 작용했다. '정복해야 할 적의 땅'을 불러 들임으로써 남한의 대중을 발전의 주체이자 통일의 주체로 호명함으로써 팔도강산은 박정희 정권의 가장 이상적 미래상 혹은 가장 완벽하게 아름다운 국토로 이미지화된다. 그런데 역설적으로 이 완벽하게 구축된 세계는 폭력의 가장 완벽한 판본으로 읽힌다. 폭력이 완벽하게 지워진 스펙터클로 가득한 세계는 폭력적 현실을 재현한 그 어떤 영화보다 더욱 화려한 형태로 폭력의 논리를 증명하고 있는 셈이다.

결과적으로 영화 〈팔도강산〉 시리즈에서 발견할 수 있는 '대중성'과 '냉전 인식'의 관계는 박정희 정권이 내세운 체제 논리에서 삭제하고 배제하

---

33 이와 관련된 연구는 다음을 참조할 수 있다. 조관연, 「'조국 근대화' 담론과 타문화 인식 ─국책영화 〈속 팔도강산─세계를 간다〉를 중심으로」, 『역사문화연구』 39호, 한국외대 역사문제연구소, 2011; 조관연, 「극영화 〈팔도강산〉(1967) 속의 조국 근대화 담론과 로컬리티」, 『인문콘텐츠』 14호, 인문콘텐츠학회, 2009.

고자 한 타자화된 것들에 눈을 돌리는 데 참조점을 제공한다.[34]

2) 근대화의 스펙터클을 횡단하는 팔도강산과 배제된 영역들

1967년은 매우 민감한 시기였다. 이 해 5월 11일과 6월 8일에는 각각 대통령 선거와 국회위원 선거가 예정되어 있었기 때문이다.[35] 국책 영화인 〈팔도강산〉이 제작·상영된 데는 이러한 민감한 정국 상황이 이면에 깔려 있었음을 부인할 수 없다. 따라서 영화에서 박정희가 이룩한 경제 성장의 성과를 스펙터클로 제시하는 것은 어쩌면 당연한 결과였다. 이를 증명하듯 이 영화는 상영 당시 선거법 논란에 휩싸였다. 공보부는 정부의 건설 상황을 피알하는 이 영화를 순회 상영했고,[36] 이는 산간벽지의 농민을 위주로 하되, 대부분 대통령 선거일 전에 상영을 끝내도록 되어 있었다.[37] 뿐만 아니라 영화는 명승지나 고적을 소개하는 내용뿐만 아니라 울산 공업 센터, 충주 비료, 춘천댐 등 정부의 제1차 5개년 사업까지 소개하여 말

---

34 이를 위해 가장 중점적으로 다룰 텍스트를 두 작품 〈팔도강산〉(1967)과 〈속 팔도강산-세계를 간다〉(1968)로 선정한다. 이 두 작품은 공보부 산하 국립영화제작소에서 촬영한 것으로서 박정희 정권의 논리를 가장 선명하게 드러내 준다고 판단하기 때문이다. 더불어 이야기의 연속선상에서 제작·상영된 영화 〈내일의 팔도강산〉(강대철, 1971)과 〈우리의 팔도강산(대완결편)〉(장일호, 1972)을 필요한 경우 함께 논의함으로써 1960년대 후반부터 1970년대 초반까지 정권의 변화 과정 속에서 〈팔도강산〉 시리즈가 지녔던 의미를 가늠해 볼 것이다.

35 박정희는 1963년 이후 대통령이 됨으로써 정권을 손에 넣었지만, 가장 결정적인 문제가 놓여 있었는데 그것은 바로 정치적 경쟁의 결과가 항상 열려 있다는 점과 그러한 게임의 규칙이 주는 제약이었다. 특히 1967년 선거를 통해 재선에 성공하리라는 보장이 없었기 때문에 박정희를 위시한 집권 세력은 사회 내의 계급뿐만 아니라 의회 및 정당정치로부터도 자율성을 지닌 국가로 만들어야 했다. 이것이 정치의 실종과 행정적 효율성에 기반한 국가의 탄생 배경이었으며 최종적 완성은 1972년 10월에 출범한 유신 체제였다.(김일영, 「1960년대 정치지형 변화」, 한국정신문화연구원 편, 『1960년대의 정치사회변동』, 백산서당, 1999, 341~342쪽 참조)

36 「〈팔도강산〉 공보부 지시로 시도 순회 상영」, 『조선일보』, 1967.4.7, 7면.

37 「영화 〈팔도강산〉 곳곳서 말썽」, 『동아일보』, 1967.3.27, 3면.

썽을 일으켰다.[38] 김희갑과 황정순 부부는 시집간 딸의 집을 방문하는 형식으로 팔도강산을 유람하지만, 실제로 이 유람은 박정희의 경제 발전상을 소개하여 전국 방방곡곡의 선거권을 가진 대중에게 박정희 정권의 재임을 위해 투표할 것을 독려하는 것이나 다름 없었다.

그런데 〈팔도강산〉의 내러티브를 들여다보면 선거법 논란과는 다른 차원에서 이 영화가 은연중 드러내고자 한 정권의 야욕을 엿볼 수 있다.

가장 먼저 눈에 띄는 것은 김희갑 황정순 부부와 자식들 간의 세대적 공간화로 치환된 '전통'과 '근대'의 관계 구조이다. 영화에서는 명승지 관람과 근대화된 공장 견학을 교차하여 보여 주는데 '전통'과 '근대'의 이와 같은 배치는 노부부와 자식 간의 세대적 공간화로 치환되어 두 공간의 구분을 가능케 한다. 〈팔도강산〉의 시작 부분에서 김희갑과 황정순 부부가 첫째 딸이 살고 있는 청주에 들러 백제의 유적지를 관람한 후에 찾게 되는 사위의 '삼천리표 시멘트 공장'은 이후 영화에서 반복되는 내러티브의 패턴을 보여 준다.[39] 김희갑과 황정순 부부가 사돈 김승호의 안내로 찾아간 백제의 유적지는 이들에게 친숙한 역사와 전통의 공간으로, 유구한 시간의 흐름에도 불구하고 불변의 아름다움을 간직한 공간으로 이미지화되면서 그 공간에 있는 세 사람의 이미지와 중첩된다. 그러나 이후 찾게 되는 사위의 시멘트 공장은 기계의 웅장함과 거대함 속에서 이들이 감히 가늠할 수 없는 근대화의 발전 속도를 공간화함으로써 이전 공간과 확연한 대

---

38 「선거철 이상기류」, 『동아일보』, 1967.4.13, 3면.
39 노부부가 둘째 딸을 찾아가서 사위를 만나는 장소는 간척이 진행 중인 거대한 간척장인데, 이후 이들은 제주도를 찾아 관광을 한다. 노부부가 부산을 떠나 셋째 사위를 만나는 곳은 울산공업센터이다. 이 울산공업센터 장면 사이에는 이들 부부가 경주의 명승지를 관광하는 장면이 삽입되어 있다.

조를 보인다. 그래서 영화에서 노부부가 찾게 되는 울산 정유 공장과 부산항, 간척지에서 이들의 존재는 매우 작게 그려진다. 부모로서의 권위를 내세우지만 정작 노부부는 근대화의 거대한 힘 앞에서 압도당하는 존재이다. 따라서 노부부의 유람은 이들이 놓여 있어야 할 자리를 깨닫는 공간적 이동에 가깝다. 전통과 역사의 공간과 이 장소에 놓인 존재들은 근대화의 스펙터클이 가져온 압도적인 힘에 무력할 뿐만 아니라 그것을 무조건 받아들여야 할 것으로 인식한다.

물론, 전통과 역사의 공간은 근대화의 스펙터클이 가져온 위용을 완충하는 심리적 보충물로 기능함으로써 근대화의 한 켠에 굳건히 존재하는 장소이기도 하다. 그러나 근본적인 차원에서 근대화의 물결에 자리를 내주어야 한다는 점에서는 서서히 뒤안으로 밀려날 수밖에 없는 운명을 앞두고 있다. 이는 넷째 딸이 살고 있는 부산을 찾아가는 에피소드에서 특별한 방식으로 연출된다. 노부부가 부산 사위의 집을 찾은 날, 인삼주를 꺼내려다 값비싼 고려자기를 깨는 일이 발생한다. '고려자기'는 전통과 역사의 유물이지만 이제 성공한 사업가가 돈을 치르고 수집하는 세속적 취향의 대상으로 의미가 바뀌었다. 이 사건을 통해 사위는 노부부를 비판하게 되는데, 김희갑이 고려자기를 깨어 버림으로써 그의 위신조차 땅에 떨어져 버리게 되는 것이다. 이후 사위는 반성하지만 이 과정에서 김희갑과 황정순 부부의 자리는 성공한 사업가의 부유한 가정이 아니라, 협동 한의원으로 상징되는 전통의 공간이라는 점이 은연중 드러난다. '전통'과 '역사'의 유적과 유물은 〈팔도강산〉에서 가장 직접적으로 재현되는데, 이러한 공간의 배치는 세대적 관점에서 노부부를 전통과 역사의 한정된 공간에 자리잡게 하고 가부장적 권위 속에서 상징적 역할에 충실할 것을 암암리에 지시한다. 이들에게 주어진 역할은 전통과 역사의 공간 안에 머물면서 근대화의 상징적 뿌리로서, 젊은 자식들의 근대화의 치적을 칭찬하고 발전된 미래의 청사진을 그려 가능한 한 그들의 앞날을 축복하는 일이다.

요컨대 근본적인 차원에서 '전통'과 '역사'의 영역들은 근대화의 위용 앞에서 뒤안길로 사라질 운명에 처해 있었으며, 그 공간은 근대화의 휘황한 위용 앞에서 언제든 배제될 수 있는 지점으로 의미화될 것이었다. 이는 이후 제작·상영된 영화 〈내일의 팔도강산〉1971과 〈우리의 팔도강산〉1972에서 더 이상 '전통'과 '역사'의 공간이 등장하는 않는다는 점에서도 확인할 수 있다. 영화의 내러티브는 〈팔도강산〉1967과 대동소이 하지만, 이 시기에 이르면 '근대화'의 문제가 전면화됨으로써 더 이상 '전통'과 '역사'의 공간은 큰 부분을 차지하지 않게 된다. 〈우리의 팔도강산〉에서 그나마 전통의 공간이라고 할 수 있는 '농촌'마저 '인습'의 굴레에 빠져 있는 전근대적인 장소로 취급된다. 김희갑은 이스라엘 농지 개간을 슬라이드로 보여 주며 마을의 길을 내어 주지 않는 원로들을 설득한다. 이로써 농촌은 근대화가 시급한 장소로서만 의미를 지닐 뿐 전통과 역사의 공간적 성격을 상실하기에 이른다.[40][41] 뿐만 아니라, 노부부가 찾는 아산 현충사는 박

---

40 이 영화에서 재현되는 농장주 박노식의 호화로운 주택은 '농촌'과 '도시'의 공간적 구분을 무색하게 할 정도이다. 호화로운 주택과 농촌의 근대화는 당대 농촌의 현실과는 동떨어진 이상화된 형태로 재현되는데, 이로써 한국의 모든 재래의 영토는 '근대화'의 수혜를 입어야 할 것으로 상상되고 있다는 점을 발견할 수 있다.

41 1960년대 박정희 정권의 전통에 대한 인식은 매우 부정적이었다. '조국 근대화' 담론에 경도된 박정희 정권에게 과거의 전통은 '정체'와 '구습'의 것으로서 인식되었다. 그러나 1970년대 이후 경제 발전에 따른 서구화와 도시화로 인해 다양한 문제들이 불거지자 박정희 정권은 이 문제를 타파하기 위한 민족 정체성의 재구성에 관심을 기울임으로써, 도시화와 서구화의 문제를 한국의 역사적 전통과 조상의 얼 등에 기반한 민족 주체성과 시골이 지닌 공동체 정신 등을 통해 극복해 나가고자 했다.(이와 관련된 논의는 황병주, 「박정희 체제의 근대적 시공간 인식과 시골/도시 담론」, 『역사연구』 31호, 역사학연구소

정희가 존경하던 이순신 장군을 기리는 곳이라는 점에서 '전통'과 '역사'의 장소로서가 아니라, 민족을 위기에서 구한 이순신과 같은 영웅적 신화와의 유비 관계 속에서 근대화를 이끈 영웅 박정희에 대한 충성과 존경을 표하는 장소로서 의미가 축소된다.[42]

다음으로 살펴봐야 할 것은 '팔도강산'이라는 영토적 상상력 속에서 은연중 드러나는 '북녘땅'에 대한 인식이다. 〈팔도강산〉의 공간 지리적 상상력 속에는 이미 은폐된 '북'이 전제되어 있을 뿐만 아니라, 공간의 정복 문제까기 포함되어 있었다. 〈팔도강산〉1967에서 노부부가 가장 마지막으로 유람하는 장소는 '휴전선'이다. 정보참모실 대위로 근무하는 아들을 만나러 휴전선에 간 이들은 6·25 때 전사한 아들을 생각하며 슬퍼한다. 아들은 "우리의 경제력과 자유가 북한으로 넘쳐 흐를 때 통일 될 것"이라고 당당하며 말하며 이들의 슬픔을 위로한다.[43] 대위의 이 한 마디는 노부부가 팔도강산을 유람하며 만난 근대화의 스펙터클이 결과적으로 향할

2016: 김원, 「'한국적인 것'의 전유를 둘러싼 경쟁–민족중흥, 내재적 발전 그리고 대중문화의 흔적」, 『사회와역사』 93호, 한국사회사학회, 2012를 참조할 것) 따라서 〈팔도강산〉 시리즈가 제작된 1960년대 전통과 역사에 대한 인식이 당대 박정희 정권의 인식과 어느 정도 연동되어 있었다고 판단된다.

42 이순신과 관련된 장면은 〈우리의 팔도강산〉(1972)에도 한산도 유람을 통해 다시 한번 등장하는데 이러한 유람의 형태 속에서 명승지의 의미는 정권이 승인한 '이순신'과 같은 몇몇 영웅적 존재를 기리는 측면으로 대폭 축소되고 있다는 점 또한 엿볼 수 있다. 특히, 1966년 시작된 현충사 성역화는 호국정신 양양을 위한 유적지에 대한 정화 사업 일환이었다. 특히 성역화 지역은 세속적인 지구와 거리 있는 곳에 위치해야 했는데, 박정희 자신이 전문가적 관심을 갖고 스스로 조경을 지시할 정도로 큰 관심을 가졌다. 이렇게 문화재 보수와 성역화라는 민족 영웅 만들기를 통해 새로운 한국인상을 구축하고자 했다.(김원, 위의 글, 195쪽)

43 아들의 이 말은 영화 〈내일의 팔도강산〉(1971)의 마지막 장면에서도 또 한 번 제시된다. 국군의 날 행사가 영화의 장면을 가득 채우는 가운데, 감격한 표정으로 그것을 바라보는 김희갑의 음성으로 제시되는 이 말은 '팔도강산'의 경제 발전과 군사력이 '북'이라는 큰 타자를 통해 형성되고 있다는 점을 다시 한번 상기시킨다.

곳이 어디인지를 지시하기에 충분하다. 남한의 '경제 발전'과 '군사력'을 통해 분단의 '선'을 넘어 통일을 이룩할 수 있다고 믿는 냉전 인식은 역으로 말하자면 남한의 영토를 '경제 발전'과 '군사력'의 강력한 전초기지로 바로 세우는 일이었다. 영화에서 '북'은 남한의 강력한 근대화와 군사화를 위한 영토로서 지속적으로 환기되는 것이다. 이 배제된 영토는 가시적인 영토의 실체를 통해 재현되는 것이 아니라 남한 팔도강산의 의미와 역할을 조정하는 비가시화된 상징적 힘, 즉 큰 타자로서 호출된다.

영화 〈속 팔도강산−세계를 간다〉는 남한의 냉전 인식을 세계적으로 확장하는 사례에 해당된다. "수출품, 인력 수출, 교포생활, 외교·군사활동과 더불어 〈세계로 뻗어가는 우리나라의 힘을 찾아 세계 속의 한국을 '마크'하기 위해 계획된 이 영화는"[44] '해외로 뻗어나간 코리안들의 활약상을 드라마로 엮은'[45] 점에서 남한의 세계적 위상을 민족주의적 색채로 풀어낸 작품이라고 할 수 있다. 표면적으로 보자면, 이 영화는 남한의 경제적 위상을 대중에게 알리는 영화로 풀이될 수 있으나, 아시아·아메리카·남아메리카·유럽·아프리카의 주요한 나라에서 활약하는 한국인들을 소개함으로써 남한의 좁은 영토적 한계를 벗어난 세계적인 자유 국가로서의 위상을 정립하고자 하는 욕망을 엿볼 수 있다. 브라질로 이주한 박노식이 개척하는 땅은 세계로 뻗어 나가는 남한의 좌절과 성공의 과정을 상징한다. 땅을 개척하고 그곳에 뿌리 박음으로써 남한의 좁은 영토적 한계는 극복될 수 있는 것이다. 뿐만 아니라 영화에서 김희갑이 마지막으로 찾게 되는 베트남에서 그의 아들은 한국군의 대민 사업 성과를 설명함으로써 국

---

44 「의욕 찬 신록/여성 화제」, 『한국일보』, 1968.5.16, 5면.
45 「즐거운 추석맞이/영화 가이드」, 『대한일보』, 1968.10.5, 6면.

제 공산주의에 맞서는 한국군의 치적을 선전한다. 이러한 영화의 내러티브 구조는 '북한'을 적극적으로 호명함과 동시에 그 이북의 공간을 적극적으로 배제하고 넘어서려는 영토적 상상력 속에서 가능해진다. 남한의 경제 발전과 군사력의 증강에 있어 '북'은 상징적 타자로서 강력하게 존재하지만, 실제로 그 영토를 정복하고 통일을 이루려는 욕망은 쉽사리 성사될 수 없는 것이었다. 이때 영화가 선택할 수 있는 유일한 길은 남한의 좁은 영토적 한계를 넘어서서 세계로 진출하는 한국인들의 활약상을 통해 국제적 위상을 확보하고 국제 공산주의에 맞서는 용맹스런 국가적 힘을 발휘하는 것이었다. 이로써 '북'은 상상된 영토로서 지속적으로 호출됨과 동시에 배제되는 반복성 속에 위치하게 된다.

결국 영화 〈팔도강산〉 시리즈에는 이러한 가시적이지만 비가시적인 배제의 영역들이 지속적으로 출현하고 있으며 남한의 팔도강산은 이러한 냉전 인식의 자장 속에서 특정한 방식의 스펙터클로 재현되었다고 할 수 있다.

3) 신화화된 산업 역군, 배제당하는 노동의 이면

1967년부터 1972년까지 제작·상영된 네 편의 〈팔도강산〉 시리즈는 서사의 연속선상에서 '산업 역군'이 가장 적극적으로 호출되는 영화이다. 이들은 시멘트 공장과 정유 공장에서 혹은 가발 공장과 원양 어선 등에서 국가의 경제 발전을 위해 성실하게 일하는 건전하고 명랑한 산업 역군들이다. 이들을 보고 있자면, 경제 발전에 기초한 풍요로운 복지 국가의 꿈은 금방 실현될 듯하다. 그런데 산업 역군 중심의 이상적 가정을 추구함으로써 이 영화는 1960년대 노동 현실의 다양한 층위들에서 가장 멀리 떨어져 나가고 만다. 영화 〈팔도강산〉과 〈속 팔도강산-세계를 간다〉의 흥행에서도 알 수 있다시피, 영화에 대한 관람객들의 반응은 폭발적이었다. 그러나 국내외의 명승지와 관광지를 유람하고 소개하는 '기행'의 형식 속에서 근대화의 스펙터클로 관람객들을 유인했다는 점이 흥행에 있어 큰 역할을 했다. "전국 명승고적을 보여 줌으로써 지방 각지의 영화팬들의 지지를 얻는 데 머리를 썼다"[46]든가 "양종해 감독을 비롯한 많은 촬영진이 구미 각국은 물론 아프리카, 월남 등 아시아 제국에 이르기까지 알찬 해외 로케로 푸짐한 구경거리를 화면 가득히 몰아 넣으면서 그 속에 한국과 한국인이 돋보이게 해 준다"[47]는 내용은 흥행의 조건이 '볼거리'에 놓여 있었음을 짐작케 한다. 바로 이러한 대중성의 극대화 속에서 영화의 이상화된 중산층 가족 모델과 산업 역군의 신화는 비판의 여지 없이 대중에게 수용되기에 이른다. 중요한 것은 이러한 '이상'과 '신화' 속에서 지속적으로 연출되는 중산층 가족 모델이 영화 안에서 현실을 완벽하게 삭제하고 있다는 점이다.

사실, 선행 연구에서는 산업 현장을 다루는 영화의 장면들에서 사위들의 주변에 목소리 없이 출현하는 노동자들의 모습에 초점을 맞춰, 이들의 관계 구도를 '중심'과 '주변'의 구분 속에서 이해하고 의미를 파악했다.[48]

---

46 「[새영화] 격조 있는 명랑영화 〈팔도강산〉」, 『경향신문』, 1967.2.25, 8면.
47 「[새영화] 앉아서 보는 세계일주 〈속 팔도강산〉」, 『경향신문』, 1968.10.19, 5면.
48 이와 관련된 논의는 〈팔도강산〉에 대한 선행 연구 속에서도 확인할 수 있다. "그러나 문제는 갈등조차 말할 수 없는 이들이 〈팔도강산〉에 존재한다는 것이다. 산업현장에서 사위들은 모두 관리자이다. 그들과 함께 등장하는 노동자들은 사위들과 분리되어 있다. 거대한 기계 앞에서 당당하고 자기 일에 자긍심을 갖는 사위들과 달리 주변에 놓인 노동자들은 표정도 목소리도 없다. (…중략…) 화면에서는 명증한 분리의 양상을 보이지만, 속도의 웅장함에 시선을 빼앗긴 관객은 주변 인물들의 목소리 없음, 어둠에 놓임 등을 사소한 문제로 인식한다."(이대범·정수완, 「1960년대 '개발동원체제' 균열의 봉합체로서 〈팔도

그러나 중심과 주변의 역학 관계는 중심과 주변의 공간적 분리와 그 안에 존재하는 인물들의 삶 전체를 통해 현실화될 때 말해질 수 있다. 〈팔도강산〉 시리즈에는 이러한 공간과 현실적 삶이 전제되지 않는 가운데 완벽하게 산업 역군 중심의 이상화된 모델을 재현하는 데 초점을 맞춤으로써, 오로지 달성해야 할 발전과 성장의 신화만을 강조하는 선택을 한다. 말하자면, 영화에는 산업화된 국가의 스펙터클 장면만이 재현된다. 〈팔도강산〉에서 사위들이 일하는 산업 현장의 스펙터클은 인물보다는 근대화의 상징물인 거대한 강철 구조물들로 가득 채워져 있다. 울산 정유 공장과 삼천리표 시멘트 공장, 조선업의 전초 기지 부산항의 풍경 속에서 사위와 딸들은 그 현장을 지켜보고 설명하는 해설자에 가까울 뿐이다. 이들은 근대화의 성과와 그 수혜를 입은 산업 역군의 상징성을 확보하고 있기 때문에 노동의 현실과는 동떨어져 있는 존재들이다. 따라서 영화에서 노동자의 현실이 제대로 재현되고 있지 못하다는 지적은 일면 타당하지만, 근본적인 차원을 놓치고 있는 것이다. 영화에는 노동이 아닌, 산업화를 이룩한 아름다운 국토의 스펙터클만이 존재한다.

사실, 1960~1970년대 노동자의 비참한 현실은 널리 알려져 있다. 노동자들이 시장을 통해 구할 수 있었던 소득은 생계비의 절반도 충당할 수 없는 상황이었으며 국가에 의해 주어지는 제도적 복지 혜택 역시 기대할 수 없는 상황이었기 때문에 노동자들은 절대적 내핍을 감내하거나 가족 성원 모두가 한 푼의 수입이라도 더 구하기 위해 노동시장에 뛰어드는 것 외에 방법이 없었다.[49] 이른바 '공순이', '공돌이'로 불렸던 노동자들은 생

강산〉」, 『현대영화연구』 27호, 현대영화연구소, 2017, 266쪽)
[49] 박준식, 한국정신문화연구원 편, 앞의 책, 175쪽.

〈그림 5〉〈팔도강산〉의 한 장면 　　　　　　〈그림 6〉〈속 팔도강산−세계를 간다〉의 한 장면

〈그림 7〉〈내일의 팔도강산〉의 한 장면

산현장에서 가장 고생하며 땀 흘려 일하는 노동자에 대한 인격과 무시와 홀대를 그대로 드러내는 말로서, 이 시기 노동자, 특히 생산직 노동자를 천시하고 자본가들만 우대했던 개발독재정권의 이데올로기를 그대로 반영하고 있다.[50] 최소한의 생계마저 위협받던 열악한 노동 현실 속에서 노동력을 제공했던 실제적인 산업 역군들은 '공순이'와 '공돌이'라는 차별적인 호명 속에서 위협받고 있었다. 이것이 바로 1960년대 이후 박정희 정권이 생산해내었던 노동의 현실이었다.

　그런데 〈팔도강산〉 시리즈는 근대화의 성과를 체현한 상징적 산업 역군을 전진 배치함으로써, 당대의 노동을 완벽하게 삭제하고 있다. 영화에 재현된 산업 현장은 완벽하게 구조화된 근대의 스펙터클 자체로만 기능한다. 김희갑과 황정순 부부가 유람하며 만나는 사위들과 아들의 '일하면서

50　이정우, 이병천 편, 앞의 책, 234쪽.

싸우는 현장'에는 정작 '일하면서 싸우는 현장의 노동' 자체가 사라지고 없는 것이다.

다음의 〈그림 5〉부터 〈그림 7〉까지는 비슷한 구도로 재현되는 다른 장면들이다. 〈그림 5〉와 〈그림 7〉은 김희갑과 황정순이 각각 딸과 공장 직원과 함께 서 있는 구도를 보여 주고, 〈그림 6〉은 황정순이 빠진 자리에 윤소라가 대신 위치하고 있다. 이 세 장면은 모두 근대화의 성과를 설명하는 해설자 앞에서 그 성과물을 감상하거나 감탄하는 과정을 담고 있다. 비슷하게 반복되는 이러한 구도 속에서 산업 현장과 그 안의 역군들은 근대화의 결과물을 자세하게 해설하고 희망찬 미래의 도약을 강조한다.

〈그림 5〉에서 넷째 딸 고은아는 부산을 찾은 부모에게 부산항의 거대한 조선 시설을 자랑하면서 부두의 시각화된 스펙터클을 해설한다. 〈그림 6〉에서 해외로 수출된 대한민국의 상품을 설명하는 판매원 옆에서 김희갑과 윤소라는 우리나라의 세계적 위상에 감탄한다. 판매원이 들고 있는 상품은 실제로 대한민국의 열악한 노동 환경에서 산출된 것들이지만, 영화는 그 성과와 그것이 가져온 세계적 위상을 전시하는 데 초점을 맞춘다. 〈그림 7〉에서 공장 근로자 구봉서가 시멘트 공장의 거대한 강철 구조물 앞에서 공장의 규모와 수출 성과 등을 장황하게 설명하는 것 또한 이와 비슷한 맥락에 놓여 있다. 김희갑과 황정순이 더 이상 듣는 걸 포기하고 달아날 때까지 계속되는 설명은 이 공장의 스펙터클을 이룩하기 위해 희생되어야 했고 현재도 희생되고 있는 '일하고 싸우는 노동의 과정' 그 자체를 완벽하고 지우고 있는 것이다.

이 세 장면에서 드러나는 공통적인 것은 바로 시선의 일관성이다. 영화에서 노부부와 그 옆에 서 있는 해설자들은 근대화의 결과물을 '보는' 행위를 통해 대한민국의 국토와 거기에서 생산된 상품들, 산업 역군들의 스펙터클을 감상하고 감탄한다. 말하자면 보는 행위를 통해서 대한민국은 근대화의 총체적인 전시장으로 이미지화되는 것이다. 박람회장에는 국가를 대표하는 상징적인 결과물들만이 관람객들을 기다릴 뿐이다. 그 결과물들이 그곳에 도달하기까지의 과정은 중요하지 않다. 따라서 박정희 정권이 내세운 경제개발계획의 성과물이 영화를 통해 박람회장에 출품된 상품들처럼 관람객들에게 전시될 때, 그 과정은 당연히 삭제될 수밖에 없다.

〈팔도강산〉 시리즈에서 지속적으로 환기되는 산업 역군은 근대화의 성과를 체현한 상징적 존재로서 늘 현장 밖에 서 있는 해설자이자 김희갑과 황정순으로 대표되는 구세대에게 신세대의 근대화를 설명하는 담론의 주체로서 군림할 뿐이다. 이러한 노동의 삭제는 산업 현장의 연출 장면에서 노동자를 대규모 근대화 성과의 한 부품으로 설정하는 데로 수렴된다. 영화 〈내일의 팔도강산〉1971에서는 가발공장을 운영하다 실패한 사업가 허장강의 텅 빈 공장을 재현한 후, 그가 재기한 뒤의 가발 공장을 다시 보여준다. 성공한 뒤의 가발 공장 내부는 대규모의 최첨단 시설 아래 완벽하게 질서를 갖춘 노동자의 움직임으로 재현되는데, 여기에서 산업 현장은 근대화의 성과 그 자체를 드러내는 역할에 한정되어 있을 뿐이다. 산업 역군의 재기와 그것을 반증하는 현장의 스펙터클 속에서 근대화의 성과와 발전의 이데올로기는 완성된다.

영화 〈팔도강산〉 시리즈가 산업 역군의 신화를 재현하는 과정에서 노동을 삭제할 때 나타나는 효과는 무엇일까. 그것은 일차적으로는 박정희 정권의 치부라고 할 수 있는 폭력적 근대화의 민낯을 드러내지 않는다는 점에 있을 것이다. 그러나 무엇보다 중요한 것은 관람객들로 하여금 산업 역군의 신화를 통해 중산층 계급에 도달할 수 있다는 이상과 꿈을 심어 주는 데 있을 것이다. 보이지 않는 배제된 영역을 완벽하게 차단함으로써, 이상과 꿈의 모델을 주입할 때, 그것을 보는 다양한 계급의 관람객들에게는 표준화된 이상적 삶의 스타일이 각인될 수 있는 것이다.

4) 발전 국가의 희망에 응답하는 못난 자들의 눈물

〈팔도강산〉 시리즈에 '노동'의 이면이 배제되어 있기는 하지만, 영화는 성공 신화를 이룬 산업 역군의 좌절 경험을 담고 있는 것을 확인할 수 있다. 이는 갈등과 화해의 관계를 통해 영화의 효과를 극대화하고 재미와 흥미를 제공하는 매체의 특성과 연관되지만, 근본적인 차원에서는 박정희 정권의 구미에 맞는 대중을 호출하는 가장 극적이고 감정적인 장치라고 할 수 있다. 영화에서는 좌절과 고난을 극복하는 이른바 '못난 자들'이 등장하는데, 이들은 결과적으로 시련을 극복함으로써 '못난 자들'도 노력하면 성공한 자가 될 수 있다는 희망을 주입하는 가장 이데올로기적인 존재들이다.

영화에서 '못난 자들'은 두 가지 형태로 재현된다. 신영균으로 대표되는 '가난한 자'가 한 측면에 놓여 있는가 하면, 다른 한편에는 '사업에 실패한 자'가 놓여 있다. '가난한 자'인 신영균은 영화 〈팔도강산〉 시리즈에서 가장 극적으로 재현되는데, '빈곤'에서 벗어나기 위한 그의 성실성과 불굴의 의지는 그를 성공한 원양어선 선주로, 사업에 성공한 부유한 인물로 바꿔 놓는다. 박정희 정권은 '빈곤'을 내부에 있는 가장 무서운 적으로 환기시키면서, 이 적의 전멸을 위한 유일한 길이 '노동'에 있음을 강조했다. 이 시기 본격적으로 개발된 노동 담론은 노동의 당위성과 필연성을 합리화시켰을 뿐만 아니라, 제자리에서 묵묵히 주어진 몫을 다하는 노동자상을 형상화하는 데 일조했다.[51] 이 점에서 보자면, '신영균'이라는 빈민의 형상은 박정희 정권이 내세운 노동 담론을 체현한 존재라고 할 수 있을 것이다. 물론, 영화에서 재현된 '신영균' 부부의 삶은 '노동의 과정' 자체로 재현되지 않는다. 그들의 삶은 강원도 속초로 그들을 찾아간 김희갑 황정순 부부와 젊은 부부 내외 사이에 '가난' 때문에 발생할 수밖에 없었던 슬픈 '술 이야기'로 제시될 뿐이다. 영화는 배 한 척을 사기 위한 돈을 마련하기 위해 없는 살림에 술에 물을 타 대접하는 신영균 내외를 통해 가난을 박차고 나서려는 젊은 부부의 의지와 노력·성실성을 부각시키면서, 가난 때문에 죄송한 딸의 '죄책감'과 '눈물', '불효', '불굴의 의지' 등의 감정적 언어로 재현하면서 농촌 현실의 부조리를 덮는다. 그래서 신영균 내외는 아직 갈 길이 먼 '미생未生'들이다. 이들 내외는 〈팔도강산〉 마지막을 장식하는 김희갑의 회갑연에서 드디어 배 한 척을 산 계약서를 들고 등장하여 성공한 산업 역군으로서 마지막으로 참여하는 존재가 된다. 영화는 발전 국가의 희망과 미래상에 다다가기 위해 치러야 할 지난한 과정을 단순히 신파적 에피소드로 처리함으로써 '가난한 자'를 '못난 자'로 규정하는 서사 구조를 택한다. 이는 신영균의 성공이 영화 내부에서 차지하는 자리가 클 뿐만 아니라, '빈민'의 서사를 영화적으로 재현하는 것이 매우 민감한 문제였기 때문이기도 하다. 신영균의 성공은 빈한한 농촌의 경제적 풍요를 상징하는 것으로서, 그는 성공한 후에도 그의 고향 속초를 지킴으로써 농촌 지역의 상징으로 군림한다. 당대 도농道農 격차가 두 배에 이를 정도

---

51 임유경, 앞의 책, 53쪽.

로 심각했던 상황을 감안하면,[52] 신영균의 빠른 성공과 그의 역할은 영화에서 매우 중요했다. 〈팔도강산〉에서 배 한 척을 샀던 신영균은 〈속 팔도강산-세계를 간다〉에서는 원양어선의 선주가 되어 해외를 누비는 성공한 사업가로 변신한다. 그는 브라질로 진출한 박노식의 농장을 찾아가 실패한 사업가인 그에게 돈을 주며 재기를 돕고, 〈내일의 팔도강산〉1971에 오면 무리한 투자 욕심을 내다 사업에 실패한 허장강을 도와 가발공장 재건에 기여한다.

그런데 그의 이러한 대활약은 '가난'을 경험한 자의 눈물 겨운 고생에서 얻은 값진 것으로 재현된다. 그는 가난했던 시절, 술에 물을 타 부모에게 대접해야 했던 눈물겨운 고생담을 가슴 깊이 새기고 있는 유일한 존재로서, 가난과 설움이 무엇인지 알기 때문에 박노식과 허장강의 사업 실패와 그들의 좌절에 공감할 수 있는 존재로 기능할 수 있다. 뿐만 아니라 그는 가난에서 벗어나 성공한 존재가 되었기 때문에 좌절한 자들에게 성공 가능성을 확신에 차서 연설할 수 있는 존재이기도 하다. 이러한 신영균의 존재는 신상옥 감독의 영화 〈쌀〉1963에서 활약한 상이 군인 용이의 새로운 형태로도 읽힌다.

신영균의 존재로 인해 박노식과 허강강으로 대표되는 사업가들의 실패와 좌절은 쉽게 극복될 수 있는 것으로 재현된다. 이들은 욕심과 무계획적인 투자로 인한 실패에 직면하는데, 이들의 사업 실패 또한 잠시 눈물의 에피소드로 관객들에게 전달될 뿐이다. 〈속 팔도강산-세계를 간다〉1968

---

52 "10일 한은 조사에서 드러난 바에 의하면 지난 67년 중 1인당 월평균 소비지출은 도시가계의 경우 3천 2백 49원인 데 비해 농가는 1천 7백 35원으로 되어 있다. 66년 중에는 농가가 1천 4백 73원, 도시가계 2천 3백 38원으로 양자의 격차는 8백 65원이었다."(「도시와 농촌의 격차」, 『경향신문』, 1968.4.10)

에서 브라질로 이민한 박노식은 농장 사업에 실패했음에도 불구하고, 그를 방문한 김희갑에 대한 효도를 위해 성공한 사업가가 된 것마냥 모든 것을 꾸민다. 신영균을 통해 이 사실이 탄로남으로써, 박노식은 그 슬픔을 비로소 드러내는데, 결과적으로 이 모든 신파적 설정은 좌절과 시련의 경험을 개인의 못난 태도로 수렴하고, 눈물과 연민 등의 감정적 공감대 속에서 실패의 사회 구조적 접근이 아닌, 신영균이라는 성공한 자의 너그러움 속에서 해결할 수 있다는 믿음을 관객들에게 심어 준다. 특별한 영웅적 존재가 박노식과 같은 실패한 자를 위기에서 구할 수 있다는 믿음은 박정희 스스로가 창출하려고 한 자신의 이미지 그 자체라고 할 수 있다.

허장강의 경우, 그의 사업 실패는 〈내일의 팔도강산〉1971에서 딸 윤정희의 눈물로 치환된다. 건축을 전공하는 대학생 신성일과 연애 중인 윤정희는 아버지의 사업 실패로 인해 신성일과의 관계 또한 끝났다고 말하며 눈물을 보인다. 신성일은 그런 그녀의 못난 태도를 꾸짖으며 뺨을 때리는데, 이로써 그녀의 잘못된 생각은 바로잡히고, 신영균과 가족들의 지원 덕에 허장강은 재기에 성공할 뿐만 아니라 정희와 성일도 결혼에 이른다. 사업 실패가 마치 인생의 끝인 것마냥 울먹이는 정희의 태도는 철 없고 못난 자의 사례로 재현된다. 이러한 못난 자들의 눈물은 뺨을 맞는 것과 같은 대가, 즉 처벌을 받아야 할 것으로 이해된다. 〈우리의 팔도강산〉1972에서 지하철 공사 현장에서 나라를 위해 고생하는 남편의 처지를 이해하지 못한 채 가출하는 정희의 태도도 이러한 연장선상에서 해석할 수 있다. 못난 자들의 철 없는 태도와 잘못된 행동은 처벌의 대상이 될 뿐만 아니라, 올바른 지도자의 선처 속에서 발전을 위한 새로운 행동과 자세로서 교정되어야 하는 것이다.

이러한 모든 과정에서 파악할 수 있는 것은 영화 〈팔도강산〉 시리즈에서 모든 문제를 '눈물'과 같은 감정적이고 사적인 것으로 치환할 뿐만 아니라, 그 문제의 해결 또한 영웅적 존재를 통한 개인적 차원의 것으로 구조화하고 있다는 점이다. 이 영화에서는 문제의 원인과 해결책이 모두 '개인'에게로 수렴된다. 발전 국가의 희망에 응답하기 위해서는 '개인'의 차원에서 모든 문제의 원인을 찾고 그것을 해결해야 할 뿐만 아니라, 발전의 과정에서 저해가 되는 부정적 요소들, 즉 좌절과 시련의 경험은 잠시 눈물의 에피소드 속에서 감정적으로 관객들과 공유될 뿐이다. 이 위기의 극복은 개인의 노력과 영웅적 존재의 구원 속에서 가능해지는데, 이로써 영화 〈팔도강산〉 시리즈는 궁극적으로 발전 국가의 희망과 환희의 감정적 언술을 극적으로 표방해 나가는 것이다.

이렇듯 영화 〈팔도강산〉 시리즈는 박정희 정권 곳곳에 스며들어 있던 폭력의 민낯을 숨긴 채 완벽하고 아름답게 치장된 하나의 세계를 구축했으며, 이 완벽한 얼굴은 바로 근대화의 '악한 얼굴'을 그 이면에 감추고 있는 가면과도 같은 것이었다.

5) 이미지로서의 근대를 바라보는 영화의 시선, 〈팔도강산〉

영화 〈팔도강산〉 시리즈만큼 냉전 반공국가주의를 화려한 이미지로서 재현한 경우는 없을 것이다. 이 시리즈의 작품성은 아마도 이러한 이미지로서의 산업 근대화를 가장 잘 포착했다는 점에 있다고 해도 과언이 아닐 정도이다.

박정희 정권이 내세웠던 냉전의 반공국가주의를 '산업 근대화'와 '전진의 시공간' 속에서 영화가 포착할 때, 우리가 예리하게 인식해야 할 것은 그 완벽한 시각적 스펙터클 속에서 무엇이 배제되고 있는지에 대해서이다. 〈팔도강산〉 시리즈는 근대화로 치장된 미래의 시공간을 당대 현실의 조건 속에 화려하게 수놓았을 뿐, 현실에 뿌리박지 못하고 있었다. 1960년대 후반 경제개발계획의 가시적인 성과와 더불어 출현하고 있던 노동 환경의 불합리한 조건과 양극화 등의 현실은 사실, 박정희 정권이 내세웠던 미래의 전진하는 시공간과 불협화음을 내기 시작했다. 노동 조건은 열악해졌고, 그들이 놓여 있던 공간은 1970년 전태일의 분신을 예고할 정도로 열악했다. '성공 신화'에 편승하여 현실의 비참을 미래의 발전적 삶에 대한 기대를 통해 지속적으로 유예했던 시골에서 서울로 상경한 수많은 대중은 대도시 주변의 판자촌과 빈민촌으로 내몰릴 지경에 이르렀다. 냉전의 반공국가주의 통치성 안에 안정적으로 포섭되지 못하는 주체들의 부조리한 형상들이 조금씩 사회 전면에 출현하기 시작함으로써 더 이상 미래를 향해 발을 내딛고 전진하는 건전한 가족 공동체 또한 쉽게 포착하기 어려운 시대였던 것이다. 현실의 타자들이 출현하기 시작한다는 것은 박정희 정권이 희망차게 내세웠던 미래적 시공간 내부에 균열이 발생하기 시작했다는 의미이기도 했다. 따라서 〈팔도강산〉 시리즈에서 완벽하게 재현된 미래의 시공간은 현실이 아닌 이미지 그 자체였을 따름이었다. 대중은 때로 〈팔도강산〉 시리즈를 통해 가보지 못했거나 경험하지 못한 유토피아에 대한 끝내 내려 놓지 못한 '성공'에의 희망과 달콤한 꿈을 대리만족할 수 있었다. 그러나 근본적인 차원에서 그들이 마주했던 것은 스크린 안에 전시된 이미지 그 자체로서의 미래였을 뿐, 그들이 되돌아가야 할 비참한 현실 그 자체는 아니었다. 어쩌면 대중의 〈팔도강산〉 시리즈에 대한 열렬한 관심과 흥미는 그들의 삶이 여실하게 드러내기 시작했던 근대화의 부조리를 잠시라도 잊고 싶어하는 절망적 열망의 다른 표현은 아니었을까. 완벽하게 타자화된 존재들이 삭제된 유토피아적 이미지 속에서라야만 그들은 날로 비참해져 가는 현실의 부조리한 삶을 잊을 수 있기 때문이다. 바로 그러한 점에서 영화 〈팔도강산〉 시리즈는 박정희 정권의 통치성이 추구했던 이상적 형태를 가장 대중적으로 재현하고 있었다는 것을 알 수 있다. 완벽한 초현실 속에서 완벽한 중산층 가정 속에서 완벽한 산업 역군들 속에서 투명하게 산업 근대화의 통치성이 그 권력의 목표를 이미지로 드러내고 있었다.

영화 〈팔도강산〉 시리즈는 산업 근대화의 화려한 스펙터클을 전시함으로써 대중성을 확보했지만, 이 대중성은 좀 더 비판적인 차원에서 접근해야 한다. 관람객들은 화려한 볼거리가 가득한 이 영화를 통해 박정희 정권의 산업 근대화가 가져온 발전과 성과를 자연스럽게 받아들이게 되지만, 이 수용은 근본적으로 박정희 정권이 요구한 '대중'의 어떤 특정한 정체성을 전제함으로써 가능해진다. 그것은 열심히 일하면 잘 살 수 있다는 성공 신화를 내면화한 주체로서 이러한 성공 신화를 통해 대중은 박정희 정권이 추구한 근대화와 반공의식에 기반한 냉전 주체로서 거듭날 수 있게 된다. 이는 특정한 대중을 이데올로기적 주체로 호명하는 방법이라고 할 수 있다. 따라서 영화의 대중성은 냉전 인식과 자연스럽게 연결된다. 또한 이러한 대중성과 냉전 인식은 근대화의 화려한 이미지로 무장한 스펙터클을 동원함으로써 완벽한 영화적 세계를 구축함으로써, 사회 구조와 현실의 부조리와 폭력의 민낯을 숨기는 문제를 드러낸다.

구체적으로 영화 〈팔도강산〉 시리즈의 재현 방법을 통해 이러한 점을 세부적으로 확인할 수 있다. 첫째, 이 영화들에서 전통과 역사의 공간 대

근대화의 공간은 구세대와 신세대의 입장과 역할을 통해 구분된다. 특히, 전통과 역사의 공간에 놓여 있는 노부부로 대표되는 구세대는 근대화의 화려한 스펙터클을 앞에서 그것을 무조건적으로 찬양하고 승인하는 역할을 부여받는다. 이는 구시대적 전통과 역사의 공간과 인물을 과거의 것으로 밀어내고 도래하는 근대화의 공간과 인물이 발전과 성공의 중요한 요소라는 점을 암암리에 드러낸다. 따라서 화려한 볼거리로 치장한 〈팔도강산〉 시리즈의 이미지들은 근대화를 위한 가장 완벽한 세계를 위해 호출되었지만, 그 이면에는 은폐된 구분과 배제의 의미가 놓여 있다. 뿐만 아니라 이 영화들에는 정복해야 할 북녘의 영토를 상정함으로써, 배제되었지만 끊임 없이 호출되는 (비)가시적 영토를 재현한다. 대중에게 주입되는 산업 역군으로서의 성공과 국가의 발전은 그것을 통한 통일의 기반이 된다는 점에서 북녘의 영토는 팔도강산의 발전 이미지들을 생산하는 데 있어 상징적 큰 타자로 기능한다.

둘째, 영화에서는 전 국토를 산업 역군이 일하면서 싸우는 현장으로 재현함으로써, 노동의 현실과 조건 자체를 삭제한다. 영화에 등장하는 산업 역군들은 노동자라기보다는 근대화의 결과물을 해석하고 설명하는 해설자 및 안내자에 가깝다. 게다가 노동의 현장조차 완벽하게 잘 갖춰진 근대화된 산업 현장의 이미지를 창출하기 위해 재현되었기 때문에 결과적으로 영화 내내 노동은 찾아볼 수 없게 된다. 특히, '보는' 행위는 그들이 보고자 하는 것에만 시선을 고정하기 때문에 영화 〈팔도강산〉 시리즈에 반복적으로 재현되는 '보는' 행위는 재현의 장에서 '노동'을 삭제하는 데 기여하는 영화적 시선이라고 할 수 있다.

셋째, 영화는 산업 역군의 성공 신화를 구축하는 데 있어 못난 자들의 눈물을 적극적으로 동원한다. 가난하여 불효를 할 수밖에 없는 못난 자들은 자신들의 처지에 대한 죄책감에 시달리지만 결과적으로 성실성과 불굴의 의지 등을 통해 가난을 극복하고 성공 신화를 쓰는 주역이 된다. 영화 〈팔도강산〉 시리즈에서 특별히 주목할 만한 대상은 가난을 극복하고 성공한 산업 역군으로 우뚝 선 신영균이다. 그를 통해 영화는 두 차원에서 성공 신화를 써 내려간다. 우선, 가난 때문에 죄책감에 시달리는 못난 자들에 대한 감정적 동일시를 불러일으킨다. '가난'이 초래하는 눈물과 죄책감 등의 감정적 언어는 대중과의 공감대를 형성하기 위해 적극적으로 동원되는데, 이를 통해 그의 성실성과 불굴의 의지 등이 더욱 정당화되기에 이른다. 이러한 개인적 노력을 통해 성공한 그는 실패한 사업가들의 재기를 돕는 영웅적 존재로 거듭난다. 이로써 영화에 재현된 '가난'과 '좌절'의 경험은 못난 자들의 태도 문제로 사사화될 뿐만 아니라, 뛰어난 영웅의 구원 속에서 박정희의 영웅 신화와 유비 관계로 엮이는 결과를 초래한다.

영화 〈팔도강산〉 시리즈에 구축된 근대화의 스펙터클은 그 완벽한 세계 속에 배제된 폭력의 이면들을 은폐하고 있다. 근대화의 화려한 이미지들을 재현하는 데 있어 영화는 박정희 정권이 내세운 다양한 발전의 요소들을 잘 조합하여 아름다운 세계를 구축했지만, 실제로 그 세계는 현실의 모순과 갈등을 완벽하게 삭제한 것이었다. 따라서 영화 〈팔도강산〉 시리즈는 가장 이데올로기적인 영화이지만 역설적으로 당대에서 벌어지는 폭력의 진짜 모습을 보여 주는 가장 현실적인 것이기도 했다.

제4장

절망과 저항의 시대

1970년대 한국영화

1. 유신 체제에 대한 저항, 1970년대 한국영화와 타자들의 풍경

1) 발전 국가의 그늘진 장소들 그리고 타자들

이 부분에서는 1970년대 한국영화와 타자들의 풍경에 접근하기 위해 1971년 8월 10일 발생했던 광주대단지 사건에 대한 주목으로부터 시작해 보고자 한다. 이는 1970년대 '타자들의 풍경'을 가장 대표적으로 보여주는 사건이었기 때문이다. 국가적 차원에서 볼 때, 당대 사회 문제로 제기된 도시 빈민의 위험성을 제거하고 그들을 관리하기 위한 성격을 지녔던 것이 바로 '광주 대단지 조성 사업'이었다.[1] 그런데 사업의 목표 및 성격과 실제 대단지 조성 사업의 실상은 매우 달랐다. 공식적으로 발표된 개발 정책과는 달리,[2] 철거민들이 정착했을 무렵 도시를 구성하는 데 필요

---

1 김원, 「1971년 광주대단지 사건 연구」, 『기억과전망』 18호, 민주화운동기념사업회 한국
　민주주의 연구소, 2008, 222쪽.
2 1971년도 6월 16일 자 신문기사를 살펴보면, 당시 서울시가 서울시내판잣집의 집중 철
　거로 금년 말까지 광주대단지 인구를 20만 명에 이르게 하고 국민학교 8개교, 중학교 3개

한 기반 시설은 제대로 갖추어져 있지 않았다.[3] 결과적으로 6시간이라는 짧은 시간 동안 갑작스럽게 발생한 후 사라진 광주대단지 사건은 "빈곤에서 온 강제 이주와 고립, 고립이 낳은 빈곤의 악화, 여기서 발전한 불만과 공포"[4]에서 비롯된 것이었다.

광주대단지 사건을 통해 잠시 출몰했던 '도시 빈민'의 존재는 1960~70년대 축적되어 왔던 급속한 도시화와 인구 이동이 낳은 결과였다.[5] 지난 10여 년간 서울로 많은 인구가 이동했으며, 이들은 서울 안에서 가난한 도시 빈민 집단을 형성했다. 국가 차원에서 볼 때, 이들은 어느 순간 '공포와 무질서를 낳는 난동자', 즉 위험한 존재로 인식되었다.[6]

근본적으로 '광주 대단지 사건'은 1970년대 사회에 유통되던 '이주'와 '가난', '공포', '난동' 등의 부정적 수식어로 둘러싸인 '타자들'의 모습을

교, 고등학교 1개교 등을 세우는 것을 비롯해 73년 말까지 30개 학교를 세우고, 1백 개의 공장을 유치, 4만 5천 명의 주민들에게 일자리를 마련해 주기로 했다. 뿐만 아니라, 상수도 시설과 준고속도로 마련 또한 약속함으로써 광주 대단지 철거민 정착지에 대한 언론 플레이를 하고 있었다.(「투자 규모 269억 원 광주 대단지 사업 73년까지 민자 포함 각종 시설 확장」, 『경향신문』, 1971.6.16)

3 임미리는 광주대단지 사건을 재해석하는 논문에서 다음과 같이 말한다. 광주대단지는 서울시 외곽의 철거민 정착지와 달리, 서울시 경계 밖의 장소라는 점에서 사람들에게 전설과도 같이 낯선 곳으로 인식되었을 뿐만 아니라, 실제로 도시 기능을 하는 데 필요한 기반 시설, 즉 학교와 공장, 병원, 집 등이 갖춰지지 않았다고 한다. 따라서 다른 철거민 정착지와 달리 유독 광주대단지 이주민들은 소득과 교육 측면에서 기회를 차단당한 채 빈곤의 심화를 겪어야만 했다.(임미리, 「1971년 광주대단지 사건의 재해석」, 『기억과전망』 26호, 민주화운동기념사업회 한국민주주의연구소, 2012 참조)

4 위의 글, 258쪽.

5 "1960~1970년간의 우리나라의 도시인구 증가율(연평균 증가 8.5%)은 공업국의 가장 급속한 도시화의 시기(주로 19세기)의 매 10년 평균 증가율보다 높을 뿐만 아니라 개발도상국의 최근 10년간의 평균 증가율과 비교해도 매우 높다. (…중략…) 1970년의 서울의 인구는 5백만인을 돌파했다(5,536,377인). 이 숫자는 남한 전 인구의 17.6%, 전 도시인구의 42.7%에 해당한다."(홍경희, 「한국의 도시화 – 제3부 인구면으로 본 1960-1970년간의 도시화」, 『논문집』 17호, 경북대, 1973, 91~101쪽)

6 「광주 단지주민들의 가난한 나날 무법 부른 불모의 황야」, 『동아일보』, 1971.8.11.

확인할 수 있는 사례이다. 이를테면, 당대 지배 담론이 요청했던 정상성의 규범 하에 포섭되지 않는 가난하고 위협적인 존재들의 생산과 그 논리적 구조를 '광주 대단지 사건'을 통해 확인할 수 있는 것이다.[7]

1970년대 국가가 환영하고 요청했던 '정상인' 혹은 '정상성'의 모델은 영화 〈팔도강산〉 시리즈에서 확인할 수 있을 법한 주체, 즉 '중산층'이자 '산업 역군'으로서의 계급적 정체성 및 경제적 조건, 성실·건전한 진취적 정신을 갖춘 존재였다고 해도 과언이 아니다. 이들은 "호모 에코노미쿠스"의 탄생을 알리는 중요한 인물들로서[8] 당대가 요청했던 '정상적 주체'의 이미지를 선명하게 제공한다. 이 반대항에 놓여 있는 것이 바로 '비정상적 타자'라고 할 수 있을 것인데, 광주 대단지 사건을 일으킨 존재들 또한 이러한 '비정상적 타자'의 목록 안에 포함될 수 있겠다.

그런데 마사 누스바움에 따르면, '정상'은 철저히 규범적인 개념이다. 정상인을 자처하는 존재는 '정상성'의 규범을 통해 안정감을 얻고자 하는 환상 속에서 어떤 다른 부류의 사람들을 낙인 찍고 '비정상'의 범주로 그들을 내몬다. 뿐만 아니라 여기서 핵심은 피해자를 비인간화함으로써, 낙인 찍힌 자를 수치스러운 집단의 구성원으로 분류하고, 인간으로서의 개

7　김원은 '광주 대단지 사건'을 '도시 봉기'의 차원에서 분석하고 다음과 같이 결론 내린다. "도시 위생학의 측면에서 도시하층민·빈민을 교화 혹은 배제시키며, 중산층으로 상징되는 정상인에 대한 '위협'으로 간주하고 '이질적 타자'이자 사회적 무질서의 대상으로 파악하는 지배적 담론을 정리했다."(김원, 앞의 글, 2008, 226쪽)

8　이상록은 박정희 체제에서 '호모 에코노미쿠스'의 탄생 과정을 면밀히 분석한다. 1970년대 가속화되는 경쟁 체제와 사회에 유통된 출세와 성공 신화에 기반하여 중산층 샐러리맨들과 그들을 지원하는 여성들은 호모 에코노미쿠스가 되는 과정을 밟아 나간다. 이러한 '호모 에코노미쿠스'의 탄생은 근본적으로 박정희 정권에서 정상성으로 규정한 중산층 담론과 성공 신화를 전제한다는 점에서 1970년대에 요청된 '주체성'을 내용을 짐작하는 데 참조점을 제공한다.(이상록, 앞의 글, 2018 참조)

별성을 없애려는 충동에 정상인들이 사로잡히게 된다는 점이다.[9] 이 논리는 '정상적 주체성'을 확립하고자 하는 강박적 노력이 그만큼 '비정상적 타자성'을 지속적으로 생산할 수밖에 없는 악순환을 말해 준다. 동시에 누구나 지닐 수밖에 없는 존재적 불안정성, 즉 어느 순간 자신도 '타자들'로 분류될 수 있다는 두려움과 공포, 그에 따른 수치심의 감정들에 주목할 것을 요구한다. 1970년대 박정희 정권의 유신 체제가 본격화되는 당대의 정치적 상황을 감안하면, 이 일상화된 예외 상태 속에서 국가가 요청했던 정상적 주체성의 확립을 위해 얼마나 많은 비정상적 타자들이 생산되었는지 그리고 그와 관련된 개인의 공포와 불안, 수치심 등의 복잡한 감정들이 얼마나 암울하고 절망적인 사회 분위기를 조성하고 있었는지 가늠할 수 있다.

이 경로를 따라 여기에서는 1970년대 박정희 정권 시대에 요청되던 '정상적 주체'의 반대편에 놓인 '비정상적 타자들'의 모습을 살펴보고자 한다. 말하자면 당대 한국영화 속에서 재현된 타자들의 몇몇 존재 방식을 살펴보고 그것이 이른바 '정상적 주체'의 재현과 맞물리며 어떤 의미를 드러내는지, 즉 1970년대 영화가 당대의 가혹한 검열을 통과·우회하면서 사회를 비판적으로 해석하고자 한 양상을 추적해 보고자 하는 것이다.[10]

---

9   마사 누스바움, 조계원 역, 『혐오와 수치심』, 민음사, 2015, 395~403쪽.

10 잘 알려져 있다시피 1973년 2월 개정된 영화법으로 인해 국산 영화의 제작·흥행은 엄청난 타격을 받게 된다. 이를테면 "폭력이나 애무신을 덮어 놓고 윤리성을 따져 검열에 걸리는 실정인데 영화에서 이런 것을 빼면 무엇을 어떻게 다루어야 하느냐면서 외화 검열만큼 완화해줄 것을 당부하고 있다"는 국산영화 제작자들의 하소연이 신문지상에 언급되는 것을 보아서도 알 수 있듯, 당시 영화법 개정은 철저히 국가가 검열을 통해 영화의 제작·상영을 통제하는 형국이었다.(「영화법 발효 10개월 문제점 많아 허덕이는 영화가」, 『경향신문』, 1973.12.1) 이러한 상황에서 영화 제작자들이 자유롭게 영화를 통해 정권을 비판하는 것은 거의 불가능했다는 것을 알 수 있다. 결국, 1970년대 한국영화의 재현 층

1970년대 한국영화에 대한 논의는 주로 '여성'과 '청년'을 호출하여 이들이 당대 지배 담론과 맺는 관련성에 주목한다. 그런데 논의가 주로 '젠더'와 '청년' 문화의 범주로 초점화되다 보니 당대 타자화된 존재들의 양상을 협소한 틀 안에서만 파악하는 한계를 보여 주는 것도 사실이다.

문제는 과연 두 범주의 대표적 존재들로 1970년대 한국영화에서의 타자들을 전체적으로 가늠해볼 수 있느냐이다. 앞서 언급했던 1971년 8월의 광주 대단지 사건에서 드러난 가난한 도시 빈민들의 시위로 잠시 돌아가 보면, 이러한 사건을 통해 돌출된 타자들의 존재 방식 혹은 양상은 매우 복잡한 층위 속에서 가늠할 수 있는 것들이다.[11] 마찬가지로, 만약 1970년대 한국영화에서 타자들의 존재 방식 및 양상을 가늠하려면 영화의 복잡한 재현 방식과 양상을 다각도에서 세밀하게 분석해 볼 필요가 있다. 이로써 1970년대 한국영화가 재현해낸 타자들의 의미를 다각도에서 추론해낼 수 있을 것이다. 광주 대단지 사건의 복잡한 층위 속에서 주목할 만한 것은 그것이 정착에의 욕망을 둘러싼 '터전' 문제 속에서 타자들의 출현을 엿볼 수 있게 한다는 점이다. 이는 1970년대 거대 도시화와 인구 이동으로 변화해 가는 삶의 풍경과 접속한다. 당대 삶의 풍경을 조망하기

위에서 '타자들의 풍경'은 '검열'이라는 국가의 통제선을 돌파할 수 있는 우회로를 어느 정도 감안하면서 파악할 수 있다고 판단된다.

11 광주대단지 사건에 대해 연구자들은 공통적으로 이 사건에 가담한 사람들이 '철거민'으로 묶일 수 있는 단일한 정체성을 지닌 존재들이 아니라고 말한다. 사건과 관련된 인물들은 서울의 판자촌에서 광주로 강제 이주해 온 실제 철거민들뿐만 아니라, 철거민들에게 할당된 토지를 매매한 전매업자들, 그리고 철거당한 서울 판자촌에서 세입자로 살았던 사람들 그리고 광주를 노다지의 땅으로 여기고 한몫 보기 위해 이주한 그 외의 가난한 외부인들 등으로 복잡하게 얽혀 있었다. 그리고 이들이 사건에 개입하는 방식과 광주를 인식하고 체험하는 과정은 모두 달랐다. 요컨대, 타자들의 존재 방식은 하나로 규정될 수 없는 다양한 개별성 속에서 새롭게 규명되어야 할 과제라고 할 수 있는 것이다. 이와 관련된 논의는 앞의 임미리, 김원의 글을 참조할 것.

위해서는 이러한 사회적 분위기를 전유하되, 어떤 '상실'의 이면을 드러내는 다양한 재현의 양상들에 주목해야 한다. 1970년대 한국영화는 이러한 안정된 '터전'의 문제를 둘러싼 시대의 공기를 흡입하면서 타자들의 풍경이 직조되어 가는 재현의 특정한 양상을 보여 준다고 판단된다.

이 부분에서는 이를 위한 방법으로 1970년대 한국영화에서 지속적으로 반복되는 두 가지 패턴에 주목한다. 첫째, 그것은 '가족 공동체 안팎의 배회'라는 반복되는 재현 방식이다. 인물들이 공동체의 안팎을 배회함으로써 안정성을 획득하지 못하는 반복 재생되는 패턴은 영화 속에서 구체적으로 '가족'의 공동체를 둘러싸고 이루어진다. 1970년대 요청되던 지배 담론으로서의 '중산층 가족 공동체'가 주체 구성의 중요한 매개체로서 작용했다면, 이 중요한 공동체의 안팎을 배회하는 존재들은 당대의 정상적 주체 구성에 실패한 낙인 찍힌 존재들로서의 타자성을 구성하고 매개한다. 이러한 패턴은 1970년대 '장소'가 지닌 공간적 의미에서부터 '진입'과 '이탈'의 서사 구조를 통해 드러나는 타자들의 존재 방식 등을 복합적으로 살펴보는 데 참조점을 제공한다.

둘째, '죽음'의 재현 방식에 대한 것이다. 이 '죽음'이라는 사건은 1970년대 발전주의적·진보적인 호모 에코노미쿠스의 유토피아적 성공 신화와 가장 극단적인 대척점에 존재한다. 그래서 1970년대 한국영화에 반복적으로 재현되는 '죽음'과 연루된 존재들을 살펴보는 것은 시대가 요청한 정상적 주체와 가장 멀리 떨어진 타자들의 존재 방식과 그것의 의미를 파악하는 데 중요한 요소가 된다.

'가족'과 '죽음'의 모티프는 1970년대 한국영화를 둘러싼 시대적 상황, 즉 도시화와 산업화의 진전으로 인한 본거지로부터의 이탈과 귀환의 불가능성 그것으로부터 초래되는 절망의 극단을 가장 잘 보여 준다고 판단되기 때문이다. 뿐만 아니라 이는 이전 박정희 시대로부터 점차 증폭되기 시작했던 근대화의 부작용들로 인해 대중의 삶이 변화된 양상을 영화적으로 잘 재현한다.[12] 따라서 여기에서는 1970년대 한국영화들의 재현 양상을 중점적으로 분석하되, 필요한 경우 1960년대 한국영화 대표 작품과의 비교 분석을 시도함으로써 1970년대 타자들이 그려내는 영화적 풍경을 역사적으로 밝힐 것이다.[13]

2) 해체된 가족 공동체와 소외된 개별 주체들

1970년대 한국영화를 분석하는 가장 효과적인 접근 방법은 대체적으로 인물의 재현 방식과 특징에 대한 것이었다. 실제로 1970년대를 대표하는 영화들, 가령 〈영자의 전성시대〉1975, 〈별들의 고향〉1974, 〈겨울여자〉1977, 〈바보들의 행진〉1974 등에 재현된 인물들은 당대의 사회 문화적 변동 양상과 특징을 잘 대변해 주는 존재들이기도 했다. 그러나 이렇듯 두드러진 인물들의 재현 방식에 주목하다 보니, 실제로 이들의 삶이 재현되는 배경으

---

12 1970년대 영화들에 재현된 타자들의 재현 양상은 여러 측면에서 다각도로 분석 가능하다. 이 글은 그 중에서도 '가족 공동체'와 '죽음'의 모티프가 재현된 영화들을 선정하여 70년대 타자들의 재현 양상을 부분적으로 살펴보는 데 중점을 두고 다음의 영화들을 중심으로 논의를 전개한다. 이장호, 〈어제 내린 비〉(1974); 이장호, 〈별들의 고향〉(1974); 김호선, 〈영자의 전성시대〉(1975); 하길종, 〈바보들의 행진〉(1975); 김호선, 〈겨울 여자〉(1977); 김수용, 〈야행〉(1977); 정진우, 〈가시를 삼킨 장미〉(1979). 이 영화들에는 '가족 공동체' 안팎을 배회하면서 귀환의 불가능성에 직면한 자들과 그들의 삶에 스며든 절망적 선택, 가령 '죽음'의 문제가 재현되고 있다는 점에서 공통적이다.

13 이 글에서 분석하고자 하는 타자들은 곧 1970년대를 살아가는 다양한 타자들의 모습들 중에서 어떤 특정한 양상을 드러내는 것이다. 이들의 존재 방식과 삶의 패턴을 살펴봄으로써 그들의 삶의 한 형태를 드러낸다는 점에서 '타자의 재현' 혹은 '타자의 출현'에 대한 분석은 '타자들의 풍경'을 보여 주는 것과 같은 맥락에 있다.

로서의 공간, 즉 '장소'의 의미는 다소 후경화되어 왔던 것도 사실이다. 특히, 1960년대 한국영화에서 주요한 분석 대상으로 호출되었던 '가족' 공동체는 1970년대 한국영화 분석에서는 본격적인 분석의 틀로 활용되기보다는 '도시화' 및 '산업화'와 관련된 분석 틀 속에서 간접적으로 제시되는 경향을 보인다. 1970년대 영화 분석에서 '도시'로 몰려든 무작정 상경남녀를 분석하면서[14] '고향(농촌)'[15]을 떠나온 자들의 도시적 삶을 전반적으로 논의하는 경향은 1960~1970년 10년간 한국이 85.2%의 도시 인구 증가율을 기록했을 뿐만 아니라, 도시 지역 인구 증가의 59.8%가 사회 증가에 해당한다는 것을 감안하면,[16] 충분히 이해할 만하다.

수많은 사람들이 도시로 밀려들면서 이 장소는 이른바 '집단 난민 수용소'를 방불케 했다. "모든 사람과 자원이 서울로 몰리는 국토의 기형적 이용구조가 나타나고, 서울은 공업화와 함께 땅에서 쫓겨난 '산업 난민'들로 득시글거리는 곳이 되었다."[17] 살아남아야 한다는 강박관념과 누구도

---

[14] 가령, 정현경은 영화 〈별들의 고향〉, 〈영자의 전성시대〉, 〈바보들의 행진〉, 〈어제 내린 비〉를 분석 대상으로 삼아 1970년대 도시적 정체성과 그 안에서 자본주의 도시화를 체현한 도시인들의 우울한 육체적·정신적 표상을 탐구한다.(정현경, 「1970년대 혼성적 도시 표상으로서의 도시인의 우울—별들의 고향, 영자의 전성시대, 바보들의 행진, 어제 내린 비를 중심으로」, 『한국극예술연구』 41호, 한국극예술학회, 2013)

[15] 이와 관련된 논의는 주로 '무작정 상경남녀'를 다룬 영화들을 분석하는 논문에서 부분적으로 '고향'을 등지고 서울로 올라와 도시적 삶을 살아가는 존재들을 분석하는 과정에서 직·간접적으로 다루어지고 있다. 그런 점에서 보자면, '고향(농촌)'은 '도시'와의 공간적 대비 속에서 상호작용하는 논리 구조로 배치된 공간이라고 할 수 있을 것이다. '고향(농촌)'에 대한 분석 또한 영화 분야에서뿐만 아니라 당대 소설 및 사회 현상을 다룬 논문들에서 확인해 볼 수 있다. 이와 관련된 논의는 황병주, 앞의 글; 권경미, 「신화화된 고향과 현실 공간으로서의 농(어)촌—1970년대 농(어)촌 소설을 중심으로」, 『현대소설연구』 63호, 한국현대소설학회, 2016; 류보선, 「탈향의 정치경제학과 미완의 귀향들—한국현대소설의 계보학 1」, 『현대소설연구』 61호, 한국현대소설학회, 2016 등 참조.

[16] 홍경희, 앞의 글, 90쪽.

[17] 홍성태, 이병천 편, 앞의 책, 331쪽.

믿을 수 없다는 인식 속에서 오로지 '적대적 경쟁'을 위해 달려야 하는 난민들에게 가장 중요했던 것은 그들에게 '소속감'과 '안정감'을 제공할 수 있는 의미 있는 '장소'였다고 할 수 있다. 따라서 눈여겨 봐야 할 것은 '대도시'라는 물리적 공간 그 자체라기보다는 그 안에서 파편화된 난민들로 존재하는 대중의 '소속감'과 '안정감'에 대한 욕망을 재현의 장으로 끌어들이는 대중문화적 방식이다.

다시 '가족'이라는 테마로 돌아오면, 이 '가족' 공동체는 1970년대 도시적 삶을 살아가는 대중의 욕망과 삶의 방식을 들여다 볼 수 있는 중요한 요소이다. 이는 비단 1970년대 가족 공동체의 재현 방식 혹은 장소적 의미에 대한 분석에 국한되는 문제만은 아니다. 왜냐하면 '가족' 공동체는 비단 물리적 거주의 의미나 가족 구성의 과정 자체로만 한정될 수 없기 때문이다.[18] 특히, '집'에 주목하여 그것을 물리적 거주 혹은 '소유'의 차원에서 접근하게 되면, 대도시에서 '집'을 소유하는 자본주의적 문제 해결 차원으로 논의가 귀착될 우려가 있다. 중요한 것은 난민적 정체성을 보유한 1970년대적 개인이 근본적으로 닿고자 하는 지점, 즉 '공동체적' 존재감을 갖는 문제에 초점을 맞추는 일이다.[19] 이것이 실제로 에드워드 렐프

---

18 정현경은 그의 논문에서 도시로 이주한 인물들이 '집'을 획득하지 못함으로써 의미 있는 장소에 거주하지 못한다고 논의한다.(정현경, 앞의 글 참조) 그러나 근본적인 차원에서 의미 있는 장소에 있다는 존재적 안정감은 물리적 공간의 획득에서 비롯되는 것이라기보다는 그 공간에서 '안정감'과 '소속감'을 느낄 수 있느냐에 달려 있다. 도시인들의 '안정감'과 '소속감'을 물리적 장소에 한정할 때, 그것은 자본주의 사회 속에서 어떤 물질적인 '소유'를 할 수 있느냐의 문제로 귀결되어 근본적인 차원에서 그들이 상실한 '소속감'과 '안정감'의 정신적 의미를 놓치는 우려는 낳을 수 있다는 점에 주목해야 할 것이다.

19 여기서 '공동체적 존재감'으로 말하고자 하는 의미는 다음과 같다. 1970년대 난민으로서 적대적 생존 경쟁 시장으로 내몰린 개인들이 '적대적' 상호관계로부터 근본적으로 거리를 유지할 수 있는 친밀하고 안정된 '우리'로서의 인식을 가질 수 있는 어떤 정서적 소속감과 안정감을 '공동체적 존재감'이라고 말할 수 있다.

가 말한 "진정한 장소감"으로서 이해되어야 한다. 그는 "진정한 장소감이란 무엇보다도 내부에 있다는 느낌이며, 개인으로서 그리고 공동체의 일원으로서 나의 장소에 속해 있다는 느낌"이라고 말한다. "집이나 고향, 혹은 지역이나 국가에 대해서 느끼는 감정"이 바로 이것인데,[20] 실상 이는 '적대적 경쟁 체제' 속에 존재하는 개인이 파편화된 난민적 정체성에서 벗어날 수 있는 '공동체적 감정'을 느낄 수 있는 곳에서라야 가능해지는 것이다. '가족' 공동체에 대한 관심은 바로 이러한 물리적 공간으로서의 '집'을 전제하되, 그것이 지닌 의미의 차원을 좀 더 확장시킨 것으로 기능한다.

따라서 '가족'은 그것을 둘러싸고 발생하는 다양한 인물들의 상호작용과 움직임 속에서 과연 무엇(누구)을 '주체―타자'로 구성하고 있느냐를 포착할 수 있는 근거로서 뿐만 아니라, 당대의 사회적 변화, 이를테면 박정희 정권의 산업 근대화와 변화된 삶 등을 복합적으로 파악하는 중요한 요소로 작용했다.[21]

'가족' 공동체를 활용한 국가 이데올로기의 주입과 선전은 1970년대에 들어서면서도 여전했지만, 적어도 한국영화에 재현된 '가족' 공동체의 재현 방식은 이전과 그 양상이 달라진 것을 확인할 수 있다. 1960년대 한국영화에서 재현되는 가족의 양상 또한 균질한 형태의 것은 아니었지만 최소한 물질적·정신적 풍요와 안정의 토대로서 강력한 이데올로기적 장치

20 에드워드 렐프, 김덕현·김현주·심승희 역, 앞의 책, 150쪽.
21 주요 논문으로 박선영, 「공간, 관계, 여성으로 다시 읽는 '가족드라마' 〈박서방〉」, 『영상예술연구』 27호, 영상예술학회, 2015; 한영현, 「탈제도화된 가족과 대중의 감정구조」, 『현대영화연구』 64호, 2015; 노지승, 「영화 영자의 전성시대에 나타난 하층민 여성의 쾌락」, 『한국현대문학연구』 24호, 한국현대문학회; 노지승, 「영화, 정치와 시대성의 징후, 도시 중간계층의 욕망과 가족」, 『역사문제연구』 15호, 연사문제연구소, 2011 등 참조.

로 작용했다는 점은 눈여겨 볼 필요가 있다. 강대진 감독의 〈박서방〉1960, 〈마부〉1961, 신상옥 감독의 〈로맨스 빠빠〉1960, 이형표 감독의 〈서울의 지붕 밑〉1961 등으로 대표되는 1960년대 초반 가족 영화가 미래 지향적이고 건전한 서민 가족 이데올로기를 통해 박정희 정권의 산업 근대화의 가치에 순응적인 주체를 표현하기도 했던 반면, 같은 시기 유현목 감독의 〈오발탄〉1961이나 김기영 감독의 〈하녀〉1960는 오히려 당대 가족 공동체 내부의 균열과 모순을 다루고 있었다. 그럼에도 불구하고, '가족 공동체'는 1960년대 중후반 경제개발5개년계획을 중심으로 한 산업 근대화가 본격적으로 이루어지던 시기 박정희 정권이 일관되게 주창하던 산업 일꾼을 생산해내는 물질적·정신적 토대로서 대중의 경제적인 풍요와 정신적 안정에의 욕망을 실어 나르는 강력한 장소였다. 물론, 이는 대중의 현실에서는 쉽게 다다를 수 없는 중산층 판타지로 작용하면서[22] 1960년대 중후반 대중 매체 속에서 다양한 방식으로 변주되었다. 가령, 김기덕 감독의 〈맨발의 청춘〉1964에서 재현되는 중산층의 화려한 삶과 그것을 욕망하는 빈털터리 두수의 행위는 박정희 정권의 산업 근대화가 초래한 빈부 격차와 그로 인한 현실적 삶의 부조리를 세대적 관점에서 엿보게끔 한다. 정소영 감독의 〈미워도 다시 한번〉1968처럼 중산층 가족 내부에 은폐된 문제를 '사생아'의 출생을 통해 비판하는 영화에서도 알 수 있다시피 1960년대 중후반으로 갈수록 가족 공동체의 문제는 '공동체'를 둘러싼 '주체-타자'의 관계항 속에서 정권이 내세우는 '이데올로기적 봉합'과 그것의 '균열'을 살피는 중요한 요소로 작용하면서, 1960년대 박정희 정권의 산

---

22 이와 관련된 논의는 김예림, 「1960년대 중후반 개발 내셔널리즘과 중산층 가정 판타지의 문화정치학」, 『현대문학의 연구』 32호, 한국문학연구학회, 2007 참조.

업 근대화에 기반한 '성장'과 '풍요', '안정' 등의 키워드를 가장 첨예하게 드러내는 요소였던 것이다.[23]

이러한 1960년대 한국영화에 재현된 '가족 공동체'의 호출은 일부 체제 순응적인 국책 영화에서는 지속적으로 이루어지고 있었다. 다만, '타자들'의 출현과 관련하여 살펴보면 이 시대 한국영화에는 가족 구성원의 귀환 불가능성에 기반한 '공동체' 자체에 대한 근본적 회의가 엿보인다.

포괄적으로 보았을 때, 1970년대 한국영화에서 재현되는 가족은 두 양상으로 구분할 수 있다. 〈영자의 전성시대〉1975나 〈별들의 고향〉1974 등에 재현되는 '가족'은 '영자'와 '경아' 등이 떠나온 고향에 존재하는 아련한 기억 속의 신화적 공동체인 반면에, 〈겨울여자〉1977나 〈가시를 삼킨 장미〉1979, 〈어제 내린 비〉1974 등에서 재현되는 '가족'은 도시의 중산층 핵가족의 현실적 공동체라고 할 수 있다.

그런데 이러한 차이에도 불구하고 이 가족은 한편으로는 이제 더 이상 돌아갈 수 없는 곳으로서 혹은 돌아가고 싶지 않은 곳으로 의미화되면서,

---

23 '중산층 담론'에 기반하여 산업 근대화의 역군을 통해 성장과 개발의 신화를 판타지적으로 재현한 작품으로 앞 장에서 언급한 국책 영화 〈팔도강산〉(1967)을 예로 들 수 있다. 이 영화의 엄청난 흥행은 이후 양종해 감독의 영화 〈(속) 팔도강산 세계를 간다〉로 이어졌다. 이후 1971년 강대철 감독의 〈내일의 팔도강산〉과 장일호 감독의 〈우리의 팔도강산(대완결편)〉(1972)까지 〈팔도강산〉 시리즈는 박정희 정권의 산업 근대화 이데올로기를 영화에 재현된 산업 역군 가부장 가족 공동체를 통해 지속적으로 소환한다. 한편으로 임권택 감독의 영화 〈아내들의 행진〉(1974)은 '팔도강산 시리즈'와 내용상 차이를 보이지만, 산업 근대화의 개척자로 나선 아내들의 노력과 헌신을 통해 산업 역군 중심의 군건한 가족 공동체를 재현하고 있다는 점에서 비슷한 양상을 보인다. 이렇듯 1960년대 후반부터 1970년대 초중반에 이르기까지 한국영화에서 '가족 공동체'가 군건하게 유지되는 측면을 발견할 수 있는 것도 사실이다. 그러나 이 글에서는 1970년대 '가족 공동체' 자체의 붕괴를 단정하는 것이 아니라, '타자들'의 재현 양상을 살피는 과정에서 1960년대와 연계되면서도 달라지는 1970년대 한국영화 속의 타자들의 풍경을 살피는 과정에서 '가족 공동체'의 특정한 변화 양상을 분석하고 있다는 점을 밝힌다.

이전 시대 당대 사회가 요구하던 주체 구성의 중요한 토대로서의 의미를 상실한다. 이는 가족이 비유하는 '국가' 혹은 '집', '고향'으로서의 의미로 확장되어 더 이상 어떤 곳에서도 자신의 소속과 안정의 기반을 찾을 수 없다는 불안정과 두려움의 정서를 환기하는 알레고리로 기능한다.

고향에 두고 온 가족에 대한 애틋한 향수를 이면에 드리운 영화 〈영자의 전성시대〉1975와 〈별들의 고향〉1974에서 영자와 경아는 끝내 그들이 위안을 얻을 수 있는 어떤 곳을 발견하지 못한다. 경아는 여러 남자들과의 새로운 삶, 즉 새로운 가족을 구성하고자 노력하지만 모두 실패한다. 엄마에게 보낸 편지마저 반송됐다고 되뇌는 경아에게는 더 이상 아무것도 남지 않게 된다. 그녀가 진정으로 바랐던 것은 '문호'와 함께 하는 것이라기보다는 그녀가 진심으로 안정감과 소속감을 가질 수 있는 어떤 의미 있는 곳, 혹은 어떤 존재를 만나는 것이었으나 그것은 결과적으로 실패한다. 그녀의 말로 전달되는 '고향'과 '어머니'는 도시에서 실패한 그녀가 최후로 돌아갈 수 있는 마지막 보루였으나 그녀는 그곳으로부터 반송된 편지가 비유하듯 귀환의 불가능성에 직면한 채 죽음에 이른다. 이러한 진입의 실패는 영자의 경우도 마찬가지이다. 영화 속에서 그녀는 결과적으로 창녀의 삶을 청산한 채 새로운 가족을 구성하는 데 성공하지만, 이 성공은 진정한 고향으로의 귀환이 아니다. 게다가 그녀와 남편의 신체적 결핍에서 비유적으로 드러나듯 도시 밖의 가난한 빈민으로서의 삶은 여전히 불안정과 공포를 밑바탕에 드리우고 있다.[24]

---

24 그녀의 새로운 가족 공동체는 근본적으로 떠나온 고향으로 돌아가지 못한 채 구성된 것이자 '불구성'과 '빈민성' 및 '주변성'을 내포하고 있다는 점에서 1970년대 한국영화에 재현된 가족 공동체가 지닌 균열적 지점을 복합적으로 서사화하고 있다.

이러한 귀환의 불가능성은 도시적 삶의 불안정성뿐만 아니라, 농촌에서 도시로 밀려든 1970년대 초중반 무작정 상경남녀들이 부딪혀야 했던 공동체적 삶에 대한 근본적 절망 및 회의와 맞닿아 있다. 이미 많은 관련 연구들에서 언급했듯이, 당대 서울로 밀려든 무작정 상경남녀들은 도시 하층민들을 형성했다. 중동 건설 붐과 강남 개발 붐이 많은 한국인을 들썩거리게 하고, 누군가는 이러한 경제 성장을 혜택을 입고 부유해져 갔지만, 1970년대 초부터 사회적 문제로 제기되었던 경제적 불평등과 양극화는 점점 더 심해져서 1977년에 이르면 재야 민주화 인사들이 노동 조건 개선을 위해 유신 체제 해체를 주장하기에 이른다. 인권과 생존권이 위협당하는 절망적 빈곤의 시대에 가장 밑바닥 인생을 재현하고 있었던 것이 사실상 '영자'와 '경아'와 같은 존재들이었다.[25] 이들에게는 돌아가야 할 곳도, 목표로 설정하고 나아가야 할 곳도 없었던 것이다.[26] 한국영화는 1970년대 유신 체제 하에서 가속화되는 빈곤의 절망에 처한 여성 인물을 통해 귀환의 불가능성에 직면한 채 근본적으로 '공동체적 안정감'을 상실해 가는 당대 타자화된 대중의 풍경을 재현한다.

이러한 진입의 실패는 거리의 삶을 대변해 준다. '거리'는 어떤 방향성과 목적성을 가진 경로를 따라 목적지를 향해 가기 위해 나서는 장소라고 할 수 있다.[27] 그러나 이미 가족을 상실한 존재들에게 '거리'는 이정표를

---

25 허은, 「불신의 시대, 일상의 저항에서 희망을 일구다」, 『한국현대 생활문화사 1970년대』, 창비, 2016 참조.

26 1970년대 초반 그토록 동경하던 서울에서 느끼는 감정은 다음의 내용으로 짐작할 수 있다. "미치도록 가고 싶던 서울의 현실은 시간의 주인으로서 '자아'가 소실되고 기계화된 시간의 노예로 전락해 피곤한 잠을 청하는 일상으로 묘사된다. 서울에 오기 전에는 그토록 아름다워 보였던 고층건물과 대로도 더 이상 아무런 관심을 끌지 못하고, 서울은 '나'를 찾을 수 없는 공간으로 바뀌었다고 어느 서울 시민은 말한다."(이상록, 「고도성장기 서민의 체감 경제」, 『한국현대 생활문화사 1970년대』, 창비, 2016, 158쪽)

잃어버린 자들이 막연한 모습으로 서 있는 의미를 상실한 장소를 일컫는다.[28] 어딘가를 향해 가야 하지만 가야 할 명확한 주소지를 갖지 못한 존재들의 이 빈번한 서성거림은 '거리'에 선 1970년대적 타자들의 또다른 풍경이라고 할 만하다. 가야 할 곳을 상실했던 〈별들의 고향〉 속 경아가 어딘지 알 수 없는 무장소적 공간에서 죽음에 이르는 것도 이러한 패턴의 또다른 양상이라고 할 수 있을 것이다. 과거의 추문에 휩싸여 고향에서 이탈한 직업 여성 현주의 경우는 어떤가. 김수용 감독의 영화 〈야행〉1977에서 만나게 되는 이 여성은 과거의 남자와도 현재의 동거남과도 가족 공동체를 형성하는 데 실패한 채 거리를 방황한다. 그녀의 목적 없는 방황은 영화의 말미에서 남자들이 추근대는 거리에 선 모습으로 가장 잘 재현된다. '고향'과 '가족'의 의미 있는 공동체 속으로 진입하려 하지만 끝없이 이탈하는 이러한 존재들이 놓여 있는 장소는 결과적으로 1970년대 타자들이 그만큼 정처 없는 유랑의 과정 속에 끊임 없이 내몰리고 있는 현상을 고발하는 것이다.

그렇다면 국가가 요청했던 '중산층' 가족 담론을 배경으로 한 영화들은 어떠한가. 영화 〈어제 내린 비〉1974에서 재현되는 중산층 가족을 둘러싼

---

27 케빈 린치는 도시의 이미지를 분석한 논문에서 도시 안에 존재하는 '길(path)'들의 구성을 통해 도시가 구조화된다고 말하면서 이 길에 대한 인식을 통해 방향을 정해 나아가며 도시의 이미지를 구성하게 된다고 분석한다. 말하자면 길은 방향과 목적을 알려 주고 도시의 이미지를 파악하게 해 주는 세분화된 조각들인 셈이다.(Kevin Linch, *The Image Of The City*, Massachusetts Institude of Technology and the President and fellows of Havard College, 1990, pp.95~99)

28 에드워드 렐프는 옛길과 달리 20세기의 창조물인 새 길은 장소들을 연결시키지 않으며 주변 경관과도 연결되지 않는 특성을 가졌다고 말한다. 따라서 "길, 철도, 공항은 경관과 함께 발전하기보다는 오히려 경관을 위압하고 가로질러서 경관을 토막내기 때문에 그 자체로 무장소성의 표현이다".(에드워드 렐프, 김덕현·김현주·심승희 역, 앞의 책, 198쪽)

이야기는 가족 공동체가 놓여 있는 불안정한 변화 양상을 잘 보여 준다. 중견 회사를 소유한 아버지를 둔 영호는 화류계 출신 어머니를 둔 숨겨둔 자식으로서, 본처와 아들로 단란하게 구성된 아버지의 본가로 들어간다. 마라톤 선수이자 정열가인 영호와 유약하고 예술적인 본처의 아들 영욱의 상반된 관계 설정은 이 둘 사이에 끼어 있는 민정의 존재로 인해 파국에 이르는데, 이 파국의 핵심은 근본적으로 영호가 이 중산층 가족의 공동체 속으로 완전하게 진입하지 못했기 때문에 발생한다. 영호는 '패배주의자'이자 '열등감'과 '자괴감'에 시달리는 존재로서 보란 듯이 영욱의 약혼자인 민정을 소유하는데, 형제로서 혹은 가족으로서의 윤리와 인정을 거부하는 영호의 뒤틀린 사랑은 결국 죽음으로 귀결되는 것이다. 이방인으로서의 영호는 중산층 가족 공동체로의 진입과 이탈을 반복함으로써 결국 그 가족 공동체의 가장이었던 아버지가 스스로 발언했던 안정감과 소속감이 은폐하던 불완전성을 드러내는 존재로 의미화되는 것이다. 영화 〈바보들의 행진〉1975에서 영철의 반항과 죽음은 강력한 아버지의 권위주의에 대한 저항의 형태로 드러난다. 부유한 가족 공동체에서 다른 자식들에 비해 기대 만큼 성장하지 못한 영철은 죽음을 통해 가족 공동체를 내파內波한다. 따라서 그것은 복구되거나 봉합될 수 있는 것이 아니라 그 자체로 붕괴의 위기에 처하게 된다.

이와 비슷한 패턴은 1970년대 후반 영화 〈겨울여자〉1977와 〈가시를 삼킨 장미〉1979에서도 발견된다. 영화의 주인공 '이화'와 '장미'는 각각 번듯한 중산층 가족 공동체에서 자라난 대학생들이다. 그러나 이들은 그 중산층 가족 공동체를 균열하는 반동적 인물로 변화한다. 이화는 성적 해방과 자유를 선언하고 그것을 실천하되, 결혼을 통한 가족 공동체의 형성을 적극적으로 거부함으로써 기독교적 분위기의 엄격한 중산층 가족 담론을 해체한다. 장미는 권위적인 아버지와 가족 공동체에 대한 반항과 거부를 적극적으로 시도하는 방법으로서 성적 자유와 해방을 선언하면서도 아버지에 대한 인정 욕망 속에서 자기 파괴적인 길로 나아간다. 방식의 정도는 다를지라도 이 두 여성은 육체적·정신적 해방을 시도함으로써 그들이 자라온 가족 공동체의 안정성 이면에 놓인 결핍을 내파하고 자유로운 개별적 삶을 추구한다. 이들은 스스로 타자의 길을 밟음으로써, 그들이 상처받고 내몰린 것의 이유가 그들 자신에게 있기보다는 그들이 놓여 있는 자리, '가족'이라는 공동체가 더 이상 그들에게 안정감과 소속감을 가져다 줄 수 없기 때문이라고 말한다.

중심을 상실한 이들이 택한 곳은 공동체의 바깥, 역시 '거리'였다고 해도 과언이 아니다. 〈겨울여자〉의 이화가 개발이 진행 중인 한강변을 거침없이 걸었던 것처럼 영화 〈가시를 삼킨 장미〉의 장미는 도시의 거리를 정처 없이 배회하다 어느 순간 기차길 위에 선 자신을 발견한다. 이들이 서 있는 장소는 중심적 의미를 상실한 공동체의 바깥이자 가야 할 이정표를 찾을 수 없는 방황의 거리였다.

이쯤에서 1960년대 영화들의 인물을 떠올려 본다. 가령, '가족'과 '죽음'의 모티프를 함께 살펴볼 수 있는 1960년대 초반 영화 〈오발탄〉1961에서 목격하게 되는 것은 가난한 해방촌 판자집에서 살아가는 월남민 철호네 가족이다. 월남민이자 빈곤 계층이라는 정치적·경제적 신분은 파편화되고 타자화된 가족 공동체의 삶을 잘 보여 준다. 4·19혁명의 여파 속에서 제작·상영된 이 영화가 박정희 정권의 도래와 함께 상영금지처분을 받은 사실은 당대 이 영화가 보여 준 세계가 정권의 취지와 맞지 않았기 때문이지만, 실상 이러한 삶은 이후 산업화의 부작용 속에서 점차 가시화될 예정이었다.

1970년대 들어 도시는 산업 난민들로 발 붙일 데가 없게 되었으며, 유신 체제로의 진입을 통해 사회의 전반적인 분위기는 더욱 살풍경하게 변했다. 그러한 변화의 어떤 양상은 한국영화 재현의 장에서 가족 공동체의 안정감과 소속감을 상실한 채 거리를 배회하는 타자들의 풍경을 연출해내었다. '중심−주변'의 사라짐은 '주체−타자'의 불확정성과도 연관된다. 공동체 안팎을 배회하는 타자들은 끊임 없이 중심의 불완전성을 건드림으로써, 정상성의 환상과 대결하고 있었으며 그것이 거리를 서성이던 타자들의 풍경이 그려내는 1970년대 현실의 어떤 모습이었다고 할 수 있겠다.

3) 발전 국가 외부의 탐색, '죽음'의 재현과 남겨진 질문

계급과 신분, 성별과 상관 없이 누구나 그들이 중요하다고 인식하는 공동체를 필요로 한다. 그 공동체는 때로 '국가'의 모습으로, 때로 '가족'의 모습으로, 때로 '고향'으로 모습으로 발견되거나 구성된다. 그런데 근본적인 차원에서 '국가'와 '가족', '고향' 등의 집단적 공동체는 그 안에 편입되어 있다는 주체의 인식을 통해 형성될 수 있다. 1970년대 상황을 돌이켜 보면, 과연 주체의 이러한 인식이 가능했던가를 묻지 않을 수 없다. 박정희의 유신 체제가 본격적으로 가동됨으로써 사회는 일상화된 예외 상태 속에 놓이게 되었다. 국가 발전을 위한 명분을 내세워 국민의 기본권은 물론, 체제에 반대하는 목소리를 원천봉쇄하는 무자비한 폭력적 방법들이 시행됨으로써,[29] 사회 구성원들은 '자신이 귀속되어 있는 국가에 포함될 수 없으며, 또한 자신이 이미 항상 포함되어 있는 국가에 귀속될 수 없다'

는 인식, '귀속'과 '포함', '외부'와 '내부', '예외'와 '규칙'을 분명하게 구별할 수 있는 모든 가능성을 차단당하기에 이른다.[30] 사실상 모두가 잠재적 타자로 규정될 수밖에 없었던 시대적 상황에서, 국가가 요구하는 '정상성'을 획득할 가망성이 없는 존재들에게는 생존의 명분이 주어질 수 없었다고 해도 과언이 아니다. 사회가 요구하는 정상인이 될 수 없을 때 언제든 추방당해 사라질 수 있다는 막연한 두려움과 공포는 타자화된 죽음이 단순하지 않다는 점을 드러낸다. 국가의 정상성에 소속되지 못한 타자가 죽음으로 내몰린다는 것은 정치적인 물음과 맞닿아 있기 때문이다.[31]

따라서 '죽음'이라는 현상을 당대의 살풍경한 체제 논리의 변화 양상 속

---

29 1970년대 유신 체제를 규정하는 데 있어서 '정보 정치'와 '총력안보체제', '냉전질서 변화에 대한 대처 방식'과의 연관성을 고려해야 한다. 유신 정권은 정보·사찰 기관을 활용하여 대중의 일상 생활에 깊이 개입하고 지배했으며, 국가 안보 제일주의를 외치면서 총화 단결에 약화를 초래하는 혐의를 받는 문화는 배격해야 할 대상으로 규정했다. 뿐만 아니라 냉전 체제의 변화로 인해 반공의 생활화가 강화됨으로써 유신 시대 대중은 개인의 자각 여부와 상관 없이 치밀한 감시 체제 속에서 살아가야 했다.(허은, 앞의 글 참조)

30 조르조 아감벤, 박진우 역, 『호모 사케르』, 새물결, 2008, 72쪽. 위의 내용은 아감벤의 '예외'에 대한 다음의 진술을 원용한 것임을 밝힌다. "예외란 자신이 귀속되어 있는 집합에 포함될 수 없으며, 또한 자신이 이미 항상 포함되어 있는 집합에 귀속될 수 없다. 이런 한계상상 속에서는 귀속과 포함, 외부적인 것과 내부적인 것, 예외와 규칙을 분명하게 구별할 수 있는 모든 가능성이 근본적으로 위기에 처하게 된다."

31 이는 조르조 아감벤이 그의 책에서 다룬 근대 주권 국가의 '생명 정치'와도 연결되는 내용이다. 그는 '호코 사케르'의 존재를 근대 주권 국가의 생명 정치와 긴밀하게 연결시키면서 국가가 그 테두리(경계선) 안에 포함될 자와 배제될 자를 선택할 때 필연적으로 생명에 대한 가치 평가 및 정치화를 시도하게 된다고 분석한다. 이러한 논리에 따라 그는 "모든 사회는—가장 현대적인 사회일이라도—자신의 '신성한 인간들'이 누구인지를 결정한다"면서 "국가의 법질서 하에서의 자연 생명의 정치화와 '예외화'의 결정은 이러한 한계를 기초로 이루어진다"고 말한다.(조르조 아감벤, 박진우 역, 앞의 책 참조) 1970년대 유신 체제 기간 동안 박정희 정권은 발전 국가 논리에 포섭될 생명들을 선택함으로써 그 안에 포함될 수 없는 배제된 타자들을 폭력적으로 억압하고 고문했었다. 많은 민주 투사들이 고문을 당하거나 처형당했고 이는 생명을 담보로 한 국가의 경계 설정 과정이었다. 배제된다는 것, 눈에 거슬린다는 것은 죽음에 맞닿아 있었다. 초법적 권력은 언제든 배제된 자들을 죽일 수 있는 힘을 가진 존재였고, 바로 1970년대 박정희 체제는 그러한 파시즘의 얼굴을 한 권력이었기 때문이다.

에서 주목할 필요가 있다. 일반적으로 1970년대 한국영화 속 '죽음'에 대한 분석은 〈영자의 전성시대〉1975와 〈별들의 고향〉1974 등을 전반적으로 분석하는 과정에서 부분적으로 이루어지고 있는 편이었다. 가령, 전자의 경우 영자의 죽음으로 끝나는 소설과는 달리 완벽하게 다른 결말을 보여 주는 영화는 하층 여성의 저항성을 보여 준다고 분석한다.[32] 후자의 경우 1970년대 여성 영화에 나타난 공사 영역의 접합 양식을 포괄적으로 분석하는 과정에서 〈별들의 고향〉 속 경아의 죽음을 논한다. 그에 따르면 이 죽음은 공적 영역에서 추방된 경아를 동정과 연민의 시선으로 바라봄으로써 판타지적으로 문제를 해결하려는 남성적 시각의 결과물이다.[33] 이 두 사례에서 볼 수 있듯이, '죽음'은 몇 편의 영화에서 그것도 젠더와 계급 차원에 국한되어 부분적으로만 이해되고 있을 뿐이다.

그러나 '죽음'은 1970년대 박정희 정권의 파시즘이 자행한 폭력에 내몰린 타자화된 생명들의 존재적 기반과 긴밀하게 연결되어 있는 중요한 요소라고 할 수 있다.[34] 좀 더 거시적인 차원에서의 분석이 요구되는 것도 이 때문이다.

사실 1970년대 영화에서 '죽음'은 여러 영화에서 다양한 방식으로 재

---

32 노지승, 「영화, 정치와 시대성의 징후, 도시 중간계층의 욕망과 가족」, 『역사문제연구』 15호, 역사문제연구소, 2011, 439쪽.
33 황혜진, 「1970년대 여성영화에 나타난 공사 영역의 접합양식」, 『영화연구』 26호, 한국영화학회, 2005, 435쪽.
34 박정희 정권의 산업 근대화가 은폐한 산업 현장의 부조리는 1970년 11월 13일 발생한 전태일 분신 자살 사건으로 드러났다. 청계천 피복 공장의 열악한 노동 조건을 고발하고 근로기준법의 준수를 외치며 자살한 전태일 분신 사건은 이후 수없이 죽어간 정권의 희생양들을 예견하는 하나의 죽음이었다. 이후 1971년 광주대단지 사건에서 발생한 죽음 등은 1970년대 박정희 정권의 파시즘이 자행한 폭력의 부작용들로서 누구나 정권의 희생물로서 죽음에 내몰릴 수 있다는 극단의 절망을 대중에게 전달하는 중요한 시대적 사건들이었다고 할 수 있다.

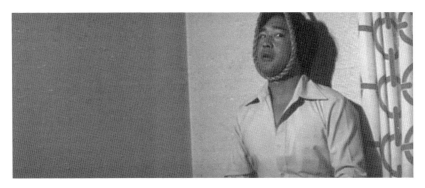

〈그림 8〉〈어제 내린 비〉의 한 장면

현되었는데, 주로 그것은 비자발적 죽음의 형태로 드러난다. 그리고 이 죽음은 죽음 뒤에 많은 질문을 남긴 채 그것을 지켜보는 자들에게 죽음을 둘러싼 정황을 돌이켜 생각해 볼 것을 촉구하는 특징을 보인다.

영화 〈어제 내린 비〉1974에는 역전된 죽음이라고 일컬을 만한 사건이 발생한다. 아버지의 집으로 돌아온 후 자기 방에서 밧줄로 목을 매는 시늉을 하는 영호를 보면, 그에게는 '죽음'이 일상의 한 부분임을 확인할 수 있다. 그야말로 '항시적 죽음 상태'에 놓여 있는 그의 존재는 그가 놓인 아버지의 부유하고 안정된 기독교 가족 공동체에는 매우 외설적인 것이다. 그럼에도 불구하고 실제로 죽음에 이르는 것은 동생 영욱과 민정이다. 민정을 영호에게 빼앗긴 영욱의 분노가 결국 두 사람의 죽음을 초래하는데, 이두 사람의 죽음은 일상적 죽음 상태에 놓여 있던 영호를 다시 뛰게 한다. 그는 영화의 마지막 부분에서 실패자였던 마라토너 선수로서의 자신을 뒤로 한 채 다시 뛴다. 가족 공동체의 경계 안으로 진입하기에는 너무나 외설적인 영호의 질주는 영욱의 죽음 뒤에 다시 시작되지만, 이것이 주체로서의 영호를 구성한다고 보기에는 무리가 있다. 오히려 영욱과 영호의 역전된 죽음은 정상적 주체성을 획득함으로써 미래의 발전적 남성 주체로 나아갈 만한 길이 봉쇄되었음을 의미하기 때문이다. 영호는 어쩔 수 없이 다시 질주하지만, '뒤를 돌아보지 말라'는 코치의 나레이션이 반복되는데도 불구하고, 여전히 주춤거리는 모양새로 뒤를 돌아볼 뿐 아니라, 여전히 죽음의 유예 상태 속에 놓인 타자로서 존재하기 때문이다. 살아 있다고도, 그렇다고 죽었다고도 볼 수 없는 이 애매모호한 생명의 움직임은 1970년대적 타자들이 놓인 자리가 과연 '국가' 혹은 '가족'의 '안'인지, '밖'인지를 우리에게 질문하는 것처럼 보인다.

이러한 '죽음'에 얽힌 질문은 영화 〈가시를 삼킨 장미〉1979의 마지막 장면에서도 발견할 수 있다. 가족 공동체를 둘러싼 '억압'과 '해방' 속에서 굴곡된 삶을 살아가던 장미에게 최종적으로 남는 것은 '죽음'이다. 그녀는 어느 순간 자신이 달려오는 기차를 마주한 채 기찻길에 서 있다는 것을 인식하는데, 이렇듯 갑작스럽게 들이닥친 죽음은 장미의 성적 해방과 자유에의 의지를 '방종'으로 낙인 찍는 남성 중심 이데올로기의 처벌처럼 보인다. 그러나 이러한 죽음은 그녀의 자기 해방적 몸부림, 즉 권위적이고 폭력적인 가부장적 가족 공동체로부터의 탈주가 과연 '죽음'이라는 처벌적인 형태로 귀결되어야 하는지에 대한 의문을 남긴다. 기차가 달려오고 그 기차를 마주한 채 떨어진 인형을 주워 드는 장미를 스틸 컷으로 마무리하는 영화의 마지막 장면이 인상적인 것은 예견된 죽음의 순간을 유예함으로써, 이 죽음에 얽힌 그녀의 삶과 그것으로부터 비롯된 질문을 관객 스스로 인식하도록 시간을 배정하기 때문이다. 이 유예된 죽음의 시간은 1970년대의 타자화된 한 여성이 과연 그렇게 죽음에 이르는 것이 합당한지에 대해 질문한다. 아버지의 계획대로 살아갈 수 없는 한 여성은 말하자면 아버지의 법, 즉 국가의 법적 테두리 안에 포섭되지 못하는 타자의 모습이라 할 수 있을 것이다. 권력을 무자비하게 휘둘러 국민들을 자신의 뜻대로 계몽하고자 했던 박정희 정권의 1970년대 현실을 감안하면,[35] 이러한 타자의 예견된 죽음은 자못 심각해진다. 이 예견된 죽음 바로 직전, 사유하는 시간의 틈을 벌려 놓음으로써 이 죽음에 앞서 관객이 집중해야 할 것은 바로 '장미'라는 이름의 한 여성이라기보다는 그녀가 보여 준 1970년대 현실과 타자의 풍경이라고 할 수 있을 것이다.[36]

영화 〈겨울여자〉 속 요섭의 갑작스러운 자살 또한 비슷한 양상을 보인

---

[35] 박정희의 권위주의는 한편으로는 전근대화된 국가를 새롭게 개조하고 국민 또한 근대적 주체로서 재탄생시키고자 하는 하이 모더니즘과 연관되어 있다고 할 수 있다. 발전과 진보에 대한 강박적인 믿음과 그것을 실천하기 위해 국가 전반을 근대화시키고자 했던 산업 근대화 프로젝트는 박정희 정권 스스로 국민을 개조해야 할 책임이 있는 계몽의 주체이자 아버지와 같은 역할을 부여함으로써 가능했다고 할 수 있다. 이와 관련하여 제임스 C. 스콧은 다음과 같이 말한다. 후기 식민지 근대주의자들은 종종 자신의 권력을 무자비하게 휘둘렀는데, 그 이유는 낙후된 상태에 처한 나머지 계몽이 절실한 국민을 개조하기 위해서였다. 그들은 과거의 식민지 지배와 경제적 낙후를 증오하고, 자랑스러워할 국민을 만들기 위해 시간과 민주주의 정서를 낭비했다.(제임스 C. 스콧, 전상인 역, 『국가처럼 보기』, 에코 리브르, 2010, 517쪽)

[36] 영화에 재현된 죽음은 당대 정부 영화 정책과의 관련성 속에서 좀 더 깊이 있게 다루어볼 필요가 있다. "정부는 한국영화가 나아가야 할 방향으로 민족 사관 정립과 민족 문화의 자주성 구현을 내세웠다. 정부의 지침·검열·지원 방향은 근대화와 서구 문화 확산에 따른 퇴폐, 비도덕, 빈곤 등 어두운 현실이 아닌 명랑한 미래를 표현하는 것이었다. (…중략…) 임권택의 〈상록수〉(1978)에서 드러나듯이, 원작과 달리 최용신은 근대적 여성상이 아니라 수동적인 인물로 묘사되었고, 이는 당대 지배 담론이 지향하는 한국적 인간형인 가정의 수호자이자 위기의 남성을 구원하는 존재로서의 여성을 강조했다."(권보드래·김성환·천정환·황병주, 앞의 책, 2015, 64쪽) 정부의 영화 시책이 국민총화를 위한 민족 사관 정립과 민족 문화 자주성 구현에 맞춰져 있는 상황을 고려하면, 영화에 재현된 여성의 탈주는 자연스럽게 죽음으로 이어질 수밖에 없다. 임권택의 영화에서 재현된 여성이 철저히 수동적인 가정 부인이었던 것을 감안하면 더욱 그렇다. 그러나 한국영화는 이 '죽음'의 순간에서 스틸컷으로 촬영을 정지함으로써, 이 유예된 죽음의 순간 동안 관객으로 하여금 과연 이 죽음을 어떻게 받아들여야 할지에 대해 다양한 해석을 여지를 남겨 놓는다. 이 자체로 한국영화는 정부의 영화 시책과 당대의 정권 이데올로기에 대해 비판적인 접근을 시도하고 있다는 점도 고려해 볼 필요가 있을 것이다.

〈그림 9〉 〈야행〉의 한 장면

다. 이화로부터 거부당한 요섭이 수치심으로 자살을 선택함으로써 죽음
에 이르는데, 문제의 핵심은 이화로부터의 거절 자체에 있지 않다. 그의
소외되고 폐쇄된 정체성은 아버지의 권위주의적인 억압과 폭력에 근본적
원인이 있었다. 이화로부터의 거부는 어린 시절부터 축적된 억압과 폭력
에 대한 저항의 에너지를 완전히 봉쇄당하는 결정적 사건이었을 뿐이다.
요섭의 죽음은 사회로부터 완벽하게 차단되거나 배제된 존재들의 갑작스
러운 출현과 소멸을 제시함으로써, 1970년대에 요청된 남성 중심의 발전
적 이데올로기가 은폐하고 있던 기형적인 타자들의 풍경을 그려낸다. 요
섭의 죽음은 이화에게는 자기 육체에 대한 인식 전환의 형태로 변형되는
데, 이화의 삶은 결국 요섭의 '죽음'이라는 한 사건으로부터 새롭게 시작
된다는 점에서 흥미롭다. 죽음으로부터 출발한 삶은 '삶-죽음' 및 '주체
-타자'의 완벽한 경계를 허무는 해체적인 과정으로 귀결되기 때문이다.

　1970년대 한국영화의 '죽음'은 어쩌면 이렇듯 정상적 주체성을 위해
그어지는 경계선들을 흐리게 만들고, 국가에 대한 소속감이 바로 타자들
의 완벽한 배제와 추방을 통해 형성되고 있다는 것을 말해 주는 듯하다.

이렇게 보면 〈별들의 고향〉 속 경아의 죽음도 우리에게 여러 질문을 던진다. "이런 곳에서 잠들면 안 돼"라고 말하지만 경아는 끝내 깨어나지 못한 채 하얀 눈밭 위에서 숨을 거둔다. 그녀의 마지막 말처럼 죽음은 의지와 상관 없이 도래한다. 따뜻하고 다정한 어떤 사람 혹은 장소를 갖고 싶어하던 경아에게 닥친 죽음은 있을 곳이 마땅치 않은 1970년대 도시의 언저리를 배회하는 빈민들의 삶을 떠올리게 한다. 중산층 가족 담론이 산업 근대화의 발전 속에서 그 신화적 힘을 발휘하고 있었음에도 불구하고, 도시 안팎에서 생존 경쟁에 휩싸여 자신이 놓인 주변의 처참함을 목도해야 했던 수많은 난민들이 존재했던 현실을 감안하면 '경아'의 죽음은 이러한 도시 빈민들의 삶에 드리운 '임박한 죽음' 혹은 '갑작스러운 죽음'의 잠재성을 환기하는 중요한 매개체가 될 수 있다. 이는 근본적으로는 국가 혹은 가족 공동체의 경계 안으로 들어서는 것의 '가능/불가능성'에 대한 질문으로 이어진다. 그런 점에서 "하필이면 어두운 소재"를 다룬다면서, 〈영자의 전성시대〉 이후 쏟아져 나오는 아류 영화들을 비판하는 신문 기사의 내용은 본질적 사안의 일면만을 보는 것일 테다.[37]

과연 이러한 '죽음'이 남긴 질문들은 1960년대의 그것과 비교해서 어떤가. 1960년대 영화에서도 여러 죽음을 목도할 수 있다. 가령, 영화 〈하녀〉1960에서는 중산층 가족의 삶을 파괴하는 이방인 '하녀'의 죽음을 목격하게 된다. 영화 〈맨발의 청춘〉1964에서 만나는 죽음 또한 자못 심각하

---

37 "작부, 창녀에 이어 다방레지 요정마담 호스티스까지. 마치 그늘진 인생의 여인들의 퍼레이드라도 벌이려는 기세. 남이 월척을 낚은 자리라고 해서 그 자리를 탐내는 낚시꾼은 없다. 한데 영화기획에서는 낚시꾼의 교훈을 외면하고 있다. 손님이 들지 안 들지는 영화를 개봉해봐야 알 수 있는 일이겠지만, 하필이면 그늘진 인생 밑바닥 인생을 테마로 한 어두운 소재만을 택하려 하는 기획 의도는 이해할 수 없다."(「〈영자의 후배들〉 홍수―하필이면 어두운 소재를」, 『경향신문』, 1975.4.28)

다. 두 영화의 인물들은 가난하고 외로운 타자들이자 욕망하는 존재들이다. 그런데 이들의 욕망은 결국 '죽음'을 통해 마무리됨으로써, 각각 그들의 욕망이 지닌 의미와 가치를 드러낸다. 1970년대의 영화들에도 물론, 타자들의 다양한 욕망과 그로 인한 죽음이 발견되는 것은 사실이지만, 이 죽음은 '사랑'과 같은 낭만적 로맨스로 포장되기보다는 어떤 '안정'과 '소속'의 '장소성'과 연결되는 측면을 보인다.

지난 10여 년 동안 진행된 강력한 국가 체제의 작동과 중산층 가족 담론 그리고 탈향과 도시화 등은 이러한 집단적 장소로의 이동과 그에 따른 소속감·안정감을 암암리에 사회 구성원들에게 요청해 왔다. 따라서 이러한 장소 '안'으로 들어가는 문제는 더욱 절박하고 더욱 절망적인 문제로 인식되었다. '안'으로 들어가 정상적 주체를 구성할 수 있느냐의 여부는 '생사여탈권'의 문제로 치환되었고, 진입 불가능한 존재로 낙인 찍힌 타자들은 죽음의 잠재성 속에 놓인 채 때로 죽음으로써 혹은 죽음에 다가감으로써 1970년대 박정희 체제가 은폐하고 있던 생명 정치의 문제들을 고발하고 있었다.

그런 점에서 보자면, 영화 〈영자의 전성시대〉1975가 선택한 영화의 마지막 장면을 간과할 수 없다. 조선작의 대중 소설을 각색한 이 영화에서 영자는 창녀로서 비참한 죽음을 맞이하는 소설과는 달리 가난하지만 성실한 남자를 만나 창녀의 삶을 청산하고 살게 된다. '죽음'을 삭제한 이면에는 당대 여성 하층민들의 정상적 삶에 대한 판타지 충족과[38] 대중문화에 대한 정부의 시책 등이 두루 작용했을 수도 있다. 그런데 위에서 언급

---

[38] 노지승, 「영화 영자의 전성시대에 나타난 하층민 여성의 쾌락」, 『한국현대문학연구』 24호, 한국현대문학회, 2008 참조.

한 '죽음'의 모티프와 관련시켜 보면, 이는 '죽음'을 삭제한 자리에 최소한의 '삶의 장소'들을 마련함으로써, 박정희 정권의 유신 체제에 대한 저항이 거세지던 1975년을 전후한 시대적 상황을 극복해 보려는 영화적 모색은 아니었을까. 실상 그 최소한의 '삶의 거점'이 도시 밖의 허름하고 가난한 판자촌일 뿐만 아니라, 영원히 돌아갈 수 없는 고향의 대리 충족 장소였다 하더라도 말이다.

4) '강한 국가'는 어디에? 해체된 공동체와 죽음의 타자들

1970년대 유신체제의 성립은 반공국가주의로 무장한 박정희 정권의 통치성이 국민들을 국가적 소유물로 재구조화해 나가는 과정에 다름 아니었다. 여기서 말하는 '국가적 소유물'은 국민들의 인간성 자체를 말살함으로써 가능해지는 것으로서, 정권이 휘두른 '긴급조치'와 그로부터 야기된 예외 상태의 일상화는 민주주의 국가에서 당연히 존중받아야 할 '자유'와 '평등', '존엄' 등을 모두 유예함으로써 이루어지는 것이었기 때문이다. 최소한의 인간적 삶을 보장받지 못한 채 국가가 그토록 강조했던 '복지국가 건설'과 '자유민주주의 수호'라는 구호는 국민들의 실질적 삶으로 흡수되지 못하고 있었다. 1970년을 여는 문턱에서 베트남전의 실패와 닉슨 독트린의 선포 등으로 세계 냉전 질서가 흔들리는 와중에서 박정희 정권이 권력을 유지하기 위해 선택한 것은 외부적으로는 국제 냉전 질서에 적응하면서도 내부적으로는 강한 반공국가주의의 결속을 다져 나가는 정권 강화 작업이었다.

그야말로 가장 강한 국가가 1970년대 유신 정권의 수립을 통해 탄생하기에 이르렀다. 그런데 아이러니하게도 이 강한 국가는 반공국가주의로의 강한 결속을 위해 국민들의 인간성을 말살하고 개개인을 거리의 파편화된 존재들로 산산히 흩어 버림으로써, 그들을 복지 국가와 자유민주주의 제도로부터 가장 멀리 떼어 놓아야 했다.

1970년대 한국영화들을 일별할 때 흥미로운 점은 그 안에서 자율과 존엄을 상실한 파편화된 개인들을 발견할 수는 있지만, 이들에게 주어진 공동체가 없다는 것이다. 예외 상태의 일상화로 점철된 1970년대의 살벌한 풍경 속에서 평범한 대중이 안식과 휴식을 취할 수 있는 의미 있는 장소는 그 어느 곳에서도 찾아볼 수 없었다. 사실, 어떤 '공동체'에 대한 상상은 1970년대 박정희 정권 차원에서는 가장 두려운 집단적 실체였을 수도 있다. 판옵티콘 사회의 전면화는 개인을 감시와 관리가 가능한 투명한 일상의 감옥 안에 파편화된 존재로 가둔 채, 그들에게 공동체의 불가능성을 환기하도록 강제했다. 철저하게 해체된 공동체의 사회는 강한 국가가 내세웠던 냉전 반공국가주의를 비추는 아이러니한 거울이었다.

이러한 강한 국가의 도래 속에서 개인들은 모두가 감시와 관리의 대상으로 타자화되었으며 끊임 없이 통치 권력이 구축하고자 했던 주체성의 영역 안팎에서 배회하는 불안정하고 두려운 삶을 이어나가야 했다. 주체성의 획득 가능성은 통치 권력이 미래의 국가상으로 내세웠던 자유 민주주의 국가이자 복지 국가의 가능성 만큼이나 너무나 추상적이고 공허했다. 타자화된 존재로 부유해야 했던 수많은 개인들의 자유와 해방은 '죽음'이라는 극단적 선택 속에서 주어지는 절망적인 것이기도 했다. 하길종 감독의 영화 〈바보들의 행진〉에서 부모의 기대에 부응하지 못한 채 목적 없는 삶을 사는 영철이 결과적으로 '고래를 잡기 위해' 떠난 바다에 몸을 던지는 장면을 보면, 해방과 자유가 죽음과 접속하고 있는 절망적 시대 인식을 발견할 수 있다.

'가족 공동체 안팎을 배회하는 자들'은 그동안 1970년대 한국영화에서 중점적으로 분석하지 못했던 '가족'이 가진 시대적 의미에 다가가는 일종의 방법론적 접근이다. '가족'은 일반적으로 '국가' 구성의 비유적 양태로 인식되어 왔던 바, 1970년대의 경우 한국영화에서 그것은 국가가 요청한 이데올로기에 균열을 내는 타자들의 존재 방식과 긴밀하게 연결되어 있었다. 영화에서 가족 공동체는 때로 고향에 두고 온 돌아가야 할 신화적 장소로서 혹은 도시의 중산층 핵가족의 현실적 장소로 재현되는데, 인물들은 이 장소로 완벽하게 진입하지 못한다. 때로 인물들은 가족 공동체로 돌아가고 싶어하지만 근본적으로 그것을 차단당하거나 때로 가족 공동체에서 스스로 이탈한다. 이들이 이렇듯 가족 공동체로의 귀환 불가능성에 봉착하게 되는 것은 1970년대 국가가 요청한 주체 구성에 실패하기 때문이다. 산업의 역군으로서 경제적 능력을 갖추고 건전하고 성실하게 미래를 개척해 나가는 정상적 주체는 사회에서 지속적으로 요청되었지만, 성공을 위해 서울로 물밀듯이 밀려든 도시 난민들에게뿐만 아니라, 도시인들에게조차 이는 도달하기 어려운 불가능한 신화였다. 가족 공동체의 안팎을 불안정하게 배회하는 타자들은 1970년대 강한 국가가 요청했던 주체성이 실상 어떤 안정된 집단의 구축보다는 불안정하고 파편화된 개별적 존재들의 방황에서 근본적으로 출발하고 있다는 것을 드러낸다.

박정희 정권의 집권 이후 급속한 산업화와 도시화는 성공과 발전의 가시적 성과를 낳았지만, 부작용 또한 만만치 않았다. 특히, 1970년대로 접어들면서 박정희 정권의 유신 체제로의 변화와 그로 인한 일상화된 예외 상태, 급격한 도시화로 인한 산업 난민들의 폭발적 증가 등은 해결되지 못한 수많은 부작용들을 낳았고, 이는 안정성과 소속감에의 욕망이 근본적으로 불가능하다는 뿌리 뽑힌 자의 내면 의식을 형성하기에 충분했다. 그야말로 모두가 타자가 되는 사회였던 것이다. 가족 공동체의 안팎을 배회하는 타자화된 존재들은 바로 자신이 속해 있는 공동체에 대한 근본적 회의와 불안, 공포 등을 반영하는 중요한 요소였다고 할 수 있을 것이다.

죽음에 내몰린 타자들의 모습은 1970년대 국가의 폭력적 실체와 총체적 삶에 대해 생각해 볼 여지를 제공한다. 특히, 이 죽음은 일상화된 죽음 혹은 죽음의 잠재성을 적극적으로 호출한다. 삶 자체가 죽음을 항상 포함하고 있다는 뜻인데, 이는 1970년대 치열해진 생존 경쟁 사회가 국가의 규율과 법 밖으로 내몰고자 했던 완벽하게 배제되고 추방된 존재들의 삶을 반영한다. 이러한 영화적 죽음은 당대가 내포하고 있던 일상화된 죽음을 통해 시대의 절망을 우회적으로 그려냈다고 할 수 있을 것이다.

따라서 1970년대 영화에 재현된 죽음은 그 양상과는 상관없이 모두 '비자발적' 죽음, 즉 '사회적 타살'에 준한다. 모두가 타자화되어 있는 시대적 절망 속에서 해방과 자유를 꿈꾸기 위한 유일한 방법이 '죽음'일 때, 이 죽음은 시대를 비추는 거울로 기능하는 것이다. 가족 공동체의 안팎을 배회하는 타자들의 행로 속에는 삶과 죽음의 경계마저 사라져 버린 1970년대의 가장 절망적이고 암울한 현실의 편린들이 놓여 있다.

1970년대 한국영화에 재현되는 타자들의 존재 방식이 다각도에서 논의되어 오는 가운데, 이 부분은 그러한 논의 경향에서 아직까지 구체적으로 논의되지 않은 면들에 좀 더 관심을 가져 본 데 불과하지만, 한국영화에서 지속적으로 재현해 왔던 타자들의 특정한 존재 방식을 역사적으로 규명해내는 것은 영화사에 있어 중요한 작업이라고 할 수 있다.

2. 발전 지상주의 시대 노동자의 불온한 이름, 세속의 성녀들

1) 70년대 한국영화의 육체 · 자본 · 주체성의 문제

1970년대 한국영화의 몇몇 대표적 흥행 작품에 주목해 보면 공통적으로 세 가지 특징적인 요소를 추출해낼 수 있다. 그것은 이들 영화가 '육체와 자본, 주체성'의 문제에 집요하리만큼 집중하고 있다는 점이다. 40만 이상의 관객을 동원한 김호선 감독의 〈영자의 전성시대〉1975나[39] 50만 명 이상의 관객을 동원하여 방화사상 최대의 관객 동원을 한 이장호 감독의 〈별들의 고향〉1974,[40] 방화 60여 년 사상 최대의 관객 63만 명을 동원한 김호선 감독의 영화 〈겨울여자〉1977[41]만 놓고 보더라도, 영화 안에는 여성의 육체를 둘러싼 남성 판타지와 상품 물신성 그리고 이러한 관계 주변에 형성되어 있는 1970년대 자본주의 부조리와 성별 계급 차별에서 비롯되는 주체성의 문제들이 복잡하게 뒤엉켜 있는 것을 확인할 수 있다.

이 부분에서 관심을 가지는 것은 1970년대 한국영화에 재현된 '여성' 표상에 대한 분석에서 그들의 육체를 횡단하는 70년대적 산업 근대화의 부조리와 남성 판타지에 대해 여러 논점에서 주목했음에도 불구하고, 여성의 몸을 매개로 한 '몰락'과 '구축'의 영화적 재현 서사 속에 은폐된 '젠더 역할의 역전 현상' 및 이에 대한 남성 지배 이데올로기의 강박적 obsessive이고 제의적ritualistic인 봉합과 균열의 양상에 대해서는 충분히 주목하지 못했다는 점이다. 물론, 지금까지의 연구 업적 속에서 여성의 주체

---

39 「영자의 전성시대 초순 중에 속편 촬영」, 『경향신문』, 1975.6.2.

40 「제작 풍성, 흥행은 저조」, 『경향신문』, 1974.11.24.

41 「겨울여자 방화 60년 사상 최고 관객 – 수입은 겨우 외화 한 편 매상액과 비슷」, 『경향신문』, 1978.2.16.

적·능동적 자기 구성 과정에 대한 탐구를 부분적으로 발견할 수 있는 것은 사실이다.[42] 그러나 영화에 재현된 여성 몰락과 구축의 서사와 한 컷에 놓인 남성 지배 이데올로기의 억압 사이에 작동하는 긴장 관계는 단지 젠더 폭력 및 정치학의 측면뿐만 아니라, 일종의 '자기 구원'의 문제와 연계된 근본적이고 복잡한 상황과 관련 맺는다. 말하자면 1970년대 한국영화에 재현된 젠더 표상은 '몰락'과 '구축'의 서사 과정에서 발생하는 여성의 '구원' 문제 및 그것에 반응하는 남성 가부장 사회의 '구원' 문제와 맞물리면서 산업 자본주의 사회의 주체 구성 문제로 수렴되는 양상을 보여 준다.

널리 알려져 있다시피 1970년대는 정치적으로는 1972년 유신체제의 성립으로 강력한 이데올로기적 억압과 폭력이 자행되던 시대였지만 한편으로는 박정희 경제개발계획의 성과가 경제 성장률과 본격적인 도시화로 가시화되면서 문화적으로는 본격적인 대중소비사회로 진입하는 시대였다. 정권의 폭력과 억압에도 불구하고, 서구문화의 유입 및 그에 대한 욕망과 향유는 도시인들로 하여금 서구 자본주의 체제의 대중문화적 감수성을 내면화하는 데 크게 기여했다. 이러한 현상은 근본적으로 이 혼란의 시대를 살아가는 주체 구성의 문제와 긴밀하게 연결되어 있었다. 무엇보다 1970년대 서울 도시 인구 증가율[43] 및 1960년부터 1970년까지 10년간 농촌에서 도시로 이주한 수많은 노동 인구의 숫자를 감안하면,[44] 자본

---

42 송아름의 경우 1970년대 남성 서사는 경제 활동을 하던 당대 여성들의 능동적 주체성을 의도적으로 삭제·배제하고 이루어져 있다는 점을 논의하는 과정에서 당대 현실의 여성 노동자의 적극적인 주체성이 영화의 재현 상에서는 삭제되고 있다는 점을 언급한다.(송아름, 「1970년대 '청년'이 재구성한 '호스티스'의 의미」, 『개신어문연구』 제43집, 개신어문학회, 2018 참조)

43 "도시 인구는 1955년의 5백 26만에서 1975년 현재 1천 6백 80만으로 20년간에 3배 이상의 증가를 보였으며 도시화율은 24.5%에서 48.8%로 오늘날 우리나라 인구의 약 반이 도시 지역에서 거주하고 있다."(「신산업시대의 전개와 조건」, 『매일경제』, 1978.2.9)

의 획득을 위해 사회적 이동을 감내한 수많은 도시 이주민들의 도시적 삶에의 적응과 그에 따른 주체 구성 문제는 1970년대 대중소비사회에서 간과할 수 없는 것이었다. 그런 차원에서 영화 〈영자의 전성시대〉1975와 〈별들의 고향〉1974의 기록적 흥행은 '무작정 상경남녀'로 대변되는 도시하층민 계급의 욕망과 삶 및 영향력 등과 연결되어 있을 뿐만 아니라, 도시에 정착해야 하는 이들의 절실한 생존 및 주체 구성 문제와도 연결되어 있다고 봐야 한다.

그렇다면 자신을 주체로 구성한다는 것은 무슨 뜻인가. 미셸 푸코에 따르면 주체의 구성은 자기 자신에 대한 구제와 긴밀하게 연관된다. 자기 자신을 구제한다는 것은 지배나 노예 상태로부터 벗어나는 것, 위협받고 있는 억압으로부터 벗어나는 것, 권리 및 자유와 독립성을 회복하는 것이자 자신을 유지·보존하고, 자신이 만들어낸 것의 실행자로서 자신에 대한 자비를 향유하는 것이다. 이렇게 함으로써 궁극적으로 자기 자신에게 행복·평정·평안을 확보하는 것이 바로 자기를 구원하는 것이다.[45] 헬레니즘 시대의 주체성에 대해 탐구하면서 푸코가 말한 이러한 주체성은 궁극적으로 자신의 삶을 온전하게 유지·관리하는 자기 배려적 실천 행위라고 할 수 있다. 이는 외부의 자극이나 타자의 개입에 의해 실행되는 것이 아니라 자신과 관계 맺음으로써 형성되는 근본적인 자기 구성의 문제이다.

1970년대 가장 타자화된 하위 주체 여성을 논할 때 '자기 구원Self-salvation'의 문제가 중요하게 부각되는 이유는 푸코의 논의에서 드러나듯

---

44 "도시 인구 증가율에 있어서는 1960~1970년간에 85.2%, 연 증가율 8.5%에 달한다. (…중략…) 도시 지역 인구 증가의 59.3%가 사회 증가에 해당한다."(홍경희, 「한국의 도시화 –제3부 인구면으로 본 1960-1970년간의 도시화」, 『논문집』 17호, 경북대, 1973, 90쪽)

45 미셸 푸코, 심세광 역, 『주체의 해석학』, 동문선, 2001, 217쪽.

이 외부의 예속적 상태로부터의 자유, 스스로의 권리와 독립성을 회복하는 자율성을 지니는 주체화 과정에 여성들이 참여하는 잠재적 변화를 확인할 수 있기 때문이다. 비록 '돈'이라는 외부적 요인에 기대어 있다는 점에서 한계를 보인다 할지라도, 근본적인 차원에서 자기 배려적 실천 행위의 잠재성을 발현하는 여성 표상은 남성과의 관계 속에서 대상화된다기보다는 대상화로부터 주체화로 넘어가는 과정의 흔적을 보여 주는 것이다. 그래서 여성들에게 '돈'이 그토록 절실한 문제였던 반면, 남성들에게는 그녀들의 '몸'이 '자본'과 연루되어 있다는 것이 가장 중요하고도 두려운 문제였다고 봐야 한다.

1970년대 도시로 이주한 수많은 대중, 특히 '몸'을 매개로 삼아 산업 근대화의 대중소비사회 속에서 살아가야 하는 여성들과 그와 연관된 남성들의 이데올로기적 관계를 '구원'의 문제로 접근하려고 하는 이유도 여기에서 연유한다. 자본을 통한 성공이 안정과 평안을 가져올 자기 구원의 롤모델Roll Model로 정착하기 시작한 1970년대 상황에서,[46] 여성의 자본화된 몸은 '자본'을 매개로 한 그/그녀들의 주체성을 둘러싼 경합과 갈등 및 타자로서의 저항을 보여 주는 중요한 지점이었다. 이는 여성들을 타자성의 배후로 밀어내려는 남성들의 시도로 도출되는데, '성녀'의 탄생은 이러한 시도의 출발점이라고 판단된다. 세속의 '성녀'는 단순히 여성을 대상화함으로써 남성들의 1970년대적 피로와 불안 등을 전유하고자 하는 시도로부터 탄생했다기보다는 자본화된 몸을 통해서라도 주체성을 획득하고자

---

[46] 이와 관련하여 '호모 에코노미쿠스'와 관련된 1970년대 발전주의적 경제 주체의 형성과 젠더 역할에 대한 논의는 주체 구성의 실천 행위에 삽입된 '자본'의 중요한 위치를 '구원'의 문제와 연결시켜 논의하고자 하는 본고의 연구 방법론에 참조점을 제공해 주었다.(이상록, 앞의 글, 2018 참조)

했던 타자화된 하위 계급 여성들의 주체화 과정 자체를 은폐·축소하기 위한 시도로부터 탄생했던 것이다. 이 신화적 장막을 드리움으로써 남성들은 여성들과의 사이에서 주체성의 획득을 두고 벌이는 치열한 경합과 갈등의 가능성과 잠재성 혹은 위험성과 공포를 피할 뿐만 아니라, 오로지 남성들에게만 부여된 경제적 주체로서의 자기 구원 표상에 다다를 수 있었다.

이 부분에서는 이러한 문제 의식에서 출발하여 1970년대 한국영화에서 '여성'의 '몸'을 자본과 매개하여 재현하되, 자본 획득과 주체성의 문제를 타자화된 젠더 관점에서 살펴볼 수 있는 텍스트로 김호선 감독의 영화 〈영자의 전성시대〉1975와 변장호 감독의 영화 〈O양의 아파트〉1978를 선정하여 분석해 보고자 한다. 이 두 편의 영화는 원작 소설을 바탕으로 하였으나 영화적 각색을 통해 기존 작품과의 차별화를 시도했다는 점에서 한국영화의 재현이 가져온 변화 양상을 엿볼 수 있을 뿐만 아니라, 자본화된 여성의 몸과 경제 지상주의 시대 여성의 몸에 연루된 남성들의 강박적이고 제의적인 이데올로기적 억압과 균열을 복합적으로 들여다 볼 수 있는 작품이라고 판단된다.[47] 논의를 위해 활용한 개념인 '세속의 성녀들'은 1970년대 영화 재현 속에서 규명하고자 하는 젠더 표상을 말하기 위한 것이다. 여기서는 우선, '성녀' 표상에 대한 한국영화적 재현 특징을 언급

---

[47] 이 글에서 소설을 각색했으되, 소설과의 차별성을 보여 주는 영화 두 편을 선정한 이유는 1970년대 한국영화의 재현 양상에서 드러다는 차별화된 요소를 살펴보기 위한 것이다. 따라서 '성녀'적 이미지를 호출하고 있는 최인호의 장편소설 『별들의 고향』을 각색한 영화 〈별들의 고향〉은 본격적인 분석 대상에서 제외하기로 한다. 이 영화는 소설의 서사를 충실히 따르고 있기 때문에 글의 연구 방법과 목적 측면에 부합하지 않는다고 판단하기 때문이다. 다만, '성녀의 이미지'를 살피는 데 있어 중요한 텍스트인 것을 감안하여, 필요한 경우 분석과 평가에 포함시킨다는 점을 밝힌다.

함으로써 그것의 의미에 접근해 보고자 한다. 이후 영화〈영자의 전성시대〉를 분석하면서 '성녀'를 호명하는 방식과 '제의적 자기 구원의 신화'를 통해 구축되는 젠더 표상을 탐색할 것이다. 1970년대 박정희 정권이 내세웠던 경제 발전은 반공국가주의를 강화하는 통치 전략이었던 바, 이러한 경제 지상주의 시대에 '자본' 권력에 포섭된 여성들의 삶을 들여다 봄으로써 절망의 시대를 경유해 나간 타자들의 모습을 '노동'의 측면에서 재조명해 보고자 한다.

2) '성노동자' 혹은 '성녀' 라는 이름의 그녀들

영화〈별들의 고향〉1975의 원작 소설인 최인호의 장편소설『별들의 고향』2권 10장의 제목은 '성처녀'이다. 그녀의 파란만장한 삶이 종결되는 이 장의 맨 끝에 이르러 경아는 만취한 상태로 수면제를 삼킨 채 흰 눈이 내리는 거리에 쓰러져 숨을 거둔다. 마치 그녀의 추위를 덮어 주려는 듯 쌓이는 흰 눈은 그녀의 죽음을 '순결pure'의 이미지로 승화시킨다. 내일이면 피로가 풀릴 거라고 되뇌는 그녀의 순수한 마음과 흰 눈의 이미지는 그녀의 죽음을 '성처녀'의 그것으로 승화시키기에 충분한 서사이다.[48] 원작 소설의 관련 부분은 영화〈별들의 고향〉에서는 시각적 이미지를 극대화하여 훨씬 더 낭만적이고 성스러운 느낌으로 연출된다. 소설에서의 번잡

---

[48] 소설의 10장 '성처녀'에 서술된 위의 대목은 다음과 같다. "거리에 쌓인 눈이 타인의 체온처럼 따스하였다. 제풀에 눈이 감겼다. 잠의 무게가 여인을 압박하시 시작하였다. 마치 그 여인의 추위를 덮어주려는 것처럼 흰 눈이 쓰러진 그녀 위에 함부로 쌓이기 시작하였다. 일순간에 아는 이들의 얼굴이 떠올랐다 사라졌다. 그래, 내일이면 편안할 거야, 피로가 풀릴 거야. 아직 어딘가에 한 가닥 남아 있는 의식을 보면서 여인은 흰 눈과 같은 체념을 하였다. 그러자 일체의 저항감이 사라져 버리고 깊은 잠이, 그리고 황홀한 꿈이 여인의 의식을 향해 젖어들고 있었다."(최인호,『별들의 고향』2권, 여백, 2013, 399쪽)

한 서울 거리는 영화에서 무장소성을 드러내는 광활한 설원으로 연출되어 수면제를 먹고 죽음에 이르는 경아의 모습을 영화적으로 극대화된 '성처녀'로 이미지화하기 때문이다.

그런데 경아의 죽음에 '성처녀'라는 이름을 부여함으로써 그녀가 지닌 '성노동자'로서의 정체성은 삭제·배제된다. 사실, '남성들로부터 부여되는 이러한 정체성은 표면적으로는 가부장제를 일탈한 여성에 대한 처벌과 배제의 시선을 보여 준다'.[49] 그러나 근본적으로 영화는 '성처녀'로서 경아를 호명하기 위해 그녀를 자신의 육체를 바쳐 남자들에게 안식과 위안을 제공한 호스티스로 재현함으로써, 소설에서 그녀의 삶을 궁지로 몰아간 '가난'과 '돈'의 문제를 대폭 삭제한다. 영화 속의 성처녀 경아가 문오를 비롯한 남성들의 죄를 대속하는 속죄양이자 성처녀 이미지로 좀 더 자연스럽게 재현되는 데는 배설구로서의 '육체'를 가진 여성 정체성[50]이 가장 중요하게 작용했다. 결국 영화 〈별들의 고향〉에서의 '성처녀'는 '자본'의 문제를 삭제한 자리에 여성성으로서의 '육체'를 위치시키고 그것을 은폐하기 위해 호출한 이데올로기적 이름이라고 할 수 있다. 소설에서 경아의 파멸적인 몰락 사건에 깊이 개입되어 있던 '자본'과 '생존'의 문제, 그리고 그녀의 치열한 모색의 과정이 영화에서 대폭 삭제됨으로써 영화

---

49 김지혜는 영화 〈별들의 고향〉은 소설 원작을 충실하게 각색함으로써 가부장제에서 일탈한 호스티스 여성들에 대한 국가적, 가부장적 시각을 강화하여 그들을 존재하지만 인정될 수 없는 존재, 즉 깨끗하게 정화되어야 할 존재로 인식한다고 말한다.(김지혜, 「1970년대 대중소설의 영화적 변용 연구」, 『한국문학이론과 비평』 58호, 한국문학이론과비평학회, 2013, 373쪽)

50 소설에서는 경아의 "예쁘게 생긴 얼굴과 작고 통통한 몸"을 지속적으로 호출함으로써 그녀의 섹슈얼리티를 부각시킨다. 영화에서 재현된 경아의 누드신과 섹스신 그리고 그녀의 화려하고 예쁜 얼굴 표정과 옷차림 등은 그녀의 시각화된 육체의 이미지를 부각하는 데 기여하지만, 그녀가 겪어야 했던 가난과 생존의 과정은 원천적으로 봉쇄한다.

속 경아는 예쁜 몸을 가진 인형과도 같은 남성의 전유물로 정형화된다.

'성녀'가 종교적 성인Saint을 뜻하거나 지식과 덕성을 겸비한 인물의 의미로 표준국어대사전에 명시되어 있는 것과 달리, 대중문화적 재현 방식은 '성녀'가 지닌 이데올로기적 성격을 잘 드러낸다. 문학과 영화에서 표상되는 '성처녀'는 성스러운Holy' 성격보다는 남성들을 구원하기 위한 '구원적Salvational'이고 '순결한Pure' 성격으로 초점화됨으로써 좀 더 세속적Secular'인 것으로 변형되고 있는 것이다.

특히, 1970년대에 들어서면서 이러한 방식의 '성녀'에 대한 호출이 더욱 두드러진다. 몸을 둘러싼 자본의 문제와 젠더 표상 및 주체성의 관련성은 위에 언급한 영화 〈별들의 고향〉을 비롯하여 〈겨울여자〉 등 당대를 대표하는 여러 영화에서 성녀적 존재들을 통해 두드러진 형태로 드러나기 때문이다.

1969년 나한봉 감독에 의해 제작된 영화 〈성녀와 마녀〉에서만 보더라도 다른 양상을 살펴볼 수 있다. 박경리의 장편소설 〈성녀와 마녀〉1960를 각색한 이 영화의 결말은 소설과 상이한데, 무엇보다 성녀로 일컬어진 화란의 재현 방식이 흥미롭다. 수영과 결혼한 정숙하고 순결한 화란이 끝내 가정을 지키는 소설과 달리, 영화에서 그녀는 자신을 사랑하는 세진을 따라 가정을 버리고 떠난다. 그들이 모두 떠난 자리에서 수영과 아버지는 결과적으로 그들은 성녀도, 마녀도 아니었고, 오로지 여자였을 뿐이라고 말한다. 이 두 남성으로부터 부여된 '여자'라는 이름은 '성녀'로 불리던 화란이 불행한 결혼생활을 청산하고 욕망하는 주체로 살아가야 할 존재임을 상기시킨다. 수영과 아버지로 하여금 '성녀'의 역할을 떠맡았던 화란은 쓸쓸히 가정을 지키는 화석화된 존재로서 그녀의 정신과 육체를 속박

당함으로써 비로소 '성녀'의 지위를 유지할 수 있었기 때문이다. 소설에서 화란이 가정을 끝까지 지켜냄으로써 오히려 가부장 이데올로기를 둘러싼 젠더 성별 정치학의 폭력을 비판했다면, 영화는 화란에게 욕망의 자유를 허락함으로써 '성녀'와 '마녀'의 이분법적 구분을 휘발한 후, '여성'이라는 이름으로 그들의 삶을 어느 정도 용인하고 있는 것이다.

'성녀'에 대한 이러한 영화적 재현 방식을 감안하면, 1970년대에 와서 성녀적 젠더 표상을, 그것도 '호스티스'라는 특정한 하위 계급 여성을 통해 재현하고 있는 것은 시대상과 맞물린 어떤 변화된 지점을 짐작케 한다.[51] 이는 무엇보다 1970년대 급속한 산업화와 근대화로 인해 발생했던 사회적 부조리와 관련 맺는다. '과도한 충격으로 다가온 산업화·근대화의 동요하는 모습, 모순을 설명하는 알레고리로서 '거리의 여자' 이미지와 실제 제도적·현실적 모순의 현장에서 성산업에 종사해야 했던 여성들의 실제 사이의 간극은 일반인들에게 뚜렷이 인식되지 않은 채 서로 뒤섞였고, 이러한 와중에서 혼종된 '성욕 분출'이 도시화와 함께 무성한 향락 산업으로 번져 나가게 된 상황이 1970년대 섹슈얼리티의 풍경을 조성했다.'[52]

말하자면 1970년대 호스티스 하위 계급 여성을 통해 구성된 성녀적 젠더 표상은 당대의 급속한 산업화와 근대화에 따른 복잡한 환경 변화 속에서 도출되었던 특수한 양상이었다고 할 수 있다. 그런데 영화의 호스티스

---

51 이는 "최근 호스티스나 창녀족을 중심으로 해서 젊은이들의 생태를 그린 영화가 크게 히트"를 했다는 신문기사(「망화주제곡 레코드 붐」, 『경향신문』, 1975.5.6)나 "올 영화계의 3대 이슈는 ① 호스티스 영화붐을 탄 관객 증가 ② 영화제작사 신규허가 ③ 기술혁신에의 노력 등으로 꼽히고 있다". (「78 문화계 분야별로 본 3대 이슈」, 『동아일보』, 1978.12.23) 등을 통해 확인할 수 있다.
52 김영옥, 「70년대 근대화의 전개와 여성의 몸」, 『여성학논집』 18호, 이화여대 한국여성연구원, 2001, 35쪽.

여성의 캐릭터 재현 과정에서 이러한 1970년대적 특수성이 지닌 복잡성과 깊이는 매우 단순화될 뿐만 아니라, '성녀'로서의 그녀들로 쉽게 수렴된다.

그러나 '성녀'로서 이미지화된 그녀들은 실상, '성 노동자'였으며 이들의 '성 노동자'로서의 구축 과정은 '몸'과 '자본'의 문제를 함축한 삶을 현장에서 체험하는 것이기도 했다. '1970년대 유신 정권이 외화 벌이를 위해 관광산업을 장려하고 수많은 가난한 여성들을 성매매의 관광 상품으로 취급하였다는 점'을 고려하면,[53] 오히려 이러한 광범한 성산업과 그 문화를 마음껏 소비하면서 산업 역군으로서의 피로감과 불안을 위로받던 남성들의 공모 관계는 '노동자'로서 인정받아야 할 하위 계급 호스티스들의 현실적 이름을 삭제한 채 현실의 부조리를 가리기 위한 새로운 이름으로서 '성녀'라는 이름을 발견했다고 봐야 할 것이다. 따라서 그녀들은 현실에서는 실제로 '성 노동자'였으나 범람하는 대중문화와 흥행하는 영화들 속에서는 자신들의 현실적 처지와 부조리를 은폐한 이름의 수동적 존재, 즉 '성녀'로 호출됨으로써 1970년대의 시대적 절망과 어둠을 통과하고 있었다.

'성 노동자'로서 그녀들의 삶은 1970년대 초중반 "굴뚝 없는 산업"으로 확산되던 '관광산업'과 관련하여 좀 더 구체적으로 접근할 수 있다. 1972

---

53 1970년대 세계적 공황에 직면한 정부는 기술이나 자본의 투자 없이 외화를 획득하기 위해 관광산업을 장려했다. 이미 1965년 한일국교정상화 이후 증가하기 시작한 일본인 관광객들을 중심으로 시작된 '기생관광'은 70년대 초반 이후 정부의 적극적인 지원 정책에 따라 본격적으로 확산되었다. 이미 저임금 장시간의 열악한 노동 환경에서 일하는 여성 노동자들을 '근대화의 역군'으로 호명하며 민족주의적 거대담론의 효과 속에 묶어 두었던 유신정부는 마찬가지로 조국의 이름을 앞세워 많은 여성들을 관광산업의 현장으로 불러들였다.(김영옥, 앞의 글, 33쪽 참조)

년 교통부는 "관광진흥종합개발계획"을 발표하여 3차 5개년 계획 기간 중의 관광산업 육성의 청사진을 발표하는데, 이는 1976년까지 관광 부문에서 연간 1백만 명의 외래관광객을 유치하여 2억 달러를 벌어들인다는 것을 목표로 한 것이었다.[54] 그러나 당대 실정은 그저 "외국 관광객들의 값싼 취향에 영합하여, 이른바 '기생파티'에나 참석하면 마치 한국을 다 보고 돌아가는 듯한 그릇된 풍조"가 만연하고 있었다.[55] 이러한 성산업의 발달은 수많은 하층 계급 여성들의 현실을 조명하지만, '성녀'로 호출된 대중문화 속 그녀들은 '섹슈얼리티'에 대한 남성적 억압과 통제 속에서 현실적 삶의 능동성을 훼손당하는 처지에 놓여 있었다.

나한봉 감독의 영화 〈성녀와 마녀〉1969의 마지막 장면에서 두 남성에 의해 호출된 이름, '여자'라는 것 또한 1970년대적 상황에서는 지나치게 낭만적으로 들린다. 1970년대에 접어들어 이러한 낭만적 사랑의 추구는 중산층의 계급적 정체성을 지닌 여성들, 가령 김호선 감독의 〈겨울여자〉1977에서조차 불가능한 것으로 보이기 때문이다. 이화의 몸은 급속한 산업화와 근대화가 초래한 사회적 부조리를 돌파하는 하나의 수단으로 재현되는데, 이로써 그녀는 남성들을 구원하는 성녀적 존재로 거듭난다. 그녀는 사랑을 추구하는 여성성을 지닌 주체라기보다는 남성들을 위해 존재하는 구원의 성녀이다. 젠더 표상의 층위에서 드러나는 이러한 이데올로기적 호명은 근본적으로 '그/그녀'의 왜곡된 정체성을 형성할 뿐만 아니라, 특별히 하위 여성 계급의 1970년대적 삶을 강박적으로 억압하고 삭제하는 문제를 드러낸다.

---

[54] 「기틀 다지는 관광한국」, 『매일경제』, 1972.11.9.
[55] 「관광한국의 이미지 부각을 위하여」, 『경향신문』, 1973.5.2.

요컨대, '성녀'의 호출은 1970년대 급속한 근대화와 산업화가 낳은 사회 부조리로서의 성산업의 범람 및 산업 역군으로서의 경제적 성공 주체로 호명된 남성들의 여성에 대한 성적 판타지 속에서 탄생한 것이었다. 그 이면에는 여성을 '육체성' 속에 가두고 그녀들의 현실적 삶, 즉 '몸'이라는 육체 자본을 통해 자본주의의 모순과 불합리를 돌파해 나가고자 하는 주체적이고 자기 구원적인 노력들을 은폐하는 논리가 작용하고 있었다.

3) 성애적 노동의 극대화와 남성적 자기 구원의 신화

소설 『영자의 전성시대』와 영화 〈영자의 전성시대〉에서 가장 두드러진 재현의 차이는 영화의 결말에서 드러난다. 소설이 영자를 죽음에 이르게 한다면, 영화는 그녀를 죽음의 위기에서 극적으로 살려낸다. '죽음'과 '삶'이라는 극단적 대비에만 주목하면 영화의 결말이 대중의 삶을 위로하거나 판타지를 보여 준다는 점에서 훨씬 더 호소력이 있어 보인다. 하위 계급 여성의 가부장제 사회로의 진입 불가능성과 거기에서 비롯되는 문화적 판타지 그리고 남성 가부장제 사회에 대한 하위 계급 여성들의 순화된 저항성은 그들의 '결혼'과 '행복'이라는 영화적 결말 속에서 양가적 의미를 획득한다.[56] 물론, 이러한 영화적 결말은 대중의 욕망 및 검열 당국의 계몽적 국가관을 잘 반영하고 있을 뿐만 아니라, 한국 사회에 남아 있는 하층 여성에 대한 보수성을 드러내기도 한다.[57]

---

56 노지승은 영자의 결혼으로 마무리되는 영화의 결론을 분석하면서, 이러한 영자의 재현 방식이 하층 계급 여성이 결혼을 통해 가부장제 사회로 편입될 수 없다는 남성 가부장 사회의 편견과 차별에 대한 저항성을 보여 주는 것이자, 관람객으로서의 하층 계급 여성의 판타지를 반영하고 있다고 본다. 따라서 영자는 소설에 비해 훨씬 입체적인 인물로 이해되어야 하며, 더욱 저항적인 캐릭터로 읽힐 필요가 있다고 주장한다. (노지승, 앞의 글, 2008 참조)
57 김지혜, 앞의 글, 374쪽.

그러나 이러한 관점은 1970년대 '가부장제 사회'라는 일종의 '권력장 Power Place'을 전제하고 있다는 점에서 공통적이다. 영자와 창수와의 관계 및 영자의 사회적 신분과 계급적 성격은 안정된 제도적 공간으로의 '진입' 여부에 기반함으로써, 필연적으로 영자를 경계선 안팎을 넘나드는 존재로 규정하게 만든다. 이러한 시각에 입각함으로써 놓치는 것은 바로 그녀의 재현 방식에서 읽히는 '주체성', 즉 그녀가 자신의 삶을 구성하기 위해서 끈질기게 추구했던 것에 대한 구체적 관심과 질문이다.[58] 그녀의 주체 구성 노력에 따른 좌절과 실패는 사실상 그것이 초래하는 위험한 역전 현상, 즉 남성들의 전유물로 인식되는 자본 획득에 연루된 권력적 주체성을 초월하는 것일 때 위험해진다. 이 전도된 현상에 대한 파괴적 욕망이 조준했던 것은 그녀의 '육체 자본'인 '몸'이었다.

따라서 영화의 마지막 장면에서 펼쳐지는 그녀의 행복한 삶은 온전히 그녀의 것이라기보다는 그녀의 육체를 소유함으로써, 그녀의 주체화 과정을 왜곡하고 억압함으로써 탄생하는 남성들의 자기 구원 행위라고 할 수 있다. 그녀를 '성녀'로 이미지화함으로써 비로소 탄생하는 이러한 의식화된 제의적 욕망은 가부장 권력 사회의 구조화된 폭력에 기인하기보다는 좀 더 근본적인 차원에 놓여 있다고 봐야 한다. 말하자면, 그것은 '자본'을 통해 성공하고자 하는 1970년대적 산업화 주체들이 자본을 사이에 두고 벌이는 치열한 경합 및 갈등과 근본적으로 접속하고 있기 때문이다.

이와 같은 1970년대적 주체 구성 문제는 과연 영화 〈영자의 전성시대〉

---

58 김영옥은 임노동자 영자의 아이콘이 비슷한 시기에 만들어진 '경아', 그리고 '이화'의 아이콘에 비교해 볼 때 '노동하는 몸'과 독하고 강인한 성격(그럼에도 좌절하는, 혹은 좌절했음에도 불구하고)이 강조되는 특성을 지닌다고 보았다.(김영옥, 앞의 글 39쪽 참조)

에서 어떠한 방식으로 재현되고 있는가.

우선적으로 따져 볼 수 있는 것은 소설과 영화의 서사를 이끌어 가는 '주체'가 누구인가 하는 점이다. 소설『영자의 전성시대』를 관장하는 서사의 주체는 단연코 '창수'라고 할 수 있다. 월남전에서 돌아온 창수가 우연히 호스티스가 된 영자를 만남으로써 시작되는 소설은 서사의 과정 내내 창수의 언어로 전개된다. 초점 화자 창수의 서술 안에서 영자의 이야기는 현재와 과거를 넘나드는 창수의 기억과 영자의 진술 사이사이에서 불연속적으로 출현할 따름이다. 재현의 장에서 권력을 갖지 못한 영자의 현재와 과거를 넘나드는 삶과 기억은 그녀를 철저히 오팔팔 거리로 전락한 몰락의 타자화된 존재로 규정하는 데 있어 효과적인 힘을 발휘한다. 남성 주체의 권력화된 서술 아래에 놓인 채 불연속적인 현재와 과거에 갇힌 그녀의 삶은 죽음에 이를 때까지도 창수에 의해 기억되고 의미화됨으로써 철저히 타자로 전락하기 때문이다.

반면, 영화〈영자의 전성시대〉에서 서사를 이끌어가는 주체는 창수라기보다는 영자라고 봐야 한다. 월남전에서 돌아온 창수와 호스티스가 된 영자의 우연한 만남으로부터 영화가 시작되지만, 영화에서 영자의 삶은 소설에서처럼 창수의 서술 안에서 불연속적이고 파편적으로 언급되기보다는 플래시백을 통해 비교적 연속성을 지닌 채 재현될 뿐만 아니라, 이 구조 하에서 소설에서 성취하지 못한 영화적 새로움을 드러낸다. 이는 소설과 달리 영화의 재현 방식에서 드러나는 '이미지'의 성격에서 기인한다. 자크 랑시에르에 따르면, 영화의 한 샷은 소설의 문장이나 그림과 동일한 유형의 이미지성과 관련될 수 있다. 그런데 주목해야 할 것은 영화의 이미지는 원전에 대한 유사성과 비유사성을 동시에 내포하고 있다는 점이다.

〈그림 10〉　　　　　　〈그림 11〉　　　　　　〈그림 12〉

〈그림 13〉　　　　　　　　〈그림 14〉

　예술이 지닌 이러한 이미지성은 궁극적으로 눈으로 볼 수 있는 것을 묘사하거나 결코 보지 못할 것을 표현함으로써 어떤 생각을 의도적으로 명료하게 만들거나 모호하게 만든다.[59] 영화 〈영자의 전성시대〉의 플래시백을 통해 재현되는 순수했던 영자의 몰락 과정은 소설에서 파편적이고 불연속적으로 서술되었던 기억을 구체적인 시각적 이미지로 구현함으로써, 단순히 원작을 모사하는 데에서 나아가 그녀의 삶을 '몰락'과 '구축'의 주체화 과정으로 새롭게 조직해낸다. 이 과정은 소설이 달성하지 못했던 영자의 삶에 대한 인식 과정을 시각적으로 이미지화하여 영화가 소설과는 다른 새로운 의미를 획득하도록 하는 데 기여한다.

59　자크 랑시에르, 김상운 역, 『이미지의 운명』, 현실문화, 2014, 13~21쪽 참조.

위에 제시된 〈그림 10~14〉까지의 시각적 이미지는 서울로 상경한 그녀가 가지게 된 직업을 재현하고 있다.

〈그림 10~14〉까지의 직업 변천 과정은 그녀가 서울에서 '자본'의 위력을 발견하는 물신 사회로의 입사 과정에 다름 아니다. 그녀는 호스티스가 되기 전까지 노동을 통해 악착같이 돈을 모아야 한다는 일념에서 창수와의 연애에 주춤거리고, 호스티스 춘자와 여관집 주인의 유혹에도 불구하고 노동을 통해 자본을 획득하려는 모습을 보여 준다. 소설의 서술에서는 찾아볼 수 없는 〈그림 11〉의 '여공' 생활까지 포함하여 〈그림 10~14〉까지의 플래시백 장면들은 하위 계급 여성의 '자본'에 대한 인식과 실제 1970년대 하위 계급 여성 노동자들의 현실적 삶을 충실하게 반영한다.

그러나 자본에 대한 인식은 이들에게 곧 '몸'에 대한 인식과 연루되어 있다는 것이 드러난다. 〈그림 10~14〉까지의 과정에서 영자가 여러 직업을 전전하게 된 계기는 결국 '몸'을 통해 이루어지기 때문이다. 〈그림 10〉에서 드러나듯이 순수하고 소녀적이었던 영자의 몸은 외부의 자극, 즉 주인집 아들의 강간, 춘자와 여관집 주인의 유혹 속에서 점차 상품 소비 시장에서의 자본과 연루되기 시작한다. 소설에서는 구체적으로 형상화되지 않았던 춘자와 여관집 주인의 '몸'을 매개로 한 유혹, 잠잘 곳이 필요한 영자가 여공 생활을 통해 돈의 위력을 인식하는 과정은 〈그림 11〉에서 드러나듯 영화 재현의 장에 반복적으로 재현되는 '돈'의 시각적 이미지 속에서 극대화된다.

〈그림 13〉의 장면은 이러한 '몸'과 '자본'의 공모관계에 굴복한 영자의 삶이 결국 '호스티스'라는 몰락의 가장 극단에 서 있는 것을 시각화한다. 자신을 '비너스'에 비유하면서 외팔이를 거부하는 남성 고객 앞에서 돈을

벌기 위해 자기를 변명하는 이 장면은 상품 소비 시장에 내몰린 성 노동자들의 신체적 불구성에 대한 양가적 의미를 드러낸다. '외팔이 호스티스' 영자는 호스티스가 지닌 신체적 외설성과 불구성을 '외팔이'로 이미지화하면서도 '비너스'라는 신화적 존재를 끌어들여 자신의 몸이 지닌 '신성성Holy Characteristic'을 통해 그것을 은폐하고자 한다. 이러한 시각 이미지는 자신의 몸을 통해 자본을 획득하는 방법을 터득한(혹은 터득할 수밖에 없었던) 영자의 절망적 자기 보존 및 구제의 일면을 드러낸다.

궁극적으로 영화적 재현을 통해 영자의 삶은 몰락의 수순을 밟았으나, 실제로 그것은 하위 계급 여성이 '몸'과 '자본'의 공모 관계를 인식함으로써, 몰락 속에서도 자신을 유지·보존하는 방법을 터득하는 자기 구제의 과정 속에 놓여 있었다고 할 수 있다. 따라서 영자의 플래시백 장면에서 우리가 발견할 수 있는 것은 '몰락'과 '구축'의 역설적 관계 속에 놓여 있던 하위 계급 여성의 삶이다.

그러나 돈을 벌기 위해 '비너스'로 자신을 신성화된 이미지로 재현했던 영자의 모습은 영화의 결말에 이르러 새로운 이미지로 변모된다. 과거와 현재의 남자들이 도시로 뻗은 아스팔트 길을 달리는 장면 위에 오버랩되는 아이를 안은 영자의 이미지는 그녀가 더 이상 몸을 통해 자본을 획득하는 성 노동자가 아니라는 점을 극대화한다. 그녀는 이제 아이를 낳은 어머니로 그녀의 과거를 청산한 채 조국 근대화를 위해 도시로 향하는 두 남성들 속에 갇힌 존재로 변모한다. 영화가 재현했던 그녀의 구체적인 실감Reality은 결말에 이르러 소설에 형상화되었던 창수의 서술에 갇혔던 영자의 모습으로 되돌아오고 만다. 과연 이러한 반전은 어떻게 가능했는가.

소설과 달리 영화에 재현된 영자의 이미지는 '몸'과 '자본'의 공모 관계 속에 놓여 있었다. 소설에서 창수의 서술 안에 갇힌 영자는 그의 월남전 참전과 베트콩에 대한 폭력 속에서 전쟁과 베트콩이라는 가학적 폭력의 희생자로서 유비 관계에 놓여 있었다. 그녀에 대한 불연속적이고 파편적인 서술과 기억은 월남전과 베트콩에 대한 서술 및 기억과 겹침으로써 1970년대 근대화된 남성 주체가 지닌 가학적 폭력을 무의식적으로 표출한다. 요컨대, 소설의 영자는 당대 하위 계급 남성이 지닌 시대적 아픔과 고통 및 폭력의 실태를 드러내는 효과적인 존재였다. 그렇기 때문에 영자는 소설에서 화석화된 존재 혹은 기억의 파편 속에서만 살아 있는 불연속적인 타자로 인식되었던 것이다.[60]

반면, 소설과 달리 영화는 영자의 살아 숨 쉬는 삶을 전면화하면서, 그 것을 가능케 하는 요소로 '몸'과 '자본'의 공모 관계를 호출한다. 영화의 마지막으로 다가갈수록, 창수와 영자의 동거가 현실화되면서 함께 살 집을 구하는 문제가 도출된다. 그러나 이들의 동거와 훗날 기약된 결혼에 가장 큰 장해물로 등장하는 것은 '돈', 특히 영자가 감옥에 갇힌 창수와의 동거를 위해 '몸'을 팔아야 하는 현실이었다. 사실, 근본적인 차원에서 창수와 영자의 만남은 '돈'의 거래와 맞물려 있었기 때문에 창수의 동료 김씨의 영자에 대한 비판은 그녀의 윤리적 삶에 대한 것이라기보다는 '돈'과 연루된 영자의 삶 자체에 대한 거부에 접속하고 있었다. 감옥에 갇힌 창수를 위해 생업 전선에 몸을 던진 영자를 향한 김씨의 날카로운 비판은 그녀

---

60 이는 소설의 마지막 장면을 서술한 다음의 내용을 통해서도 알 수 있다. "세 구의 시체들은 마치 화염방사기에 타 죽은 베트콩의 그것들처럼 시꺼멓게 그슬려 있었다. 물집이 터진 자리를 군데군데 시뻘겋게 익은 살덩이가 드러나 있었다. 그 세 명 속에서 영자를 찾아내기는 어렵지 않았다. 영자는 외팔뚝이었으니까. 불에 그슬려 알아볼 수 없게 되었어도 영자의 시체에는 역시 팔뚝 한 짝이 없었다. 나는 영자의 시체 옆에 쭈그리고 앉았다. 나는 이를 악물어 울음을 삼켰다."(조선작, 『영자의 전성시대』, 창비, 2005, 295쪽)

가 번 돈의 '불순성'보다는 그녀의 삶 전체를 '돈'과 결부시키는 방식, 무엇보다 그녀가 몸을 팔아 자본을 획득함으로써 창수와 결합할 수 있다는 잠재적 가능성으로 수렴되었던 것이다. 이로써 성 노동자로서의 그녀의 직업 정신은 남성들로부터 근본적으로 거부당하는 상황에 이른다.

따라서 영화의 결말에 드러나는 비약적 변화는 영자의 성 노동자로서의 주체화 과정을 은폐한 자리에 구축된 하위 계급 남성 권력의 판타지를 재현한다. 가난한 목욕탕 때밀이 창수를 위해 자본을 획득하는 호스티스 여성 영자의 성 노동자로서의 주체적 가능성 및 자기 구원의 과정을 과감하게 삭제한 채, 그녀를 모성에 연루된 '성녀'로 규정하는 것이다. 영화는 갑자기 사라졌던 영자의 삶을 설명하지 않은 채, 결혼한 여성으로 그녀를 호출할 뿐이다. 이러한 그녀의 재현은 가능성으로 출현했던 주체화 과정 자체를 끊어낸다는 점에서 의미가 있다. '성녀'라는 이름의 그녀는 부여된 주체화의 가능성과 잠재성을 완벽하게 삭제하는 전략적 선택의 결과물이었다. 구원의 표상으로 귀환한 영자는 실상 주체로서의 삶을 유린당한 채, 남성들의 신화적 표상 속에서 그들의 주체화를 위해 신화적으로 재해석되는 것이다. 영자는 경제 지상주의 시대를 살아가는 노동하는 신체였으나, 그것은 너무나 불온한 것으로서 외면하기 위해 재빨리 삭제되거나 신화화되어야 했다.

도시로 향하는 두 남자의 뒤에서 그들을 지탱하는 모성으로 혹은 구원의 표상으로 자리 잡는 영자는 '자본'의 획득을 통해 계급적 지위를 새롭게 획득해야 할 하위 계급 남성의 자기 구원을 위해 무의식적으로 희생되고 있었던 것이다. 영화 〈영자의 전성시대〉는 소설 『영자의 전성시대』에서 성취하지 못했던 하위 계급 여성 노동자로서의 영자의 삶을 주체화 과정과 그에 따른 자기 구원의 문제로 전유하면서 시각화된 이미지로서의 그녀를 재현했으나, 결정적으로 그녀의 이러한 이미지는 결말에 이르러 그녀를 다시 남성의 재현 전략 속에 가두고 만다. 그것은 곧 역전된 주체성에 대한 남성들의 두려움과 자본의 획득 과정에서 경합하는 자기 구원 욕망과 근본적으로 접속하고 있었다.

4) '성녀'와 '노동자'의 사이, 발전 주체의 분열과 전이

영화 〈O양의 아파트〉는 1976년 출판된 여성 수기 『O양의 아파트』 내용을 대폭 축소·각색하여 재탄생한 것이다. 호스티스 수기는 당대 잡지 등을 통해 단편적으로 노출되던 호스티스들의 삶을 한 편의 서사물로 제공하여 대중의 호기심을 만족시켜 주는 역할을 했다.[61] 이를 증명하듯, 이 영화는 1978년 20만 명 이상의 관객을 동원한 3편의 영화 중에서 2위를 차지하는 기염을 토했다.[62] 흥행 성과에서 뿐만 아니라 작품성에서도 인정받았는데, 1978년 상영 당시 이 영화는 '돈을 모아도 찾을 수 없는 행복, 즉 물질 위주의 현대사회'의 사회 보편적 문제를 다룰 뿐만 아니라,

---

61 박소영, 「1970년대 호스티스 수기의 영화화 연구」, 『한민족어문학』 81호, 한민족어문학회, 2018, 252쪽.

62 1979년 『동아일보』는 한 기사에서 "지난 해 1년 사이 20만 명 이상 관객을 모은 영화래야 〈내가 버린 여자〉(38만), 〈O양의 아파트〉(28만), 〈상처〉(21만) 등 3편에 불과한데 3개월 사이 두 편의 영화가 20만 이상 관객을 모았다는 것은 화제가 아닐 수 없다"고 말한다. 그리고 이러한 관객 동원 성공 요인으로 "① 관객개발을 위해 젊은이들을 겨냥한 기획 ② TV에 싫증난 관객들이 영화관 출입이 잦아진 것 ③ TV에는 싫증을 느끼면서도 아직 TV연기자들을 떼놓지 못하는 관객들을 위해 TV화면에 김자옥, 장미희, 정윤희, 이령옥, 유지인 등의 기용이 그것"이라고 분석한다.(「인기 되찾는 국산영화」, 『동아일보』, 1979.4.9) 위와 같은 관객 동원 성공 요인을 통해 영화계가 '호스티스 수기'의 영화화를 통해 젊은이들의 호기심과 흥미를 자극했을 뿐만 아니라, 김자옥 등을 비롯한 젊은 관객의 취향을 반영한 배우들을 기용함으로써 관객을 동원하는 효과적인 전략을 이용하고 있었음을 확인할 수 있다.

'호스티스에 대한 사회 통념'을 비판적으로 꼬집고, '낮과 밤의 세계를 아름다운 영상으로 처리하고' 있는 것으로 인정받았다.[63]

소설 『O양의 아파트』 또한 1976년 출판 당시 베스트셀러였던 터라, 많은 영화사들이 영화화권을 놓고 상당한 경합을 벌였던 현실을 감안하면,[64] 영화 〈O양의 아파트〉의 성취에 대한 위의 기사 내용이 비단 영화 작품에만 해당하는 것이라고 단정할 수는 없다. 그러나 최소한 소설에서 구체적으로 형상화되지 못했던 부분을 영화적으로 재현하는 방식 및 영화적 영상미 등을 통해 영화 작품 고유의 성취와 의미를 추출해낼 수 있을 것이다. 더불어 위의 기사에서 확인할 수 있는 성취는 이러한 영화적 재현 방식 속에서 좀 더 확연하게 드러나는 새로움과 연관된다는 점에서 주목을 요한다. 특히, 영화적 각색을 통해 구현되는 작품 세계 속에서 발견되는 것은 '성녀'와 '노동자' 사이를 배회하는 과정 사이에 머물며 그것을 온전히 자신의 삶으로 승인하는 새로운 주체로서의 오미영이라는 존재라고 할 수 있다.

표면적으로 볼 때 영화와 소설의 오미영이라는 인물에 부여된 정체성은 크게 달라 보이지 않는다. 오미영은 자신을 돈을 벌기 위해 몸을 파는 호스티스로 규정할 뿐만 아니라, 바로 이러한 이유로 남성들과 평등한 관계를 맺거나 '결혼'이라는 제도권의 권력장 안으로 진입할 수 없는 존재라는 냉철한 현실 인식을 갖고 있다. 그녀는 '자본화된 몸'을 매개로 남성들의 성적 쾌락과 판타지를 충족시켜 주는 존재, 1970년대 산업 근대화 사회에서 활동하는 수많은 남성 주체들에게 배설의 장소이자 구원의 장소

---

63 「O양의 아파트」, 『경향신문』, 1978.4.1.
64 「「O양의 아파트」 변장호씨 영화화」, 『경향신문』, 1976.12.8.

로서 자신을 규정한다. 이러한 냉철한 현실 인식 속에서 그녀를 구원해 줄 수 있는 것은 오로지 '돈'을 버는 일이다. 오미영은 자신의 불행한 과거, 즉 가난으로 인한 사회적 신분 및 계급적 몰락을 '몸'과 '자본'의 연결 관계 속에서 구원받을 수 있다고 인식하기에 이른다.

그러나 소설에서 강력한 이데올로기로서 그녀의 정체성을 통어하던 이러한 인식은[65] 영화의 재현에 오면 훨씬 다각도의 의미로 확대된다.

오미영이 인식하는 자신의 정체성, 즉 남성의 성적 전유물이자 '자본화된 몸'으로서의 자기 인식은 영화에 등장하는 '정숙경아'의 존재를 통해 균열된다. 소설의 수많은 에피소드들 중에서 "햇병아리 서양"[66]으로 잠시 출현했던 정숙은 영화에서 꽤 비중 있는 역으로 재현된다. 오미영은 호스티스로서의 신분적·계급적 한계를 알아야 한다고 말하지만, 정숙은 호스티스도 인간성을 지닌 존재로서 정당한 '직업'을 가진 존재라는 점을 상기시킴으로써 미영이 내면화한 호스티스로서의 열등감과 피해의식에서 벗어나야 한다고 역설한다. 정숙의 당당한 태도에 기반한 결혼의 과정은 오미영의 과거를 지속적으로 호출하는데, 영화에서는 반복적으로 정숙의 행위 뒤에 그것을 지켜 보던 미영의 과거가 플래쉬백으로 재현된다. 이로써 오미영은 정숙의 행위를 지켜보는 1인칭 관찰자이자 자신의 과거를 호출하여 자기 삶을 재구성·재음미하는 성찰적 존재로 변모한다. 정숙은

---

65 소설에서 오미영의 삶을 통해 드러나는 '돈'과 '몸'에 대한 냉철한 현실 인식은 서울과 지방 각지를 넘나들며 돈을 벌기 위해 활약하는 모습이나 그녀가 모은 돈의 구체적인 액수와 그것을 통해 얻게 되는 물질적 풍요로움, 그녀와 수많은 남성들의 관계가 '돈'과 '몸'의 매개 속에서 가능해지는 반복 재생산되는 서사 등을 통해 끊임없이 제시된다.

66 소설에서 관련된 부분은 모두 '세 장'으로 "햇병아리 서양", "손님과의 충돌", "여자의 정조"인데, 여기에서 서양은 완고한 부모님의 간섭이 싫어 가출한 대학생으로서 손님 접대를 하면서 정조를 스스로 포기하면서 호스티스가 된다.(오미영, 『O양의 전성시대』, 한국 독서문화원, 1976, 105~111쪽 참조)

'몸'과 '자본'의 연루 관계 속에 갇힌 채 남성들의 성적 전유물로서의 자기 삶을 구성했던 '육체적 성녀'로서의 오미영의 존재를 재인식하게 하는 매개체인 셈이다. 뿐만 아니라 정숙이 갈구하는 '사랑'은 '육체성' 속에 갇힌 남성들의 성적 전유물로서의 여성들에게 자기 구원의 필요성을 역설하기 위한 영화적 장치이기도 하다. 이러한 과감한 판타지적 설정은 오미영이 '자본화된 몸'이자 남성들의 속죄양으로서의 정체성에서 벗어나 무엇을 향해 나아가야 하는지를 각성케 하는 데 효과적으로 작동한다.

그러나 정숙의 사랑과 결혼은 '결혼'이라는 남성 권력의 제도권 안으로 쉽게 편입되는 수순을 밟고 있다는 점에서 지나치게 가부장적이다.[67] 비록 정숙이 오미영이 지닌 이데올로기적 정체성을 비추는 반사경 역할을 한다 하더라도, '사랑'과 '결혼'이라는 상식적인 서사 전개는 실상 정숙의 성 노동자로서의 전위적인 외침을 무색케 하는 절망적인 결론이었기 때문이다.

정숙과 다른 오미영의 발자취가 새삼 궁금해지는 것도 여기에서 연유한다. 소설에서 오미영은 삶에 대한 피로와 회의 그리고 돈을 벌기 위한 새로운 시장 개척 차원에서 한국을 떠나기로 결심한다. 사랑했던 첫사랑의 남자 J와의 이별은 오미영이 지니고 있던 '순결'과 '정숙'의 이데올로기를 돌파할 수 없었던 결과이지만, 그녀의 결론이 한국을 떠나는 것으로 설정된다는 것 자체는 한국 사회에서 배제되고 삭제되는 그녀의 발자취를 추

---

67 정숙이 사랑을 느껴 순결을 바친 후 그녀를 찾아오지 않는 고선생을 만나서 오미영이 나갔을 때, 고선생은 정숙의 순결을 소유한 대가로 돈을 건넨다. 이러한 장면에도 불구하고 정숙의 포기하지 않는 의지로 그들이 결혼에 이르게 된다는 설정은 '결혼'에 대한 당대 호스티스 여성의 욕망을 대변하는 판타지였다 하더라도 지나치게 작위적이고 이데올로기적이다.

측케 한다. 이러한 삭제와 배제는 J와의 만남과 이별이라는 주요 서사와 겹침으로써 소설 속 오미영의 타자성을 구현하는 데 일조할 뿐이다.

반면, 영화에 재현된 오미영의 선택은 다르다. 그녀가 사랑했던 남자 진수를 만나 하룻밤을 보낸 후 떠나는 마지막 장면은 소설에서 발견할 수 없는 특별한 성취를 보여 준다. 물론, 소설에서와 마찬가지로 정숙한 여자를 만나서 잘 살기를 기원하며 그의 곁을 떠나는 오미영을 통해 그녀가 지니고 있는 호스티스로서의 피해의식과 열등감을 재차 확인해 볼 수 있는 것도 사실이다. 그녀는 자신을 '노동자'로 인식하는 계기를 여전히 마련하지 못한 채, 자신을 성적 전유물이자 자본화된 몸을 지닌 타자적 존재로 치부한다. '순결'과 '정숙'에 고정된 이데올로기적 사고방식을 전유한 그녀의 선택이 진수와의 이별로 드러난다는 점에서 영화는 소설의 형상화를 그대로 답습한다.

그러나 영화에서 오미영은 소설에서의 그것처럼 삭제되거나 배제된 존재로서라기보다는 오히려 자신의 삶을 온전히 받아들이는 주체성을 획득한다. 영화의 장면 곳곳에서 '인간으로 대접해 달라'고 호소하는 그녀의 모습을 확인할 수 있는데, 이는 그녀가 놓여 있는 장소에서 그녀의 존재를 성적 전유물로서가 아닌 '인간'으로 재확립하려는 영화적 시도로 읽히기 때문이다.

〈그림 15〉에서는 남성들에 의해 그리고 〈그림 16〉에서는 계약 결혼을 요구한 남성의 본처에 의해 한낱 성적 전유물로서 인격을 유린당하는 그녀가 놓인 장소를 확인할 수 있다. 술집에서든 아파트에서든 남성들의 자본에 의해 구성된 장소들은 그녀를 성적 전유물로 소비하는 공적 영역에 속한다. 이 안에서 그녀는 '돈'을 매개로 종속당하는 상품에 불과한데, 그

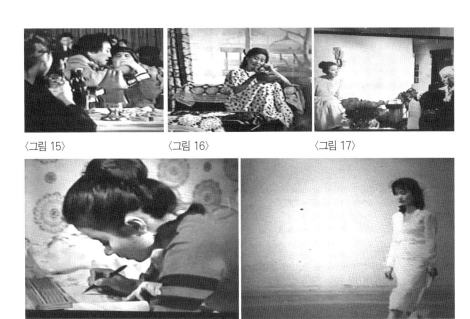

〈그림 15〉　　　　　　　〈그림 16〉　　　　　　　〈그림 17〉

〈그림 18〉　　　　　　　　　　　〈그림 19〉

러한 남성들의 폭력은 '몸'과 '자본'의 위력을 과시하거나 그것을 추구하
는 남성들의 재현 방식에서 잘 드러난다. 이러한 남성적 폭력에 저항하는
오미영의 언어가 바로 '인간'이다. 그녀는 박탈된 이름인 '인간'을 되찾음
으로써 남성들과 동등하게 자신을 규정하려 애쓴다.

　〈그림 17〉와 〈그림 18〉에서 드러나듯이 '성적 전유물'로서가 아닌 그녀
의 정체성은 그녀가 거주하는 안정된 사적 공간 속에서 비로소 출현한다.
〈그림 18〉에서처럼 번 돈을 꼼꼼히 계산하는 그녀의 일상적 모습은 그녀
가 성과 노동이 결합된 양가적 정체성의 존재임을 시각적으로 이미지화한
다. 이 양가적 정체성은 때로 그녀의 내면화된 순결과 정숙의 이데올로기
에 균열을 가하지만, 그녀는 어느 한쪽을 지향하는 존재로서라기보다는
그 사이에 놓인 혼종된Hybrid 주체임을 드러낸다. 영화의 마지막 장면을 보
여 주는 〈그림 19〉는 진수와의 하룻밤을 보낸 후 그를 떠나는 오미영의 모

습을 재현하고 있다. 그녀는 광활한 갯벌을 뒤로한 채 사뭇 진지한 모습으로 길을 걷지만 곧 얼굴 가득 명랑한 웃음을 띤 채 힘차게 자기의 길을 간다. 앞서 드러나듯, 정숙이 판타지화된 사랑과 결혼의 수순을 밟는 것과는 달리, 오미영은 진수와의 이별을 통해 소설의 형상화를 답습하면서도 성적 전유물이자 노동자로서의 자신의 양가적 정체성을 그대로 유지한 채 명랑한 모습으로 자신의 미래를 향해 발을 내딛는다. 소설의 오미영처럼 사회의 밖으로 사라지거나 배제되는 것이 아니라, 그녀가 보유한 혼종의 정체성을 한 몸에 간직한 채 사라지지도 배제되지도 않고 앞을 향해 나아가는 것이다.[68]

따라서 위의 신문기사에서 언급했듯이, '돈을 모아도 찾을 수 없는 행복'이라는 평가는 영화의 결말에서 드러나는 오미영의 모습을 감안했을 때 단편적인 것에 머물러 있다고 봐야 한다. 이 영화는 비단, 정숙하고 순결한 정체성을 간직한 여성 존재에 미치지 못했던 한 여자의 이야기로 끝나지 않기 때문이다. 때로는 돈을 이용해 몸을 소비하는 남성적 폭력에 대해 때로는 사랑보다는 지위와 권력을 희망하는 남성적 기만에 대해 비판하면서 오미영은 자본화된 몸을 통해 '성녀'의 정체성을 비판적으로 전유함과 동시에 인간이자 노동자로서의 정체성을 생산해내는 주체성으로 나아가고 있다.

당대 남성들에 의해 근대적 주체로서의 여성이 정결과 타락, 사랑과 욕

---

68 오미영이 간직한 양가적 정체성은 그녀의 시각적 이미지, 즉 호스티스로 일하지만 화려하지 않은 정숙한 옷차림과 헤어스타일 등을 통해서도 확인해 볼 수 있다. 그녀는 영화 내내 주로 흰색이나 검은색과 같은 무채색의 옷으로 치장하고 있을 뿐만 아니라 묶은 머리 등의 단정한 헤어스타일로 등장하여 영화 〈영자의 전성시대〉에서 재현된 영자의 섹슈얼하고 화려한 '호스티스'가 지닌 몸의 시각적 이미지와는 상반되는 평범하고 일상적인 이미지를 구현하고 있다.

망, 아내와 매음녀, 도덕과 포르노그래피라는 이중의 틀로 개념화되어 왔다면,[69] 영화 속 오미영은 이러한 이분법에 포착되지 않는 다층적 존재로서 자기 구성 과정에 놓여 있는 것이다. 이는 여성의 매개를 통한 남성들의 주체성 구성 문제가 놓인 불안정한 기반뿐만 아니라 '자본'을 둘러싼 젠더 표상의 경합을 은연중 드러낸다는 점에서도 새롭게 읽힌다. 가부장 사회의 안정된 제도권 밖에 서 있는(서게 될) 그녀는 '자본'과 '권력'의 획득을 통해 안정된 사회적 주체성을 획득하려는 남성들의 세계 속에서 지속적으로 성적 전유물이자 노동자로서 그들의 불안정한 기반을 드러내는 잠재성을 지니고 있기 때문이다.

5) 세속의 성녀들, 절망과 저항의 70년대적 아이콘

1970년대 한국영화에서 발견되는 '호스티스' 여성들은 지금까지 쏟아져 나온 많은 연구들의 주된 관심 대상이었다. 그야말로 당대는 '대학생'과 '호스티스'의 시대라 해도 과언이 아닐 만큼 이 두 대상들을 재현하는 영화들은 대중성과 흥행성을 겸비하면서 1970년대의 아이콘을 형성해 나갔던 것이다. 그러나 유신 정권의 가혹한 탄압과 근대화의 기치를 방법론으로 삼아 냉전의 반공국가주의를 강력하게 추진해 나갔던 당대의 정치적 상황을 감안했을 때, 이 두 70년대적 아이콘들은 당대로부터 타자화된 불행한 존재들이었다.

특히, '성녀'라는 신화화된 이름으로 포장된 하위 계급 여성들은 정권의 통치성이 요청하던 '산업 역군'으로서의 가능성마저 쉽게 얻을 수 없었던

---

69 임종수·박세연, 「『선데이서울』에 나타난 여성, 섹슈얼리티 그리고 1970년대」, 『한국문학연구』 44호, 동국대 한국문학연구소, 2013, 102쪽.

가장 타자화된 사회의 배설구였다고 할 수 있다. '산업 역군'이라는 주체 표상의 층위에서 남성들의 풍요로운 삶과 성공을 위해 몸을 바쳐 희생해야 했던(혹은 마땅했던) 이 여성들에게 주어진 삶은 '대학생'이라는 계급과 비교도 안 될 정도로 처참하고 절망적인 것이었다.

그러나 숨겨진 차원에 있던 이들의 신화화된 이름을 벗겨내면 이들은 현실의 노동자였다. 무엇보다 경제 지상주의가 거대한 메트로폴리스 서울을 점령해 나가던 1970년대 근대화 생태계의 가장 밑바닥에서 가장 치열하게 자신의 몸을 '자본'화된 상품으로 삼아 생존해 나가던 존재들이었다. 점차 강화되어 나가던 계급 형성과 그와 연루된 자본의 획득을 두고 경합을 벌이던 이 시대에 남성 가부장 사회의 요구는 훨씬 더 가혹하고 잔인했다. 1970년대 하위 계층 여성은 특별히 관심을 가져야 할 가장 멀리 있으나 가장 가까이 대면해야 할 시대의 타자이자 아이콘이었던 셈이다.

1970년대 예외 상태의 일상화 속에서 남성들의 시대적 피로와 스트레스를 풀기 위해 호출된 이 여성들은 '몸'이라는 가장 물질적인 자본을 통해 스스로의 정체성을 새롭게 규정하고, 저항하는 과정에 놓여 있었다는 점에서 주목을 요한다. 스스로의 목소리를 내기 가장 어려운 처지에 내몰린 이들이 과연 가혹한 냉전 반공주의 시대를 그저 견디기만 했는가. 그들은 전문적 지식도 저항의 힘도 그 어떤 저항의 언어도 가지지 못했지만, 최소한 '몸'을 통해 스스로를 살리는 길을 모색하고 있었다고 볼 수 있다.

기존 논의에서 언급된 이들 하위 주체들은 1970년대 급속한 산업 근대화 속에서 형성된 도시화와 거기에서 비롯된 중층적인 사회 문제, 즉 도시로의 인구 집중과 하위 계급 여성들의 성적 타락 및 산업 역군으로 호출된 남성들의 시대적 피로와 죄의식, 외화 획득을 위해 공공연하게 시행된 성

산업 등과 긴밀하게 연결되어 이 모든 급속한 산업 근대화의 가장 밑바닥에 놓여 있던 시대의 불순물들을 체현하는 존재들이었다. 따라서 이들에 대한 접근은 이들을 생산해낸 시대적 징후와 원인 등을 규명하는 데에 초점이 맞춰져 있었다. 대중문화의 장 속에서 이들의 재현을 '주체적 모색'으로 재현할 수 없었던 데는 이러한 이유가 작동하고 있었다고 할 수 있다.

이 부분에서는 '성녀'로 불리는 대표적 존재 중 한 명인 '영자'를 소환하되, 그녀의 영화적 재현에서 발견되는 가려진 주체성의 면모에 관심을 기울였다. 영자는 결과적으로 '호스티스'라는 가장 세속적인 이름을 부여받았으나 극적으로 '성녀'적 정체성을 획득하기에 이른다. 그러나 이 과정에서 영화는 그녀의 몰락과 구축의 과정을 플래시백을 통해 재현해냄으로써, 시각적 이미지들 속에서 풍겨 나오는 주체적 면모를 극대화한다. 비록 영화의 결말에 이르러 그녀가 모성적 이데올로기 속에 갇힌 존재로 재현되었음에도 불구하고, 사실 바로 그러한 이유로 이 영화는 몸을 통해 자본을 획득하는 영자의 노동자로서의 주체적 결단에 대한 남성들의 근본적 불안과 두려움을 표출한다. 남성들은 '몸'과 '자본', '주체성'이 만나 형성되는 여성들의 전복적 위반의 가능성을 은폐하는 것이다. 이는 '자본'과 '주체성'을 남성적 전유물로 획득·유지하기 위한 제의적 자기 구원 욕망, 즉 푸코적 의미의 주체성 문제와 접속하고 있다. '몸'의 섹슈얼리티를 삭제한 자리에 모성의 성녀적 존재로서 영자를 재창조하는 과정에서 관심을 가져야 하는 것은 이러한 1970년대적 젠더 주체 구성과 경합의 문제이다.

영자와 같지만 다른 존재는 바로 오미영이다. 같은 호스티스이지만 오미영은 훨씬 더 냉철한 현실 인식을 내면화한 존재로서, 영화 〈O양의 아파트)에 재현된 그녀는 자신이 내면화한 순결과 정숙을 겸비한 성녀적 정체성을 근본적으로 뿌리칠 수 없으면서도 '정숙'을 통해 스스로 자신을 새롭게 인식하는 과정에 놓인 생산적인 주체라고 할 수 있다. 그녀는 영자처럼 남성 가부장 사회 속으로 안전하게 진입하는 판타지적 표상으로 비약하지 않은 채 자본화된 몸을 통해 세속적 '성녀' 표상을 전유할 뿐만 아니라, 성 노동자로서의 자기 각성을 통해 '인간성'을 유지하는 혼종된 주체성을 획득하려 한다. 사회로부터 배제되고 삭제되는 소설 속 오미영과 달리, 영화는 시각적 이미지로 열린 결말을 재현함으로써 오미영이 놓여 있는 다층적인 주체성을 보여 주는 것이다. 이는 하위 계급 여성의 '몸'과 '자본'을 통한 자기 구성 및 구제의 문제가 '자본'과 '권력'을 통해 1970년대적 주체성을 구성하려는 남성 주체들의 욕망과 접속하고 있음을 드러낸다. 자본을 통해 권력을 획득함으로써 주체성을 획득하는 길을 밟되, 남성들이 부여한 성녀적 정체성을 적극적으로 전유함으로써 그것의 가능성을 발견하는 것. 이것이 영화 속 오미영이 사회에서 완벽하게 배제되거나 삭제되지 않은 채, 혼종성을 통해 자신을 구원하는 하나의 방법이었다고 해야 할 것이다.

1970년대 한국영화에 재현된 젠더 표상을 시대적 징후로 추출해내는 것은 매우 유효하며 이에 따라 특정한 젠더 표상이 추출될 가능성은 충분하다. 그러나 어떤 특정한 젠더 표상의 반복 재생산은 스테레오타입Stereotype을 생산할 수 있다는 점에서 위험한 것이기도 하다. 당대 한국영화에서 재현되고 호출되는 '성녀'라는 이름의 여성 표상 또한 이와 관련하여 좀 더 관심 있게 들여다 봐야 하지 않을까 한다. 이는 성별 젠더 표상의 스테레오타입을 형성하는 중요한 거점 구실을 할 수 있기 때문이다. 그에 비해 대중문화 생산물로서의 한국영화는 1970년대 산업 근대화에 따른 시대적 복잡성과 깊이만큼이나 당대의 시대적 징후를 드러내는 매우 복잡하고 다층적인 재현의 지층을 포함하고 있었다.

1. 가난한 자들에 대한 위로의 시선, 도시 난민의 영화적 재현

1) 1980년대 한국영화와 도시 난민

1980년대 한국영화는 1970년대의 문제의식과 표현방식을 계승하면서도 변화된 지점을 보여 준다. 가령, 조선작의 대중 소설이 근대화가 내포하는 주류적인 시각, 즉 빈곤하고 이름 없는 존재들을 타자화하는 시각을 승인하는 반면,[1] 한국영화는 오히려 이들을 주체의 자리에 옮겨 놓음으로써 근대화의 구성과 질서가 내포한 시선의 문제들까지 심층적으로 사유하는 길을 연다.[2]

---

[1] 이진경은 '가상적 섹스 상품으로서의 호스티스와 『별들의 고향』'에 대해 논의하면서, 『별들의 고향』에 등장하는 "경아의 가상적인 "호스티스 섹슈얼리티"가 남성 도시 근로자가 느끼는 날카로운 소외감을 진정시키는 데 바쳐졌다면, 죽은 경아는 도시화하는 한국의 일상화된 아노미(anomie)를 다시 한번 절실하게 느끼게 한다"고 분석한다(이진경, 나병철 역, 앞의 책, 196쪽).

[2] 물론, 1970년대를 대표하는 〈별들의 고향〉이나 〈영자의 전성시대〉와 같은 영화들에서도 하위 주체들이 영화의 주인공으로 재현되는 가운데 근대화는 비판적 검토의 대상으로 자리하게 된다. 가령, 근대화된 도시가 주인공의 우울증과 같은 정신적인 질환을 일으키는

여기에서는 이 지점에 주목하여 한국영화를 비판적으로 검토하고자 한다. 1980년대 전두환 정권의 통치 분위기는 박정희 시대와는 비슷하면서도 달랐다. 문화 통치를 정권의 효과적인 수단으로 이용한 전두환은 '3S 정책'을 통해 대중문화 상품에 일정 정도 숨 쉴 틈을 제공했다. "1980년대 한국영화는 정치적으로 열린 틈새를 비집고 역사적, 사회적, 성적 문제를 건드리기 시작한 공적 담론의 장소가 되었다"[3]는 논의에서도 짐작할 수 있듯이, 1980년대 대중문화는 '열린 틈새'를 통해 1970년대와는 다른 신선한 공기를 흡입할 수 있었고, 이는 영화의 재현 방식과 다양성 차원에도 적용되었다.

이 부분에서는 이 지점, 특히 1980년대 전반 박정희 정권의 몰락과 전두환 정권의 수립이 숨막히게 변동되는 상황에서 한국영화의 열린 틈새가 드러나는 시기에 주목한다. 1980년대 초반의 영화에는 그동안 제대로 재현되지 못했던 시골에서 도시로 이주하여 하루하루를 연명하며 살아가는 부랑자·창녀·소매치기·날품팔이 등의 잊혀진 존재들이 영화의 주인공으로 등장하게 된다. 주인공이 된 이들은 도시의 주류를 자처하는 인물들을 지켜보는 관찰자로서 혹은 근대화가 쌓아 올린 결과의 부작용을 체현하는 인물들로서 자신을 드러낸다. 요컨대 잊혀진 타자들의 얼굴과 그들의 이름, "셈-바깥을 가리키는 이름, 내쫓긴 자의 이름"[4]을 다시 부르는

원인으로 작용한다는 측면을 비판적으로 검토하는 논문을 예로 들 수 있다(정현경, 앞의 글 참조). 그러나 이러한 분석은 '근대화' 자체에 대한 비판적인 검토에 중점을 둠으로써, 영화 속에 재현된 인물들의 주체화 과정이나 그 과정 속에서 이들 주체화된 존재들의 세밀한 존재 양상을 충분히 검토하지 못하는 한계를 보인다. 1980년대 초반의 영화는 이러한 영화적 시도에 좀 더 적극적인 면모를 보여 준다고 판단된다.

3 김미현, 앞의 책, 68쪽.
4 자크 랑시에르, 양창렬 역, 앞의 책, 118~119쪽. 랑시에르는 '프롤레타리아'의 의미를 새롭게 규정하면서 "주체는 사이에 있는 것, 둘-사이에 있는 것이다. 프롤레타리아는 그들

것이 가능해지는 시기가 바로 1980년대 초반인 것이다. 따라서 1980년대 초반의 영화에 재현된 타자들의 얼굴을 대면하고 그들의 주체화 과정을 따라가다 보면 근대화의 문제를 비판적으로 성찰하는 것이 가능해진다.

이 부분에서는 '셈-바깥'의 존재들을 '도시 난민'이라는 개념으로 사용하고자 한다. 한나 아렌트는 「국민국가의 몰락과 인권의 종말」에서 전 세계를 떠도는 난민의 문제를 규정하는 가운데, '고향의 상실' 경험이 '난민'적 삶의 중요한 요소가 된다는 점을 주장한다. "사람은 어떤 사회 환경에서 태어나고, 그 안에서 자신을 위해 세상에서 하나의 독특한 장소를 구축한다. 그러나 고향 상실은 이런 사회 환경 전체를 잃는다는 것을 의미한다. 더 중요한 것은 정착해야 할 어떤 새로운 고향이나 영토가 주어지지 않는다는 사실이 난민적 삶의 중요한 요소로 작용한다."[5] 여기서 아렌트는 유태인을 중심으로 한 세계적 난민 현상을 역사적으로 추적하고 있다. 그러나 이러한 분석은 비단 '국가'와 '인권', '이주'를 중심으로 한 난민 현상뿐만 아니라, 자국 내에서조차 이주를 통해 고향을 상실하고 새로운 곳에 정착하지 못한 채, 인권의 사각지대에서 버림받고 이름 없이 헐벗은 채 살아가는 모든 타자화된 인물들에게도 적용된다. "중요한 것은 자신이

이 사이에─여러 이름들, 지위들 혹은 정체성들 사이에, 인간성과 비인간성, 시민성과 그것의 부인 사이에, 도구로서의 인간의 지위와 말하고 사유하는 인간의 지위 사이에─ 있는 한에서 함께 있기도 한 사람들에게 '고유한/적합한' 이름이었다"고 말한다. 프롤레타리아는 지워진 이름 혹은 셈 바깥에 있는 이름들의 대표라고 할 수 있으며, 프롤레타리아의 존재를 드러내는 주체화 작업을 통해서 기존 사회가 공고하게 형성한 폐쇄적이고 비민주적인 틀과 한계를 보여 줄 수 있다고 분석한다. 1980년대 초반에 영화에 등장하는 타자화된 얼굴들의 도래는 그 자체로 근대화가 구축한 사회의 기존 질서가 내포하고 있는 비민주성과 틀을 비판적으로 성찰하는 길을 연다는 점에서 랑시에르의 논의는 많은 참조점을 제공한다.

5 한나 아렌트, 박미애 역, 『전체주의의 기원』 1, 한길사, 2014, 528쪽.

어느 국가에 속하는가가 아니라 어떤 사람의 집단에 속하는가 하는 것"[6] 이기 때문이다. 국가에 속했음에도 불구하고, 국민으로서의 생존권과 자격을 부여받지 못한 채 주류의 집단에서 내쫓긴 자들 혹은 버림받은 자들의 형상은 한 사회 안의 여러 영역에서 발견된다.

위의 논의를 참조하자면, 고향을 상실한 경험과 새롭게 정착할 영토를 갖지 못한 자 그리고 국민으로서의 자격을 부여받지 못한 채 특정 주류 집단으로부터 내쫓긴 자들의 이름을 '난민'으로 규정할 수 있을 것이다. 한국의 근대화가 시골로부터 도시로 거처를 옮긴 이주민들의 삶과 정착할 곳을 가지지 못한 뿌리 뽑힌 자들을 양산했다는 점 그리고 도시의 주류 집단에서 내쫓긴 채, 국민으로서의 자격을 부여받지 못하는 빈곤층을 지속적으로 발생시켜 왔다는 점은 주지의 사실이다. 따라서 여기에서 주목하고자 하는 1980년대 초반의 영화에 재현된 부랑자·창녀·소매치기·날품팔이 등의 이름 없는 빈곤층은 '도시 난민'의 가장 대표적인 실례가 될 것이다.

따라서 이 부분에서는 1980년대 초반 영화에 재현된 '도시 난민'의 재현 양상에 주목하여, 당대의 영화가 대중문화로서의 비판적인 가능성을 어느 정도 보여 주었는지 탐색하는 데 초점을 맞추고자 한다.

우선, 도시 난민으로 살아가는 이들이 고향을 떠나 도시로 이주한 후 살아가는 삶의 양태를 한국영화에서 재현하는 방식을 살펴보기 위해 '근대화의 주변을 횡단하는 난민들'의 표류하는 삶을 분석할 예정이다. 이후 도시 난민으로 재현된 이들의 존재가 내포하는 개발 독재의 맨 얼굴과 그

---

6   서경석, 임성모·이규수 역, 앞의 책, 120쪽.

폭력성을 난민들의 '비참'을 통해 구체적으로 논의하고자 한다. 이를 통해 결론적으로 1980년대 초반 한국영화가 대중문화 정치의 측면에서 생산적인 역할을 수행할 수 있는 가능성을 논의하고 당대 영화의 역사적 의미를 재고하고자 한다.

2) 근대화의 주변을 횡단하는 난민들

난민의 형상은 '상실'과 '표류'의 이미지를 발산하면서 이른바 보편적인 질서 체계를 보장하는 안정과 정착의 특정한 범주들 주변부를 떠돌아다닌다. 확고한 근대화의 세계를 동경하여 고향을 떠나 도시로 이주한 이들이 바로 망향의 존재들이다. 도시의 물질적 삶과 성공에의 욕망을 내면화한 이들의 '이주'는 근대화가 구축한 세계를 승인함과 동시에 그 경계를 확고하게 하는 과정이 되기도 한다.

그러나 이주자들은 확고한 근대화 세계의 폭력과 텃세에 내몰려 고향에서보다 더욱 비참한 난민으로 도시를 표류하기에 이르고 만다. "공동의 세계 밖에서 살도록 강요당한 사람들의 실존에서 발생하는 가장 큰 위험은 그들이 문명의 한가운데에서 자연의 상태, 즉 그들이 자연으로부터 받은 것으로, 그들의 단순한 차이로 되던져졌다는 것"[7]이라는 진술에서도 짐작할 수 있듯이, 떠밀려난 자들은 '자연의 상태'로 방치되어 죽음에 이르거나 비참한 삶을 겨우 연명하며 살아가야 한다.

성공에의 욕망과 비참한 현실은 도시 난민들의 자기 분열적 정체성을 환기시킨다. 이들은 끊임 없이 도시로 몰려 들면서 근대화와 개발 신화를

---

7   한나 아렌트, 박미애 역, 앞의 책, 541쪽.

승인하고 풍요롭고 안정된 세계 속에 안주할 꿈을 꾼다. 이는 곧 근대화가 초래한 안정된 세계의 경계 턱을 높이는 결과를 초래한다. 반면에, 높아진 턱에 떠밀려 도시의 주변부로 물러나면서 이들은 '중심'과 '주변'을 끊임없이 서성거리는 그야말로 어디에도 소속되지 못한 분열적 존재가 되어버리는 것이다. 도시 난민들의 '상실'과 '표류'는 이렇듯 정신적·물질적 차원에서 복합적으로 이루어진다.

'망향'의 상실과 표류는 이장호 감독의 영화 〈바람 불어 좋은 날〉1980에서 다양한 형태로 재현된다. 부동산 투기업자 김회장이 최신식 건물을 지으면서 땅을 잠식해 나가는 상황에서 바로 그 땅을 부쳐 먹고 순박하게 살아가던 어떤 사람은 자기의 거처를 상실한 채 표류하다 죽음에 이른다. 영화의 장면마다 언뜻언뜻 스쳐 지나가듯 재현되는 이 외톨이 노인의 모습은 급속하게 진행되는 개발과 그것에 대한 철저한 추종 및 그에 따라 자기 영토를 상실한 자의 관계를 잘 표현한다.

문제적인 것은 앞에서도 언급했듯이, '근대화'의 결과물, 풍요로운 부와 삶에 대한 인간들의 공통된 관심과 욕망 혹은 개발 신화의 승인이 오히려 자신의 난민화 현상을 부추긴다는 데 있다.[8] 〈바람 불어 좋은 날〉에서 주인공으로 등장하는 덕배중국집 배달부 · 춘식이발소 시다 · 길남여관 보이은 땅을 잃

---

8 이와 관련하여 다음과 같은 내용을 참조할 수 있다. "우리가 모든 인간활동을 삶의 필수품 확보와 그것을 풍부하게 공급하는 노동활동이라는 공통분모로 평준화시켰다는 사실이다. 우리가 무엇을 하든지, 우리는 '생계를 유지하기' 위해서 일을 한다. 이것이 (근대)사회가 내린 판결문이다."(한나 아렌트, 이진우 · 태정호 역, 『인간의 조건』, 한길사, 2002, 183쪽) 근대 사회가 '노동활동'을 통해 삶을 유지하는 기능을 극대화시켰다는 이 말은 물질적으로 풍요로운 삶, 자본에 종속된 노동을 환기시킴과 동시에 이에 함몰된 인간들의 공통된 자본에 대한 욕망을 짐작할 수 있게 한다. 뿐만 아니라, 여기에서는 이러한 노동활동에 참여할 수 없는 존재들이 곧 인간적인 삶을 보장받을 수 없는 한계에 직면하게 된다는 것 또한 추론할 수 있다.

그림 20) 〈바람 불어 좋은 날〉의 한 장면　　　　　〈그림 21〉〈바람 불어 좋은 날〉의 한 장면

어버린 채 표류하는 외톨이 영감을 안쓰러운 표정으로 바라본다. 자살한 영감의 장례식을 끝까지 지키는 이들 또한 세 명의 주인공이다. 그러나 이들은 고향을 등지고 상경한 무작정 상경남들로서, 근대화의 수혜를 누려보고자 하는 욕망을 내면화한 존재들이다. 이들이 근대화의 수혜에 욕망을 투영하면 할수록 근대화는 괴물의 형태로 이들을 주변으로 내몰고 죽음을 초래한다. 외톨이 영감의 죽음을 애도하는 이들 세 주인공의 모습은 그래서 더욱 아이러니하다. 이러한 아이러니한 상황은 영화의 다음 장면에서도 확인할 수 있다.

〈그림 20〉은 여관 보이 길남이 투숙객들을 대상으로 창녀들을 소개시켜 주는 장면의 일부분이다. 카메라 워크에서 잠깐 스치듯 지나가는 이들은 도시의 주변부를 떠도는 미스 양의 수많은 사생아들 중 하나이다. 영화는 잠깐 동안이지만, 거대하고 화려한 도시의 일상에서 배제된 비참한 존재들을 호출한다. '웰컴 호텔'을 지어 성공하고 말겠다는 길남의 원대한 꿈의 희생양들이 바로 이들 창녀들이라는 점에서 길남의 욕망은 끊임없이 도시 주변부를 표류하는 존재들을 양산한다는 것을 확인할 수 있다. 길남 또한 이들의 처지와 별반 다를 게 없다. 미용실 보조 진옥에게 맡겨둔 돈을 뜯긴 채 비참한 처지로 내몰리는 길남 또한 자신의 욕망이 좌절되는

경험을 맛본 후 결국 군대 영장을 받고 서울을 떠나야 했기 때문이다.

〈그림 21〉은 세 주인공들의 처지와 이미지를 복합적으로 상기시키는 장면이다. 멀리 신축 건물이 자리잡은 가운데 그 공사현장에 들어선 세 주인공들은 소변을 보며 서 있다. 이들 앞으로 서 있는 팻말에 붉은 글씨로 적힌 "쓰레기 버리지 말 것"이라는 문구는 매우 인상적이다. 이 장면은 마치 신축 건물과 팻말 사이에 서 있는 세 주인공을 '불법 침입자'로 혹은 "쓰레기"로 치환시키는 효과를 발휘한다.[9] 신축 건물의 공사 현장과 팻말은 근대화의 특화된 공간과 그 경계를 선명하게 환기시키며, "쓰레기"와 같은 세 주인공들은 이 공간의 경계를 무심코 뚫고 들어가 자신쓰레기의 불순물을 버리면서 공간을 신체의 쓰레기로 오염시키는 희생자이자 가해자가 된다. 이들은 급속한 개발의 근대화된 공간과 쓰레기 사이에 끼인 채, 불법 침입자이자 쓰레기로 의미 변경되는 과정에서 그 어디에도 소속되지 못한 분열적 정체성을 드러낸다.

이렇듯 근대화와 개발 신화가 가져오는 성공과 부에 대한 욕망은 안정된 세계의 경계를 강화시킴과 동시에 그것의 희생양들을 지속적으로 생산하면서 주변부의 난민적 삶을 갱신한다. 경계의 강화와 밀려남 속에서 도시로 이주한 밑천 없는 인간들은 중심과 주변의 어느 곳에도 정착하지 못한 채 난민으로 떠돌아 다닌다.

이장호 감독의 영화 〈바보선언〉1983은 '선언된' 바보의 삶을 통해 근대

---

9 이 장면에 제시된 팻말의 문구, "쓰레기"가 세 주인공들의 난민적 정체성을 드러내는 표현이라면, 다음의 말은 이러한 해석에 참조점을 제공해 준다. "고향을 떠나자마자 그들은 노숙자가 되었고 국가를 떠나자마자 무국적자가 되었다. 인권을 박탈당하자마자 그들은 아무런 권리가 없는 지구의 쓰레기가 되었다."(한나 아렌트, 박미애 역, 앞의 책, 489~490쪽)

화의 주변을 횡단하는 난민적 삶의 모습을 가장 실험적으로 보여 주는 작품이다. 영화의 시작 부분에 등장하는 바보 동칠의 기묘한 동작과 배경을 이루는 번잡한 근대 도시의 일상은 일종의 불협화음을 조성한다. 이는 '창'과 '전자음악'의 기묘하게 조합된 사운드와 함께 어우러져 바보 동칠의 이질적 존재감을 극대화시킨다. 여기에 꿈과 현실을 오가는 동칠의 떠돌이적 삶과 욕망, 매춘녀의 화려하지만 불행한 도시적 삶, 결과적으로 도시에서 떠밀려난 채 죽음에 이르는 그녀의 비참한 일생이 겹치면서 영화는 전반적으로 '표류'와 '상실', '돈'에의 욕망을 마구 뒤섞는다. 이 비균질적인 조합과 배치 속에서 주인공들은 그야말로 도시의 안정된 삶과 그것을 향유하는 인간들의 비인간성과 폭력을 관찰하는 관찰자이자 이방인으로서 근대화의 주변부를 떠도는 난민이 된다.

'주변부적 존재'로서의 난민적 삶은 이장호 감독의 또다른 영화 〈어둠의 자식들〉1981의 한 장면에서 명확한 경계선의 모습으로 등장하기도 한다. 영화 안에서 윤락촌의 문제적 존재로 등장하는 화숙은 우연히 호객 행위를 하다가 주변 교회의 전도사를 붙들고 실랑이를 벌이게 된다. 전도사의 거부와 고발에 화가 난 화숙은 히스테리가 폭발하여 전도사가 몸담고 있는 교회로 달려가 철문에 매달려 절규하다 수용소에 갇히는 신세가 되고 만다. 영화의 장면 곳곳에 등장하는 웅장한 교회의 위엄과 높은 철문은 종교적인 색채로 상징화된 공고한 기득권의 세계 혹은 안정되고 체계화된 근대의 공간으로 진입하는 관문으로 해석할 수 있다. 이어 화숙의 일대 소란을 소탕하기 위해 경찰이 출동하면서 그녀는 수용소에 감금되는 범죄자가 되어 버린다. 철문에 매달려 "우리가 죄인이냐?"고 절규하던 그녀는 수용소에 감금됨으로써 진짜 죄인이 되는 것이다. 더욱 아이러니한 것은 화숙의 유일한 혈육인 딸이 독실한 기독교 집안에 입양되고, 영애는 아이 친모의 존재를 알리지 않음으로써 화숙과 자신의 이름을 삭제한다는 점이다. 화숙을 범죄자로 몰아간 교회의 권위와 높은 기득권의 세계를 승인함으로써 그 경계 밖으로 스스로를 내몰고 이름을 삭제하는 과정은 영애와 화숙을 비롯한 밀려난 자들의 삭제된 이름, 혹은 "셈 밖"의 삶을 상징화한다. 영화에 등장하는 '경찰'과 '시립아동보호소', '아동보호법', '목사', '기독교', '교회' 등의 기표들은 당대 근대화된 세계의 권위와 권력을 상징함과 동시에 공고한 기득권의 풍요로운 삶과 그렇지 못한 삶을 가르는 기준으로 작용한다. 일종의 '치안' 담론으로서 기능하는 위와 같은 기표들로 인해 가지지 못한 채, 도시로 밀려들어 윤락촌에서 겨우 연명하며 살아가는 영애와 화숙을 비롯한 무작정 상경남녀 및 소매치기, 호객꾼, 사기꾼 등은 특정한 질서 체계의 경계 밖으로 떠밀려 나간다. 치안은 공백과 보충의 부재를 원리로 하는 하나의 감각적인 나눔으로서, 감각적인 것은 나눔은 나누어진 공통과 배타적인 몫들의 배정 사이의 관계가 감각적인 것에서 결정되는 방식이라고 할 수 있다.[10] 영화 〈어둠의 자식들〉은 종교적 색채를 띠는 가운데, 그 안에서 공통 영역에 속하는 자들과 배제적인 자들의 감정적 나눔의 과정을 선명하게 부각시키는 효과를 발휘한다.[11]

한편, 1980년대 초반 영화에서 '길' 혹은 '거리'에 서 있는 인물들의 모

---

10 자크 랑시에르, 양창렬 역, 앞의 책, 221~222쪽.
11 영화의 한 장면은 이러한 감정적 나눔의 방식을 선명하게 부각시킨다. 화숙의 딸 아영이가 시립아동보호소에 가야 하는 상황에서, 영애는 아이를 데리고 몰래 어떤 마을에 정착한다. 성실하게 생활하는 영애를 보고 칭찬을 아끼지 않던 집주인은 시립아동보호소 직원이 찾아와 영애의 실체를 밝히자, 마을에서 떠날 것을 종용하며 마을 사람들과 함께 그녀를 마치 더러운 벌레 취급하며 내쫓는다. 이는 대중적으로 전유된 치안 감각이 영화적으로 재현된 대목으로서, 영애는 끊임 없이 거처를 상실하고 표류하는 길 위에 서게 된다.

〈그림 22〉 영화 〈꼬방동네 사람들〉의 한 장면　　　　〈그림 23〉 영화 〈난장이가 쏘아 올린 작은 공〉의 한 장면

습은 이들의 상실과 표류의 이미지를 강화시키는 데 일조한다. 배창호 감독의 영화 〈꼬방동네 사람들〉1982에서 소매치기 주석과 영숙의 사랑은 그야말로 '길' 위의 것이라고 할 만하다. 근대화된 아파트들을 배경으로 서 있는 초라한 꼬방동네는 구불구불한 길로 영화 장면마다 재현되는가 하면, 영숙의 고단한 삶은 아지랑이가 피어오르는 끝없이 뻗은 철길 위에서 더욱 선명하게 부각된다. 택시기사로 돌아온 주석과 영숙과의 재회와 새로운 삶에의 희망은 '길' 위에서 시작된다. 이들이 놓여 있는 '길'은 도시로 이주한 보잘 것 없는 빈민촌의 삶을 반영하는 하나의 형식이자, 영숙이 걸어가는 거대한 철길이 암시하듯 놓여 날 수 없는 혹은 추구해야 할 삶의 한 욕망으로 자리잡는다.

　반면, 영화 〈바보선언〉에 등장하는 길은 근대화와 동떨어진 동칠의 떠돌이적 삶을 반영한다. 빽빽하게 들어선 산동네를 등지고 화면을 향해 기이한 발걸음으로 걸어오거나, 도시의 숨 가쁜 일상이 정신없이 회전하는 빌딩숲 사이에서 목적 없이 걸어가는 동칠은 곧게 뻗은 길이 상징하는 진보와 발전 이미지와 상반된다. 목적 없이 서성이거나 떠돌아 다니는 동칠의 모습은 빠르게 돌아가는 도시의 길과 낯설게 조우함으로써 더욱 이질성을 획득한다.

〈난장이가 쏘아 올린 작은 공〉에는 난장이 가족들의 집을 중심으로 형성된 '길' 위로 영수가 걸어오는 장면이 제시된다. 익스트림 롱 숏으로 촬영된 이 장면에서 걸어가는 영수의 모습 뒤로 거대한 크레인들이 근대화되어 가는 재개발의 현장을 압도하듯 전시하고 있다. 이러한 장면의 제시는 근대화 발전의 주변부 길을 따라 걷는 그들의 존재 의미를 반영함과 동시에 거부할 수 없는 개발과 근대화의 과정을 함축한다.

3) 개발 신화를 폭로하는 난민의 몸

1980년대 초반 한국영화에서 근대화의 부작용을 폭로하는 가장 극적인 방식은 도시 난민의 비참한 몸을 재현하는 것이라고 할 수 있다. 근대화의 빠른 발전 도상에서 자본주의가 도시의 일상을 잠식하는 가운데, 가장 밑천 없는 자들의 몸은 근대화가 초래한 부정을 저항적으로 표현하는 가장 적극적인 형식으로 변환된다. 조르조 아감벤의 '벌거벗은 생명'에 대한 논의는 이러한 비천한 자들의 정치적인 의미를 잘 보여 주는 일례에 해당한다. 그는 "오늘날, 상이하면서도 여전히 유사한 방식으로, 발전을 통해 빈민계층을 제거하려는 자본주의적-민주주의적 계획은 자신의 내부에서 배제된 자들로 구성된 인민을 재생산할 뿐만 아니라, 제3세계 모든 주민을 벌거벗은 생명으로 바꿔놓고 있다"[12]고 주장한다. 여기서 그가 말하는 '인민'은 국가와 주권을 상실한 채 세계 곳곳을 떠돌아 다니는 '난민'과 같은 존재들을 의미한다. 민주주의를 표방하는 자본주의는 국가와 주권의 범주 안에서 그것을 가진 자와 그렇지 못한 자들을 끊임 없이 양산하면서

---

12 조르조 아감벤, 김상운·양창렬 역,『목적 없는 수단』, 난장, 2009, 45~46쪽.

배제된 자들을 생산해 내는 폭력적인 구조를 보여 준다. '인민'의 벌거벗은 생명은 바로 자본주의가 생산해낸 폭력적 결과물의 신체적 표현이다.

아감벤의 주장에 기대자면, 1980년대 초반 한국영화에 재현된 도시 난민들의 비참한 몸은 아무런 권리와 자격을 지니지 못한 채 국가의 법과 근대화의 발전 도상에서 버림받은 자들, 즉 '벌거벗은 생명'에 다름 아니라고 할 수 있다. 이러한 난민들의 비참한 몸은 근대화가 조성한 경계에서 배제된 대상으로서 생산될 뿐만 아니라, 경계 안의 확고하고 안정된 세계에 위협과 두려움을 초래할 대상으로 인식된다는 점에서 낯설고 두려운 것이다. 이를테면, "몸은 오직 경계에서만, 경계로서만 발생한다. 경계란 의미나 질료의 연속이 낯섦과 교차하면서 부러짐을 겪는 외변, 열림과 불연속화인 것이다".[13] 이처럼 경계를 통해 생산되는 비참한 몸의 출현은 근대화가 형성한 세계의 안정성과 공고함을 깨트리고 폭로한다는 점에서 정치적인 것이 된다.

〈바람 불어 좋은 날〉에서 난민의 비참한 몸은 두 가지의 형식으로 재현된다. 우선, 김회장에게 땅을 빼앗긴 채 거리를 떠돌다 자살하는 노인의 몸이다. 김회장이 세운 빌딩의 준공일 환영식장에서 목을 매 숨진 채 발견되는 노인의 몸은 근대화의 내부에 불법 침입한 자의 충격적인 '죽음'을 통해 개발 신화가 가진 폭력성을 극적으로 환기한다. 또 하나는 덕배의 복싱하는 몸이다. 복싱을 하며 얻어 맞아 피투성이가 된 덕배의 모습 위로 다음과 같은 그의 독백이 흐른다. "2년 동안 보이지 않는 누군가에게 맞아 온 것 같다." 근대화된 도시 서울은 그에게 신체적 폭력을 행사한 가해자

---

13 장 뤽 낭시, 김예령 역, 앞의 책, 20~21쪽.

이다. 그러나 그것에 저항할 아무런 수단도 무기도 없는 그는 구타당함으로써만 자기 존재를 증명하고 살아남을 수 있는 모순적인 상황에 놓인다. 덕배는 '죽음'과 '삶'의 경계선에 몸을 내맡긴 채 존재할 수밖에 없는 것이다.

송영수 감독의 영화 〈이 깊은 밤의 포옹〉1981에서 도시의 거리를 떠돌며 몸을 팔아 사는 매춘녀 미애는 "거리의 남자들은 모두 나를 생선처럼 먹으려고만 들었는데 넌 나를 여자로 봐 주었어"라고 말하며 영후에게 마음을 연다. 미애와 같은 거리의 매춘녀들은 인간이라기보다는 한 마리의 '생선'으로 묘사된다. 인간의 자격을 상실했음을 자조적으로 읊조리는 미애의 말을 통해, 그녀를 거리로 내몰고 사물로 치부하는 도시와 풍요로운 삶을 구가하는 인간들의 비정함과 폭력성을 가늠할 수 있다.

특히, 〈이 깊은 밤의 포옹〉의 미애처럼 '매춘녀'들의 존재는 도시로 밀려든 난민들의 비참한 '몸'을 가장 효과적으로 보여 주는 기표로 작용한다. 물론, 정책적 차원에서 '매춘'과 관련된 장면들은 전두환의 '3S정책'과 연관되어 있음을 간과할 수 없다. 그런데 이러한 정권의 대중문화 정책의 영향은 단순히 정책 수용의 측면에서만 한국영화를 평가할 수 없는 복잡한 지점을 보여 준다. 가령, '매춘녀'의 재현은 단순히 영화의 에로티시즘을 극대화하여 대중의 흥미에 영합하는 일차원적 수준에만 머물러 있지 않다. 미애와 같은 매춘녀들의 몸은 도시 생활의 비참과 난민적 정체성 그리고 거기에 내재한 근대화의 폭력성을 보여 주는 중요한 정치적 형식으로 작용하기 때문이다.[14]

---

14 1980년대 전두환 정권의 대중문화 정치와 영화 정책의 변화 그리고 작품의 재현 양상이라는 삼항 속에서 대중 영화가 정권의 정책을 교묘히 활용하면서 저항적이고 정치적인

〈그림 24〉 영화 〈장사의 꿈〉의 한 장면　　　　〈그림 25〉 영화 〈어둠의 자식들〉의 한 장면

　　미애와 같은 존재는 이후 신승수 감독의 1980년대 중반 영화 〈장사의 꿈〉1985에서도 비슷한 양상으로 재현된다. 시골에서 상경한 여자 애자가 포르노 배우로 살아가는 과정을 그린 이 영화에서 애자는 "여기서는 모든 게 상품"이라고 말한다. '포르노 배우'라는 직업이 말해 주듯이 그녀 또한 '몸'을 팔아 살아가는 도시의 비참한 떠돌이이다. 이 영화에서는 애자가 발가벗은 채 도시의 한가운데로 달려가는 장면이 제시되는데, 이는 그녀를 상품으로 내몬 도시의 강고한 세계로 돌진하는 벌거벗은 비천한 몸의 저항적 전시라고 할 만하다. 이렇듯 '몸'은 그것이 도시에서 인간으로서의 특정한 자격 상실을 전제한다는 점에서 그리고 자격 상실된 그 몸을 통해서만 존재 증명을 할 수 있다는 점에서 그 자체로 정치적이다. 근대화와 개발 신화의 폭력성은 이러한 상실과 표류의 비참한 도시 난민의 몸을 통해 그 맨살을 드러낸다.

　　'매춘'을 다룬 또다른 영화 〈어둠의 자식들〉1981에서 무작정 상경녀인 영애의 몸은 이들 비천한 자들의 특정한 '연대'를 상상하게 하는 데로까

──────────

메시지를 표방하는 장치를 영화 제작 및 주제 선정, 장면 재현 측면에 삽입한 양상에 대해 논의할 필요성이 있다. 아직까지 1980년대 영화 작품에 대한 분석이 일천하고, 특히 '매춘'의 재현 방식에 대한 논의를 심도 있게 이루어지지 않고 있는 실정이므로, 이에 대한 앞으로의 연구가 필요한 실정이다.

지 나아간다. 화숙의 딸 아영이 진입한 안정되고 풍요로운 세계에서 스스로의 이름을 삭제하기도 하지만, 그녀는 자신의 비천한 몸을 비천한 자들에게 선뜻 내어 줌으로써 그녀의 개인성에서 벗어나는 가능성을 연다. 영화의 마지막 장면에서 두 다리가 절단된 부랑자의 형색을 한 고객이 영애가 머무는 윤락촌에 찾아온다. 다른 매춘녀들은 질색을 하고 그를 피하지만 영애는 자신이 모시겠다며 기꺼이 그를 맞이한다. 그녀가 그와 어깨를 나란히 하고 천천히 카메라를 향해 걸어오는 장면은 숙연함과 숭고함을 자아내기까지 한다. 이렇게 매춘녀들에게조차 거부당한 도시의 가장 밑바닥 인생을 끌어 안음으로써 영애는 자신의 개인적 정체성에서 벗어나 '함께 하기'를 실현하는 존재로 거듭나는 것이다.[15] 이들은 신체적 결핍과 인간적 자격의 상실로 인해 근대화의 풍요롭고 안정된 '낮'의 세계에서 밀려난 '어둠'의 존재들이지만, 이러한 결핍과 상실의 몸 자체가 어떤 특정한 연대의 가능성을 열어 제낌으로써 정치적 역량을 발휘하는 기제가 될 수 있음을 여기에서 짐작할 수 있다.

그러나 〈어둠의 자식들〉처럼 도시 난민의 비참한 몸이 어떤 가능성의 세계를 두드리는 데까지 나아가는 것은 매우 드물었다. 사실, 1980년대 초반 영화에서 드러나는 도시 난민의 비참한 몸은 '죽음'과 직결되어 있

---

15 이러한 영화적 결말은 레비나스의 철학과 연결되는 지점을 보여 준다. 레비나스에 따르면, "환대와 기대, 영접이 있는 친밀성의 공간은 여성적인 얼굴의 부드러움을 통해 창조된다".(강영안,『타인의 얼굴』, 문학과지성사, 2005, 128쪽) 주체로서의 나는 타자의 주체성을 인정하고 존중함으로써 형성되며, 이러한 타자를 전제한 주체성을 통해서만 환대와 기대, 영접의 친밀성의 공간 또한 형성될 수 있다. 〈어둠의 자식들〉에서 영애는 바로 이러한 타자에 대한 인정과 존중을 가능케 하는 존재로서 재현되며 영화의 장면 곳곳에서 재현되는 영애의 얼굴은 폭력적인 근대화의 부정적 결과뿐만 아니라, 그것을 통해 자신의 처지와 닮은 타자의 얼굴을 대면하고 그것을 존중하고 맞이하는 승화된 얼굴로서 상징되는 측면을 보여 주기도 한다.

어 '죽음'을 통해 정치적인 형식으로 발현되는 양상을 보이기 때문이다.

영화 〈난장이가 쏘아 올린 작은 공〉에서 기지촌의 매춘녀 명희의 죽음은 "아무도 생각하거나 슬퍼해 주지 않는 죽음"이라는 점에서 그것 자체로 정치적이다. 하찮은 죽음에 대한 언술은 그 언술 자체로 죽음을 문제적으로 바라보도록 요구하기 때문이다. 아무도 생각하거나 슬퍼해 주지 않지만, 실상 명희의 죽음은 명희와 난장이 가족의 가난함과 비참함, 재개발과 근대화의 폭력에 희생당하는 모든 비참한 삶을 표명하는 하나의 형식으로 자리한다. 난장이의 죽음 또한 마찬가지이다. 자살한 난장이를 수습하러 온 병원 직원들은 시체를 보고 가장 먼저 '난장이'라는 점에 당혹스러워한다. '죽음'이라는 엄숙하고 슬픈 사실보다 '당혹스러움'의 감정이 선행하는 것이다. 바로 이러한 '당혹스러움'의 재현은 그것 자체로 떠밀려난 도시 난민들의 비참을 재고하는 정치적인 제스처로 바뀐다.

영화 〈바보선언〉에서 도시의 부유한 자들이 주최한 향락 파티에 어울렸다가 희생된 여자의 죽음 또한 아무도 슬퍼해 주거나 기억해 주지 않는 죽음이지만, 그 죽음을 통해 근대화의 폭력성을 드러낸다는 점에서 문제적일 수 있다. 여자의 죽음을 애도하는 자는 신체적 장애를 가진 바보 동철이다. 영화 〈바람 불어 좋은 날〉에서 땅을 빼앗긴 노인의 마지막 죽음을 애도하는 존재가 바로 도시의 밑바닥 인생들인 것처럼.

죽음은 몸의 가장 스펙터클한 정치적 형식이자 해방의 역량을 표현하는 기제가 되기도 한다. 하명중 감독의 영화 〈엑스〉1983에서 매춘을 하며 살아가는 동식과 수옥은 비참한 삶의 종지부를 찍기 위해 바다로 뛰어들어 자살을 한다. 세상에서 얻은 건 모두 돌려주고 가자며 벌거벗은 몸으로 바다로 뛰어드는 이들의 모습은 죽음을 통해 해방에 이를 수 있다는 메시지

〈그림 26〉 영화 〈바람 불어 좋은 날〉의 한 장면   〈그림 27〉 영화 〈바보 선언〉의 한 장면

를 던진다.

영화 〈바람 불어 좋은 날〉과 〈바보선언〉에서 죽음이 재현되는 방식도 가장 스펙터클하면서도 해방적인 의미를 던진다. 죽음을 통해서야 이들 비참한 존재들은 그들이 살던 도시의 화려하고 번잡한 공간을 벗어날 수 있게 된다. 〈바람 불어 좋은 날〉에 재현된 평화로운 석양의 지평선과 〈바보선언〉에 재현된 푸른 초원은 '안식'과 '평안'의 이미지를 발산한다. 영화 〈엑스〉에서 두 사람이 뛰어드는 '바다' 또한 해방과 안식의 이미지를 환기하는 자연의 품으로 해석 가능하다.

이러한 자연의 상태 혹은 도시 밖의 특정한 공간의 재현은 '죽음'과 '몸', '자연'의 관계로 묶이면서 그 반대항에 자리한 도시의 비참한 난민적 삶을 반향하는 데 기여한다. 이들은 죽은 몸을 통해 비로소 영원한 안식을 누릴 수 있는 거처, 즉 고유한 '땅'으로 돌아갈 수 있는 것이다.

이렇듯 1980년대 초반 영화에서 재현되는 '죽음'과 결부된 이 낯선 몸들은 그 자체로 주체적인 역량을 표현하는 문제적인 것으로서, 근대화를 비판적으로 사유케 하는 영화적 요소라고 할 수 있다. 말하자면, "만일 우리가 맞닥뜨린 완전히 새로운 과제를 처리하고자 한다면, 우리는 지금까지 정치적인 것의 주체를 대표해온 근본 개념들인간, 권리를 가진 시민들, 또한 주권자로서의 인민, 노동자 등을 지체 없이 포기하고, 난민이라는 이 둘도 없는 형상에서 우리의 정치 철학을 재구축해야 할 것"[16]이라는 주장은 1980년대 초반 한국영화에 재현된 도시 난민의 형상에 주목해야 할 필요성과도 직결되는 것이다.

4) 잊혀진 주변부적 존재들의 대중적 소환

1970년대 작품 〈바보들의 행진〉1975을 통해 사회 비판적인 청년 문화의 기수이자 실험적인 리얼리즘을 추구했던 대표적인 영화 감독 하길종은 당대 영화의 현실을 "잘사는 사람들보다 못사는 사람이 더 많은데도 불구하고 가난하고 압박받고 있는 사람들에 관한 이야기는 영화화할 수 없다"고 진단했다. 이어서 그는 다음과 같은 말로 한국의 영화적 리얼리즘의 방향을 제시한다.

> 식자들은 외화와 한국영화를 대비해 보면서 항시 느끼는 점이 우리의 영화에는 리얼리티가 없다는 점을 든다. 그것은 곧 진실이 — 내용이 없다는 점과 같을 것이다. 구태의연한 내용에 진실이 없는 영화에 누가 감독을 받을 것인가. 최근의 한국영화를 보라, 가난한 사람의 이야기가 있는가. 쭉쭉 뻗은 고속도로, 드높은 고층빌딩, 폭우가 내려도 물 한 방울 튀기지 않는 아스팔트, 어느 집을 가도 풍성한 식탁, 맑고 밝은 어린아이들의 즐거운 표정들.
>
> 외화의 경우 워터게이트사건 같은 것이 영화화되는데 우리의 경우 가장 훌륭한 영화적 소재인 이른바 3대 스캔들 같은 내용을 영화화할 수 없다. 신문,

---

16 조르조 아감벤, 김상운·양창렬 역, 앞의 책, 26쪽.

잡지, 방송 등을 통해 이미 잘 알려진 내용임에도 불구하고 이러한 소재를 영화화하는 것은 금기로 되어 있다.

더욱이 〈아홉 켤레의 구두로 남은 사나이〉〈난장이가 쏘아 올린 작은 공〉 같은 문학작품에서 다루어진 소재조차 영화로 만들지 못한다.

무엇을 어떤 소재를 가지고 영화화할 수 있는가. 가난을 딛고 일어선 의지의 사나이 이야기. 얄팍한 사랑 이야기. 그것도 가정을 가진 남자나 대학교수, 국회의원 같은 사회적으로 존경받고 있는 사람들이 어린 여자 또는 호스테스와의 사랑 역시 금기다.[17]

하길종이 위의 글에서 비판하는 것은 리얼리즘이 사라진 영화 제작 현실이다. 사회 비판적 리얼리즘의 풍부한 소재가 있음에도 불구하고, 그것을 영화화할 수 없는 상황에서 제작된 영화는 내용 없는 형식에 불과하다. 산업 근대화의 성취에 함몰된 허구적인 환상만이 가득한 영화는 1970년대 엄존했던 박정희 정권의 영화 정책이 가져온 황폐화된 제작 상황을 추측케 한다. 현실의 부조리가 신문과 잡지, 방송을 통해 대중에게 전파되는데도 불구하고, 영화만은 그것을 재현할 수 없는 한계에 부딪혀 있었다. 가난하고 억압받는 다수 대중의 삶은 '사랑' 이야기에만 국한하더라도 다양한 갈래의 리얼리즘으로 재현될 수 있는 풍부한 소재를 제공했으나 그것마저도 영화에서는 불가능했다. 현실의 부조리를 날카롭게 해부하는 사회 비판적 리얼리즘에 대한 하길종의 꿈은 비로소 1980년대 한국영화에 이르러 서서히 그 싹을 틔우기 시작했다. 검열의 칼날을 피해갈 수 없

---

17 하길종, 「외대학보」 1979.2, 『하길종 영화논집 - 영화 인간구원의 메시지』, 예조각, 1981, 352~353쪽.

었다 하더라도 조세희의 연작 소설 『난장이가 쏘아 올린 작은 공』은 영화화되었고, 민중영화운동의 발전과 더불어 사회 비판적 리얼리즘 영화들이 속속 제작·상영되기에 이르렀다.

조세희의 연작 소설 『난장이가 쏘아 올린 작은 공』이나 윤흥길의 연작 소설 『아홉켤레의 구두로 남은 사내』를 통해 이들 가난하고 압박받는 자들의 삶에 관한 이야기를 잠시 들여다보면, 소설들에 등장하는 인물들과 그 삶이 산업 근대화와 자본의 문제에 깊이 연루되어 비참한 곤경에 처한다는 공통점을 발견할 수 있다.[18]

산업 근대화의 거대한 위력 앞에서 터전을 상실할 뿐만 아니라 삶을 저당잡힌 채 살아가는 가난하고 압박받는 도시 난민들은 하길종이 추구했던 사회적 리얼리즘의 구체적인 대상이었다. 그리고 1980년대 민중영화운동과의 연장선상에서 제작·상영된 영화들이 바로 1970년대 하길종이 언급했던 '가난하고 억압받는 대중'의 삶을 재현의 장으로 호출함으로써 사회 비판적 리얼리즘으로서의 의미를 획득하고 있었던 것이다.

그런데 1970년대에 불가능했던 성취를 1980년대 한국영화가 이루어 냈다는 것 자체에 의미를 두는 것은 이미 널리 알려진 일반적인 관점이라고 봐야 한다. 중요한 것은 이러한 사회 비판적 리얼리즘의 성취가 전두환 정권의 개발 독재 반공국가주의 이데올로기에 맞서 '순응'과 '저항'의 경계선 사이를 횡단하며 어떤 방식의 모색을 취해 나갔는지에 대해 탐구하

---

18 조세희의 연작 소설 『난장이가 쏘아 올린 작은 공』은 자본가와 난장이 가족의 삶을 형상화함으로써, '자본'과 결탁된 산업 근대화가 초래하는 가난한 빈민들의 비참한 삶을 드러낸다. 윤흥길의 연작 소설 『아홉켤레의 구두로 남은 사내』는 1970년대 가난한 도시 난민들의 삶을 상징적으로 보여 주는 사건인 '광주대단지 사건'과 연결되는 것으로 소시민들이 겪는 사회 부조리와 비참한 삶을 형상화함으로써 문학성을 확보하고 있다.

는 것이다. 1970년대에 불가능했던 것이 가능해진 이면에는 앞서 언급했던 영화를 둘러싼 환경의 변화가 작동했지만, 궁극적으로 박정희 정권의 이데올로기를 계승한 전두환 정권의 개발 독재 반공국가주의는 여전히 영화 제작 현실의 자율성을 옥죄는 족쇄 역할을 했다. 따라서 적극적 저항의 자세를 취하지 않으면서도 현실에서 대다수의 가난하고 압박받는 자들의 삶에 다가가기 위한 영화적 방법론에 관심을 가져볼 필요가 있다.

1980년대 사회 비판적 영화들은 종종 자본을 획득할 만한 밑천을 가지지 못한 자들을 통해 산업화된 자본주의 사회를 비판적으로 탐색하는 역할을 부여한다. 이들을 이른바 '비판적 산책자'라고 부를 수 있을 것인데,[19] '자본'과 '지식'을 보유하지 못했기 때문에 완전히 사회로부터 배제된 잉여인간으로서의 이들은 가장 빈곤하고 무지한 존재들이다. 그런데 이들이 보유한 '빈곤'과 '무지'는 '정착'의 불안정성과 결합하여 이들에게 도시의 곳곳을 자유롭게 배회하는 일종의 '자율성'을 가져다 준다. 부정

---

19 '비판적 산책자'에서 '산책자' 개념은 일제 강점기 소설 박태원의 「소설가 구보씨의 일일」(1934)에서 일제 식민지 시대 룸펜 지식인 구보의 경성 일주 체험에 기반하여 형성된 개념 '산책자' 모티프에서 가져온 것이다. 근대화된 경성의 모습을 돌아보는 구보의 체험을 다룬 이 소설은 당대 지식인 화자가 '산책자'로서의 정체성을 통해 식민지적 삶의 경험을 객관적으로 인식하는 과정을 탁월하게 형상화했다. 민족 저항의 에너지를 분출할 수 없었던 시대 식민지 근대화의 풍경을 지식인 화자를 통해 묘사한 이 소설에서 구보는 자신 앞에 펼쳐진 경성의 풍경을 객관적 관찰자로서 서술하지만 그 과정에는 식민지 시대를 살아가는 룸펜 지식인의 고독과 무기력함이 묻어 난다. 한국영화에서 이러한 '산책'의 모티프를 적용하여 분석할 수 있는 작품을 쉽게 찾아보기는 쉽지 않다. 다만, 이용직 감독의 〈서울의 휴일〉(1956)에서 두 지식인 부부의 휴일 행적을 통해 그러한 산책의 흔적을 어느 정도 발견할 수 있을 뿐이다. 그러나 이 또한 부부의 행적은 '계몽'의 적극적 실천에 무게 중심이 놓여 있다는 점에서 '비판적' 의미는 매우 축소되는 한계를 보여 준다. 이 글에서 '산책자'의 모티프를 가져오는 이유는 1980년대 한국영화에서 적극적으로 재현되는 도시 난민들의 유랑이 산업 근대화가 가져온 부조리를 탐색하는 중요한 방법론으로 인식되는 바, 〈바보선언〉과 같은 영화에서는 무지하고 밑천 없는 도시 난민들의 무의식적 행보가 결과적으로 산업 근대화의 부조리를 인식하는 어떤 비판적 메시지를 전달한다고 판단했기 때문이다.

적 삶에서 생성된 자율성은 그들로 하여금 산업 자본주의 사회의 거대한 스펙터클을 자유롭게 횡단하면서 그것의 민낯을 도시 난민의 관점에서 해석하도록 유도한다는 점에서 저항성을 획득한다.

이장호 감독의 영화 〈바보선언〉1984에서 동철과 육덕, 혜영의 존재는 이러한 도시 난민들의 전형성을 보여 준다. '언어'를 엄격하게 통제한 상태에서 전개되는 영화는 '대사'보다는 그들의 '행위'가 연출하는 의미에 주목할 것을 관객에게 요구한다. 주인공 동철의 행위는 그의 '이동'으로부터 출발하는데, 그는 가난한 빈민촌을 출발하여 고층빌딩과 번화한 자동차와 사람들로 붐비는 화려한 도심을 따라 도시의 '주변–중심'을 불규칙하게 이동한다. 그의 이동은 어떤 규칙과 계획에 따른 것이라기보다는 무의식적이고 즉흥적이며 욕망의 방향을 따른다는 점에서 매우 불규칙하고 예측 불가능한 것으로 이해된다. 번화한 도시의 중심부 대학가에서 우연히 혜영을 발견한 동철은 그녀를 납치하기에 이르는데, 이러한 동철의 행위는 표면적으로는 성적 욕망에 따른 것처럼 보이지만 그의 꿈 내용을 통해 그 행위의 의도와 목적이 단순하지 않다는 것을 보여 준다. 혜영과 동철이 꾸는 동상이몽 속에서 그들은 '자본'을 통해 '권력'을 얻어 '성공'하고자 하는 도시인의 욕망을 드러내기 때문이다.

한편으로 동철과 육덕, 혜영이 잠시 동안 머물게 되는 서울역 광장과 사창가, 빈민촌, 대학가, 시골 등의 장소는 그들의 즉흥적이고 불안정한 생활뿐만 아니라, 도시를 구성하고 있는 '중심–주변'의 계급적 위계 질서를 공간화하면서 산업 근대화가 축적한 거대 도시의 부조리를 시각화한다. 그들은 그 위계화된 공간 질서에 맞설 수 없는 나약한 존재들이지만, 그들이 머무는 곳은 1980년대 대다수 가난하고 억압받는 대중이 일상에서 늘 접속하는 보편적 장소라는 점에서 쉽게 무시할 수 없는 곳이기도 하다. 공간의 보편성과 도시 난민들의 대중성이 하나로 결합할 때, 영화 속의 세 인물들은 관객과의 동일시 효과 속에서 1980년대 그들이 처한 현실의 부조리와 접속하게 되는 것이다. 환락 파티장에서 희생되는 혜영의 존재감이 무겁게 인식되는 것도 이와 관련된다.

  1980년대 초반 한국영화에 재현된 '도시 난민'의 재현은 이후 1980년대 중후반의 '중산층 담론'의 확산과 '86 아시안 게임' 및 '88 서울 올림픽'을 위시한 국제적인 스포츠 게임의 거대한 스펙터클, 그에 대한 대중의 열광 속에서 서서히 자취를 감추게 된다. 물론, 이후 한국영화에서도 이른바 '서민' 혹은 '소시민'을 다룬 영화들을 찾아볼 수는 있으나, 영화에 재현된 이들의 삶은 근본적으로 근대화의 풍요롭고 안정된 세계에 기반해 있으며 이와 관련된 꿈과 욕망은 판타지적으로 재배치되곤 했다. 따라서 1970년대 억압된 대중문화 통치 정책과 1980년대 정권 변환기에 잠깐 열린 이 틈새를 비집고 나온 '난민적 삶'의 재현 양상은 좀 더 심층적으로 분석될 필요성이 있다. 또한 1960년대로부터 시작된 근대화의 부산물로서 출현한 주변부적 인물들에 대한 논의와 분석 또한 대중문화 통치의 측면에서 영화사적으로 좀 더 규명되어야 할 것이다.

2. 가해와 피해의 서사 구조와 가족을 둘러싼 타자성

1) 1980년대 개발 독재와 폭력

폭력은 근본적으로 '가해자'와 '피해자'를 상정하되, 그 사이에서 발생하는 권력 관계를 포함한다. 특히 폭력의 (비)가시적 존재 양상에 초점을 맞추면 그것의 '가시성'보다는 '비가시성' 속에서 폭력은 좀 더 은폐된 채로 다양하게 행사되는 것을 발견할 수 있다. 이것은 슬라보예 지젝이 말하는 이른바 "직접적인 물리적 폭력뿐 아니라, 폭력의 위협을 포함하여 지배와 착취의 관계를 지속시키는, 보다 더 감지하기 어려운 형태의 강압들"과 관련된다.[20] 물리적이고 직접적인 폭력과 달리 잘 보이지 않지만 여러 형태로 행사되는 폭력의 구조화된 양상에 관심을 가질 때 사회 내에 존재하는 보다 근원적인 폭력의 미세하지만 강력한 권력 관계를 심도 있게 탐구해 나갈 수 있다.

1980년대의 대중문화에 관심을 기울이면서 이러한 폭력의 양상에 일차적으로 관심을 갖는 것은 바로 당대가 지닌 특성에 기인한다. 전두환 신군부 정권의 탄생과 민족 저항 운동의 촉발, 새로운 문화적 변화 양상이 복잡하게 전개되었다는 점에서 1980년대를 명확하게 어떤 틀로 규정하는 것은 쉬운 일이 아니지만, 문화사 서술의 차원에서 볼 때 1980년대는 전후반으로 규정될 수 있다. 특히, 1987년 6·29선언 이전은 광주민주화운동으로 대표되는 민주화에 대한 사회적 열망이 폭력적으로 진압되고 강권적 문화 통제가 극심한 시기였던 바, 신군부와 전두환 정권은 반민주적 정권 창출의 태생적 한계를 돌파하기 위해 물리적 억압기구를 동원한 사회문화 통제를 선제적으로 구사했다. 비상계엄 하에서 부정부패 일소, 정의사회구현이란 미명으로 사회정화운동과 국민의식개혁 운동을 공세적으로 추진[21]하는 등 신군부는 폭력적이고 억압적인 이데올로기 장치를 통

---

20 슬라보예 지젝, 이현우·김희진·정일권 역, 『폭력이란 무엇인가』, 난장이, 2012, 36쪽.
21 이봉범, 「1980년대 검열과 제도적 민주화」, 『구보학보』 20호, 구보학회, 2018, 159~160쪽.

치의 근간으로 삼아 문화 전반을 통제해 나갔다.

대중문화의 대표적인 매체였던 영화 분야 또한 예외는 아니었다. 1980년대 초반 영화 시책을 통해 나타난 영화 정책은 유신시대의 그것과 큰 차별점을 가지지 못했다.[22] "영화 검열은 시나리오 사전심의 및 제작물심사의 이중검열체제가 유지되었으며 공연윤리위원회의 영화심의에 공안기관, 즉 국가안전기획부, 국방부보안사, 내무부치안본부의 요원이 참여하는 절차도 마찬가지였다. 과거 중앙정보부와 내무부 치안국의 심사가 영화의 사전 검열에 주도적인 영향력을 발휘했던 위법적 검열이 더욱 강화된 형태로 자행되었던 것이다."[23] 이는 1985년 영화법이 개정되어 영화계의 제작 자유화가 시행됨으로써 해결의 실마리를 찾을 수 있었다.[24] 이 이면에는 1980년대 중반 이후 전두환 정권이 '사회문화 전반에 걸친 국가 통제가 대중에게 더 이상 효과적으로 기능할 수 없게 된 시대적 흐름을 인식하고 정치적 억압에 대한 도피처로 영화를 비롯한 대중문화와 스포츠 등을 활성화시키고자' 했던 변화된 인식이 자리잡고 있었다. '영화에 대한 검열을 완화하고 영화법 개정을 통해 영화진흥방안을 마련하고자 한 것 등이 그러한 노력의 일환으로 수행된 정책들이다.'[25]

정리하자면 전두환 정권은 그 탄생과 더불어 발생했던 사회적 저항의 힘들을 효과적으로 관리하는 차원에서 강압적 이데올로기 장치를 직접적

22 박지연, 「영화법 제정에서 제4차 개정기까지의 영화 정책(1961~1984년)」, 『한국영화 정책사』, 나남, 2005, 262쪽.
23 이봉범, 앞의 글, 162~163쪽.
24 1980년대 영화 정책 및 영화계 상황과 관련된 논의는 박유희, 「한국영화사에서 1980년대가 지니는 의미」, 『영화연구』 77호, 한국영화학회, 2018을 참조.
25 안지혜, 「제5차 영화법 개정 이후의 영화정책(1985~2002년)」, 『한국영화 정책사』, 나남, 2005, 273쪽.

으로 활용하여 사회를 폭력적으로 관리했다. '영화법'과 관련된 엄격한 검열의 차원에서도 이는 여실히 드러난다. 그러나 1980년대 중반으로 가면서 영화를 비롯한 대중문화에 대한 완화된 정책의 시행 필요성에 따라 신군부 정권이 내세운 통치성이 변화해 나가는 양상을 포착할 수 있다. 이에 근거할 때 1980년대는 근본적인 차원에서 가해자로서의 정권과 피해자로서의 국민이라는 권력 관계가 엄존한 가운데 특히, 1980년대 초반은 이제 막 권력을 획득한 신군부 정권이 직접적 폭력을 행사해 나가면서 점차 폭력의 양상을 달리할 필요성을 인식하는 과정에 놓여 있던 시대였다.

이 부분에서는 바로 이 시기 대중 영화의 특성을 '폭력의 양상'과 관련시켜 새롭게 규명해내는 것을 목표로 한다. 이를 위해 다음의 몇 가지 점을 고려할 예정이다.

먼저, 1980년대 초반 전두환 정권의 비가시적 폭력의 양상을 한국영화가 전유하는 양상을 파악하기 위해서는 이를 효과적으로 드러낼 만한 구성 요소가 필요하다. 이때 주목해야 할 것이 '가족'이다. 가족은 국가 통치성의 가장 최소화된 단위로서 정권의 이데올로기와 길항하는 공동체라고 할 수 있다. 시대별 대중문화 속에서 '가족'의 형태와 존재 방식이 다양한 방식으로 재현되는 데는 국가 통치성의 변화와 그에 따른 문화적 전유가 시시각각 달라지는 상황이 개입되어 있다. 1980년대 전두환 정권의 통치성과 그것의 양상을 '폭력'의 문제와 결부시켜 논의할 때, 영화 속에 재현되는 '가족'에 관심을 가져야 하는 것도 이러한 이유에서 연유한다. 이를테면 '가족'은 당대의 구조적 폭력 양상을 문화적으로 전유하는 방식을 보여 주는 대표적인 사례에 해당된다. 그러나 이러한 '가족'에 대한 관심과 분석은 1980년대의 한국영화에 대한 분석 작업에서 매우 소외되어 왔다. 가령, '1980년대 전두환 정권이 새로운 국가 모델을 지향하는 과정에 몰입하는 나머지 기존의 산업화 시대 국가 재건의 노력에 따라 요청되었던 가족이 더 이상 발견되지 않는다'는 논의는 이러한 사정을 잘 보여 준다. "당시의 시대적 격변 상황은 50~70년대와는 달리 생존의 문제가 된 것이 아니라 국가의 변동 상황에 기초적 집단인 가족을 생각할 겨를이 없었음을 의미한다"는 것이다.[26] 이러한 논의는 '국가의 변동 상황에 기초적 집단이 가족'이라는 점은 인정하면서도 1980년대에는 산업화와 연관된 '가족을 찾아볼 수 없다'는 모순적인 결론을 내린다는 점에서 한계를 노출한다. 중요한 것은 한국영화의 재현 과정에서 '가족'은 위의 필자가 언급했듯이 '국가의 변동 상황'을 가장 대표적으로 보여 줄 수 있다는 점이다. 특히, 이 부분에서는 '가해 – 피해'로 구조화되는 가족 내부의 부조리를 분석함으로써 '타자성' 문제에 접근해 보고자 한다.

다음으로 한국영화에서 '가족'이 당대의 시대적 변동 상황을 반영하는 거울로 작용한다면, 이는 1980년대의 사회와 어떻게 길항하고 있는가를 분석해야 한다. 그러나 이는 자칫 논의 자체를 단순화할 우려가 있다. 왜냐하면 여기에서 추출된 논의 결과가 한국영화의 특성을 드러내는 데 한계를 보일 수 있기 때문이다. 따라서 여기에서는 '소설' 원작의 '영화적 변용 사례'에 관심을 가지고자 한다. 영화적 변용 과정에서 새롭게 창조된 세계는 위에서 언급했던 바, 1980년대 정권의 억압적 통치성과 연관하여 '도피처'로서의 한국영화란 어떤 형태였으며 특히 그것이 폭력의 양상을 어떻게 소설과 다른 방식으로 전유하고 있는지를 분석하는 데 효과

---

26 서의석, 「한국 가족 영화의 서사와 양식체계의 변화에 관한 연구」, 경기대 박사논문, 2015, 31~32쪽.

적으로 작용한다. 이로써 1980년대 초반 한국영화는 비가시화되고 구조화된 폭력의 미세한 분절들을 보여 주는 중요한 매체가 되는 것이다.

마지막으로 소설과 달리 한국영화에 재현된 세계가 비가시화되고 구조화된 폭력의 양상을 은연중 드러낸다면, 이를 규명하기 위해 어떤 방법론으로 접근해야 할까. 단순히 '어떤 폭력이 재현되는가'의 문제로 접근하게 되면 논의는 매우 단순화되고 도식화될 우려가 있다. 따라서 이 부분에서는 폭력이 행사되는 과정에서 궁극적으로 거론되는 '용서'와 '화해'의 문제에 집중적으로 초점을 맞춰 영화에 재현된 가족이 폭력에 맞서는 방식의 이데올로기적 특성을 추출해내고자 한다. 두 개념은 1980년대 초반 전두환 정권의 강압적 이데올로기 장치들의 통제 아래에서 한국영화에 스며든 시대적 폭력의 양상을 가리는 중요한 요소로 기능한다고 판단된다. 대중의 삶을 반영하면서도 검열로 대표되는 강압적 통치 장치에 종속될 수밖에 없었던 한국영화의 조건을 감안한다면, 영화에 재현된 가족의 양상 또한 이러한 조건 안에서 규명해야 할 것이다. '가족'은 당대 통치성의 영향 아래 놓였던 대중의 삶을 반영하되, 그것에서 초래된 현실의 부조리를 서둘러 봉합하는 방식으로 '화해'와 '용서'를 시도한다는 점에 주목해야 한다. 따라서 '화해'와 '용서'는 전두환 정권이 내세웠던 강압적 이데올로기 장치로부터 발생한 폭력이 대중문화 매체 속에서 어떤 방식으로 은밀하게 작동하고 있는지 파악할 수 있는 길을 제공한다.

여기서 관심은 영화적 재현의 세계에서 드러나는 '가해자-피해자' 구도 및 '가해자의 용서에 대한 집착과 강박'의 문제에 놓여져 있다. 마사 누스바움에 따르면 '우리 문화는 용서를 너무나도 숭상하기에 잔뜩 움츠러들어 비판적 정신을 가지고 용서를 자세히 살펴보지도, 용서 안에 도사리고 있는 공격성과 통제, 기쁨의 부재 같은 요소들을 빠르게 알아차리지 못한다.'[27] 용서 안에 도사리고 있는 자기 비하와 통제 욕구 및 공격성 등은 너무 빨리 혹은 늦게 이루어지는 '용서'와 '화해'의 제스처가 가진 이데올로기적 특성에 대해 좀 더 심도 깊은 관심을 기울이도록 촉구한다. 나아가 이는 폭력의 문제를 해결하기 위한 주요한 장치로 이해되는 '용서'와 '화해'의 행위에 내재한 은폐된 폭력의 양상을 살펴보는 데도 유효하다고 판단된다.

이에 따라 1980년대 초반 한국영화에 재현되는 가족의 서사 구조를 따라가되, 폭력과 연관된 갈등을 해결하기 위해 시도하는 '용서'와 '화해'의 제스처가 '가해자'와 '피해자' 구도 속에서 무엇을 삭제·은폐하고 외면하려는 시도와 접속하는지를 파악하여 1980년대 초반 폭력을 둘러싼 짙은 안개를 걷어내 보고자 한다.

위의 고려 사항에 기반하여 이 부분에서는 1980년대 영화로 변용된 두 편의 작품인 배창호 감독의 〈꼬방동네 사람들〉과 〈그 해 겨울은 따뜻했네〉를 선정하여 논의를 진행할 예정이다. 두 작품은 각각 이동철의 소설 『꼬방동네 사람들』1981과 박완서의 신문연재 소설 『그 해 겨울은 따뜻했네』1982를 배창호 감독이 각색, 영화로 제작한 것으로서 소설과 영화 모두 1980년대 초반을 시대적 배경으로 생산되었다는 점, '용서'와 '화해'의 서사가 중요하게 다루어진다는 점,[28] 소설이 영화로 각색·연출되면서 소설과 비교했을 때 상대적으로 '가족'의 문제가 중요한 요소로 부각되었다

---

27 마사 누스바움, 강동혁 역, 『분노와 용서』, 뿌리와이파리, 2018, 137쪽.
28 1980년대 초반이 신군부 정권의 강력한 억압적 이데올로기 장치로 통제되었다는 점을 감안할 때, 신예 감독으로서 배창호가 당대의 영화 제작 환경을 어떻게 인식하고 영화적 모색을 했는가 분석하는 작업은 중요하다고 판단된다. 개인적 열망을 가지고 시대와 민감하게 반응하면서도 그것의 통제 아래 놓여 있을 수밖에 없었던 감독의 작품을 분석함으로써 시대의 폭력성이 굴절되는 상황을 좀 더 세밀하게 포착할 수 있기 때문이다.

는 점에서 공통적인 특성을 보여 준다.[29]

이 부분에서는 두 작품을 '소설의 영화적 변용과 특성' 속에서 살펴보고, 영화에 재현된 '가해와 피해의 가족 서사 구조'를 중점적으로 분석할 예정이다. 마지막으로 '폭력의 시대에 맞서는 가족으로서의 화해와 용서의 문제'를 논의함으로써 1980년대 한국 영화에서 가족을 둘러싼 타자성의 문제를 살펴보고자 한다.

2) 소설의 영화적 변용과 특성

이동철의 소설 『꼬방동네 사람들』은 황석영의 장편 소설 『어둠의 자식들』1980에서 구술자로 등장했던 '이동철'이 본격적으로 집필한 장편소설이다. 황석영은 이동철의 장편소설 『꼬방동네 사람들』1981의 발문跋文에서 "그 기록은 책의 서문에서 밝혔듯이 거의 전부가 그의 것이고, 저작권마저도 나와는 아무런 관계가 없으며 모두 그의 노력과 재능에 의한 것"이며 "판자촌에서 살아오는 동안 겪고 본 자기 동네 사람들의 삶을 담담하게 엮어낸 것"이라고 밝힌다. 또한 '어둠의 자식들이 장성하여 가정을 갖고 생활에 뿌리를 내리기 시작하며 이것이 허우적거리고 일어나며 정스럽게 살아가는 사람들의 얘기에 관한 기록이 될 것'이라고 말한 데서 알수 있다시피[30] 이 소설은 『어둠의 자식들』의 후속작이자 1980년대를 전

---

29 좀 더 정확하게 말하자면, 소설 『그 해 겨울은 따뜻했네』와 영화 〈그 해 겨울은 따뜻했네〉의 서사 축이 '이산 가족'의 용서와 화해로 초점화되어 있다는 점에서 큰 틀에서 보자면 비슷한 서사의 맥락에 놓여 있다. 그러나 소설 『꼬방동네 사람들』의 경우 배창호 감독은 소설에 형상화된 다양한 인물 군상의 삶 속에서 하나의 에피소드를 선택한 후 그것을 '가족 서사'의 형태로 재창조한다. 따라서 소설과 영화는 '가족 서사'의 문제를 다루는 차별화된 방식을 보여 준다.

30 황석영, 「발문(跋文)」, 이동철, 『꼬방동네 사람들』, 현암사, 1981, 370~372쪽.

후하여 신설동 주변 청계천을 중심으로 형성되어 있던 빈민촌을 기반으로 살아가던 당대 빈민 가족들의 삶을 다루었다는 점에서 새롭고 신선한 반향을 일으켰다.[31] 뿐만 아니라 '이념의 시대'로 규정된 1980년대에 조세희의 『난장이가 쏘아 올린 작은 공』1979 및 조정래의 『태백산맥』1986, 이 태의 『남부군』1988과 더불어 꾸준한 사랑을 받았다는[32] 점에서 주목할 만한 면을 지니고 있다.

총 25개의 장으로 구성된 소설은 각 장마다 빈민촌에서 살아가는 각양각색의 삶을 이야기한다. 그런데 소설에 접근하기 위해서는 위에서 언급한 1980년대 문학의 이념적 경향에 초점을 맞출 필요가 있다. 소설은 빈민촌의 삶이 근본적으로 '경제적 불평등'과 '재개발'의 문제와 연루되어 있다는 점을 강조한다. 급격한 산업화로 인해 삶의 기반을 상실한 자들이 빈민촌으로 몰려 들면서 신설동 주변으로 광범위한 판자촌이 형성되는데 빈민촌 사람들에 대한 형상화 과정 곳곳에는 자본의 위력 앞에 무너지고 내몰리는 가난한 자들의 비참한 삶에 대한 비판적 응시가 엿보이기 때문이다. 서사의 주요한 뼈대는 국회의원 선거와 그에 따라 발생한 판자촌 재개발과 철거 문제이다. 꼬방동네 사람들은 판자촌 철거 여부와 긴밀하게 연관된 국회의원 입후보자를 선택하려고 한다. 물론, 그들이 지지했던 후보는 판자촌의 복지 개선을 이유로 당선되었지만, 결과적으로 빈민촌 사

---

31 출판 당시의 신문 기사 내용을 소개하면 다음과 같다. "현직 개척교회의 장로이며 전과 5범인 이동철 씨의 실명소설 『꼬방동네 사람들』이 나와 문단과 출판계에 뜨거운 화제를 불러일으키고 있다. (…중략…) 『꼬방동네 사람들』은 『어둠의 자식들』의 속편이며 같은 소재 같은 애기 줄거리를 놓고 전편은 황씨가 이씨의 구설과 메모를 기초로 소설로 정리한 것이고 후편은 이씨 자신이 직접 썼다는 것도 흥미 있고 충격적이다."(『『어둠의 자식들』 속 이동철씨 『꼬방동네 사람들』 출판」, 『동아일보』, 1981.6.12)
32 관련 논의는 「대한민국 50년 ② 베스트셀러 50선」, 『조선일보』, 1998.7.18 기사 참조.

람들을 배신한다. 창녀촌으로 불리던 판자촌이 철거되는 것을 시작으로 이동철과 그들의 이웃이 터를 잡고 살아가던 판자촌 또한 재개발로 인해 사라진다. 내몰린 자들은 소설에서 빈민촌을 위해 헌신하던 공목사의 도움으로 겨우 천막촌에 거주하는 신세로 전락하게 된다. 소설의 서사를 따라가면 1980년대 빈민들의 삶이 '산업화'와 '자본'의 논리에 따라 재편성되어 가는 현실과 빈민들의 치열한 대응을 목도하기에 이른다. 도시 빈민들은 재개발과 철거 그리고 가난의 문제 속에서 그들의 공동체적 의식을 형성해 나가는데, 이는 외부 세계, 즉 공권력의 억압과 정권의 폭력적 이데올로기와 맞서 그것과 대결해 나가는 것과도 연관되는 것이다. 소설 안에서 이동철과 그의 이웃들이 실천하는 다양한 자치 활동 및 조합 형성의 노력들은 이러한 대결의 양상을 표현하는 중요한 장치로 기능한다.[33]

그렇다면 소설 『꼬방동네 사람들』의 영화적 변용은 어떤 특성을 보여주는가. 영화 〈꼬방동네 사람들〉1982은 소설 『꼬방동네 사람들』에 제시된 총 25개 장 중에서 '검은 장갑' 부분을 영화적으로 각색·연출한 것이다. 소설에서 '검은 장갑' 부분은 꼬방동네에서 반찬가게를 하며 사는 여성의 이야기를 다룬다. '검은 장갑'으로 불리는 이 여성은 현재 강태섭과 함께 사는 중인데, 그녀와 관련된 이야기가 전개되면서 과거의 남자 주석이 등장한다. 소매치기인 것을 모르고 그와 결혼했던 검은 장갑은 주석이 억울하게 소매치기로 오해받아 감옥에 가는 바람에 결국 그와 헤어진 후 오랜 고초 끝에 판자촌으로 밀려 들어와 현재 강태섭과 살아가는 중이다.

영화는 소설의 이러한 이야기를 각색하여 주석과 검은 장갑명숙, 강태섭

---

33 이와 관련된 논의는 김성환, 「하층민 서사와 주변부 양식의 가능성-1980년대 녹픽션을 중심으로」, 『현대문학의연구』 59호, 한국문학연구학회, 2016 참조.

의 관계를 새롭게 재창조할 뿐만 아니라 소설에는 형상화되어 있지 않은 주석과 검은 장갑의 아들 '준일'을 등장시켜 비중 있게 재현한다.

영화 〈꼬방동네 사람들〉의 소설과의 차별성 및 특성을 파악하기 위해서는 우선적으로 영화를 둘러싼 조건과 환경을 분석할 필요가 있다. 그것은 이 영화를 제작·상영하는 과정에서 이를 둘러싼 '검열'의 문제 및 감독의 연출 의도 등이 개입하기 때문이다.

배창호 감독은 당시 29살의 젊은 나이로 이장호 감독 밑에서 조감독으로 4년을 일해 온 신인 감독이었다. 80년 영화진흥공사 시나리오 공모에 〈정오의 미스터김〉으로 입선하여 시나리오 작가로서의 역량까지 겸비하고 있던 그는 "일체의 표현 형식이나 내용에 구애받지 않고 대담한 장면 전환과 몽타주를 써 보겠다"는 일념으로 작품 〈꼬방동네 사람들〉을 각색·연출했다.[34] 그러나 1982년 당시는 시나리오 검열과 프린트 검열이라는 이중 검열제가 엄존하고 있었던 데다가 전두환의 문화 정책이 사회의 그늘진 곳이나 빈민 이야기를 영화로 만드는 것을 결코 반기지 않았다. 따라서 감독에 따르면 "시나리오 검열에서 서너 차례 개작과 반려 끝에 60여 군데를 삭제하고 〈꼬방동네 사람들〉이라는 제목을 쓸 수 없다는 조건을 달아 간신히 영화를 허락받았다. 문공부가 삭제를 지시한 장면 중에는 '방안에 요강을 둘 수 없다', '아내 머리채를 잡아 끌지 마라'처럼 세부적인 지시사항이 들어 있었다. 하지만 그런 금지 사항들을 무시하고 촬영을 감행했고, 프린트 검열에서 완성작에 감동한 검열관들은 결국 수정 없이 검열을 통과시켰다"[35]고 한다. 위의 진술에서 파악할 수 있듯이 배창호 감

---

34   배창호 감독 관련 내용은 다음의 기사를 참조. 「〈꼬방동네 사람들〉 제작 완료 기구한 운명 헤치는 여인 그려」, 『경향신문』, 1982.7.15.

독은 시나리오와 프린트의 이중 검열 속에서 원작에 형상화된 다양한 에 피소드들을 상당히 걸러낼 수밖에 없었다. 여러 차례의 반려와 개작 과정을 거친 후 최종적인 각색 시나리오는 검은 장갑명숙과 주석, 태섭의 삼각관계를 재현하는 멜로드라마로 변하게 된다. 또한 영화에는 주석이 택시를 몰며 룸미러로 뒷자석의 행복해 보이는 가족아빠-엄마-아들의 모습을 본다거나 준일이 공원에서 사진을 찍으며 행복해하는 가족아빠-엄마-아들의 모습을 물끄러미 바라보는 등의 상투적인 장면들과 배창호 감독이 우려했던 신파 멜로드라마 같은 장면들이 삽입되기도 했다.[36]

물론, 소설에서 영화로의 각색 과정에는 영화의 '대중성'에 대한 고려가 참조될 수 있을 것이다. 그러나 위에서 언급했듯이 배창호 감독이 처해 있던 영화의 제작 환경은 '대중성'에 대한 고려를 넘어서는 강압적 통제 질서가 작용하고 있었다. 이는 군부 독재가 이전의 통치방식을 고집하는 가운데 1980년 전반기 한국영화의 변화가 유예되었다는 점,[37] 사전/사후 이중 검열의 체계 속에서 검열이 (영화)예술의 사회적 존재 방식을 결정짓는 요소였다는 사실[38]을 통해서도 짐작할 수 있는 바다.

요컨대, 1980년대 초반 정권의 통치성 안에서 이루어졌던 영화에 대한 이중 검열은 결과적으로 영화 〈꼬방동네 사람들〉을 신파성이 강한 멜로드라마로 변용시키는 데 중요한 작용을 했다. 특히, 주목할 만한 것은 '명숙-주석-태섭'의 삼각 관계라는 멜로드라마적 요소뿐만 아니라 이 영화

---

35 「문공부 삭제 지시 무시… 데뷔작 〈꼬방동네〉 히트」, 『조선일보』, 1998.4.23.
36 이와 관련된 논의는 다음을 참조. 안재석, 「각색영화를 통한 배창호 감독 연구」, 중앙대 박사논문, 2014, 28~47쪽.
37 박유희, 앞의 글, 256쪽.
38 이봉범, 앞의 글, 164쪽.

에는 소설에 등장하지 않은 준일을 통해 구성되는 '가족 드라마'의 특성이 첨가되었다는 점이다. 위에 언급되어 있듯이 '아빠-엄마-아들'로 구성되는 가족 플롯은 영화의 서사를 지탱하는 주요한 뼈대로 기능한다. 비록 당시 이 영화가 "사회성이 짙은 주제"를 드러내었다는 평가를 받았다 하더라도[39] 감독의 각색에 의해 최종적으로 재창조된 〈꼬방동네 사람들〉은 '삼각 관계'와 '가족 구성'의 서사적 뼈대를 갖춘 가족 멜로 드라마로서의 경향성을 짙게 드러냈다고 평가할 수 있을 것이다. 이는 소설 『꼬방동네 사람들』에 형상화된 '자본'과 '산업화' 문제가 노출한 사회성과는 다른 차원에 놓여 있던 것으로서 소설의 성취를 상당히 휘발한 가운데 '도시 빈민의 애환을 다룸으로써' 성취한 것으로 평가되는 '사회성'이라고 할 만한 것이었다.[40]

소설 『꼬방동네 사람들』에서 영화 〈꼬방동네 사람들〉로의 변화가 매우 큰 반면, 소설 『그 해 겨울은 따뜻했네』에서 영화 〈그 해 겨울은 따뜻했네〉로의 서사 변화는 상대적으로 적은 편에 속한다.

1982년 『한국일보』에 연재되었던 장편소설 『그 해 겨울은 따뜻했네』는 "전쟁의 상처와 평범한 사람들의 얘기를 담당하게 써 내 문단이나 독자들로부터 폭넓은 평가를 받아 온"[41] 박완서의 대표적인 작품이다. 또한 "그간의 박완서 소설의 분석에서 늘 우선적으로 주목받아온 것이 바로 소설 속에 나타난 6·25의 전쟁 체험"이었다는 평가에서 짐작할 수 있듯이 이 소설 또한 6·25의 전쟁 체험이 서사의 중요한 축을 담당하고 있다.[42] 소

---

39 「사회성 영화 젊은층 끈다」, 『동아일보』, 1984.10.2.
40 「비현실 드라마 싫증난 시청자에 충격」, 『한겨례』, 1990.1.23.
41 「고향 개성 상인의 정신을 테마로」, 『경향신문』, 1983.7.25.
42 오자은, 「1980년대 박완서 단편 소설에 나타난 중산층의 존재방식과 윤리」, 『민족문학사

설은 6·25전쟁 체험을 통해 수지와 수인오목 자매가 겪게 된 이별과 고단한 삶을 형상화한다. 수지는 전쟁의 한복판에서 오목을 버렸다는 죄책감을 지닌 채 살아간다. 고아원을 찾아다니며 자선사업에 힘쓰면서도 그녀는 오목이 자신이 버린 '수인'이라는 것을 모른 척 한다. 수지의 혈육에 대한 철저한 외면과 자기 기만으로 인해 수인오목은 고아원을 거쳐 가난하고 비참한 일생을 보내게 된다. "1951년의 겨울을. 그 겨울의 추위와 그 이상한 허기를"[43] 기억하는 수지는 수인의 손을 놓게 한 그 이상한 허기를 변명 삼아 허위에 가득한 삶을 살아간다. 소설에서는 수지뿐만 아니라 수철 또한 수인을 알고도 외면하는 존재로 형상화된다. 이 두 인물의 수인에 대한 철저한 외면은 6·25 체험 이후 그들이 쌓아 올린 중산층 가족으로서의 완벽한 삶에 고아 출신의 비참한 존재를 개입시킬 수 없다는 철저한 이기주의에서 기원한다. 한편 수인은 고아원 생활 속에서 비참하게 살면서도 자신이 가진 은표주박의 의미에 집착하면서 자신이 대가집의 고귀한 집안 딸이라는 것에 기대어 가족을 찾고자 할 뿐만 아니라 신분 상승에 대한 욕망을 불태운다. 그러나 그러한 욕망은 무참히 깨져 버리고 그녀는 일환과의 결혼으로 인해 비참한 빈민의 삶을 살아갈 수밖에 없게 된다. 결국 소설에서 수지의 죄책감을 씻기 위한 마지막 진실의 고백은 오목의 죽음 앞에서야 비로소 실행되는데, 수지와 수인으로 대표되는 두 인물의 구도는 6·25전쟁 체험이 가져온 본능적 삶의 욕망과 산업화에 따른 중산층 대 빈민층의 계급 구조 및 분단과 이산의 민족적 아픔을 총체적으로 녹여내기 위한 효과적인 장치로 이해될 수 있다. 수지와 수철이 안온한 중산층

연구』 50호, 민족문학사학회·민족문학사연구소, 2012, 236쪽.

43 박완서, 『그 해 겨울은 따뜻했네』, 중앙일보사, 1987, 245쪽.

삶 속에서 수인이를 철저하게 외면하고 버릴 수밖에 없었던 것은 그녀가 '오목이'로서의 정체성, 즉 '전쟁이 가져온 참상'을 상기시키는 존재이기 때문이다. '전쟁의 기억이 중산층의 현재—안온한 일상을 균열시키며 불현듯 갑자기 등장'하는 것이라면,[44] 오목은 바로 전쟁의 기억 그 자체라고 할 수 있다. 따라서 소설에서 끝내 수지의 고백이 실패하기에 이르는 것은 바로 그 전쟁의 기억을 여전히 청산하지 못한 1980년대의 시대적 현실 때문이다.

소설에 비해 영화 〈그 해 겨울은 따뜻했네〉는 6·25전쟁 체험으로 인한 수지와 수인의 이별 및 수지의 수인에 대한 죄책감과 외면 등의 서사 구조를 따라가면서도 감독의 의도에 따라 내용과 인물의 관계 양상을 변화시켰다.

먼저, 소설에서 수지의 죄책감에 대한 변명으로 거론되는 '전쟁의 허기'는 영화 속에서 찾아볼 수 없다. 이 '전쟁의 허기'라는 것은 단순히 언어 차원에서는 형용하기 어려운 6·25전쟁 체험이 가져온 총체적 트라우마와 상처를 상징하는 주요한 서사 장치이다. 수인을 외면한 수철에게서는 발견할 수 없는, 수지가 유난스럽게 집착할 뿐만 아니라 그녀의 삶을 저당잡고 있던 '전쟁의 허기'는 수지가 현재를 온전히 자기 것으로 전유할 수 없게 하는 분단 민족의 역사적 트라우마와 공명하는 것이기 때문이다. 따라서 영화에 이 '전쟁의 허기'라는 것이 언급되지 않는다는 것은 곧 6·25 체험이 가져온 역사적 문제를 개인적 차원에서 고민하는 흔적이 사라지는 문제와도 맞닿아 있다. 영화의 시작 부분에서 수지의 내레이션으로 알

---

[44] 오자은, 앞의 글, 237쪽.

수 있는 것은 "전쟁 후 오랜 세월이 흘렀다"는 것, "전쟁이 남긴 상처는 우리에게서 지워진 것일까, 난 결코 그 해 겨울을 잊을 수 없다"는 것이다. 영화는 '전쟁'과 '상처', '그 해 겨울'을 이야기하지만 "한 개의 고구마, 한 공기의 밥을 더 먹기 위해 동생을 내다버려야겠다는 악마의 모의를 꾸미게 했던 그 이상한 허기에 대해서",[45] "다섯 살 적의 전쟁과 허기와 그 하찮은 것에 대한 집착을. 그리고 그 하찮은 것이 모든 것을 빼앗았다는 것을"[46] 말하지 않는다. 영화는 병원에 실려온 수인과 그녀 곁에 선 수지의 모습을 보여 주면서 플래시백하여 그해 겨울 6·25전쟁을 재현하지만, 수지가 수인을 버리게 되는 연유보다는 가족을 모두 잃고 두 자매만 남았을 때, 배고픔에 못 이겨 수지가 수인을 버리고 은표주박을 주며 떠나는 장면으로 피난의 고행을 6·25 피난 행렬의 자료 화면과 함께 담아낸다. 이로써 영화는 두 자매를 피난 행렬의 누구나 겪을 법한 보편적 경험 속에 배치함으로써 관객의 공감을 형성하는 데는 성공하지만, 그들을 둘러싼 역사의 거시적 맥락과 그 상흔의 맥락을 세밀하게 살려내는 데는 한계를 보이게 된다. 이러한 영화의 시작은 소설과 달리 영화 속에서 수지가 지속적으로 수인에게 자신의 과오를 고백하려는 시도로 자연스럽게 이어진다. 배고픔 때문에 동생을 버려야 했던 수지는 영화 내내 수인에게 그 과오를 고백하려고 시도하지만, 실패하게 된다. 가령, 고아원에 있던 수인에게 자신이 언니라는 것을 말하기 위해 수지가 찾아가지만, 이미 수인은 이모라는 사람이 찾아와 그녀를 따라간 후였고, 오랜 시간이 지난 후 우여곡절 끝에 수인과 재회한 수지가 용서를 구하려고 하지만 그것 또한 수인의 뜻

---

45 박완서, 앞의 책, 245쪽.
46 위의 책, 178쪽.

밖의 말 앞에서 실패하고 마는 식이다.

이러한 서사의 변형은 소설에서 수지와 수인과의 관계에 잠시 출현했다 사라지는 인재라는 인물이 영화에서 수인과의 사이에서 일한이를 남기고, 수지와 결혼한 후 결국 용서를 구하는 존재로 재현되거나 일환과 수인을 사이에 두고 갈등을 초래하지만 결국 화해하는 존재로 재현되는 방식 속에서도 확인된다.

사실, '전쟁의 허기'가 사라진 공백을 채우는 것은 영화에서 중요하게 대두되는 '자본'과 '계급'의 문제라고 할 수 있다. 영화는 '전쟁의 허기' 대신 '배고픔'과 '빈곤'이라는 전쟁이 가져온 생존과 관련된 '먹고 사는 문제', 즉 전후 대중의 보편적이고도 강박적인 욕망을 적극적으로 서사 내부에 끌어들이는 선택을 한다. 영화에서 수지와 수인의 관계를 '중산층'과 '빈곤층'의 계급 관계 및 구체적으로는 '공장주'와 '노동자'라는 직업 관계 속에서 풀어냈다는 점은 이를 잘 보여 준다. 이 계급 관계는 소설에서 두드러지게 드러나지 않았던 두 자매 및 남성 인물들의 밀접한 경제적 착취 구조를 영화에서 좀 더 강화한 방식이라고 이해할 수 있을 것이다. 이로써 영화는 소설과 달리 보편적 대중의 '자본'에 연루된 욕망을 현실적으로 소환함과 동시에 두 자매를 둘러싼 '자본'과 '계급'의 문제에 초점을 맞춰 '용서'와 '화해'의 문제를 재현하는 차별성을 보여 준다.

요컨대, 영화는 소설에서 형상화된 6·25전쟁 체험과 두 자매에 얽힌 기구한 운명을 살려내지만, 수지의 '죄책감'과 '자기 기만'에 밀접한 영향을 주던 '전쟁의 허기'를 설명하지 못함으로써 서사 내부에서 작동하는 전쟁 체험 세대의 역사적이고 현실적인 문제 및 비판적 인식 대신 전쟁이 초래한 보편적 '이산'의 문제를 멜로드라마의 차원에서 새롭게 접근한다.

사실, 배창호 감독이 박완서의 소설『그 해 겨울은 따뜻했네』를 각색하는 과정에서 중점을 둔 것은 '전쟁'이라는 환경적 요인으로 인해 수지가 수인을 버리게 된다는 설정이었다.[47] 이는 '생존'과 연루된 '자본 획득'과 '계급 문제'로 영화가 선회하는 과정을 드러내며 '용서'와 '화해'의 시도 또한 이러한 맥락 속에서 이해해야 함을 의미한다.

3) 가해와 피해의 가족 서사 구조

소설이 영화로 변용되면서 영화 〈꼬방동네 사람들〉과 〈그 해 겨울은 따뜻했네〉는 '가족' 속에서 행해지는 '용서'와 '화해'에 강조점을 둔다. 그런데 주목해야 할 것은 '용서'와 '화해'의 시도 속에 전제되어 있는 '가해'와 '피해' 관계 방식이다. 누군가를 용서하거나 누군가와 화해를 해야 한다는 것은 일반적으로 쌍방 간에 이루어지는 지위 역할과 밀접하게 관련 맺는다. 마사 누스바움에 따르면 이는 '교환적 용서'로서 참회와 자기 비하를 필요로 하며 많은 경우 피해를 갚아주고자 하는 마음은 자기 비하와 저열함을 상대에게 요구하기에 지위에 대한 초점과 결합되어 있다. 누스바움은 어떤 부당행위의 발생에 대한 분노가 이러한 교환적 용서의 형태로 이어진다는 점을 날카롭게 지적한다. 이는 사회의 전 영역에 걸쳐 발생하는데 친밀한 관계에서도 마찬가지이다. 친밀한 관계에서는 고백, 사죄, 용서로 이루어진 체제 자체가 지나치게 많은 과오를 기억하는 행위이자 사랑이 빠져 있는 제도로서 상당히 많은 경우 나름의 방식으로 복수를 추구한다는 것, 즉 아량이 넓고 사랑하는 마음을 가지고 있는 사람이라면 마땅

---

47 이세룡, 「본격 대담―황금의 콤비 배창호·안성기」, 『영화예술』, 1990.1, 89쪽(안재석, 앞의 논문, 82쪽에서 재인용).

히 삼가야 할, 죄의 목록을 기록해 간직하고 이것저것 캐묻는 사고방식을 드러낸다는 것이다.[48]

위의 논의에 기대면 영화 〈꼬방동네 사람들〉과 〈그 해 겨울은 따뜻했네〉에 드러나는 '용서'와 '화해'를 가족 멜로드라마의 갈등 해결 방식쯤으로 단순하게 이해하기에는 복잡한 이면이 있다고 판단된다. 왜냐하면 두 영화에 드러나는 것은 위에서 언급한 용서와 관련된 역전된 관계 양상이기 때문이다. 이는 과연 용서와 화해의 문제와 관련된 어떤 차원을 반영하는가.

소설 『꼬방동네 사람들』과 달리 가족 멜로드라마의 차원으로 변용된 영화 〈꼬방동네 사람들〉[49]은 주석이 행한 범죄와 과오에 대한 명숙의 용서 행위에 초점이 맞춰져 있다. 이는 강태섭의 범죄와 과오에 대한 용서와도 비슷한 맥락에 있는 것으로서 '주석'과 '태섭'은 자신의 범죄 행위와 과오를 용서받고 새로운 삶을 살기 위해 노력하는 인물들이다. 소설과 달리 주석은 택시기사로 분해 명숙과 재회하기에 이른다. 주석과 명숙의 재회 사이사이에 플래시백으로 그들의 과거가 펼쳐지는데 영화에서 반복적으로 재현되는 플래시백은 주석의 과거를 현재의 서사로 자연스럽게 이어 붙이는 효과를 드러내는 한편, 현재 그의 명숙과 준일에 대한 행위가 '용서'와 '화해'의 그것임을 보여 준다. 과거 소매치기로 명숙과의 사랑과 가족에 대한 책임을 저버렸지만, 현재 그는 남편이자 아버지로서 명숙과 준일을 책임지겠다는 의지를 택시기사인 현재의 삶으로 보여 주며 가족에게 용서와 화해를 시도하는 것이다.

---

48 마사 누스바움, 강동혁 역, 앞의 책, 43쪽.
49 관련 내용은 위의 책, 2장 참조.

이 영화가 '가해'와 '피해'의 서사 구조를 보여 주는 데는 이러한 주석의 과거-현재의 삶을 집중 조명하면서 명숙의 삶이 그로 인해 비참해진 정황, 즉 그녀가 폭군과도 같은 강태섭을 만나고 준일을 홀로 키우는 빈곤하고 비참한 삶을 살아가는 정황이 작용하기 때문이다. 명숙과 준일은 주석에 의해 철저히 망가진 인물들이다. 신의를 저버린 남편으로 인해 명숙은 가난하고 비참하게 꼬방동네로 떠밀려 들어와 살인 도망자인 강태섭과 살아가는 중이며 준일은 아버지 없이 불우한 환경에서 자라나면서 주석처럼 범죄를 일삼는 문제아가 된다. 영화에서 명숙의 비참한 삶이 곳곳에서 재현되기 때문에 표면적으로 볼 때 이 영화는 "상습 소매치기의 과거를 씻고 택시기사가 된 전남편, 말썽꾸러기 아들, 살인을 저지르고 숨어 사는 깡패 출신 남편 등을 중심으로 참회 속에 가정을 되찾으려는 여인의 몸부림을 그리고 있다"[50]고 볼 수 있겠다. 그러나 영화 안에서 재현된 명숙의 몸부림은 사실 주석과 강태섭에 의해 좌지우지되는 것이다. 자신의 살인 이력이 드러나자 강태섭은 자수를 선언하면서 명숙을 주석에게 부탁하고 이어서 주석의 소망이었던 가족의 재구성은 그가 꼬방동네를 떠나려는 명숙과 준일을 잡음으로써 가능해진다. 이렇듯 영화의 서사에서 주석과 강태섭의 사이에 놓인 명숙에게는 피해자로서의 비참한 삶이 전가되지만, 그녀에게는 삶을 스스로 선택할 권리마저 주어지지 않는다. 뿐만 아니라 주석과 이별 후 명숙은 주석의 범죄를 상기시키는 아들 준일의 행위로 인해 고통받는데, 준일의 이러한 이탈적 행위에도 불구하고 아들의 존재는 주석의 용서와 화해의 요청에 있어 매우 중요한 것으로 작용한

---

50 「〈꼬방동네 사람들〉 제작 완료 기구한 운명 헤치는 여인 그려」, 『경향신문』, 1982.7.15.

다. 사실상 주석의 가족 재구성의 욕망 속에는 '준일'에 대한 강한 애정과 집착이 작용했기 때문에 명숙은 근본적인 차원에서 피해자지만 그에 대한 용서와 화해의 기회조차 주어지지 않은 채 아들과 주석 혹은 강태섭에 의해 용서의 주체로 호명되는 모순된 상황에 처하게 되는 것이다.

이러한 맥락에서 보자면 영화 〈꼬방동네 사람들〉은 주석으로 대표되는 범죄자이자 과오의 주체였던 인물들이 가해자임을 인정하지만 실상 용서의 주체라고 할 수 있는 피해자로 하여금 용서와 화해를 받아들이기를 요청하면서 발생하는 문제를 제기한다. 한편으로는 가해자로서의 범죄와 과오를 서술하면서도 한편으로는 용서와 화해를 피해자에게 요청함으로써, 피해자는 비참한 삶의 결과에 대한 보상을 가해자에 대한 용서와 화해 속에서 수용해야만 하는 또다른 폭력의 위계적 관계 속에 놓이게 된다.

영화에서 명숙의 과거와 현재가 오롯이 그녀의 상실과 아픔의 현실로서가 아니라 '주석-태섭-준일'이라는 범죄자 남성 인물들의 카테고리 속에서만 재현되고 있다는 점도 눈여겨볼 만하다. 이는 젠더 위계 질서 속에서 '용서'와 '화해'의 주권을 남성 주체에게 할당하는 모종의 역학 관계를 상기시킨다. 가해자의 용서와 화해가 피해자에게 절대적 수용을 요구할 때, 이는 근본적인 차원에서 자신의 가해 행위가 가져온 피해자의 심각한 피해와 훼손의 내용을 덮고 피해자로 하여금 용서와 화해를 통한 섣부른 재출발을 강요하는 과정이기 때문이다. 이는 피해자에게 이중의 부담을 안겨 준다. 가해자 남성 주체들은 부당한 가해 행위를 정당화하는 과정에서 그러한 행위를 촉발한 데 대한 피해자의 역할을 강조하고 자신의 지위 격하가 가져올 위험을 재빨리 은폐한 채 재출발을 약속하는 것이다. 영화 〈꼬방동네 사람들〉에서 주석과 태섭의 명숙에 대한 행위에는 '가난을 벗어나기 위해서였다'는 혹은 '사랑해서 그랬다'는 변명이 작동한다. 플래시백으로 재현되는 주석의 행위는 그런 점에서 매우 위선적이다. 이는 가해자가 행한 범죄와 과오의 심각성을 덮고, 그러한 행위에는 명숙과 가족을 위한 어쩔 수 없는 선택이 존재했었다는 알리바이가 작동하는 것이다. 이로써 용서와 화해는 쉽게 요청되고 수용된다.

그렇다면 이러한 역전된 관계는 어떻게 가능한가. 마사 누스바움은 친밀한 관계 내에서 발생하는 용서가 지나치게 많은 과오를 기억하고 복수를 행하는 행위라는 점을 언급했던 바, 이는 피해자의 지위에 대한 분노가 촉발한 용서라는 점에 착안해야 한다. 영화 〈꼬방동네 사람들〉에서는 바로 이러한 분노가 잘 발견되지 않는다. 특히, 가장 큰 피해자인 명숙의 태도는 분노가 아니라 '운명론'에 근거한 자포자기에 가깝다. 자신의 온전한 목소리를 통해 부당함에 대해 항의하면서 주석에게 용서를 요청하는 행위가 사라지게 되면서 서사 내부의 권력은 남성에게 주어진다. 목소리 없는 여성에게 남성 주체들은 손쉽게 용서를 구하고 화해를 요청하게 되는 것이다. 가해자의 용서와 화해의 요청이 피해자의 수용을 일방적으로 요청한 후 그녀들로 하여금 가해자의 폭력적 문제 해결 방식에 눈감게 하는 이러한 방식은 1980년대 한국영화에 재현된 '용서'와 '화해'의 주제가 지닌 젠더 역학 관계에서의 문제를 드러낸다고 할 수 있을 것이다.

한편, 영화 〈그 해 겨울은 따뜻했네〉에서 전쟁이 초래한 비극적 삶과 그 문제를 해결하기 위해 요청된 '용서'와 '화해'는 수지와 수인 자매의 극적인 재회와 고백 속에서 완성된다. 그러나 영화는 이 '용서'와 '화해'의 극적인 마무리를 위해 지나치게 많은 장면과 서사를 가해자인 '수지'에게 할당할 뿐만 아니라, '일환'과 '인재'라는 남성 인물들의 서사 속에서도 활용한다. 영화 초반 수지의 용서와 고백의 시도는 배고픔 때문에 동생을 버렸다는 죄책감에서 비롯되었다. 최초의 용서와 고백의 시도가 좌절된 4년 후 수지는 우연히 연주회에서 은표주박을 목에 건 동생을 눈앞에서 확인했음에도 불구하고 모든 상황을 외면하고 만다. 수인과의 하룻밤 대가로 건넨 돈과 그에 대한 수인의 분노, 함께 인재를 찾아온 일환과의 충돌 사건에서 수인이 발견하는 것은 초라하고 비참한 여공의 모습이었기 때문이다. 이렇게 수지는 비참해져 가는 수인을 외면하면서 결과적으로 일남으로 인한 갈등의 상황이 지속되자 수인에게 돈을 건네며 서울을 떠날 것을 주문한다. 수지는 영화에서 수인과 일환의 가족을 멀리 떠나게 함으로써 자신이 과거에 범했던 과오를 잊으려 하는 것이다. 과거 자신이 농락했던 공순이 오목이 바로 동생이 아니냐고 인재가 추궁할 때마저도 수지는 극구 그 사실을 부정함으로써 자신이 떠맡아야 할 용서와 화해의 기회를 스스로 박탈하는데, 이러한 수지의 행위는 그럴 수밖에 없었던 정당한 사유가 명확하게 영화 안에서 제시되지 않는다는 점에서 문제적이다. 수지는 용서를 빌고 싶다고 말하면서도 한편으로는 그 기회를 스스로 거부하면서 수인의 삶을 방치하고 결과적으로 비참하게 만드는 데 일조한다. 뿐만 아니라 영화는 '인재'를 서사의 중요한 인물로 배치하여 그를 수지와 동궤에 놓인 가해자로 변화시킨다. 영화는 인재의 농락으로 인해 일남을 낳은 수인의 비참한 삶을 조명하면서 가해자로서의 인재를 부각시키는 것이다. 수지와 수인 자매와 관계를 맺었다는 점에서 인재의 과오는 심각해진다. 소설이 일환의 존재를 부각시켜 입체적 인물로 형상화했던 데 반해 영화는 인재의 존재를 부각시켜 그를 수지와 함께 가해자의 위치로 설정한 후 수인을 철저한 피해자로 강조하는 서사 구조를 따르는 것이다.

이 관계 속에서 수지와 수인이라는 혈육으로 맺어진 가족 관계는 '수지
-인재-수인'의 삼각 관계에 기반한 신파적 멜로드라마의 구조를 따르는
한편 전쟁이 초래한 한 가족의 비극성 내부에 가해와 피해의 구조가 도사
리고 있다는 점을 드러낸다. 앞서 언급했듯이 수지와 인재는 영화의 절정
이라고 할 수 있는 마지막의 '용서'와 '화해'를 위해 인위적으로 재구성된
가해자로 이해해야 한다. 영화의 초반 현재 시점으로부터 출발하여 플래
시백으로 재현되는 수지와 수인 자매를 둘러싼 과거는 수지와 인재가 가
해자가 되어 가는 과정 및 그에 따른 수인과 일환의 비참한 삶을 대비적으
로 보여 주는 데 할애되기 때문에 영화의 마지막에서 이루어지는 용서와
화해의 장면 또한 지나치게 단순화될 수밖에 없다. 피해자인 수인과 일환
이 수지와 인재의 용서를 쉽게 수용하는 장면은 이를 잘 보여 준다.

이는 영화〈꼬방동네 사람들〉에서 드러나듯 피해자들의 분노가 잘 드러
나지 않는 데서 비롯된다. 한때 수인에 대한 인재의 농락에 저항했던 일환
의 분노가 사라진 자리에는 인재에 대한 일환의 희생이 들어서는 것이다.
이로써 광산 사고의 책임자일 뿐만 아니라 아내를 농락한 인재의 용서는
쉽게 승인되기에 이른다. 물론, 일환의 죽음 앞에 선 수인의 태도에서 잠
시 분노를 찾아볼 수 있지만 결정적으로 그것은 수지의 용서의 행위 앞에
서는 발생하지 않는다. 그저 수인은 언니를 얼마나 기다렸는지 모른다는
말로 수지의 용서를 수용하게 되는 것이다.

그런데 이러한 수지와 인재의 용서와 화해의 이면에는 경제적 계급과
신분의 위계 구조가 도사리고 있다는 점에 주목해야 한다. 앞서 언급했듯
이 수지가 수인을 알고도 외면하는 계기는 혈육에 대한 애착보다는 '공순
이'라는 계급적 지위의 발견에서 시작되었다. 인재의 수인에 대한 농락

또한 공장주였던 자신의 계급적 지위에서 비롯되었던 바, 수지와 인재는 그들의 계급적 조건과 환경 속에서 수인과 일환 가족의 문제를 '돈'을 매개로 해결하려 들 뿐만 아니라, 그들을 광산촌으로까지 떠밀어 버렸던 것이다. 그럼에도 불구하고 수지와 인재는 그들이 저질렀던 과오를 수인과 일환으로부터 쉽게 용서받는다. 인재와 수지가 수인과 일환의 경제적 삶을 좌우했던 공장주이자 자본가 계급이었다는 점은 애초에 이들의 관계 속에서 피해자의 분노가 쉽사리 표출되지 못하리라는 점을 은연중 드러낸다. 자본에 종속된 계급적 열위에 처한 수인과 일환의 영화적 재현의 방식을 보면 수지와 인재의 가해자로서의 과오가 쉽사리 승인되는 과정이 이러한 위계 질서와 관련되어 있음을 파악할 수 있는 것이다. 그만큼 영화 속에서 재현된 수인과 일환의 계급적 비참과 빈민 노동자로서의 정체성은 자본가 계급으로 영향력을 행사하는 인재와 수지의 그것과 비교할 때 유독 눈에 띈다. 사실상 한 가족이라고 할 수 있지만 결코 한 가족일 수 없는 데는 이러한 계급적 격차가 존재하기 때문이다. 가해자로서의 수지와 인재는 용서와 화해를 통해 자신의 과오를 씻어낼 수 있겠지만 이는 근본적인 차원에서 그 결과로 비참해진 수인과 일환의 삶을 되돌릴 수 없다는 점에서 혹은 그들의 계급적 관계 구조를 새롭게 재조정할 가능성을 보여주지 않는다는 점에서 문제적이다. 이는 가해자의 지위와 계급을 그대로 인정하는 가운데 그들의 도덕적 양심의 가책을 해결하는 방편으로서의 용서와 화해가 지닌 위선을 보여 준다.

4) 화해와 용서 그리고 은폐되는 타자성

1980년대 초반은 복잡한 변화의 시기였다. 쿠데타로 정권을 잡은 전두환 정권이 1980년을 시작하면서 직면한 중대한 사건이었던 '5·18 광주 민주화 운동'은 이후 1980년대의 시대적 정서를 재편성하는 중요한 것이 었다. 그것은 광주에서 살아남은 사람들에게, 그리고 광주에 가지 못한 사 람들에게 깊은 실존적 고뇌를 남겨 주었을 뿐만 아니라, 사건을 기억함으 로써 슬픔과 분노와 비통함과 죄책감을 나누는 것이기도 했다.[51] 트라우 마적 사건이 1980년대 초반을 어둡게 물들이는 가운데 대중의 일상 또한 다양한 변화에 직면하게 되었다. 1981년 도시재개발법 1차 개정에 따른 불량주택정비사업의 시행 및 1983년 합동재개발사업의 도입으로 서울에 서는 많은 달동네들이 사라졌고 도시의 풍경은 완전히 탈바꿈되어 도시 빈민을 위한 적정 주거 공간이 격감했다.[52] 서울의 공간적 재배치는 대중 의 일상적 풍경이 계급적으로 재조정되는 양상을 부추겼다. 그러나 한편 으로 1981년 컬러 TV 방송 개막 및 1982년 야간통행금지의 폐지와 프로 야구의 개막 등은 대중의 문화적 자유와 향유를 가능케 함으로써 새로운 문화적 활로를 여는 기능을 하기도 했다.

이렇듯 자유와 억압이 공존하던 당대의 변화 속에서 영화 〈꼬방동네 사 람들〉과 〈그 해 겨울은 따뜻했네〉는 가족 서사의 구조 속에서 시대적 이 슈를 반영하면서도 그것을 은폐·우회하면서 당대에 만연했던 폭력의 양 상을 '화해'와 '용서'로 해결하려 한다. 문제는 이러한 재현의 구조 속에 서 당대에 출현했던 폭력의 문화적 양상을 가늠해볼 수 있다는 점이다.

영화 〈꼬방동네 사람들〉의 경우는 두 가지 차원에서 접근해 볼 수 있다.

51 김정한, 「민주화운동의 시대」, 『한국현대생활문화사 1980년대』, 창비, 2016, 39~40쪽 참조.
52 김묘정, 「사회사적 관점에서 본 우리나라 도시 빈민의 형성 배경과 주거문화」, 『한국주거 학회논문집』 18호, 한국주거학회, 2007, 84~85쪽 참조.

첫 번째는 주석으로 대표되는 남성 주체의 폭력적 화해와 용서의 시도 문제이다. 영화에서 주석은 남편이자 아버지로서의 권력을 재획득하기 위한 과정에서 명숙과 준일에게 화해와 용서를 시도한다. 그가 자신의 권력을 획득하는 주요한 방법은 스스로를 '경제적 주체'로 재정립하는 것이다. '소매치기'라는 범죄자로서의 정체성이 아니라 안정된 직업을 갖는 경제적 주체가 됨으로써 '용서'와 '화해'가 가능해지는 식이다. 명숙이 아들 준일에게 아버지 직업을 '소방수'로 기억하도록 만든 것도 결과적으로 가족의 서사 구조 내에서 주석이 정립해야 할 '경제적 주체'로서의 정체성을 의미한다. 다만, 여기에서 문제가 되는 것은 '경제적 주체'로서의 권력을 오로지 주석과 같은 '남성 주체'에게만 할당하는 방식이다. 영화의 플래시백 장면 곳곳에서 감옥에 갇힌 주석을 기다리며 명숙이 빈곤에서 벗어나기 위해 일하는 모습을 발견할 수 있지만 그녀의 경제적 역할과 노력은 매우 임시방편적인 것으로 치부된다. 이는 명숙이 현재 가게를 하면서도 강태섭에게 돈을 강탈당하며 시달리는 모습 등을 통해서도 짐작할 수 있다. 그녀의 지속되는 고단한 삶은 여성 주체로서의 경제적 자립의 문제를 은폐할 뿐만 아니라, 주석의 재출현 및 경제적 주체성과 접속할 때에야 비로소 해결되는 것이다. 명숙은 주석을 용서하고 그와 화해함으로써 비로소 더 이상 홀로 고생하지 않아도 되는 아내가 된다. 따라서 '용서'와 '화해'는 그의 경제적 주체성을 인정함과 동시에 그 범주 안에 자신을 기입함으로써 남성 가부장이 요청하는 폭력적 위계 구조를 승인하는 의미로 이해할 수 있다.

1980년대를 '국가의 생산성 정치 전략의 시대'로서 경제 성장과 개발주의가 대중의 욕망을 증폭시키는 엔진으로 작동했다는 점을 감안하면,[53]

영화 안에서 재현된 가족 서사는 1980년대식 경제 성장과 개발 논리의 근저에 놓여 있던 남성 가부장 권력의 폭력성을 '용서'와 '화해'의 서사로 풀어낸 것이라고 할 수 있을 것이다.

두 번째는 영화에 재현된 빈민 가족의 서사가 보여 주는 시대적 상황에 대한 것이다. 영화 〈꼬방동네 사람들〉은 앞서 언급했듯이 원작이 성취했던 '도시 재개발'과 관련된 현실 문제를 비켜 간다. 이는 물론 영화에 대한 이중 검열이 엄존했던 상황과 긴밀한 상관 관계를 맺고 있지만, 그 결과로 재현된 영화의 세계는 빈민 가족을 둘러싼 '꼬방동네'라는 공간을 가난하지만 따뜻한 정이 넘쳐 나는 공동체로 낭만화한다는 문제를 안고 있다. 영화 속에서 핵심적 서사 축은 명숙을 둘러싼 주석과 태섭의 삼각 관계이지만 주변에 산재하는 서사들, 즉 공목사의 어린 고아들에 대한 헌신적인 봉사 및 창녀 길자의 참회 그리고 마을 노인의 환갑맞이 축제 등은 마을 공동체를 따뜻한 이미지로 창조해내는 데 기여한다. 가령, 영화에 재현된 환갑맞이 마을 축제는 소설에서 성취했던 빈민촌의 비참한 현실과는 전혀 다른 정서적 공동체 구성원으로서의 빈민들을 호출한다. 아파트가 멀리 보이는 가운데 빈민들이 모여 사는 꼬방동네의 허름한 판자촌이 시각 이미지로 재현되지만, 축제의 현장은 가난한 자들의 따뜻한 웃음과 너그러운 인심 속에서 밝고 건강한 이미지로 시각화되는 것이다.

이러한 재현 방식은 빈민들이 겪는 현실적 문제를 우회하면서 '공동체 의식' 속에서 사회적 모순을 봉합하고 해결하려는 시도와도 상통한다.

이러한 영화적 재현 양상은 1980년대에 본격적으로 등장했던 '민중문

---

53 이상록, 「1980년대 중산층 담론과 호모 에코노미쿠스의 확산」, 『사학연구』 130호, 한국사학회, 2018, 329쪽.

화운동'의 연장선상에서 이해할 수 있는 측면을 보여 준다. 〈꼬방동네 사람들〉은 특히 "민중을 본격적으로 영화적 재현의 장 안으로 포함시켜 민중의 삶의 현실을 리얼리즘에 근접한 방식으로 묘사하거나 민중의 고통과 수난을 영화의 중심 서사로 채택하는 경우"에 해당한다는 평가가 이를 말해 준다.[54] '민중'과 '전통'을 소환하고 있다는 측면에서 보자면 영화 〈꼬방동네 사람들〉이 지닌 저항성을 어느 정도 가늠해 볼 수 있는 것도 사실이다. 그럼에도 불구하고 간과할 수 없는 것은 이중 검열의 정책 아래에서 이러한 재현이 소재 선택의 차원에서 이루어질 때 발생할 수 있는 문제이다. 말하자면 이 영화는 소재적 차원에서는 분명 새로운 변화의 양상을 흡수하고 있지만, 영화 속 서사와 이미지의 맥락을 고려하면 비가시적 폭력의 양상을 은폐하고 가족 공동체를 낭만화하는 문제를 노출할 수 있다는 것이다.

이러한 맥락에서 보자면, 영화에서 주석의 화해와 용서를 통해 재확립된 가족 공동체는 꼬방동네의 이미지와 겹치면서 시대에 대처하는 빈민 공동체의 나아갈 방향을 지시하는 것으로 이해될 수 있다. 영화의 마지막 장면에서 꼬방동네를 떠나려는 명숙과 준일을 주석이 잡음으로써 그들이 이 동네에 정착하게 될 때 터전으로서의 이 동네가 지닐 의미 또한 변화할 수 있기 때문이다. 남성 권력의 경제적 자립에 기초하여 형성된 새로운 가족 공동체는 꼬방동네의 정체성 형성에 기여할 뿐만 아니라 빈민촌의 현실적 부조리마저 해결할 방법으로 환원되는 것이다. 이로써 당대 정권이 주도했던 도시 재개발과 관련된 일방적이고 폭력적이었던 정책은 영화적

---

54 조지훈, 「197080년대 민중문화운동과 한국영화-이장호 영화를 중심으로」, 『영화연구』 61호, 한국영화학회, 2014, 352쪽.

전유 속에서 새롭게 변용된다. 영화는 가족 공동체의 재정립을 위한 화해와 용서의 문제를 거론하는 가운데 그 결과로 당대 사회에 출현했던 빈민에 대한 폭력적 억압의 문제까지도 '화해'와 '용서'의 포괄적 범주 안에서 녹여내어 가공하는 것이다. 이와 같은 가족 공동체의 재현 방식은 시대의 폭력을 헤쳐 나가는 일종의 대중적 방법론으로서는 효과적으로 기능할 수 있었겠지만, 비판적 모색이 사라진 영화 속 꼬방동네는 너무 쉽게 가해자를 용서하고 그와 화해하면서 현실의 문제로부터 눈을 돌린다는 점에서 시대의 폭력을 승인·강화하는 문제를 안고 있었던 셈이다.

이처럼 '화해'와 '용서'의 문제는 1980년대 초반의 시대적 상황 속에서 발생하던 사회 내부의 문제적 요소들을 영화적으로 전유하면서도 동시에 그것의 저항성을 희석·가공하는 데 있어 일정한 역할을 수행했다. 영화 〈그 해 겨울은 따뜻했네〉 또한 이러한 차원에서 접근해 볼 수 있다.

이 영화에서도 주목할 부분은 두 가지로 구분된다. 첫 번째는 인물들의 관계 구조상 경제적 계층화가 전제될 때 나타나는 문제이다. 영화에서 주요한 갈등의 요소로 작동하는 것은 바로 '자본'이다. 영화에서 '자본'은 수지와 수인을 갈라 놓는 결정적인 장벽으로 기능한다. 소설에서 수인과 일환의 삶이 비교적 수지 가족의 삶과 분리되어 존재하는 것과 달리 영화에서 수인과 일환이 인재의 공장 노동자로서 혹은 수지의 경제적 권력 속에서 삶의 방향을 결정하게 된다는 점은 영화적 세계가 펼쳐 놓은 두 자매의 삶에 '자본'의 역할이 매우 중요하다는 것을 반증한다.

구체적으로 보자면 인재가 수지와 닮은 수인을 하룻밤 노리개로 삼은 뒤 건넨 돈은 수지가 수인을 외면하는 중요한 계기가 된다. 뿐만 아니라 그 후 수인이 낳은 인재의 아들 일남과 그로부터 파생된 두 자매 사이의 복잡한 관계를 청산하기 위해 수지는 수인을 찾아가 또다시 돈을 건네며 먼 곳으로 떠날 것을 제안하기에 이른다. 수지와 인재로 대표되는 자본가 계급은 강력한 자본 권력을 통해 수인과 일환의 삶을 좌지우지하는 존재로 재현되지만, 수인과 일환은 쉽게 이들을 용서하고 화해를 받아들이면서 영화 전체 서사의 방향을 좌우하는 자본의 위력을 간과하고 만다.

'자본'이 영화의 중요한 서사적 장치로 작용할 때 눈여겨 봐야 하는 것은 이것이 1980년대 사회 전반에 보편적으로 확산되어 있던 경제 성장과 중산층 판타지 실현의 가장 강력한 방법론이었다는 점이다. 영화는 수인과 일환을 빈민 노동자로서 호출함으로써 그들의 삶을 '자본'의 흐름 속에 위치시키고 수지와 인재의 자본가적 정체성을 부각시킬 뿐만 아니라 구분된 인물 관계 구조 속에서 자본가의 용서와 화해를 통해 자본의 위력이 가져오는 현실적 부조리를 은폐하는 문제를 노출한다. 이는 결과적으로 수인과 일환이 처해 있는 빈민 노동자로서의 현실적 삶, 즉 그 특수한 계급적 차원을 가리고 '자본'의 영향력 속에서 그것에 순응하는 존재로 그들의 정체성을 재조정하는 것으로 귀결된다. 슬라보예 지젝에 따르면 자본주의는 모든 특수한 생활 세계와 문화와 전통을 침식하고 그 전반에 영향력을 미치며 그 소용돌이 안에 그것들을 붙잡아 넣는 무시무시한 부식성을 지닌 실제적 힘이다. 따라서 문제는 자본주의가 여러 가지 사회적 관계들을 중화시켜 버리는 모체로서 보편적인 것이 되어 버렸다는 점이다.[55] 이는 1980년대 사회 전반을 잠식했던 경제 성장과 개발에 대한 환상이 자본주의적 보편성으로 확립되고 그 속에서 실제 현실의 특수한 관계와 문제 등

---

55 슬라보예 지젝, 이현우·김희진·정일권 역, 앞의 책, 217~218쪽 참조.

이 자본의 보편성 속에서 은폐·삭제되어 가는 정황을 이해하는 데 참조점을 제공한다. 이에 근거하자면 영화 〈그 해 겨울은 따뜻했네〉에 재현된 계급화된 인물 관계 구조와 그들 사이에 벌어지는 용서와 화해의 문제는 영화의 중요한 서사적 요소로 작용하는 '자본'과 결탁함으로써 상당히 이데올로기적인 것으로 변모되는 것이다. 영화는 1980년대 초반 현실에서 마주치게 되는 빈민 노동자의 특수한 계급성과 그것에 작용했던 자본의 폭력적 힘을 화해와 용서의 문제로 우회함으로써 은폐한다.

두 번째는 영화에서 중요한 요소로 작용하는 '자본'이 두 자매의 전쟁과 가족의 이산 체험이라는 비극적 가족사를 청산하는 강력한 요소로 작용한다는 점이다. 앞서 언급했듯이 영화에는 '전쟁의 체험'이라는 이산 가족 공통의 보편적 경험이 재현되어 있다. 영화는 초반부에서 6·25전쟁 체험의 자료 화면까지 동원하여 그것이 역사적이고 보편적인 민족의 아픔이자 비극이었다는 점을 강조한다. 이 비극적 경험 속에서 수지와 수인 자매의 이별과 만남은 민족의 그것으로 치환되어 보편성을 획득할 수 있는 것이다. 그러나 이 보편의 전쟁 경험은 수지와 수인 자매 사이에 놓인 자본의 장벽 앞에서 힘을 상실한다. 경제적 위계 구조는 비참한 수인의 삶을 외면할 수 있을 정도로 혈육의 정과 가족애보다 끈끈하고 강력한 것이었기 때문이다. 문제는 영화 안에서 이러한 논리가 강력하게 작용할수록 전쟁 체험과 그로부터 연유하는 민족적 비극성 등에 대한 역사적 이해가 소멸하게 된다는 것이다. 영화는 위계화된 경제 구조 내부에 존재하던 두 자매의 관계를 조명하는 동시에 수인과 수지의 용서와 화해를 통해 그들의 행복한 앞날을 전망하는 것으로 마무리되지만 가족의 서사에 개입된 계급 논리 속에서 민족의 분단과 전쟁 체험의 비극성은 충분히 고려되지 않는다. 이는 그만큼 민족의 아픔과 비극의 역사적 성찰의 문제가 매우 예민한 것으로 인식될 수밖에 없었던 시대적 정황을 가늠케 하는 것이기도 하다. 5·18민주화운동이 촉발한 민족저항운동이 1980년대 초반을 뜨겁게 달구는 한편으로 노동운동과 빈민운동 등으로 대표되는 노동 계급의 저항 운동이 싹을 틔워 가던 상황에서 국가의 서슬 퍼런 억압 장치들은 민주화운동의 제압에서 목격할 수 있듯이 폭력적으로 저항의 싹들을 제거해 나갔다. 영화에 대한 검열에서도 드러나듯이 1980년대 초반 국가의 폭력은 영화를 비롯한 대중 매체 나아가 현실에서조차 민족의 문제 혹은 계급의 문제를 드러내는 데 민감한 반응을 보였다. 영화 〈그 해 겨울은 따뜻했네〉가 자본에 따른 경제적 계급 구조의 문제를 드러내면서도 전쟁 체험이 가져온 민족의 역사적 문제에 접속하지 않은 것은 이러한 상황과 관련된다고 볼 수 있다.[56]

이로써 영화에 재현된 수지와 수인 자매를 둘러싼 가족 서사는 당대가 요청한 경제 성장과 개발의 환상을 적극적으로 수용함으로써 폭력의 시대가 가져온 사회적 부조리를 외면한다. 이는 근본적인 차원에서 자본의 영향력과 행사를 무기 혹은 알리바이로 내세움으로써 시대의 폭력을 비켜 갈 뿐만 아니라 그러한 시대를 경유하는 효과적인 방법론을 제시하는 대중적 방식을 드러내는 것이기도 하다. 다만, 문제는 이러한 폭력의 시대에 맞서는 가족의 형태 속에서 당대 (비)가시화된 구조적 폭력의 양상을

---

56 '화해'와 '용서'와 같은 세상을 바라보는 따뜻한 시선이 배창호 감독 영화의 일관된 정서였다는 점 그리고 그가 각색 영화를 통해 '검열'이라는 정책적 통제를 피하고 '흥행'이라는 산업적 요구에 부응하며 자신이 처한 상황에 대응해 나갔다는 점은 영화 속에서 민족과 역사의 문제에 천착하지 못했던 정황을 짐작케 한다.(관련 논의는 안재석, 앞의 글, 92쪽 참조)

발견하게 된다는 점이다.

5) 개발 독재 시대와 가족의 존재 방식

영화 〈꼬방동네 사람들〉과 〈그 해 겨울은 따뜻했네〉는 억압과 자유가 공존하던 1980년대 초반 시대의 분위기를 영화라는 대중 매체가 어떤 방식으로 전유하고 있었는지 파악하는 데 유효한 텍스트이다. 이 작품에 접근하기 위해서는 공교롭게도 두 편 모두 배창호 감독의 작품이라는 점을 고려해야 한다. 영화에 대한 이중 검열이 엄존하던 시대적 억압 속에서 대중의 삶을 '화해'와 '용서'라는 필터를 통해 따뜻한 시선으로 표현하고자 했던 감독이 처한 상황을 감안하면, 이 두 영화에는 '검열'을 피해 가면서도 '화해'와 '용서'를 통해 대중과 호흡하고자 했던 감독의 고민이 묻어난다는 것을 파악할 수 있다. 다만, 감독의 의도와는 상관 없이 이 두 편의 작품 속에 드러나는 '화해'와 '용서'는 1980년대 초반 정권의 통치성이 조준했던 '구조적 폭력'의 양상과 밀접하게 관련되어 있다는 점에 초점을 맞춰야 할 것이다.

이는 소설의 영화적 변용 과정을 살펴볼 때 좀 더 분명하게 파악할 수 있다. 소설 『꼬방동네 사람들』에 형상화되어 있던 도시 재개발을 둘러싼 빈민들의 치열한 삶과 저항성이 영화 〈꼬방동네 사람들〉로 변용되면서 사라지는 과정은 시나리오와 영화에 대한 이중 검열이 존속했던 당대 상황에서 어쩔 수 없는 선택이었다고 말할 수 있을 것이다. 그러나 영화에 재현된 피해와 가해의 가족 서사 구조 및 가해자로부터 행해지는 일방적인 '화해'와 '용서'는 경제 주권을 가진 남성 가부장의 권력을 강요하는 논리와 직결되어 있다는 점에서 문제적이다. 표면적으로는 오붓한 가족의 재정립을 말하는 것으로 보이지만, 실상 그 이면에는 당대의 시대가 요청했던 경제 성장과 개발주의에 기반한 경제 논리가 작동·강요되고 있었던 셈이다. '꼬방동네'라는 빈민촌의 낭만화 과정 또한 빈곤 문제를 경제적 성장의 문제로 치환하고 덮어 버리는 문제를 노출하는데 이로써 영화 〈꼬방동네 사람들〉은 '용서'와 '화해'의 필터를 통해 시대적 폭력에 맞서 가족의 나아갈 방향을 지시하면서도 그 안에 도사리고 있던 구조적 폭력을 은폐하는 텍스트가 된다.

이는 영화 〈그 해 겨울은 따뜻했네〉에서도 유사하게 작용한다. 소설에서 영화로 변용되면서 소설에서 성취했던 민족과 분단, 전쟁 체험 등이 야기한 복잡한 한국의 역사적 문제는 상당히 희석된다. 영화는 6·25전쟁 체험을 대중의 보편적 경험과 빗대어 말하고자 하면서도 그것을 분단 민족의 역사적 문제 속에서 세밀하게 추적하지 않는다. 이는 '검열'의 문제와 밀접하게 연관되어 있던 것으로 추정되는 바, 영화는 오히려 '용서'와 '화해'의 문제를 다루되 그것을 수지와 수인 두 자매의 '자본'을 둘러싼 계급적 위계 구조 속에서 접근한다. '자본'은 '전쟁의 허기'가 사라진 공백을 채우는 매우 중요한 것으로 이해할 수 있다. 중요한 것은 자본이 전쟁 체험이 가져온 삶의 복잡한 문제들을 쉽게 해결하고 초월하는 위력적 존재로 부각되는 정황이다. 이 영화에 재현된 용서와 화해의 문제는 바로 이러한 시대가 요청했던 경제 성장과 개발을 가능케 하는 '자본'의 위력을 은연중 드러내고 있다. 수인과 수지 자매가 용서와 와해를 통해 다다른 지점은 전쟁 체험이 가져온 비극성의 해결처럼 보일지 모르나 그 해결은 실상 자본의 위력을 점검하지 않는 차원에 놓여 있다는 점에서 미온적이고 표면적이다.

결과적으로 두 편의 영화는 '가족 서사' 속에서 재현되는 용서와 화해의 방식이 지닌 이데올로기적 차원을 드러낸다. 전두환 정권이 '억압'과 '자유'의 대비되는 통치 전략을 교묘하게 운용하면서 진행되었던 만큼, 당대의 문화 생산물에 침투한 통치성의 (비)가시화된 폭력의 양상을 밝혀내는 것은 매우 중요하다. 왜냐하면 이는 이면에 당대 사회에 형성되어 있던 타자성의 문제를 건드리기 때문이다. '용서'와 '화해'가 '폭력'의 양상과 밀접하게 관련된다는 점에 착안하여 여기에서는 영화의 가족 서사에 스며든 폭력의 양상을 밝히는 방법론으로 이를 활용했던 바, 1980년대 다양한 대중문화 생산물 속에서 '용서'와 '화해'의 문제가 지닌 이데올로기적 특성을 밝히는 데 있어 이러한 논의는 매우 중요하다고 판단된다. 기만적인 용서와 화해의 제스처 속에서 1980년대 영화 재현 방식 속에서 확인할 수 있는 다양한 빈민 가족의 양상 또한 비판적으로 분석할 필요가 있기 때문이다. 가령, 이장호 감독의 〈바람 불어 좋은 날〉1980에 등장하는 세 주인공 덕배중국집 배달부와 춘식이발소 시다, 길남여관 보이이 고향을 등지고 서울에 도착하여 주변부를 배회하는 것을 따라가다 보면 도시로 이주한 이른바 "도시 난민"이 이루는 유사 '가족 공동체'를 둘러싸고 행해지는 용서와 화해 문제 또한 이러한 개발 독재 시대 근대화의 파행을 덮는 유토피아적 상상력과 접속하고 있다는 점을 확인할 수 있다. 이원세 감독의 영화 〈난장이가 쏘아 올린 작은 공〉1981에 등장하는 가난한 난장이 가족이 결국 영희의 아파트 입주권 획득을 중심으로 다시 모이는 방식 등등은 모두 이러한 1980년대 영화의 재현 과정에 스며들어 있는 직·간접적인 화해와 용서의 문제를 빈민의 타자성과 가족 공동체 속에서 새롭게 해석할 필요성을 제기한다.

그러나 근본적인 차원에서 보자면 이러한 영화들 속에서 화해와 용서는 이데올로기적 환상의 가림막으로 훌륭하게 작용함으로써 문제적인 차원을 드러내면서도 개발 독재 시대 통치성의 폭력을 우회해 나가면서 가난한 대중의 삶을 위로하는 방편이 되어 줄 수 있었다는 점에서는 필요 불가결한 것이었다는 점도 간과할 수 없을 것이다.

3. 분단과 민족에 대한 영화적 탐색, 혼종된 정체성의 타자들

1) 역사와 영화, 연대의 가능/불가능성

한국의 근현대사에 있어 남북의 '분단'은 냉전이 가져온 가장 참혹한 결과이자 한민족의 물질적·정신적 지형을 형성하는 근원적 트라우마와도 같았다. 여전히 연대와 통합의 가능성을 점쳐 볼 수 없는 불안정한 '분단'의 현재적 지속성은 한민족의 정통성 및 정체성에 대한 반복·확대 재생산되는 이데올로기적 갈등과 반목의 중요한 지점이 되고 있다. 따라서 '분단'과 '민족'의 문제는 그동안 생산된 문화적 축적물 속에서도 가장 끈질기게 재생산되는 첨예하고도 민감한 것이다. 역사를 구성하는 중요한 요소로서 일반적으로 호출하는 것이 '민족'이라면, 한국의 경우 '분단'은 민족의 정체성과 정통성을 규정하는 근원적 준거일 뿐만 아니라, 민족 구성체로서의 '국가'의 조건과 경계를 형성하는 데 있어 가장 강력한 이데올로기적 영향력을 미치는 기제였다. 이는 1950년대 분단 냉전 체제의 본격적인 시작 이후로 한국전쟁 전후를 기억·재현하는 수많은 문화 예술을 통해서도 어느 정도 짐작할 수 있다. 한국전쟁은 단순히 사건의 역사적 경험으로서만 존재하는 것이 아니라 사건을 전후한 냉전 체제와 반공 이데올로기, 남북한 분단 국가 성립의 조건 및 민족의 이산과 국민의 정체성 형성, 삶의 방식 등을 재현하는 다양한 문화적 결과물로 재출현해 왔던 것이다.

따지고 보면, '분단'과 '민족'의 두 요소는 한국전쟁 이후 구축된 냉전 체제에 접속하는 다양한 접근들이 필연적으로 거쳐야 할 역사적 통로이자, 여과지였다. 여기에서 작동하는 접속은 한국전쟁 이후 형성된 냉전 국가의 역사적 상황과 조건들을 현재로부터 투사하여 그 의미를 추출하려는 시도로부터 출발한다. 이는 발터 벤야민이 말한 바 다음의 진술과도 일맥 상통한다. "역사의 진행이 여러 모로 해어진 가닥이고 수천 가닥으로 흐트러진 밧줄로서 풀어진 머리 다발처럼 늘어져 있다면, 그 가닥들이 모두 모여 머리 장식으로 엮이기 전까지 어떤 가닥도 특정한 장소를 갖지 못한다"는 것.[57] 발터 벤야민은 비록 이 진술을 통해 '보편사'와 '진보'에 기반한 '신화적' 역사 서술을 비판적으로 검토함으로써 '불연속체'로서의 역사 서술의 필요성을 주장하지만, 사실 그가 뒤에 밝힌 대로 역사에 대한 현재로부터 과거로의 투사는 '비非신학적'으로 접근하는 것을 금하거나 접근하기 어려운 것이 사실이다.[58] 이러한 발터 벤야민의 진술에서 추출해낼 수 있는 유효한 점은 역사적 주체가 과거의 흩어진 역사적 상황을 꿰어 다발로 유의미하게 구성하는 방식이다. 풀어진 머리 다발처럼 흩어져 있는 역사적 과거를 어떻게 모아서 특정한 장소성을 부여하고 의미를 형성할 것인가. 한국전쟁 이후 형성된 삶의 총체성들을 산만하게 흩어진 역

---

57 발터 벤야민, 최성만 역, 『역사의 개념에 대하여』, 길, 2017, 358쪽.
58 위의 책, 361쪽.

사적 파편들이라고 본다면, '분단'과 '민족'이라는 여과지를 통과한 그것들을 어떠한 방식으로 포착하여 특정한 역사적 의미를 추출해낼 것인지, 그것이 문제의 핵심으로 떠오른다.

'분단'과 '민족'에 대한 문화적 관심, 특히 영화적 모색에 관심을 가지게 되는 것도 이 지점에서이다. 한국영화사에서 '분단'과 '민족' 문제에 대해 새로운 관점으로 접근한 작품들을 여러 편 만날 수 있는 것은 1980년대에 들어서이다. 한국전쟁 이후 형성된 냉전 국가 체제 속에서 생산된 영화 작품들에서 흔히 목격할 수 있었던 것은 주로 '한국전쟁'을 둘러싼 남북한 이데올로기 갈등과 봉합을 다룬 전쟁 스펙터클 영화와 스파이 영화가 대부분이었다. 물론, 유현목 감독의 영화 〈오발탄〉1961에서 "가자"를 외치는 병든 월남민 어머니의 거친 목소리를 통해 가난한 해방촌에서 절망적인 삶을 연명하는 분단 민족의 아픔을 발견하기도 하고 때로 김기덕 감독의 영화 〈남과 북〉1965을 통해 분단으로 인한 이산의 슬픔을 한 여성과 그녀를 둘러싼 남북의 두 군인을 통해 짐작해 볼 수도 있었다. 그러나 박상호 감독의 영화 〈비무장지대〉1965처럼 분단으로 인해 생긴 군사분계선을 두고 두 아이가 겪는 사건을 사실적으로 다룬 뛰어난 작품을 만나는 것은 당시로서는 무척 예외적이었다. 1960~70년대를 거쳐 자주 접하게 되었던 영화는 '반공영화'라는 장르 명칭으로 회자되는 일련의 전쟁 스펙터클을 다룬 영화들과 스파이 영화들이었다.[59] '반공 이데올로기'의 직·간접

---

[59] 이 두 종류의 영화들은 주로 '반공 이데올로기'를 직·간접적으로 표현하였는데, 이는 박정희 정권의 집권 기간 동안 이루어진 '반공영화'에 대한 포상 정책과 관련이 깊다. 박정희 집권 기간 동안 이루어진 수차례의 영화법 개정에 따라 우수 반공영화를 선정·포상하여 특혜를 주는 것이 가능해졌고, 정권의 검열 정책과 기업화 및 산업화 정책에 따라 정비된 영화사들은 반공영화 포상제를 활용하여 이득을 챙겼기 때문에 이러한 반공영화의 제작·상영은 지속적으로 이루어졌다.

적인 표방은 박정희 정권의 반공주의 냉전 이데올로기를 계몽·선전함으로써 '분단'과 '민족'에 대한 다양한 모색을 원천적으로 가로막았다. 이는 '반공 국민'을 창출하기 위한 전략적 시도였다는 점에서 역사적 경험이 국민 주체 구성을 위해 도구적으로 활용되는 사례를 보여 준다.

오히려 관심을 가져야 할 것은 분단이라는 분리의 경험 속에서 다층적으로 숨죽이며 살아온 민족의 총체적 삶을 들여다보고 그들의 존재 방식을 통해 영화가 역사와 접속하는 것이어야 한다. 이로써 영화적 모색이 단편적인 조각들로 흩어져 있던 불연속적인 역사적 경험들 속에서 무엇을, 어떻게 길어 올리고 있는 것인가에 대한 답을 찾을 수 있다고 판단된다. 뿐만 아니라, 이는 과거로부터 투사된 현재를 통해 미래로 투사되는 의미의 지점을 포착하는 잠재성과 가능성을 열어 준다는 점에서도 중요하게 인식된다.[60] 이는 영화가 역사와 연대하는 가능/불가능성을 타진하는 일

---

60 이러한 논의는 다음과 같은 발터 벤야민의 논의에 기대고 있다. "역사가는 과거를 향한 예언자라는 말은 두 가지 방식으로 이해할 수 있다. 전승된 방식으로는, 역사가는 멀리 떨어진 과거에 자신을 전치시키는 가운데 그 과거에 대해 여전히 미래로서 통용되어야 할 것인데 그 사이에 역시 과거가 되어 버린 어떤 것을 예언한다는 것을 뜻한다." 발터 벤야민은 전승된 말의 의미를 비판적으로 검토하는 가운데 이를 다음과 같이 새롭게 해석한다. "즉 역사가는 자신의 시대에 등을 돌리는데, 그의 예언적 시선은 예전 세대들의, 더욱더 깊이 과거 속으로 사라지는 정점들을 보고 점화된다. 이 예언자적 시선이야말로 그 앞에서 자신의 시대가, 시대와 함께 보조를 맞추는 동시대인들에게보다 더 분명한 모습으로 등장하는 그런 시선이다." 그에 따르면, 역사가는 과거로부터 자신의 시대(현재)를 예언적으로 이해할 수 있게 된다. 그리고 이는 그가 말한 대로 "우리가 역사를 어떤 텍스트로 보려고 하면, 그 역사에는 최근에 어떤 작가가 문학 텍스트에 대해 한 말이 적용된다. 즉 과거가 그 텍스트들 속에 이미지들을 남겨 놓았는데, 이 이미지들은 감광판에 담긴 이미지들에 비유할 수 있다. 미래만이 그 이미지를 세부 내용까지 나타나게 할 만큼 충분히 강력한 현상액을 갖게 된다". 말하자면, 과거의 텍스트는 미래의 시선을 통해 그 이미지(의미라고도 할 수 있는)를 드러낸다. 여기서 말하는 미래의 시선은 과거를 바라보는 현재의 시선일 뿐만 아니라, (현재가 곧 과거가 된다는 의미에서) 미래의 시선이기도 하다. 따라서 현재로부터 과거로의 투사는 곧 그로부터 형성되는 의미를 미래로까지 투사하는 잠재성과 가능성을 지닌다고 해석할 수 있을 것이다.(인용문은 발터 벤야민, 최성만 역, 앞의 책, 365~366쪽 참조)

로서, 과연 영화가 역사적 다발을 형성하여 어떤 생성의 문화적 판본으로 기능할 수 있을 것인가와 연결된다.

이 부분에서 관심을 가지는 1980년대 초중반 '분단'과 '민족'을 다룬 몇 편의 영화들은 위에서 언급한 영화와 역사의 관계, 그 연대의 가능/불가능성을 타진하는 데 유효한 몇 가지 특징을 보여 준다고 판단된다.

첫째, 이 영화들에서는 한국전쟁이 초래한 민족들의 삶을 다양한 방식으로 재현함으로써, 전쟁과 그것이 초래한 역사의 굴곡을 트라우마처럼 간직한 채 살아가는 개인들의 파편적인 삶을 세밀하게 들여다 본다. 잊혀진 수많은 익명의 역사적 이름들타자들을 통해 '분단'과 '민족'이 야기한 역사적 과거를 현재로 호출하여 '과거―현재―미래'의 총체적 다발 안에 위치시키고 관객으로 하여금 그 의미를 찾도록 촉구하기 위해 이 영화들은 역사적 경험의 파편적 조각들을 흥미롭게 구성한다. 이 파편들이 다발로 묶임으로써 발생하는 시각적 스펙터클은 특정한 이념이나 사상으로 포착할 수 없는 해석의 난해성을 드러낸다.

둘째, 이들 영화에서 등장하는 인물들은 때로는 광기 어린 모습으로 때로는 역사적 질곡을 온 몸으로 받아낸 분열된 여성으로 재현되는데, 특히 분열된 자의식을 지닌 여성은 역사적 과거의 시간들을 통해 형성된 정체성을 보유한다. 그런데 이러한 타자화된 존재들은 그것 자체로 '분단'과 '민족'의 표상으로 뿐만 아니라, 근본적으로는 1980년대가 분단 민족의 역사를 이해하는 방식을 드러낸다.

위의 두 가지 특징을 살펴볼 수 있는 영화로 여기에서 주목한 작품은 이두용 감독의 〈최후의 증인〉1980, 임권택 감독의 〈짝코〉1983, 〈길소뜸〉1986, 배창호 감독의 영화 〈그 해 겨울은 따뜻했네〉1984, 이장호 감독의 영화

〈나그네는 길에서도 쉬지 않는다〉1987이다.[61] 사실, 이 몇 편의 영화들은 '분단' 이후 타자화된 존재들의 삶을 반영하면서 민족의 이름으로 분단의 기억을 재조명한다. 그러나 이러한 특성을 분석한 연구는 그동안 이루어지지 않고 있는 실정이다. '분단' 혹은 '민족'이라는 개념은 여러 전문 분야 연구 과정에서 상호 보완적인 영향 관계를 보여 주지만, '영화' 분야와 접목된 경우는 찾아보기 어렵다. 따라서 기존의 연구 업적을 일별할 때, 영화 분야에서 '분단'과 '민족'의 테두리 안에서 작품을 분석한 사례보다는 위의 영화 작품들을 개별적으로 분석한 경우를 찾을 수 있을 뿐이다.

이 부분에서 관심을 갖는 것은 인물들의 존재 방식, 이를테면 잊혀진 존재들의 귀환이다. 이름 없이 전쟁 이후 잊혀진 존재들이 출현하는 방식과 그들을 대하는 인물들의 상호작용을 통해 잊혀진 역사의 이름들이 출현하는 1980년대의 의미와 그 미래를 예측해 본다. 다음으로 분단과 민족의 아픔을 직시하고 그 이후를 건너다 보는 하나의 방식으로 분열된 여성성을 분석함으로써, 영화 속에 등장하는 타자화된 존재들의 역사적 의미를 탐색한다. 이를 통해 1980년대 한국영화가 역사와 접속하는 방식 및 접속을 통해 연대의 가능/불가능성을 타진해 볼 것이다.

---

61 이 영화들은 다음의 이유로 선정했음을 밝힌다. 첫째, 이 영화들에는 6·25전쟁 이후 민족이 겪은 '이산'과 '분단'의 아픔을 주요한 사건과 주제로 다루고 있다. 둘째, 이 영화들은 전쟁 자체의 시각적 스펙터클을 전시하는 데 중점을 두기보다는 분단 이후 흩어져 살던 수많은 타자화된(혹은 이름 모를) 존재들의 삶의 형태들을 재현하는 데 초점을 맞춤으로써 '분단'과 '민족'에 대한 관심을 촉발한다. 셋째, 분단과 이산의 아픔을 상징적으로 재현하는 타자화된 존재들 속에서도 '여성'이 겪는 질곡의 삶을 통해 1980년대 분단과 민족에 대한 주류 담론의 한계를 포착할 수 있는 지점을 제공한다.

2) 잃어버린 이름들의 역사 - 분단과 민족의 이름들

1950~70년대까지 '반공영화'의 자장 아래에서 제작·상영된 대다수 영화들은 '영웅 서사'의 형식에 충실한 경향을 보여 준다. 일례로, 김기덕 감독의 영화 〈5인의 해병〉1961이나 이만희 감독의 영화 〈돌아오지 않는 해병〉1964 등에서도 드러나듯이 한국전쟁의 엄청난 시련 속에서 포화를 뚫고 국가를 수호하기 위해 용감하게 전쟁에서 활약한 인물들은 처음에는 평범한 존재들이었으나 결과적으로 뛰어난 영웅으로 거듭나기에 이른다. 소영웅들의 화려하고도 장엄한 스펙터클은 전쟁 이후 분단 현실을 살아가는 전 국민들의 트라우마를 자극하고 잠재적 전쟁에 대한 불안을 상기함으로써 반공주의 이데올로기를 환기하는 강력한 효과를 발휘했다. 박정희 체제의 규율 권력을 감안하면, '분단' 체제 이후 민족의 삶을 강력한 반공주의 자장 아래 질서정연하게 배치하는 데 일조하는 반공영화의 경직되고 편향된 재현 스타일을 어느 정도 이해할 만하다.

그러나 전두환 정권이 집권하면서 시작된 1980년대 이후 '분단'과 '민족'의 문제를 다룬 영화의 재현 방식에는 변화의 조짐이 보인다. 여전히 반공주의 자장을 벗어날 수 없었던 것은 사실이지만, 재현의 방식은 기존의 천편일률적인 전쟁 스펙터클에 기댄 것과는 다른 양상을 보여 준다. 이는 1980년대의 변화되어 가는 시대적 분위기와도 일정 정도 관련 맺는다. 1980년대는 이른바 정치·사회적으로는 민주주의와 민족주의를 향한 움직임과 저항의 시대였으며 문화적으로는 '통제'와 '자율'이 혼종하는 변화와 전환의 시대였다.

영화 분야의 경우 "한국영화사는 박정희 정권이 영화법을 제정한 이래 영화 정책에 속박되어 왔던 영화 장르가 통제로부터 벗어나며 시장 경쟁 속에서 재편성되어 가는 과정이라고 할 수 있다".[62] 일례로 1980년 11월 컬러 TV의 보급이 기정사실화되자 이로 인해 침체기에 빠진 영화 시장을 개척하는 문제가 새롭게 부상했던 바, "영화 산업이 큰 타격에서 벗어나는 길은 브라운관에 담을 수 없는 대작 위주의 작품을 기획, 대처해야 한다"는 경각심이 대두되기 시작했고.[63] 1980년대 정치·사회적인 변화의 물결 속에서 대중의 욕망을 따라 영화 또한 변화를 모색해야 했고, 이는 영화법에 저촉되지 않는 한도 내에서 시대적 변화와 대중의 욕망을 충족시키는 영화적 모색을 야기했던 것이다. '분단'과 '민족'을 다양한 맥락 속에서 영화적으로 재현하는 변화된 방식은 정권이 내세운 통제의 칼날을 피하면서도 시대적 변화상을 반영하는 우회로를 찾는 1980년대 한국 영화 모색의 제 양상 중 하나였다.

이들 관련 영화는 '분단'의 아픈 역사를 익명의 타자화된 존재들로 호출한다. 호출된 이들은 분단 30여 년 동안 잊혀졌기 때문에 낯설고 이질적인 타자성을 보유함으로써 그들과 마주한 주체들에게 회피했거나 잊어버린 역사적 과거를 상기시킨다. 매끄럽고 균질한 역사의 서사 속에 안전하게 정착한 주체들에게 타자화된 익명의 존재들은 기입되지 못한(혹은 잊혀진) 수많은 이름들을 현재와 미래의 역사적 시공간에 기입해 줄 것인지 질문하는 문제적 인물들이다. 이들은 또다른 역사적 증인들로서, 전쟁이 낳은 참혹함과 고통의 역사를 증언한다. 조르조 아감벤의 말을 빌려 말하

---

62 박유희, 「한국영화사에서 1980년대가 지니는 의미」, 『영화연구』 77호, 2018, 258쪽. 박유희는 이러한 변화를 보여 주는 세 가지 양상으로 첫째, 국책영화의 3대 부문 반공·계몽·문예 영화의 감소와 둘째, 섹스물, 에로물이라고 불린 에로티시즘 영화의 대두, 셋째, 동시대 감각이 확보되면서 청년 문화가 개화하고 영화가 다원화되었다는 점을 들고 있다.
63 「컬러 TV시대 영화계, 충격적 반응 시설 현대화 등 대책 부심」, 『경향신문』, 1980.11.15.

자면, 이들의 증언은 "깊은 곳에 증언될 수 없는 무언가를, 살아남은 이에 게서 자격을 내려놓게 하는 무언가를 담고 있다". 그 이유는 "참된 증인, 온전한 증인은 증언하지 않았고 증언할 수 없었던 사람들", 즉 "맨 밑바닥 에 떨어졌던 사람들"이기 때문이다.[64] 수많은 익명의 이름들을 대표하여 호출된 타자화된 존재들은 전쟁의 현장에서 혹은 그 이후의 삶의 비참한 현장을 경험한 장본인들의 영화적 이미지이자 그들의 증언자로서 대두한 다. 이들의 낯설고 충격적인 삶은 그것을 대하는 역사적 안전 지대의 주체 들에게 잊혀진 역사의 기억을 떠올리게 할 뿐만 아니라, 현재와 미래로 소 급되는 증언될 수 없는(혹은 자격을 내려 놓게 하는) 무엇을 드러냄으로써 분 단과 민족의 깊이를 가늠할 수 없는 트라우마의 심연에 접속하게 한다.

영화 〈길소뜸〉1986에 재현된 시각적 스펙터클 속에서는 이러한 수많은 익명의 이름들이 지난 분단의 역사를 증언한다. 1983년 6월 30일 KBS를 통해 특별 생방송되면서 반향을 일으킨 '이산가족찾기'를 적극적으로 재 현의 장으로 끌어들인 이 영화는 베를린 영화제 경쟁 부문 본선에 진출하 였을 뿐만 아니라[65] 대종상 반공 부문에 선정됨으로써[66] 작품성과 계몽성 을 인정받았다.

그런데 이러한 작품을 둘러싼 외부적 환경 외에 중요하게 살펴봐야 할 것은 영화 내부에서 반향하고 있는 의미이다. 영화는 적극적으로 이산가 족찾기 TV 생방송과 당시 여의도광장을 가득 채웠던 사람들의 자료화면 을 활용하는데, 여기에서 드러나는 것은 여의도 광장을 채운 수많은 인파

---

64 조르조 아감벤, 정문영 역, 『아우슈비츠의 남은 자들』, 새물결, 2012, 51쪽.
65 「〈길소뜸〉 본선진출 베를린 영화제에서」, 『경향신문』, 1986.1.25.
66 「대종상 작품상에 〈깊고 푸른 밤〉·〈어미〉-반공 부문엔 〈길소뜸〉 선정」, 『동아일보』, 1985.12.21.

와 그들이 들고 있거나 써붙인 팻말의 이미지 속에서 출현하는 분단의 잊혀진 이름들이다. 마치 봉인이 풀린 듯 갑작스럽게 출현한 엄청난 익명의 사람들,[67] "이들 숫자들은 분단과 전쟁의 상처가 얼마나 깊고 큰가를 일깨워 주는 숫자들인 동시에, KBS의 이번 캠페인이 얼마나 대중의 절실한 내적 욕구를 충족시켜준 획기적 기획이었던가를 실감케 해 주는 것"[68]이기도 했다. 영화는 대중이 경험한 분단과 전쟁의 역사를 소환하는 시각적 스펙터클로서 남북이산가족찾기 자료화면을 적극적으로 활용할 뿐만 아니라, 그 사실적 경험에 서사를 덧입힘으로써 익명의 존재들이 지닌 영화적 의미를 생산하는 역할을 수행한다. 여의도 광장을 채운 수많은 인파와 팻말 속에서 TV로 생중계되는 화면에는 부모를 찾는 성철의 모습이 출현한다. 그것을 우연히 발견한 화영과 역시 우연히 여의도광장에서 그녀와 재회한 동진은 그들이 전쟁통에 잃어버린 아들이라고 의심되는 성철의 찾아 춘천으로 향한다. 동진과 화영이 만난 성철은 최종적으로 유전자 검사를 거쳐 그들이 잃어버린 아들 '성운'으로 밝혀지지만, 결국 이들의 결합은 실패하고 만다. 그것은 현재의 안정된 삶을 살아가는 화영에게 가난한 빈민이자 무지하고 동물적인 삶을 살아온 성철은 낯설고 충격적인 타자였기 때문이다.[69] 뼈대 있는 집안의 내력과 훌륭한 가풍을 읊조리는 동진

---

67 당시 '이산가족찾기' 방송의 효과를 논하는 글에 따르면 "총 출연자수는 5만 3,536 기록에 상봉 가족은 1만 189건, 상봉률 19.03% 약 20%가 상봉을 하는 엄청난 결과"를 가져왔다.(이상희, 「방송캠페인의 사회적 효과 – 이산가족찾기 운동의 이론적 의의」, 『사회과학과 정치연구』 6호, 서울대 사회과학연구소, 1984, 125쪽)

68 추광영, 「이산가족찾기 운동에 대한 시민참여와 방송의 공공성」, 『사회과학과 정치연구』 6호, 서울대 사회과학연구소, 1984, 151쪽.

69 영화에서 성철은 본명도 모른 채 자라난 가난하고 무식한 존재로서 베트남전에 참가하여 베트콩을 무자비하게 살상한 폭력적인 근성을 지닌 인물로 재현된다. 이러한 성철의 삶을 지켜보는 화영은 성철을 아들로 인정하려 노력하는 동진과는 달리 그를 부정하기에

에게도 성철은 너무나 이질적인 존재였다. '성운'이라는 본명을 부여하기에 성철의 삶은 지나치게 절망적이었다. '이름'과 '혈통'을 통해 이어져 내려오는 가족국가의 역사는 전쟁을 만나 성철과 같은 존재의 탄생으로 그 매끈한 연대기적 흐름을 절단당하고 만 것이다. 성철은 여의도 광장을 가득 메운 TV 화면 속 이산가족찾기 생중계 방송에 출현하는 수많은 익명의 이름들이 지닌 외설성을 표상함으로써, 분단의 역사가 지닌 이면의 어둠을 드러낸다. 이 어둠의 지대에는 화영이나 동진과 같은 사회의 안정된 지분을 확보한 주체들이 감히 상상할 수 없는 심연이 도사리고 있었고, 그것은 성철의 존재를 통해 증언되고 있었던 셈이다.

영화 〈길소뜸〉에서 성철이 끝내 매끄러운 역사의 연대기적 이름인 '성운'으로 불리울 가능성을 거부당한 채 어두운 분단과 민족의 역사를 표상하고 있었던 반면, 영화 〈그 해 겨울은 따뜻했네〉1984에서 '오목이'는 한국전쟁 발발 당시 피난길에서 가족을 잃은 후, 유일하게 기억하고 있던 자신의 이름을 고집함으로써 오히려 그녀를 버린 언니 수지로부터 거부당하는 상황에 처한다. 박완서의 소설 『그 해 겨울은 따뜻했네』를 각색한 이 영화에서 수지는 피난길의 포탄 속에서 가족을 잃은 후 생존에의 끈질긴 집념에 사로잡혀 동생 오목이를 두고 떠난다. 앞에서 논의했듯이 소설에서 형상화되었던 오목이를 버린 이유였던 "천구백오십일년의 겨울을, 그 겨울의 추위와 그 이상한 허기", "한 개의 고구마, 한 공기의 밥을 더 먹기 위해 동생을 내다버려야겠다는 악마의 모의를 꾸미게 했던 그 이상한 허기"[70]는 영화에서 구체적으로 재현되지 않고 있다. 다만, 영화에서는 소설

이른다. 이러한 그녀의 부정은 동진과 성철의 관계까지 끊어지게 하여 결국 이들은 서로 헤어지고 만다.

에서 수지의 죄책감을 구성했던 '허기'와 오목의 오빠 수철의 '위선'을 오로지 수지가 겪은 피난길의 고통과 생존 본능의 어쩔 수 없는 선택으로 치환한다. 또한 영화는 '수지-오목-인재'를 잇는 삼각 관계 속에서 신파적 감정을 극대화함으로써, 끝내 수지로 인해 삶의 파탄에 이르러 죽음에 임박한 오목에게 비로소 '진실'을 털어 놓는 수지의 모습을 극적으로 재현한다.[71] 이는 이산離散의 경험을 대중적 정서로 보편화하는 영화적 방식으로 이해된다. 한편 소설에서처럼 영화 속 수지도 '오목이'로 불리는 동생을 찾아 고아원을 찾지만, 그녀는 '오목이'에게 선뜻 다가서지 않을 뿐만 아니라, 피난길에서 자신이 건넨 '은표주박'을 오목이가 목에 걸고 있는 것을 목격한 후에도 오목이의 계급적 조건, 즉 가난한 여공이자 고아인 그녀를 받아들이지 않는다. 영화에서 수지가 오목이를 외면할 수밖에 없었던 것은 현재 그녀가 놓여 있는 부유한 계급적 조건과 그로부터 비롯되는 위선적 삶을 '오목이'를 통해 훼손당할 수 있다는 두려움과 공포 때문이다. 수지에게 '오목이'는 전쟁과 거기로부터 야기된 비참한 삶 그 자체였을 뿐만 아니라, 전쟁이 가져온 트라우마의 현현이었다. '전쟁 고아', '여공'이었으며 가난한 빈민촌에서 인재의 자식을 일환의 자식이라고 우겨 가며 키우느라 폭력과 고통에 내몰린 여성이었고 결국에는 강원도 오지의 탄광촌으로 내몰려서 광산 사고로 남편을 잃고 마는 이 비참한 오목이의 삶은 바로 수지가 외면하고 싶은 전쟁 이후 분단 역사를 어깨에 짊어

---

70 박완서, 『그 해 겨울은 따뜻했네』, 바로북, 2005, 577쪽.
71 박완서의 소설에서 '수지-오목-인재'의 관계는 일시적인 것으로 처리될 뿐이다. 한때 연인이었던 인재를 오목이가 우연히 사랑하게 되고, 그 관계를 알게 된 수지가 인재에게 수지의 비참한 처지를 폭로함으로써 오목과 인재의 관계는 종말을 고하게 된다. 그러나 영화에서는 인재를 오목이를 강간한 공장주로 묘사할 뿐만 아니라, 훗날 수지의 남편으로 등장시킴으로써 이들의 관계를 신파적이고 비극적인 것으로 치환한다.

지고 살아온 민족의 얼굴이기도 했기 때문이다. 혈연을 찾고자 하는 오목이의 '이름'에 대한 고집스런 집착은 수지의 '죄책감', 말하자면 '전쟁'과 그 이후의 잊혀진 존재들에 대한 총체적 '죄책감'을 상기시킬 뿐만 아니라, 버려지고 잊혀진 역사적 삶이 드리운 현재적 고통을 극대화한다. 수지가 끝내 병상에 누운 채 정신이상 증세를 보이는 오목이에게 자신이 찾는 동생이 바로 너라고 얘기한다 해서 모든 것이 종결되는 것은 아니다. 소설에서 수지가 끝내 진실을 말했음에도 불구하고 오목이가 죽은 것처럼 과거 역사와의 진실된 대면이 결코 용서와 화해로 귀결되는 것은 불가능하다. 오목이의 이름으로 도래한 전쟁 이후 분단의 역사는 진실과의 대면을 유예함으로써 현재와 미래의 문제로 여전히 불길한 어둠을 드리우고 있기 때문이다. 소설과 영화에서 오목이는 죽음에 임박해서야 그녀의 진짜 이름 '수인'으로 불리면서 온전한 자기 이름에 얽힌 자신의 역사를 찾을 가능성을 발견하지만, 이는 이미 너무 늦은 응답이자 호명이었다.

진실한 이름정체성의 부여는 이토록 어려운 일이었다. 이는 이두용 감독의 영화 〈최후의 증인〉에도 적용된다. 감독은 영화가 시작되기 전 프레임 안에 다음과 같은 말을 새겨 놓았다. "구악을 일소하고 새질서를 확립하려는 1980년대, 진짜와 가짜를 토론하고 싶었다. 1980년대는 좀 더 밝은 시대가 되기를 바란다." 밝은 시대를 희망하며 던지는 이 말에는 '진짜'와 '가짜'에 대한 의문과 문제의식이 포함되어 있는데, 이러한 이분법에 따르면 영화 속에서 '진짜'인 존재들은 바로 '황바우'를 둘러싼 '지혜'와 그들의 아들 '태영'이 될 것이다. 문창에서 일어난 살인사건을 수사하면서 시작하는 이 영화는 오형사의 끈질긴 수사 과정에서 드러나는 과거의 역사를 펼쳐 보인다. 빨치산 사령관 손석진의 딸로 아버지로 인해 지리산에 들어간 어린 지혜의 수난과 고통, 빨치산들의 보급 식량 때문에 우연히 차출당하여 지리산에 들어간 후 온갖 곤욕과 치욕을 당하며 억울한 옥살이를 한 순박한 황바우, 빨치산 강만호에게 강간당해 낳은 아들 태영은 당시 마을 청년단장이었던 양씨와 민간인이었지만 결국 철저한 빨치산이 된 한동주, 이 둘과 협력하여 황바우에게 억울한 살인 누명을 씌워 감옥살이를 시킨 김검사와의 갈등과 악연 속에서 가장 크게 피해를 입은 인물들이다. 오형사의 추리와 추적은 분단과 민족의 잊혀진 역사를 찾는 과정과 겹칠 뿐만 아니라, 잊혀진 이름들을 소환하는 과정이기도 하다. 오형사는 양달수의 죽음 뒤에 가려진 장막을 헤치고, 잊혀진 이들의 진짜 이름을 호출하여 그들의 삶을 복원하려고 노력하기 때문이다. 이 과정은 오형사가 자신의 목숨을 내걸어야 하는 엄청난 모험의 과정이었다. 그러나 오형사의 진짜를 찾기 위한 여정은 끝내 이 잊혀진 이름들을 환한 대낮의 역사 속에 기입하는 데로 이르지 못했다. 황바우와 지혜는 죽음을 선택했고, 태영은 미쳐 버림으로써 한국전쟁이 초래한 참혹한 분단의 역사는 그저 '죽음'과 '광기' 속에서만 그 모습을 드러낼 수 있을 따름이라는 것을 증언하고 있기 때문이다. 게다가 그들을 증언할 수 있는 유일한 생존자 오형사의 자살은 한국전쟁 이후 잊혀진 자들, 서서히 드러나는 그들의 이름들이 역사의 현장으로 생생히 기록되는 것의 어려움 혹은 불가능성을 연출한다. 특히, 영화는 이성종의 소설 『최후의 증인』에서는 표현되지 않았던 말로 황바우의 삶을 호출한다. "한국인의 양심", 그는 한국전쟁 당시 '민간인'에서 '빨치산 부역자'로, 만신창이가 된 지혜를 헌신적으로 보살핀 '남편'으로, 억울하게 옥살이를 해야 했던 '빨치산 공비'이자 '살인마'로, 자기 핏줄이 아닌 지혜의 아들 태영을 위해 서슴 없이 자살하는 '아버지'로서 지난한 분단의 역사를 거쳐 왔지만 그에게 부여된 최종의 이름은 "한국인의 양심"이었다. 그러나 그 이름은 분단 민족의 아픔이요, 고통이었으므로 그의 삶을 지탱해 줄 버팀목이 될 수 없었다. 그가 어깨에 짊어진 역사는 결코 단순한 언술 차원에서 접근할 수 있는 것이 아니었기 때문이다. 그에게 증언의 가능성은 '죽음' 혹은 '광기' 속에서만 이루어질 수 있는 것이었다. 따라서 오형사의 자살은 그 모든 것을 최후로 증언할 수 없는 불가능성, 즉 "어떤 자격을 내려 놓게 하는 증언"의 무게를 감당할 수 없는 자의 최종 선택이었다고 해야 할 것이다.[72]

'죽음'과 '광기'는 어떤 점에서는 1980년대 분단의 역사적 기억을 소환하여 해결하는 가장 전형적인 방식처럼 보이기도 한다. 영화 〈짝코〉1983에서 재현되는 두 남자의 이야기는 '죽음'과 '광기'의 모티프 속에서 전개된다. 한국전쟁 당시 지리산 토벌대였던 송기열은 빨치산 짝코를 체포하던 중 그에게 속아 그를 놓쳐 버린 후, 그 일로 말미암아 가족과 직장을 잃고 광기에 휩싸여 짝코를 찾아 헤맨다. 전쟁 후의 삶을 거쳐 그들이 재회

---

72 지혜와 황바우, 오형사의 죽음 그리고 태영의 광기는 영화 〈최후의 증인〉이 놓인 1980년대 상황과 연결되어 있다고 판단된다. 1974년 발표된 김성종의 소설 『최후의 증인』을 각색하여 탄생한 영화 〈최후의 증인〉(1980)은 "작품이 상당 부분 삭제된 채 개봉되었고, 그 작품의 오리지널 상영본이 2002년에서야 전주 국제 영화제에서 이루어졌다".(강용훈, 앞의 글, 278쪽) 따라서 개봉 당시 이 영화는 정권의 입맛에 맞춰진 채 검열을 통과한 후 대중에게 상영되었던 것이다. 검열 단계에서 원작 소설에서 형상화했던 지혜와 황바우, 오형사의 자살 그리고 태영의 살인과 광기는 문제되지 않았는데 이는 이들 죽음과 광기의 필연성이 사회적으로 용인되었던 현실을 반영한다. 또한 이 영화는 칸 영화제에 초청을 받았으며 대종상 여러 부문에서 수상하는 결과를 가져왔다(「칸 영화제 초청받은 영화감독 이두용」, 『동아일보』, 1982.2.10). 이런 점을 감안하면, '빨치산'에 뿌리를 두고 있는 지혜와 바우, 태영의 존재는 영화의 외부적 조건들 속에서도 분단과 민족의 아픈 역사를 넘어서는 가능성을 발견할 수 없었다고 판단된다. 이는 이들의 대변자이자 증언인인 오형사의 죽음에서도 마찬가지이다. 대면할 수밖에 없지만, 결코 용인될 수 없었던 자들의 죽음과 광기는 바로 분단 이후 민족의 역사를 바라보는 시대적 인식이었던 것이다.

한 곳은 부랑자들의 쉼터인 갱생원 수용소이다. 짝코는 '김삼수'라는 이름으로 신분을 속이면서 긴 시간 동안 송기열을 피해 달아났지만 결국 죽음을 코 앞에 두고 그와 맞닥뜨린다. 본명은 백공산이요, 가짜 이름은 김삼수인 그는 신체적 특징 때문에 붙여진 이름 '짝코'로 송기열에게 호명된다. 사실, 송기열에게 짝코는 분단 이후의 삶에 암운을 던져준 존재이자, 그의 삶 자체였다고 해도 과언이 아니다. 그들의 재회는 빨치산 전력을 가진 잊혀진 존재를 호출하는 것이자 자신의 분단 이후 삶을 호출하는 것이기도 했기 때문이다.[73] 따라서 짝코에 대한 송기열의 끈질기고 집요한 추적은 그의 현재를 '광기'와 '죽음'의 삶으로 변화시킨다. 이는 짝코도 마찬가지인데, 송기열로부터의 탈출은 전쟁 이후 그의 삶에 불안정성과 공포를 야기했고 상시적 죽음 상태로 그를 내몰았기 때문이다. 이로써 이 두 사람은 결과적으로 전쟁 이후 분단 시대를 살아가는 민족의 고통과 아픔을 '죽음'과 '광기'로 재현하는 하나의 표상이 되기에 이른다. 짝코로 인해 발생한 억울함을 풀고자 그를 데리고 고향으로 가는 기차 안에서 죽음을 앞둔 지친 그들의 표정은 '적'과 '동지'의 애매모호한 경계선을 이미 지화한다. 이들 또한 전쟁 이후 잊혀진 분단의 역사를 증언하는 자들이지만 쫓고 쫓기는 삶의 악순환 속에서 결국 '죽음'과 '광기'로 삶을 증언할 수밖에 없는 존재들이 되고 말았다. 빨치산 전력의 짝코는 죽음으로써 자

---

73 영화에서 짝코와 송기열은 갱생원에서 함께 생활하면서 지나온 삶을 서로에게 고백하는 과정을 거치는데, 두 사람의 삶을 재현하기 위해 교차적으로 연출되는 플래시백의 의미에 초점을 맞춰 보자면, 가령 짝코와 송기열이 우연히 한 여관의 옆 방에 들어 스치듯 맞닥뜨린 후 일촉즉발의 차이로 헤어지는 시퀀스는 송기열의 플래쉬백과 짝코의 플래시백으로 연출된다. 이 두 개의 교차된 플래시백을 통해 그 시퀀스는 하나의 이야기로 수렴되면서 두 인물 각각의 삶이 서로 중첩되는 효과를 발휘한다. 결국 이 두 사람의 삶은 동떨어진 것이 아니라 결국 '분단의 역사'로 수렴되어 읽히게 되는 것이다.

신의 삶을 청산하고 사라졌지만, 그의 삶을 증언하는 자로서 임박한 죽음 앞에 선 채 '광기'에 사로잡혀 있는 송기열에게 남은 삶은 무엇인가. 영화는 마지막으로 고향으로 귀환하는 기차 안에서 죽은 자 옆에 홀로 남은 산 자, 송기열을 통해 분단의 아픔과 고통을 짊어진 증인의 앞날에 대해 질문을 던진다.[74]

1980년대 '분단'과 '민족'에 대한 영화적 모색은 전쟁 이후 잊혀진 이름들 혹은 타자화된 존재들을 현재로 소환하는 방식으로 이루어졌다. 사실, 전쟁 이후의 분단 문제는 '반공주의'의 자장 아래에서 민감하게 처리될 수밖에 없었다. 재현의 논리는 1980년대 정권의 검열 정책을 수용하면서도 변화된 사회적·대중적 요청에 부응하면서 시도되어야 했다. 전쟁 스펙터클을 활용한 단순하고 이분법적인 논리로 접근해서는 안 되는 문제였던 것이다. '통제'와 '시장 논리' 사이에서 줄타기를 하면서 한국영화가 분단과 민족의 문제에 접근하는 방법은 잊혀진 민족의 이름들, 잃어버린 역사의 파편들을 호출하는 것이었다고 할 수 있다. 묻혀 있던 어둠의 역사를 증언하는 자들을 통해 분단 이후 민족의 고통스럽고 참혹한 역사를 들여다보되, 영화는 여전히 해결되지 않는 그 문제를 어떻게 다루어야 할 것인지 질문함으로써 분단의 역사, 민족의 역사에 접근하고 있었다.

---

[74] 영화에서 짝코는 고향으로 향하는 기차 안에서 죽음 직전에 '사람이 죄 짓고 살면 안 된다며 고양이도 낯짝이 있다고 당최 갈 수가 있어야지'라고 말한다. 이렇게 영화는 빨치산이었던 그가 지닌 죄값을 죽음으로 받는 형식으로 반공주의를 수용하고 있는 것이지만(이 영화는 당시 대종상 반공영화 부문 본선에 진출한 것으로 확인된다. 「〈짝코〉, 〈가깝고도 먼길〉 등 2편 대종상 반공영화 부문 본선에」, 『경향신문』, 1981.10.22), 실상 근본적으로 분단의 현실과 문제를 두 남자의 비극적 삶을 통해 형상화하고 있다고 판단된다. '죽음'을 앞둔 두 사람 사이에서 벌어지는 갈등과 공모는 분단 현실에서 지난한 과거의 역사를 어떻게 해결해야 할 것인가를 질문하고 있기 때문이다.

3) 분열된 여성성을 통해 본 분단과 민족에 대한 시대 인식

분단의 역사를 재현하는 방식에서 '여성'은 타자화된 민족을 표상한다. 이는 한국영화사에서 보편적으로 활용되어 온 재현의 방식이었다. 일례로, 영화 〈오발탄〉에서 "가자"를 외치던 늙은 노파는 상실한 현실광기로 인해 잃어버린 '지금 여기' 대신 자리잡고 있는 것이 바로 분단과 이산의 절망과 아픔이라고 말하는 듯하다. 늙은 노파의 광기와 잃어버린 현실은 그녀의 삶이 분단의 역사 속에서 철저히 짓밟혔다는 의미와 연결된다. 이 짓밟힌 삶은 영화 〈남과 북〉에서처럼 반공주의 담론을 덧입은 채 반복 재생산되기도 한다. 남한의 군인과 북한의 인민군 사이에서 갈등하는 여성 고은아는 사실, 두 이념형 남성들의 갈등 속에서 온전한 삶의 목소리를 가지지 못한 채 절규할 뿐이다. 이렇듯 철저하게 수동적으로 짓밟힌 삶에 내몰린 여성은 절망적 삶의 수위가 높아질수록 그만큼 타자화된 민족의 아픔을 증명한다는 점에서 가장 이데올로기적 폭력에 내몰린 존재라고 할 수 있을 것이다. 여기서 중요한 것은 그녀들이 지닌 과거의 사연 내지 연유가 아니라 오로지 그녀들의 현재적 삶 자체가 민족의 비참과 아픔을 대변한다는 사실이다. 반공주의 담론의 계몽적 주체가 남성일 때, 영화에 재현된 사연과 연유는 오로지 남성들의 그것으로만 전유될 뿐이기 때문이다.

이는 근본적으로 '여성'의 재현 층위에서 발생하는 성적 대상화 전략에서 비롯된다고 할 수 있다. 드베로에 따르면 남성적 응시는 여성을 대상화하는 시각적 양식으로서 그것은 넓은 의미에서 응시가 여성을 향하고 그 여성에게서 쾌락을 얻을 때는 언제나 그 응시는 남성적이다. 이는 영화 제작자와 배우, 관객의 경우에도 해당되는 말이다.[75] 공교롭게도 임권택과 배창호, 이장호, 이두용 감독 또한 '분단'과 '민족'의 역사를 여성적 응시

의 대상으로 전유한다는 점에서 문제적이다.[76]

다만, 분단 이후 한국영화사에서 지속적으로 재생산되어 왔던 타자화된 여성은 1980년대 영화에서 좀 더 '분단'과 '민족'의 문제에 접근하는 적극적인 통로 역할을 한다는 점에서 차별화된다. 결과적으로는 온전한 자기 본위적 삶의 구축에 실패한다는 점에서 기존의 영화들과 큰 차이가 없지만, 1980년대에 이르러 '분단'과 '민족'에 접근하기 위해서는 그들 삶의 여정에 주목해야 한다. 분단과 민족의 지난한 질곡의 역사와 접속되어 있는 여성의 삶은 그녀들을 분열적 정체성을 간직한 현재적 존재로 만들었지만, 이 불행한 현재적 정체성의 형성 과정이 바로 과거 속에 아로새겨져 있다는 이유로 그녀들은 타자화되었음에도 불구하고, 분단과 민족의 삶을 들여다보기 위한 적극적인 통로로 기능하게 되는 것이다.

무엇보다 그녀들의 분열된 정체성은 그들을 시각적 스펙터클로 재현하는 영화적 연출 속에서 가장 효과적으로 표현된다.

영화 〈길소뜸〉에서 화영의 '이산가족찾기'가 끝내 '혈연'을 끊어내는 결과로 이어지는 것은 온전한 정체성을 유지하고 살 수 없게 된 그녀의 삶과 긴밀하게 연결되어 있다. 그녀는 동진과 달리 강점기로부터 현재까지

---

75 Devereaux, "Opporessive Text, Resisting Reader, and the Gendered Spectator", pp.337~339(수잔나 D. 월터스, 김현미 외역, 『이미지와 현실 사이의 여성들』, 또하나의 문화, 1999, 80~81쪽 재인용).

76 이와 관련하여 임권택과 이장호 감독의 영화에 대한 분석을 시도한 다음의 논의를 참조할 수 있다. 신양섭은 임권택 영화에서 여성 주체가 역사적으로 타자화된다고 주장한다. "임권택이 특히 관심을 보이는 부분이 현대 사회에서도 잔존하는 한국 가부장제 하에서의 전근대적인 모순들이고 상응하는 문제의식 속에서 그 타자화된 주체가 바로 여성들이기 때문이다. 그리고 그들이 자신의 대안적인 삶의 방식을, 미장센을 통하여 영화의 시간성 속에서 발현할 수 있는 그 주도적 양상이 바로 '모성'이다."(신양섭, 「임권택 영화에서의 여성 주체의 근대성에 대하여」, 『국한연구』 35호, 한국국학진흥원, 2018, 544~545쪽)

〈그림 28〉

〈그림 29〉

〈그림 30〉

〈그림 31〉

〈그림 28~31〉 영화 〈길소뜸〉의 한 장면

의 모든 역사적 경험을 고통스럽게 체험한 인물이다. 일제 강점기 간도 체
험과 해방기 환국의 경험, 한국전쟁으로 인한 피난과 이산의 경험 그리고
간첩 누명으로 인한 옥살이까지 그녀의 삶은 한국의 분단 역사 그 자체였
다. 그런 그녀에게 '이산가족찾기 방송'은 외면할 수도 선뜻 나설 수도 없
는 역사적 체험으로 다가올 수밖에 없었으며 성철의 존재는 역사적 경험
그 자체로서 그녀가 어렵게 구축한 현재의 안정을 과거로 회귀시키는 공
포와 두려움으로 인식된다. 성철에 대한 거부는 과거에 대한 거부이자 현
재의 안정을 지키기 위한 자구책이었으나 근본적인 차원에서 이렇게 일

군 현재의 안정은 과거의 경험 위에 축조된 것으로서 여전히 불안정성을 내포하고 있다. 영화는 현재의 안정성과 과거의 불안정성 사이에서 서성거리는 불안한 여성 인물 화영을 통해 분단 이후 민족의 역사적 경험을 화영의 여성적 정체성으로 전유하는데 이는 그녀를 연출하는 시각적 스펙터클 속에서 잘 표현된다.

〈그림 28〉에서 화영은 여의도광장을 가득 메운 '이산가족찾기' 팻말 속에서 이미지화된다. 수많은 익명의 이름들은 그녀가 찾는 이름 '성운'뿐만 아니라 분단 역사를 증언하는 스펙터클이다. 이 범람하는 이미지가 분단 역사 속에서 탄생한 것일 때, 화영은 그 배경의 가장 상징적인 표상으로 존재하게 되는 것이다. 뿐만 아니라 그녀는 역사의 경험을 극복하거나 그것의 주체로서 자신을 정립하는 데 실패하는 타자화된 존재이다. 성철을 찾아간 춘천에서 아들의 집을 거부한 채 홀로 호텔방에 머무는 그녀는 TV로 방송되는 분단 역사의 내레이션과 이산가족찾기 방송을 접한다. 이 연속된 두 방송은 그녀에게 요구되는 당대 권력 이데올로기의 목소리이다. 분단의 지난한 과정 속에서 그 결과로 발생한 '이산'의 경험을 '혈연찾기'라는 이데올로기적 요청 속에서 화영에게 요구하고 있기 때문이다. 따라서 〈그림 29〉에서 재현된 TV를 응시하는 그녀의 모습을 통해 확인할 수 있는 것은 TV 방송의 연출된 호명 속에서 대상화된 여성 정체성이자 그녀에게 짊어지기를 강요하는 분단 민족의 고통스런 역사이다.

이런 점을 감안하면, 〈그림 30〉과 〈그림 31〉에서 연출된 장면은 인상적이다. 두 장면은 모두 롱테이크Long take로 연출되어 관객으로 하여금 장면에 대한 몰입과 성찰을 유도한다.[77] 임권택 감독의 연출 스타일이 영화 디제시스를 통해 주인공의 일대기를 가능한 한 광범위하게 다룸으로써 과거와 현재 그리고 미래를 관류하는 인물들의 내면을 의식적·무의식적으로 보여 준다는 점을 감안했을 때,[78] 이 두 길은 마치 화영이 떨쳐낼 수 없는 역사의 길로 해석된다. 그런데 동진과 함께 춘천으로 가는 길〈그림 30〉에 비해, 귀환하는 길이 훨씬 더 긴 시간으로 연출된 점에 주목하면, 과거 역사로의 진입에 비해 현재의 역사로 진입하는 과정의 심리적 거리감과 어려움을 짐작할 수 있다. 홀로 귀환하는 이 길에서 그녀가 일으키는 사고와 정지〈그림 31〉는 연출된 긴 시간과 길의 이미지 속에서 그녀가 현재의 역사로 들어서는 것의 어려움과 고통을 표현하는 하나의 방식이라고 할 수 있기 때문이다.

평생 화영을 잊지 못했으나 가정을 일구고 집안을 유지하려는 동진의 삶이 영화에서 서브 스토리sub story로 연출되는 것과 달리, 화영의 '이산 가족찾기' 여정이 마치 로드 무비를 연상시키듯 길고도 육중하게 연출되는 데는 타자화되고 균열된 여성성으로 전유된 분단 역사를 이해하는 의도가 내재되어 있다. 이러한 영화적 모색은 분단의 역사와 거리를 유지한 채 정서적 공감대를 형성하는 방식으로 대중성에 접근하려는 1980년대 시대적 한계와 과제를 내포하는 것이기도 하다.

여성성에 덧붙여진 의미, 즉 균열된 타자성은 영화 〈짝코〉에서 드러나는 두 남성의 경우에도 적용된다.[79] 분단 이후 주체 구성의 온전한 삶을

---

77 춘천으로 향하는 길은 영화 러닝 타임으로 56분 20초~57분 01초(41초), 부산으로 귀환하는 길은 1시간 38분 46초~1시간 41분 02초(3분 44초)로 연출되었다. 귀환하는 길을 연출하는 장면에서 잠시 차 안의 그녀의 모습을 미디엄 숏으로 보여 준 후 차가 멈추는 장면이 제시된다. 이후 다시 차는 길을 따라 멀리 사라진다.

78 신양섭, 앞의 글, 537~538쪽 참조.

79 이와 관련하여 신양섭은 영화 〈짝코〉에 등장하는 송기열과 짝코의 삶이 각각 공산주의와 자본주의 체제 그 안팎에서 완전히 소외되어 버린 주변부 존재로서 '여성성'으로 이해된 다고 주장한다.(신양섭, 앞의 글, 547쪽 참조) 그러나 이 논문에서는 '여성성'의 문제를

구축하지 못한 두 남성은 남한 자본주의 체제 속에서 가부장의 권력을 획득하지 못한 채 분단 역사가 내포한 균열된 타자성을 드러내고 있기 때문이다. 게다가 영화에서 잠시 출현했던 정숙의 존재는 잊혀진 분단 역사의 또다른 상징으로서 주목을 요한다. 임신한 빨치산이자, 전쟁 이후 창녀로 전락한 그녀의 존재는 영화 〈최후의 증인〉에서 재현된 '지혜'와 비슷한 데가 많다. 죽음을 앞두고 "우리 같은 사람은 그 날이 그날"이라고 자조하듯 내뱉는 그녀의 말은 자신의 삶을 증언하는 것이자, 역시 그녀처럼 고통 속에서 삶을 연명하는 짝코와 송기열을 증언하는 것이기도 하다. 마치 정숙의 삶처럼 송기열과 짝코의 삶은 광기와 죽음의 잠재성 속에서 '여성성'으로 전유됨으로써 현재의 역사적 시공간 속에 기입되지 못한다.

영화 속에서 타자화된 존재들은 이렇듯 '죽음'을 통해 역사를 증언하는 역할을 부여받는다. 사실, '죽음'은 가장 먼 곳으로 타자화된 존재들을 밀어내는 제의적 형식이다. 타자들과 그들의 삶에 투영된 고통의 역사는 '죽음'의 형식 속에서 숭고한 것으로 승화되지만, 근본적으로 그것은 외면과 배제의 전략적 선택이라는 점에서 이데올로기적으로 강요된 것이기도 하다. 영화 〈나그네는 길에서도 쉬지 않는다〉1988에 재현된 아내의 죽음은 사내로 하여금 '분단'의 역사를 경험하게 하는 매개가 된다. 죽은 아내의 유골을 뿌리기 위해 사내가 찾아간 곳은 북한과 가장 근접한 곳으로서 그곳에서 사내는 '분단' 역사와 관련된 사람들과 사건으로 얽히기 때문이다. 가족과 고향이 그리워 북한과 가장 가까운 곳으로 가고 싶다고 염원하는 회장과 그를 간호하는 간호사의 존재는 사내가 얽힌 사건 중에서

___

다루면서도 이 영화에 재현된 생물학적 여성에 주목하지 않고 두 남성 인물과 그들의 정체성에만 주목하고 있다는 점에서 한계를 보인다.

분단 역사의 비극적 이면을 보여 주는 중요한 사례라고 할 수 있을 것이다. 무엇보다 사내는 자신이 방치한 아내의 죽음으로부터 분단 역사를 응시하는 주체성을 획득하게 된다. 또한 아내의 존재는 때로 간호사로, 때로 여관집 창녀로 분열되는데, 이는 아내로 표상되는 분단 민족의 분열적 정체성으로 치환되어 사내로 하여금 그녀들에 대한 죄책감과 책임을 야기한다. 그러나 사내의 이러한 주체적 각성은 어떤 행동으로 이어지지 못한다. 아내와 창녀는 결국 죽었고, 회장은 소원을 풀지 못한 채 서울로 귀환했고, 간호사는 사내와의 약속에도 불구하고 신내림을 받아 현실의 정체성을 박탈당하고 만다. 1985년 제9회 이상문학상을 수상한 이제하의 소설을 각색한 이 영화는 소설에서는 형상화되지 않았던 샤머니즘을 적극 활용하는데, 영화의 장면 곳곳에서 출현하는 요령 소리와 샤머니즘은 '아내-창녀-과부-간호사'로 이어지는 죽음과 광기를 설명하는 힘으로 이해된다. 이는 표면적으로는 이장호 감독이 보여 주는 실험적인 민중 영화의 연출 방식이라고 할 수 있으나, 여성성으로 접근하는 분단 역사가 내포하는 해석의 난해성과 현재성을 확보할 수 없는 역사적 경험을 드러내는 영화적 시도라고도 할 수 있다.

이장호 감독의 실험적인 영화에 비하자면, 상대적으로 영화 〈최후의 증인〉과 〈그 해 겨울은 따뜻했네〉가 보여 주는 균열된 여성성과 분단 역사의 친연성은 선명하고 명확해 보인다. 영화 〈최후의 증인〉에 재현된 지혜는 전쟁이 초래한 희생자로서의 이미지를 가장 극대화한 인물이다. 이념의 희생양이 되어 고통스럽게 삶을 연명해 온 그녀는 분단 역사의 가장 큰 피해자이지만, 소설과 영화에서 그녀의 내면은 충분히 표현되지 못했다. 다만, 그녀는 분단의 역사를 증언하는 인물이 되기 위해 구성된 존재로서 혹은 황바우의 삶을 지탱하고 의미화하기 위한 존재로서 그 정체성을 부여받는다. 전쟁 이후 남성들의 권력과 공모 속에서 찢겨진 삶을 산 그녀는 온전한 자기 목소리를 지니지 못했다는 점에서 타자화되고 분열된 존재이지만, 그녀의 삶 자체는 분단의 역사를 증언하기 위해 선택된 것으로서 육중한 무게를 지니고 있기 때문이다. 게다가 그녀의 삶은 황바우의 초인적 사랑과 휴머니즘을 극대화하기 위한 효과적 장치로 기능하는데, 이로써 여성성으로 전유된 분단 역사가 무엇을 위해 이바지하는지를 보여 주기도 한다. 분단의 역사는 찢겨진 타자성으로 전유되는 바, 여기에 '그것은 누구의 것'인가를 질문한다면 그 답은 '남성'이라는 것이 드러나는 것이다.

　영화를 둘러싼 남성적 응시는 균열된 여성성을 통해 분단의 시대 민족의 역사를 대상화하지만, 그 속에서도 성별 정치학이 작동하고 있었다. 남성적 응시가 분단의 민족 역사를 현재의 문제로 소환할 수 없을 때, 그들이 취할 수 있는 최소한의 양심은 그것을 타자화된 남성 주체의 것으로 전유하는 것이었다. 그래서 영화 〈최후의 증인〉에서 황바우의 죽음 이후 그녀의 삶은 존재의 의미를 지니지 못한다. 그녀의 자살이 필연적인 이유이다. 영화 〈짝코〉와 〈길소뜸〉, 〈길에서도 나그네는 쉬지 않는다〉, 〈최후의 증인〉에 이르기까지 분단 민족의 역사는 균열된 여성성을 매개로 하여 그 실체를 드러내지만, 여성성으로 대상화된 이 고통의 역사를 현재로 소급하는 데 적극적이지 못했던 1980년대는 남성 가부장의 시선이 지닌 완고한 권력 이데올로기 속에서 분단 민족의 역사에 접속하는 우회로를 모색한다. 그것이 바로 타자화된 남성들을 호명함으로써 가능해지는 것이다. 남성적 응시 속에서 출현하는 균열된 여성성과 그녀들의 삶의 질곡은 외면할 수 없는 분단 민족의 역사를 대상화하기에 가장 안전한 장치였지만, 외면할 수 없는 그 낯설고 고통스러운 과거를 현재로 소급하기 위해서는 영화 〈최후의 증인〉에서 드러나듯이 "한국인의 양심"과 같은 남성적이고 보수적인 휴머니즘적 매개가 필요했다.

　영화 〈그 해 겨울은 따뜻했네〉에서 수지와 오목이의 관계로 초점화된 분단 민족의 역사는 두 여성 사이에 존재하는 남성들, 인재와 일환의 관계 속에서 소설과 다른 영화적 의미를 획득한다. 박완서의 소설에서 인재는 한때 수지의 애인이었을 뿐이다. 따라서 오목이가 낳은 인재의 아이는 실제 오목이와 일환의 관계에서만 갈등의 씨앗으로 작용한다. 그러나 영화에서 인재는 공장주로서 한때 오목이를 범하고, 그 후 수지와 결혼하는 인물이다. 수지와 결혼한 인재가 수지의 잃어버린 동생이 오목이라는 것을 알게 되면서 영화적으로 각색된 분단 민족의 역사는 비극성과 신파성을 덧입고 대중에게 전달된다. 심지어 인재가 결국 오목과 일환에게 죄를 고백하고 화해를 요청하는 일련의 과정은 죽음을 앞둔 오목에게 진실을 말하는 수지의 고백 앞에 배치됨으로써 분단 역사의 비극을 남성의 그것으로 선점하려는 의도를 표출하고 있다. 영화는 분단 민족의 역사를 수지와 오목으로 초점화되는 여성의 그것으로 전유하면서도 그 역사적 비극성과 고통을 '양심의 고백' 혹은 '참회'라는 감상적 성찰로 갈무리한다. 인재는 오목이의 삶을 파탄에 이르게 했다는 점에서 수지와 별 차이가 없음에도 불구하고, 수지의 가식과 기만을 질책하며 그녀에게 진실을 말할 것을 요구한다. 일환 또한 마찬가지이다. 오목이의 고통스런 삶보다는 진짜 혈육에 대한 집착에서 벗어난 후에야 오목이를 인정하기에 이른다. 결과적으로 진실을 듣기 전 오목이는 이 모든 고통의 삶에 지쳐 정신이상증세에 빠졌고, 인재에게 진실 고백의 기회를 도난당한 수지는 주체적으로 아픈 과거의 진실에 접근하는 기회를 얻지 못하게 되었다. 그녀들이 다가서야 할 분단 민족의 역사는 현재의 시대적 문제로 들어서지 못한 채, 수지의 분열된 자아 정체성과 오목이의 정신 착란 속에서 타자화되고 만다. 오로지 인재야말로 관찰자이자 살짝 발을 담그기도 하는 완전한 타인도 아닌 상태로 분단과 민족의 문제를 죄책감 속에서 인식할 수 있을 뿐이다. 따라서 1980년대 분열된 여성성과 그녀들의 삶으로 전유되는 분단과 민족의 역사는 영화 속에서 당대 현실의 문제로 소환되기보다는 남성 주체의 감상적인 거리 유지 속에서 대상화된 채 대중적으로 유통되고 있었다고 해야 할 것이다.

4) 1980년대 한국영화, 분단의 타자들에 접근하는 방식

사후적인 판단에 따르면 1980년대는 세계적인 냉전 시대의 종식을 코앞에 두고 있던 시기였다. 임박한 냉전 시대의 종식을 예상할 수 없었지만 1980년대 한국영화에는 한국적 냉전 감각에 긴밀히 연결되어 있던 '분단'과 '민족' 문제를 재현하는 새로운 차원의 접근 방식이 엿보였다. 급속한 정권의 붕괴와 새로운 정권의 수립 사이에 발생했던 여러 역사적 사건과 상황의 변화가 복합적으로 작용하는 가운데 냉전 시대를 인식하는 문화적 현상에도 변화가 초래되었던 게 사실이다. 그럼에도 불구하고 냉전 시대의 종식을 앞두고 엿보였던 변화는 새삼 새롭게 인식된다. 여전히 전두환 정권의 개발 독재주의 기세는 강력했고, 반공주의 역시 사회 전반을 제어하는 주요한 통치술로 작용했지만, 역사의 흐름은 잔잔한 저항의 물결 속에서 새로운 시대를 향해 나아가고 있었던 셈이다.

'분단'에 대한 인식은 근본적으로 냉전 시대에 대한 인식으로 향한다. 이 말은 1980년대 후반 국제 사회의 냉전 질서가 무너지고 탈냉전 시대로의 새로운 길이 열렸음에도 불구하고, 여전히 '분단'이라는 조건 하에서 '냉전'의 시공간을 경험해야 했던 대중의 삶에 대한 관심을 촉발한다. 1980년대 '분단'과 '민족'에 대한 영화적 탐색은 변화되어 가던 역사적 흐름의 한 표현이었겠지만, 근본적으로 냉전 시대의 종식이라는 세계사적 역사의 흐름 속으로 진입하는 것과는 다른 양상이었다는 점이다.

물론, 1990년대 이후 탈냉전 시대의 도래와 함께 '분단영화' 장르의 다변화가 이루어졌던 상황 및 영화 제작 현실의 민주화·개방화를 빼놓을 수는 없을 것이다. 다만, '분단'과 '민족'에 대한 영화적 탐색은 '냉전'과 '탈냉전' 시대를 관류하는 대중의 감각을 포착함으로써, 1980년대를 기억·조명하는 특정한 방법을 선사한다.

'분단'과 '민족'에 대한 영화적 탐색은 1980년대가 국민들에게 요청했던 중산층 담론과 '경제적 성공'을 표면에 내세우면서도 그 이면에 도사리고 있는 이름을 부여받지 못한 채 부유하던 분단의 부산물인 타자들의 모습을 드러냄으로써 당대의 통치 권력 사이에 균열의 틈새를 연다. 이들은 죽었으나 살아 있는 영원히 회귀하는 망령들로서, 분단의 시대가 남겨놓은 트라우마의 표상들이었다.

요컨대 이 부분에서 주목하고자 했던 1980년대 한국영화에 재현된 '분단'과 '민족'은 사실상 분단이 가져온 냉전 시대의 트라우마를 일깨우는 것이기도 했다. 이 두 개념에 대한 관심은 한국전쟁 이후 분단 민족의 역사적 경험과 거기에서 비롯된 타자화된 삶의 편린들이 어떻게 영화 재현의 장으로 포섭되었는가에 대한 것으로 연결되었다. 1980년대는 여전히 전두환 독재 정치의 냉혹한 면을 드러내고 있었지만, 5·18민주화운동으로 대표되는 민주화 열기와 민족주의의 발흥에 따른 사회적 변화에 따라 자율성이 확대되는 시대이기도 했다. '통제'와 '자유'의 혼존과 경제 성장 등으로 대중의 삶은 다양한 변화에 직면하고 있었다. 영화 분야의 경우 침체기를 벗어나기 위한 자구책으로 사회의 변화상을 적극적으로 수용하면서 정권의 통제 정책을 우회하는 다양한 모색을 시도했다. 전쟁 스펙터클에 기반한 반공영화의 기조가 변화한 것도 이러한 1980년대 변화상과 연관된다.

여기에서 주목한 영화들은 반공주의의 강력한 이데올로기적 자장 안에 위치하면서도, '분단'과 '민족'의 문제를 다양한 방식으로 재현했다는 점에서 관심을 끈다. 우선, 소영웅들 중심의 반공주의에서 벗어나 분단 민족의 역사를 잊혀진 익명의 이름들을 소환함으로써 새롭게 조명했다. 타자화된 익명의 존재들은 '광기'와 '죽음' 등의 형식 속에서 호출되는데, 이로써 잊혀진 분단의 역사가 얼마나 많은 균열의 파편들을 내포하고 있는지 드러냈던 것이다.

분단 이후의 근대화 속에서 형성된 매끄러운 역사의 연대기는 바로 이러한 익명의 잊혀진 존재들 속에서 그 허위성을 드러낸다. 뿐만 아니라 그 역사의 연대기에 기입되지 못한 불균질한 파편들은 분단과 민족 문제를 어떻게 바라볼 것인지에 대한 질문을 던짐으로써 '과거-현재-미래'로 이어지는 역사의 문제에 다가간다. 이는 1980년대 한국영화가 역사와 접속하는 가능성을 보여 준다는 점에서 의미가 있다. 여전히 반공주의 이데올로기가 강력하게 작동했던 1980년대 현실 속에서 영화는 그것을 '분단'과 '민족'의 문제로 확장하여 역사적 질문을 던지는 실험을 할 수 있었던 것이다. 비록 이 접근의 방식 속에서 역사적 질문에 대한 해답을 제공할 수는 없었다고 하더라도 말이다. 이는 영화와 역사 사이에 맺어지는 연대의 가능성과 불가능성이 혼존하는 상황을 보여 주는 것이기도 하다.

사실, 분단과 민족에 대한 역사적 접근이 가능했음에도 불구하고, 이들 영화는 그 질곡의 역사를 분열되고 타자화된 여성성으로 전유할 뿐만 아니라 거리를 유지하려고 했다. 영화 속에 재현된 여성들은 분단과 민족의 문제를 고통스럽게 짊어진 대상화된 존재로 죽음과 광기의 위험성 앞에 서 있을 뿐이었다. 이때 대상화된 그녀들, 즉 분단과 민족의 문제를 바라보는 시선은 누구의 것인가. 그것은 남성적 시선이었다. 영화에서 남성들은 외면할 수 없는 이 역사적 문제를 균열된 여성성으로 전유함으로써 그 문제로부터 객관적 거리를 확보할 뿐만 아니라 그로부터 연유된 위선과 기만을 양심적 죄책감으로 가볍게 처리하고 만다. 이로써 한국전쟁 이후 잊혀진 익명의 이름들로 호출한 분단 민족의 역사는 균열된 여성성 속에 갇힌 채 존재하거나 일부 타자화된 남성들의 표상 속에서만 감정적으로 소비될 뿐이다. 이는 1980년대의 시대적 한계이자 그 시대의 요청에 부응할 수밖에 없었던 영화의 한계이기도 했다.

1989년 베를린 장벽의 붕괴와 함께 냉전 시대는 종식되었다고 역사는 증언한다. 한국에서도 전두환 정권의 붕괴와 반쪽짜리이기는 하지만 87년 6월 항쟁으로 획득한 민주적 정부의 탄생은 최소한 한국을 지배했던 오랜 독재의 잔재와 냉전적 통제를 어느 정도 해결해 주었다. 1990대 이후 영화 분야에서 분단과 민족의 문제를 다룬 작품은 지속적으로 제작·상영되었고, 이는 역사에 접근하는 영화적 모색의 일환으로 현재에 이르기까지 꾸준한 관심의 대상이 되어 왔다. 그럼에도 불구하고 이 문제에 접근하는 본격적인 논의는 쉽게 찾아보기 어렵다. 한국영화에서 시도하는 분단과 민족 문제 재현의 방식을 역사적으로 규명하는 작업은 그 역사적 무게만큼이나 중요한 것이다. 특히, '분단'과 '민족'에 얽힌 이야기는 냉전의 시대 대중의 삶에 뿌리 박힌 다양한 전후의 트라우마와 대면하는 것으로 귀결된다는 점에 귀를 기울일 필요가 있다. '냉전 시대'에 대한 영화 분야의 탐구와 노력이 중요한 것은 아직 이 시대가 종식되지 않고 있다는 역사적 사실에 기인하고 있을 뿐만 아니라, 그것이 실상 현재의 탈냉전 국민국가 시대를 살아가는 대중의 정신적 연원이기 때문이기도 하다.

나가며

　분단 70년을 넘어서고 있는 현재에도 과연 한반도 냉전의 장구한 흐름을 언제쯤 끊어낼 수 있을지는 가늠할 수 없는 실정이다. 탈냉전의 시대로 접어든 1990년대 이후 몇 차례 이루어진 남북정상회담으로 한반도에 남겨진 마지막 냉전의 갈등과 분열이 종식되는 듯했으나, 여전히 남북 통일과 협력의 가능성은 미해결의 상태에 놓여 있다.

　냉전 시대 반공국가주의 통치술의 대표적 수사였던 '빨갱이' 담론은 21세기로 접어든 현재에도 사회의 각 분야에서 혹은 대중의 일상 속에서 지역과 계파를 가르는 갈등과 분열의 대표적인 레토릭Rhetoric으로서 여전히 한반도의 냉전 시대가 근본적인 차원에서 지속되고 있다는 사실을 알려준다. 냉전 시대 반공국가주의는 사회적 분열과 갈등을 봉합하기 위한 가장 유용하고 편리한 방법론으로 사회적 적대 세력으로서의 '빨갱이' 담론을 생산해냄으로써 사회 내부에 존재하던 다양한 목소리들을 획일화되고 단일화된 그것으로 변모시켜 나갔다. 국가 통치 권력의 범주 안으로 진입하기 위한 인정투쟁의 각축장에서 살아남기 위해 선택할 수 있었던 것은 요청된 국민으로서의 역할, 이를테면 근대화 추진의 첨병으로서 새로운 개별성을 획득하는 것이었다. 그 과정에서 불거질 수밖에 없었던 사회 내부의 불협화음과 부조리는 실상 근대화의 노정에 있는 사회에서 발견되는 일반적인 성장통이었음에도 불구하고, 재빨리 폐기 처분되거나 은폐해야 할 것으로 치부되었다. 사회적 부조리의 노출과 그로부터 야기된 저항과 균열의 조짐은 불온하고 불순한 것으로 담론화되었고, 오로지 성장과 근대화의 거시적인 목표만이 사회적·개인적 당위로 강제되었다. 이는 국제적 냉전 질서의 조성과 재편성 및 남북 분단의 아픔을 간직한 한반도의 특수한 상황과 정권을 획득한 지도자들의 이데올로기가 결합되어 만들어낸 특별한 사회적 풍경이었다. 냉전 반공국가주의 체제 속에서 역사적으로 형성된 이러한 풍경은 현재에도 여전히 '성장'과 '반공'의 끈끈한 결합 속에서 '빨갱이' 담론을 통해 향수와 감각을 불러일으키면서 사회를 물들이고 있다.

이러한 냉전의 풍경은 지금까지 다양한 문화예술을 통해 그 내부의 속살을 보여 주고 있지만 실상 영화 분야에서 이러한 측면에 초점을 맞춰 역사적 관점에서 논의를 전개한 경우는 쉽게 찾아볼 수 없었다. 다양한 개별 작품에 접근하여 냉전 시대 영화의 제작 현실과 재현의 방식 혹은 대중과의 접점 등에 관심을 기울이는 경우는 여러 곳에서 확인할 수 있지만, 이러한 연구 작업이 지닌 특별하고 중요한 의미에도 불구하고 한계를 보일 수밖에 없다는 점도 간과할 수 없는 일이었다. 무엇보다 역사적 관점을 확보한 탁월한 연구 결과일지라도 몇몇 개별 작품을 통해 드러나는 시대적 의미와 특징을 곧 그 작품을 넘어서는 다른 시대 혹은 다른 작품과의 연관성 속에서 좀 더 거시적인 역사적 차원으로 확장해 나가는 데 있어서는 일정 정도 한계를 보여 주었기 때문이다.

앞서 언급했듯이 냉전 시대 반공국가주의 통치술은 획일화되고 단일화된 국민의 주체성을 형성하는 데 강력한 규율을 작동시켰다. 사회 내부에서 돌출되던 다양한 목소리들과 대면하여 국가의 정체성을 수립하고 유지해 나가기 위해서 소환했던 '반공주의'와 '근대화'는 그것을 통해 사회 내부에 존재하는 다양한 개별성들을 하나의 주체성 안으로 수렴해내기 위해 고안한 것이었다. 따라서 냉전 시대 반공국가주의를 논의할 때 가장 먼저 시선을 보내야 할 곳은 그 시대를 가장 날것 그대로 흡수하고 살아가던 수많은 개별성들의 움직임, 말하자면 획일화된 주체성으로 포섭하려 했던 국가의 통치술에 맞서 그 권력 작용의 틈새를 비집고 얼굴을 내밀던 수많은 타자들의 모습이다. 이러한 '타자들'의 모습은 지금까지 냉전 시대에 관심을 갖고 접근한 수많은 연구 업적들에서 다양한 형태로 만날 수 있는 게 사실이지만, 이렇게 파편적으로 만나게 되는 이들의 모습을 그 한정된 시공간에서 불러내어 좀 더 거시적인 역사적 차원에서 조명할 때, 그 시대를 살아가던 타자들의 흐름을 좀 더 선명하게 포착할 수 있을 것이라고 판단했다.

이 글에서 주목한 '타자들'은 성격상 냉전 시대 반공국가주의가 호출한 주체성을 획득하지 못한 채 배제되었던 존재들을 총칭하는 것으로 이해할 수 있다. 전후 분단 국가 체제의 구축 과정에서 정권의 이데올로그들이 요청했던 주체성은 '폐허' 의식으로부터 시작되었다고 봐도 무방하다. 전쟁으로 붕괴된 사회 전반을 회복하되, 남북 체제 경쟁에서 우위를 선점함으로써 국제 냉전 체제의 최전방에 선 한반도에서 강력한 반공국가의 기초를 새롭게 형성하는 것이 선결 과제이자 지상 과제로 부상했다는 점을 감안하면, 전후 폐허로부터 얼마나 빠른 시간 안에 근대화를 이룩하느냐 혹은 반공주의를 통해 체제 안정성을 획득하느냐는 매우 중요한 국가 구축의 이데올로기였다고 할 수 있다. 이러한 이데올로기의 실천을 위해 요청된 국민 주체성은 필연적으로 그것으로 수렴되지 못했던 수많은 타자들을 양산할 수밖에 없었다.

사실, '주체성'의 획득은 근본적으로 '과정' 자체에 놓여 있을 뿐 결과적으로 완결된 결과를 상정할 수 없다. 이러한 맥락에서 보자면, 냉전 시대 반공국가주의 구축을 위한 통치 과정에서 요청되었던 '주체성'이라는 것은 원칙적으로 '타자성'에서 출발하는 것인 동시에 '타자성' 그 자체로부터 결코 멀리 벗어날 수 없는 것이기도 했다. 국가의 통치 이데올로기가 강력한 권력의 통치술을 활용하면 할수록 '타자성'의 출현이 더욱 도드라질 수밖에 없던 것도 이런 이유에서 비롯된다.

전후 분단 체제의 수립과 동시에 '근대화'와 '반공'의 문제가 국가 구축의 시급한 이데올로기로 대두됨에 따라 폐허로부터 새롭게 출발했던 대한민국은 결과적으로 '타자성'을 어떻게 관리·감시함으로써 국가의 질서를 유지·강화해 나갈 것인가에 관심을 기울이면서 사회를 조직해 나갔다고 할 수 있다.

여타 다른 문화 예술과 달리 한국영화는 냉전 시대 가장 대표적인 대중 흥행 매체로서 그 영향력을 행사했다. 이 말은 영화가 대중의 삶과 가장 밀착된 것으로서 실제 대중이 호흡하던 현실을 반영하는 데 민감하게 작용했다는 의미와도 상통한다. 이른바 '고무신짝 관객'이라는 비난 섞인 말들이 유통되기도 했지만, 사실 그러한 호칭은 단순히 '신파 영화'라는 저질 작품에 몰리는 특정 대중의 값싼 취미를 비난하기 위한 것만은 아니라고 봐야 한다. 그만큼 영화는 당대 현실 감각을 직설적으로 토로하는 대중의 날것 그대로의 삶을 반영하는 특별한 장면을 연출해냄으로써 대중과 긴밀하게 접속하고 있었다. 바로 이것이 영화에 대한 정권의 민감한 관심과 검열 제도의 유지 및 강화를 초래한 원인이자 매체가 가진 문화 정치적 영향력을 보여 주는 것이기도 하다.

이러한 맥락에서 한국영화는 타자성의 문화 정치를 살펴보는 중요한 매체로서 의미를 지닌다. 특히 냉전 시대 반공국가주의가 내세웠던 이데올로기 차원에서 사회 내에 존재하던 수많은 개별성들은 타자화되고 파편화된 존재로서 정권의 입장에서는 근본적으로 불온하고 불순한 존재들로 이해될 수밖에 없었다. 국가가 요청한 주체성 획득의 여부에 따라 안정된 자리를 배당받을 가능성이야 열려 있었지만, 그 가능성이 불가능성을 전제하는 것일 때 근본적인 차원에서 대중의 삶은 주체성 획득 과정에서 타자화되고 불온한 것으로, 교정되고 정화되어야 할 것으로 인식되었다.

한국영화는 이러한 냉전 시대 국가 성립의 이데올로기적 통치술과 그것에 연루된 수많은 사회적 개별성들이 어떠한 방식으로 갈등과 분열 속에서 경합하고 있었는지를 보여 주는 주요한 문화 정치의 장소였다.

이 글에서 관심을 가졌던 1950년대부터 1980년대는 구체적으로 전후 이승만 정권의 국가 체제 성립과 박정희 정권 그리고 전두환 정권까지 이어지는 35년을 아우른다. 이 기나긴 역사적 과정에는 다양한 변화와 혁명 및 운동 등이 포진되어 있다. 다만, 공통적으로 이 시대가 포함하고 있던 일관된 통치술은 '반공주의'와 '근대화'라는 두 가지 핵심 이데올로기였다고 판단했다. 냉전 시대 남북 분단 체제의 엄연한 현실 속에서 군사 독재가 오랜 기간 정권을 유지·강화해 나감에 따라 두 이데올로기는 강력한 권력으로 사회를 장악했다.

이러한 맥락 속에서 이 글은 한국영화에 재현된 타자성의 문화 정치가 '반공주의'와 '근대화'의 강력한 이데올로기와 어떤 방식으로 접속하였으며 그 특징 혹은 의미는 무엇이었던가를 역사적으로 밝혀 보고자 각 시대별로 구분하여 논의를 전개하였다.

제1부에서는 냉전 시대의 논리와 한국영화와의 관련성에 주목하여 이론적 차원에서 연구의 방법론과 내용을 구축하여 정리하였다. 이 부분에

서는 특히 한국영화에 재현된 '타자성'을 기존의 연구 업적들과는 차별화되는 새로운 관점에서 탐구하기 위해 방법론을 구상하고자 노력했다. 이 글에서 주목한 것은 '공간'과 '가족'의 문제였다. 그동안 연구의 '후경'으로 자리잡았을 뿐 제대로 주목받지 못했던 '공간'의 차원에 관심을 가지고 '타자들'이 놓여 있는 '공간'이 어떤 의미 있는 '장소'로 이해되어야 하는지, 그것이 냉전 시대 반공국가주의 통치술과 '타자성'과의 관계를 조명하는 데 있어 어떤 비판적인 지점을 제공하고 있는지에 주목해야 할 필요성을 언급했다. 나아가 안정의 공간으로 표상되는 '가족 공동체'를 '거주'의 관점에서 살펴봄으로써 타자화된 존재들을 좀 더 심층적으로 탐구하고자 했다. 물론, 이외에도 제1부에서는 '타자성'의 개념과 범주 그리고 한국영화가 타자성의 재현을 통해 비판적인 문화 정치의 매체로서 작용할 수 있다는 점 등을 언급하며 논의의 필요성과 한국영화의 중요성을 함께 제시했다.

전반적으로 제1부에서 논의한 이론적 고찰은 한국영화가 단순히 시대의 이데올로기를 수용한 매체로서가 아닌, 비판적이고 적극적인 문화 정치의 매체로서 기능할 수 있다는 점을 밝힘으로써 좀 더 다각도의 연구 필요성뿐 아니라 한국영화의 비판적이고 역사적인 문화적 기능을 밝히기 위한 것이기도 했다.

이러한 제1부의 논의를 기반으로 하여 제2부에서 제5부까지는 시대적인 구분을 통해 당대의 영화들을 분석하고 의미와 특징을 밝히는 데 주력했다.

제2부에서는 '공간'의 차원에서 서로 대비되는 존재들의 양상에 관심을 기울였다. '전통 가부장 국가' 이데올로기에 기반하여 영화 속 공간과 인

물 등의 요소를 분석했다. 구체적으로 전통 가부장 국가를 표상하는 존재들과 타자들의 관계 양상, 즉 윤리적이고 전통적인 가부장과 그들이 거주하거나 지향하는 공간에 대비하여 '거리의 존재들'이 배치되는 관계를 살펴보고, 전후 냉전 반공국가주의과 그것이 내세운 주체성의 양상이 어떠한 대결과 갈등 속에서 경합하고 있는지를 분석했다. 사회적으로 혼란한 시대였던 만큼, 한국영화에서 또한 이러한 사회적 혼란과 균열의 양상이 기본적인 출발선으로 전제되어 있다는 것을 확인할 수 있었다. 1950년대를 '혼돈과 균열의 시대'로 규정했던 것도 당대 한국영화와 전후 국가 구축의 양상이 긴밀하게 접속하고 있었던 이러한 상황을 감안했기 때문이다. 전후 혼란을 수습하고 새로운 국가 체제를 성립해야 할 국가적 당위성은 그대로 한국영화 안에서 전후의 혼란과 균열의 공간 속에 존재하는 타자들을 통해 재현되었다. 국가가 요청했던 전통적이고 윤리적인 주체성은 전후의 혼란과 균열을 수습하기 위한 자구책이었지만, 최소한 한국영화에 재현된 주체성은 국가가 요청했던 그것만큼 강력한 영향력을 발휘하지 못했다고 봐야 한다. 거리로 내몰린 유랑하는 타자들은 귀환해야 할 안정된 자리를 근본적으로 상실한 채 근대화의 물결에 거칠게 휩쓸려 들어가고 있었기 때문이다. 요컨대, 1950년대 냉전 국가 이데올로기의 허약성과 허위성이 이승만 정권의 부정부패로 붕괴했듯이, 한국영화에 재현된 가부장 이데올로기는 타자들이 휩쓸려 들어가던 근대성의 새로운 물결 앞에서 안정된 장소를 상실해 나가고 있었다.

제3부는 두 가지 구분 하에 논의를 진행했다. 이 구분은 4·19혁명과 장면 정권에서부터 박정희 정권의 수립 등과 같은 정권 교체와 혁명의 발발 등에 깊은 관심을 가지기보다는 1960년대를 통틀어 가장 강력하게 작

용했던 박정희 정권의 통치 이데올로기에 주목함으로써 이루어진 것이다. 물론, 4·19혁명 및 6·3학생운동, 베트남전 참전 등의 역사적 사건이 당대의 곳곳에 포진되어 있기 때문에 이것이 영화의 제작 환경과 내용 연출에 작용했던 영향력을 아예 간과할 수는 없다. 다만, 이러한 변화의 양상에도 불구하고 1960년대의 통치 스타일을 좌우했던 것은 박정희 정권의 근대화와 반공주의 이데올로기였다는 점에 주목할 필요가 있다. 이 강력한 이데올로기는 사회 내에서 발생했던 다양한 저항의 조짐들, 가령 한일회담을 두고 치열하게 저항했던 6·3학생운동을 진압·관리하는 방식 등에서 여실하게 드러나듯이 폭력적이고 과격한 형태로 사회 질서를 재조정했다. 4·19혁명의 역사적 의미는 박정희 정권의 수립과 함께 축소·왜곡되었으며 1960년대 전반은 경제 성장에 기반한 근대화 프로젝트와 반공주의의 강력한 통치술이 좌우하는 시대로 변모해 나갔다.

이러한 1960년대를 이해하는 방식 속에서 제3부에서는 우선적으로 '가족의 탄생'에 초점을 맞추어 논의를 전개했다. 산업 근대화 시기 '가족'은 '노동'과 '경제'의 공동체적 특성을 가장 최소화된 형태 속에서 상징적으로 구현하는 중요한 요소였다. 박정희 정권이 내세웠던 희망찬 미래의 청사진은 바로 이러한 '산업 근대화'를 정초하는 '가족 공동체' 속에서 잘 구현되었다. 1960년대 초반 다수 제작·상영된 영화 속에서 이러한 정권의 이데올로기를 충실하게 반영한 가족 공동체를 발견할 수 있다. 다만, 이러한 완벽하게 구성된 '노동'과 '경제'가 결합된 가족 공동체는 필연적으로 가난한 과거를 삭제하는 실천 행위 속에서 가능해진다는 점에 초점을 맞춰야 한다. 더 이상 과거의 가난하고 보잘 것 없는 봉건적 가부장의 존재가 필요 없어진 시대가 도래했다는 것은 한때 가부장의 위치에 있던 주체들이 타자화된 존재로 사회 속에서 배제된다는 의미로 해석될 수 있었다. 1960년대 중후반 영화에서 이러한 서민 가부장의 출현이 급격히 사라져 가고 있었던 데는 이러한 시대의 논리가 작동했기 때문이라고 할 수 있다. 한편으로 완벽한 가족 공동체는 박정희 정권이 내세웠던 '중산층 담론' 속에서 지속적으로 사회적 영향력을 행사했던 바, 실제 1960년대 중후반 한국영화에 재현된 가족의 형태는 주로 이러한 이상화된 중산층 가족의 담론을 상당한 형태로 흡수하고 있었다. 다만, 완벽했던 중산층 가족은 그 내부에 은폐되었던 타자들의 출현 속에서 위기에 봉착하는 패턴화된 형태를 보여 준다. 흥행을 위한 신파적 요소를 가미하기 위한 영화적 장치라고 하기에는 이러한 패턴화된 형태는 자못 심각하게 반복 재생산되는 특징을 보여 준다. 영화 〈미워도 다시 한번〉의 역사적 흥행 기록을 단순히 흥행을 위한 신파적 요소의 도입 속에서 찾을 수 있을 것인가. 중산층 가족 판타지를 둘러싼 패턴화된 영화적 재현 방식은 당대 산업 근대화 전선에 내몰린 가련한 대중의 욕망과 현실의 괴리 및 부조리를 반영하고 있다고 판단된다. 성공에의 욕망과 지속되는 좌절 속에서 대중의 심리는 완벽한 가족에 연루된 가난하고 피로한 타자들에게로 향하고 있었다고 해야 할 것이다. '완벽의 불가능성'은 곧 1960년대 박정희 정권이 내세웠던 통치 이데올로기가 내세웠던 아름다운 청사진이 드러내는 부조리를 반영하는 표상이었던 셈이다. 가족 공동체를 뒤흔들던 타자들의 출현은 바로 이러한 1960년대 대중의 삶을 반영하고 있었다.

한편, 박정희 정권이 가장 사랑한 존재는 아마도 '산업 역군'일 것이다. 산업 근대화의 최전방에 선 '노동자'요, 반공국가주의를 위해 목숨을 바쳐 헌신하는 '용병'인 이들이야말로 정권이 호명한 가장 이데올로기적 주체이자 가장 투명한 주체였다고 해도 과언이 아니었다. 바로 이러한 박정희 정권의 가장 아름다운 주체성을 재현한 영화가 1960년대 후반에 등장했다. 엄청난 흥행까지 더해 이 영화는 이후 몇 편의 시리즈로 1970년대 중반까지 지속적으로 대중과 만난다. 영화 〈팔도강산〉 시리즈를 굳이 분석의 대상으로 선정한 것도 이러한 이유 때문이다. 다만, 짙은 프로파간다적 성격을 갖고 있었던 만큼 영화 속에 재현된 산업 역군들과 가족 공동체는 그 완벽한 근대화의 모델을 구축하기 위해 타자들을 끊임 없이 호출할 수밖에 없었다. 영화 안에서는 '북'으로 표상되는 배제된 공간들과 실패한 자들이 발전 국가의 상상된 공동체를 위해 희생되거나 이용된다. '북한'으로 표상되는 적대적 공간들은 한반도 반공국가의 유지와 강화를 위한 가열찬 과정에서 지속적으로 경각심을 일깨우는 대상으로 타자화되며, 실패한 자들은 개인적 열패감과 좌절을 딛고 무조건 성공해야 할 당위적 목표 아래 분투해야 하는 타자화된 대상들이었다. 요컨대, 영화 〈팔도강산〉 시리즈에서 목격할 수 있는 것은 구성되어야 할 완벽한 근대화의 주체들과 그들의 과업 수행을 위해 생산되는 타자들의 모습이다. 냉전의 반공국가주의가 추구하던 주체성은 결과적으로 타자들의 지속적인 생산과 소비 속에서 가능해지는 것이었다.

1960년대 박정희 정권의 근대화 프로젝트는 일정 정도 성공을 이룩했다. 높은 경제성장률과 급속한 도시화는 사람들에게 경제적 풍요를 안겨주었다. 이로 인해 많은 사람들이 시골에서 도시로 상경하여 도시에서의 풍요로운 성공을 꿈꾸는 시대가 되었다. 그러나 정권의 지나친 성장 위주의 정책으로 인해 부익부 빈익빈의 양극화가 심화되기 시작했다. 사회 내부로부터 싹트기 시작한 이러한 경제적 불평등과 삶의 질적 저하는 급격한 도시화를 통해 도시로 모여든 수많은 대중에게 꿈과 현실의 심각한 괴리 현상을 가져다 주었다. 1960년대 후반에 이르러 박정희 정권의 위기는 이렇듯 국내의 성장 위주 정책이 가져온 문제에서도 비롯되었지만 국외에서 들려오는 냉전 질서의 재편 현상 속에서도 발생하기 시작했다. 냉전 시대 반공국가주의를 명분으로 국민들을 근대화의 최전방에 전진 배치했던 상황에서 냉전 질서의 재편성이라는 악재가 가세하자 박정희 정권은 이데올로기적 명분을 통해 살 길을 모색해야 했다. 결과적으로 1970년대 유신 체제의 성립과 일상화된 예외 상태는 박정희 정권이 위기를 돌파하기 위해 선택한 최악의 것이었다.

이 글에서는 1960년대와는 달라진 사회 상황을 감안하면서 제4부를 1970년대 영화 분석에 할애했다. 1970년대 영화를 분석하는 과정에서 주목한 것은 '가족'과 '죽음'의 모티프였다. '가족'은 이전 시대 영화 분석에서 언급했듯이 '중산층 담론'을 흡수하는 양상을 보여 줌으로써, 그것을 둘러싼 '주체-타자'의 관계 모색을 하는 데 좋은 참조점을 제공해 주었다. 이러한 60년대식 가족 스타일이 70년대적 상황에서 변화한 양상을 살펴봄으로써 '주체-타자'의 경합 관계와 한국영화가 대중의 현실과 접속하는 방식을 추론해낼 수 있을 것이라고 판단했다.

이 글에서 분석한 내용은 1970년대 가족이 그 완결된 공동체적 형태를 상실했다는 점이다. 가족은 공동체적 안정성을 확보할 수 없는 부정적 장소로 의미화될 뿐만 아니라, 가족 구성원들을 경계 밖으로 내모는 폭력적인 양상을 드러내기도 한다. 이러한 가족 공동체의 해체와 붕괴의 형태는 '죽음'의 문제와도 직결된다. 안정된 구체적 장소를 갖지 못한 자들이 모두가 타자화된 상태로 사회를 배회하지만, 이들에게 주어진 삶의 선택지가 없다는 점에서 '죽음'은 타자화된 자들의 삶을 대변하는 중요한 삶의 표상 내지 최종적 해방의 탈출구로 작용하기도 한다. 이러한 영화적 재현의 특징은 1970년대 박정희 정권이 추구했던 강력한 반공국가주의가 발전의 논리와 결합함으로써 어떻게 악화일로로 치닫는지를 드러내는 대중적 표출 방식이었다고 할 수 있다.

그러나 한편으로 해체된 가족 공동체와 항시적 죽음 상태 속에서도 저항의 씨앗은 발화하고 있었다. 1970년대를 대표하지만, 가장 하층에 속해 있던 '몸을 파는 여성들'은 1970년대 '호스티스' 영화라는 이색적인 작품들의 대중적 흥행 속에서 새롭게 등장했다. '영자' 혹은 '경아'로 대변되는 이들 하위 계층의 여성들에 특별히 주목한 이유는 당대의 대중적 흥행과 갑작스럽게 등장한 이들 인물 유형을 통해 '타자들'의 재현 방식을 좀 더 새롭게 발견해보고 싶은 의도에서였다.

이 글에서는 이 여성들을 '자본'화된 '신체'를 통해 '노동'하는 존재들로 상정하고 논의를 전개했다. 밑천 없는 도시 빈민의 상징적 존재들로서 혹은 가장 나약한 여성으로서 1970년대의 가혹한 도시의 삶을 구축해나간 이들의 삶의 방식을 살펴보기 위해서는 단순히 이들을 '성적 대상'으로 이해하는 기존의 논의에서 벗어나야 한다고 판단했다. 이들은 '자본'을 통해 새롭게 '신체'를 구축하고 '노동'하는 존재들로서 1970년대의 가혹했던 반공국가주의의 시대적 피로를 담아내는 그릇이었음에도 불구하고 저항적 주체성을 획득해 나갔다. 이들의 움직임은 가장 타자화된 존재들의 1970년대적 위치와 비판적 탐색을 살펴보는 데 매우 유용하다. 대학생과 산업 역군들이 시대적 피로와 절망을 붕괴된 가족 공동체 안팎을 배회함으로써 혹은 죽음을 자처함으로써 자조적으로 드러낼 때, 삶의 한 켠에서는 밑천 없이 온 몸으로 1970년대의 도시 현실에 내던져진 이들이 오히려 자본의 위력 앞에서도 끈질기게 저항하는 주체성을 획득해 나간다. 이런 과정에서 '주체-타자'의 이분법적 구도는 사실상 조금씩 서로를 향해 침투하면서 그 경계를 무너뜨리고 있었다. 요컨대, 1970년대는 그 누구도 자신을 무엇이라고 말할 수 없는 정체성을 상실한 시대였을 뿐만 아니라, 바로 그러한 절망 속에서 삶의 끈질긴 생명력을 형성하는 시대였다.

제5부는 1980년대 한국영화에 대해 분석한 장이다. 이 장의 제목을 '비판과 모색의 시대'로 규정한 것은 당대의 변화된 사회상 및 그것을 흡수하면서 제작된 다양한 영화들의 재현 방식을 표현하기 위해서였다. 박정희 정권의 붕괴와 전두환 정권의 집권은 반공국가주의와 근대화 이데올로기를 공유했다는 점에서 동궤에 놓여 있었다. 다만, 5·18광주민주화운동의 촉발과 그로부터 야기된 전두환 정권에 대한 저항의 본격화 및 민중운동의 활발한 전개 등은 정권 유지를 위한 통치술의 변화를 가져오기에 이르렀다. 사회 전반에 유화와 강경 정책이 혼란스러운 상태로 뒤섞였고, 이 와중에 영화 분야에서 서서히 출현했던 민중영화 운동은 사회 비판적인 영화들의 출현으로 그 성과를 내기 시작했다.

이 글에서는 사회상의 변화와 민중영화 운동의 촉발 등을 다각도로 조명하면서 1980년대의 가난한 빈민들의 삶에 주목한 영화들에 대한 분석을 통해 타자화된 이들이 1980년대에 들어서면서 어떻게 재조명되고 있는지를 살펴보고자 했다. 이는 1960년대로부터 1970년대를 경유하는 역사적 과정을 염두에 두면서 1980년대 가난한 자들의 타자화된 삶의 방식이 당대의 대중 현실과 접속하는 새로운 양상을 파악하고자 하는 의도에서 비롯되었다. 이 글에서 주목한 것은 개발 독재 시대를 경유하는 도시 빈민들의 난민적 정체성에 대한 것이다. 이들은 물질적 풍요와 성공을 위한 욕망을 내면화하고 근대화의 개발 신화를 추구하면서도 그 안에 편입되지 못한 채 근대화의 주변부를 서성인다는 점에서 자기 분열적인 정체성을 보여 주었다. 이들의 주변부적 삶은 끊임 없이 근대화가 낳은 물질적 풍요와 안정된 삶의 경계를 확정하면서 이로부터 연유하는 배제와 삭제의 폭력적 양상을 환기시킨다.

날품팔이와 소매치기 등이 도시의 난민적 정체성을 지닌 채 배회하던 한 켠에는 1980년대 '가족 공동체'의 문제가 도사리고 있었다. 개발 독재 시대의 은폐된 폭력성을 드러내는 중산층 가족과 빈민 가족의 대립 및 여기에서 비롯되는 화해와 용서의 문제는 1980년대의 근대화가 지닌 비판적 지점을 보여 준다. 혈연과 핏줄로 구성된 가족 공동체보다 중요한 것은 현재의 안정과 풍요라는 것이 드러나는 시대가 바로 1980년대였다. 그만큼 당대는 개발 독재의 영향력이 개인의 일상을 새롭게 조직하던 시대였고 그 안에서 '용서'와 '화해'는 비단 시대가 요청하는 폭력적 통치성을 은폐하는 가림막으로 작용했을 뿐이다. 모든 것은 가볍게 용서하고 화해하는 것은 문제를 쉽게 해결하는 방식이지만 실상 가장 근본적인 문제를 회피하는 방식이라는 점에서 1980년대 한국영화에 재현된 분단 문제와 얽힌 가족 공동체의 문제는 새롭게 변화하는 양상을 보여 주었다.

또 한 가지 1980년대 한국영화에서 주목하고자 했던 바는 '분단'과 '민족'에 대한 탐색이었다. 냉전 반공국가주의를 표방했다는 점에서 박정희 정권 때와 크게 달라지지 않았던 전두환 정권 당시 변화된 사회상 속에서 '분단'을 다룬 몇몇 영화는 관심을 가지고 살펴볼 필요가 있었다. 이 글에서는 잊혀진 역사의 이름들을 소환하고 그들을 기억하는 방식에 주목하여 '분단'과 '민족' 문제에 대한 영화적 탐색을 시도했다. 전후 분단 문제에 대한 인식은 강경한 국가의 반공 이데올로기에 의해 전쟁 소재 영화 속에서 획일화된 방식으로 재현되었을 뿐 다각도에서 접근하는 데 있어서 한계를 노출했다. 1980년대에 이르러 한국영화는 분단과 민족의 문제를 전쟁 이후 잊혀졌던 이름들과 트라우마로 가라앉은 상처들을 소환함으로써 들여다보기 시작했다. 때로 영화 안에서 잊혀진 이름들은 자기 정체성의 문제를 거론하면서 출현했으며 그것을 목도해야 했던 그들을 버리거나 포기한 자들은 그들에 맞서 자신의 현재가 깊은 냉전의 트라우마 속에서 길어 올린 것이라는 것을 뼈저리게 인식해야 했다.

특히, 한국영화는 '여성'에게 냉전과 분단의 아픔을 전가하는 폭력적인 재현의 방식을 선택함으로써 1980년대가 지닌 한계를 노출하고 있었다. 냉전 시대 반공국가주의 체제 안에서 권력 유지의 정당성을 찾았던 남성 가부장 사회는 분단과 민족의 역사적 문제를 처리하는 과정에서 그들이 져야 할 책임을 나약한 여성에게 전가하고 감당하게 함으로써 '역사적 죄책감'을 희석하려고 했던 것이다.

냉전의 시대 경제적 성장과 반공주의를 통해 권력을 유지·강화해 나가는 것이 국가의 중요한 명분으로 작용했거니와 그 책임과 역할을 부여받은 경제적이고 건강하며 성실한 산업 역군으로서의 남성들은 그들을 떠받치고 있던 사회의 다양한 개별성들을 타자화함으로써 완벽한 국가 체제를 구성하기 위해 질주했다. 그러는 사이 잊혀졌던 분단과 민족에 연루된 역사적 트라우마를 치유하기 위해 가장 편리하게 선택한 여성들은 비록 그 역할을 떠맡는 고통에 내몰렸지만, 실제로 이들의 존재 방식은 냉전과 분단의 역사적 상처를 극복하는 것이 비단 어떤 특정한 존재들에게 전가할 문제가 아니라는 점을 은연중 드러내고 있었다.

냉전 시대 반공국가주의 내부에서 주체성을 두고 경합하던 존재들은 실상 안정과 풍요의 어떤 유토피아적 목표를 향해 끊임 없이 질주하던 대중의 현실을 여실히 반영하고 있었다고 해야 할 것이다. 폐허의식으로부터 시작된 전후 대한민국의 국가 형성 과정이 그러했듯이, 그 안에서 삶을 위해 투쟁했던 일반 대중의 삶 또한 별다르지 않았다. 한국영화는 지속적으로 안정과 풍요의 꿈을 둘러싼 주체 구성의 문제를 환기하기 위해 노력했다. 공간, 가족, 분단, 민족, 죽음, 노동, 자본, 도시 등등의 여러 모티프를 소환하면서 제작된 한국영화들 안에는 풍요와 안정을 두고 벌이는 근본적인 욕망의 투쟁이 꿈틀대고 있었던 것이다. '주체성'의 인식은 영화 안에서 자신을 어느 진영 속에 혹은 어떤 인물에게 투영하느냐에 따라 달라질 수 있었다. 영화가 누군가에게는 위로가 되지만 누군가에게는 위협이 되는 것도 이 때문일 것이다.

무엇보다 냉전의 시대 근대화와 반공주의를 기반으로 한 국가 구축의 논리가 사회 전반을 휘감고 있던 1950~1980년대까지는 정권의 이데올로그들이 강력하게 요청했던 '주체성'의 문제가 한결 더 대중의 삶을 결정하는 바로미터로 기능했다. 한국영화는 때로 이러한 정권의 나팔수를 자처하기도 했지만, 때로 대중이 느낀 시대적 피로와 환멸을 반영하기도 하면서 국가의 통치 권력에 맞서기도 했다. 영화에 재현된 타자들은 바로 이러한 국가의 통치 권력에 붙잡히지 않았던 존재들에 주목하여 당대 대중의 삶과 국가의 통치 권력이 엇박자를 이루던 시대의 흔적을 살펴볼 수 있는 중요한 지점을 마련해 주었다.

사실상 세계적 냉전 체제가 종식된 1990년대 이후에 맞이한 새로운 시대의 한국영화는 다양한 갈래의 형식과 내용을 갖추고 변모해 나갔다. 다수의 사회 비판적이고 실험적인 영화들이 출현하는가 하면 그동안 금기시되었던 '빨갱이'를 재현의 장으로 소환하는 대형 영화들이 제작되기도 했고 한편으로 로맨틱 코미디가 흥행을 하면서 탈냉전 시대의 자유로운 분위기를 영화 분야에서도 확인할 수 있게 되었다. 서론에서 언급했듯이, '분단영화'의 장르 또한 새로운 내용과 형식으로 분화되었고 이는 더 이상 냉전 시대의 획일화되고 단순화된 재현 방식으로는 대중과 접촉하지 못한다는 현실 인식에서 비롯되었다고 볼 수 있다.

그럼에도 불구하고 한국영화사에서 '근대화'와 '반공주의'로 수렴되었던 냉전 국가의 논리를 여전히 폐기 처분할 수 없는 것은 전후로부터 1980년대 후반까지 이어지던 장구한 역사적 시간에 축적된 삶의 총체성이 여전히 현재에도 그 영향력을 행사하고 있기 때문이다. 안정과 풍요에의 강박적인 욕망과 '빨갱이'에 대한 혐오의식은 지나온 역사적 궤적 속에서 몸에 체화된 채 지속적으로 우리의 현재에 접속하고 있는 중이다. 냉전 시대 한국영화에 재현되었던 타자들의 모습 또한 탈냉전 시대 이후 '자본'이 급속하게 세계를 점령해 나가는 과정에서 새로운 형태로 출현하기 시작했다. 자본에 잠식된 세계와 그 안에서 주체성을 두고 벌이는 대중의 갈등과 경합의 양상을 떠올려 볼 때, 한국영화는 과연 이러한 세계의 현실을 어떻게 재현하고 있는가. 풍요와 안정에의 욕망과 그로부터 생산되는 주체성의 문제는 결과적으로 경계를 형성하고 타자들을 양산하는 과정을 필연적으로 포함한다. 이 경계선 주위를 '중심(주체) – 주변(타자)'의 다양한 운동들이 선회하는 가운데 때로 누군가를 타자로 혹은 적대적 세력으로 호명하는 작용이 재생산되고 있다. 이러한 권력 작용의 생산 운동 과정에 관심을 가지기 위해서는 무엇보다 타자들의 출현과 존재 방식에 시선을 두어야 할 것이다. 현 시대 한국영화에 비판적으로 접근하기 위해서 타자들의 재현 방식에 여전히 관심을 가져야 할 이유도 바로 여기에 있다.

참고문헌

단행본

강영안, 『타인의 얼굴』, 문학과지성사, 2005.
강준만, 『한국 현대사 산책』 2권, 인물과사상사, 2008.
_____, 『한국 현대사 산책』 3권, 인물과사상사, 2008.
권보드래·천정환, 『1960년을 묻다』, 천년의상상, 2012.
김동호 외, 『한국영화 정책사』, 나남, 2005.
김미현, 『한국영화 역사』, 커뮤니케이션북스, 2014.
김예림, 『국가를 흐르는 삶』, 소명출판, 2015.
김 원, 『박정희 시대의 유령들』, 현실문화, 2011.
기욤 르 블랑, 박영옥 역, 『안과 밖-외국인의 조건』, 글항아리, 2014.
김한상, 『조국 근대화를 유람하기』, 한국영상자료원, 2007.
나리타 류이치, 서민교 역, 『근대 도시 공간의 문화 경험』, 뿌리와이파리, 2011.
도린 매시, 정현주 역, 『공간, 장소, 젠더』, 서울대 출판문화원, 2015.
레이먼드 윌리엄즈, 박만준 역, 『마르크스주의와 문학』, 지식을만드는지식, 2013.
리처드 커니, 이지영 역, 『이방인, 신, 괴물』, 개마고원, 2016.
마사 누스바움, 조계원 역, 『혐오와 수치심』, 민음사, 2015.
미셸 푸코, 김상운 역, 『사회를 보호해야 한다』, 난장, 2015.
_____, 오트르망 역, 『생명관리정치의 탄생』, 난장, 2012.
_____, 오트르망 역, 『안전, 영토, 인구』, 난장, 2011.
_____, 심세광 역, 『주체의 해석학』, 동문선, 2001.
_____, 이상길 역, 『헤테로토피아』, 문학과지성사, 2014.
박완서, 『그 해 겨울은 따뜻했네』, 바로북, 2005.
발터 벤야민, 최성만 역, 『역사의 개념에 대하여』, 길, 2017.
사상계 연구팀, 『냉전과 혁명의 시대 그리고 『사상계』』, 소명출판, 2015.
서경식, 임성모·이규수 역, 『난민과 국민 사이』, 돌베개, 2014.
수잔나 D. 월터스, 김현미 외역, 『이미지와 현실 사이의 여성들』, 또하나의문화, 1999.
슬라보예 지젝, 이수련 역, 『이데올로기라는 숭고한 대상』, 인간사랑, 2001.
아네트 쿤, 이형식 역, 『이미지의 힘』, 동문선, 2001.
안토니오 네그리·마이클 하트, 정남영·윤영광 역, 『공통체』, 사월의책, 2014.
앙리 르페브르, 양영란 역, 『공간의 생산』, 에코리브르, 2014.
오미영, 『O양의 전성시대』, 한국독서문화원, 1976.
에드워드 렐프, 김덕현·김현주·심승희 역, 『장소와 장소 상실』, 논형, 2005.
이영일, 『한국영화 전사』, 소도, 2004.
이진경, 나병철 역, 『서비스 이코노미』, 소명출판, 2015.
이 푸 투안, 구동회·심승희 역, 『공간과 장소』, 대윤, 2011.

임유경, 『불온의 시대-1960년대 한국의 문학과 정치』, 소명출판, 2017.

자크 랑시에르, 오윤성 역, 『감성의 분할』, 도서출판b, 2008.

_____, 진태원 역, 『불화』, 길, 2016.

_____, 김상운 역, 『이미지의 운명』, 현실문화, 2014.

_____, 양창렬 역, 『정치적인 것의 가장자리에서』, 길, 2016.

장 뤽 낭시, 김예령 역, 『코르푸스』, 문학과지성사, 2013.

주유신 외, 『한국영화와 근대성』, 소도, 2005.

조르조 아감벤, 이경진 역, 『도래하는 공동체』, 꾸리에, 2014.

_____, 김상운·양창렬 역, 『목적 없는 수단』, 난장, 2009.

_____, 김영훈 역, 『벌거벗음』, 인간사랑, 2009.

_____, 정문영 역, 『아우슈비츠의 남은 자들』, 새물결, 2012.

_____, 박진우 역, 『호모 사케르』, 새물결, 2008.

조선작, 『미스 楊의 冒險』 下, 운문사, 1975.

_____, 『미스 양의 모험』 하, 예문관, 1975.

_____, 『영자의 전성시대』, 창비, 2005.

제임스 C. 스콧, 전상인 역, 『국가처럼 보기』, 에코 리브르, 2010.

최인호, 『별들의 고향』 2권, 여백, 2013.

테드 휴즈, 나병철 역, 『냉전 시대 한국의 문학과 영화』, 소명출판, 2013.

하길종, 『하길종 영화논집-영화 인간구원의 메시지』, 예조각, 1981.

한나 아렌트, 이진우·태정호 역, 『인간의 조건』, 한길사, 2002.

_____, 이진우·박미애 역, 『전체주의의 기원1』, 한길사, 2006.

호현찬, 『한국영화 100년』, 문학사상사, 2003.

Kevin Linch, *The Image Of The City*, Massachusetts Institude of Technology and the President and fellows of Haevard College, 1990.

논문

강성률, 「현대사가 만들어낸 비극, 이산가족-길소뜸과 비단구두」, 『내일을 여는 역사』 25호, 2006.

강용훈, 「소설 최후의 증인의 영화화 양상과 한국 추리 서사에 재현된 법의 문제-영화 최후의 증인(1980)의 검열 양상과 관련하여」, 『한국어문학국제학술포럼』 43호, 2018.

강유정, 「영화 〈겨울여자〉의 여대생과 70년대 한국사회의 감정구조」, 『대중서사연구』 21호, 대중서사학회, 2015.

강인철, 「한국전쟁과 사회의식 및 문화의 변화」, 『한국전쟁과 사회구조의 변화』, 한국정신문화연구원 편, 백산서당, 1999.

강진석, 「박정희 정권기 지방흥행과 시리즈물 연구-"팔도" 시리즈를 중심으로」, 한국예술종합학교, 2013.

공임순, 「빨치산과 월남인 사이, 이승만의 재현/대표성의 결여와 초과의 기표들」, 『상허학보』 27호, 상허학회, 2009.

권경미, 「대중소설의 도시적 교양성과 타자의 윤리-조선작의 1970년대 후반 소설을 중심으로」,

『현대소설연구』 56호, 한국현대소설학회, 2014.

_____, 「신화화된 고향과 현실 공간으로서의 농(어)촌－1970년대 농(어)촌 소설을 중심으로」, 『현대소설연구』 63호, 한국현대소설학회, 2016.

권두현, 「전후 미디어 스케이프와 공통 감각으로서의 교양－취미 오락지 『명랑』에 대한 물질 공간론적 접근」, 『한국문학연구』 44호, 한국문학연구소, 2013.

권은선, 「1970년대 국책영화와 대중영화의 상관성 연구」, 『현대영화연구』 21호, 현대영화연구소, 2015.

_____, 「유신정권기 생체정치와 젠더화된 주체 만들기－호스티스 멜로드라마와 하이틴 영화를 중심으로」, 『여성문학연구』 29호, 한국여성문학학회, 2013.

김 원, 「'한국적인 것'의 전유를 둘러싼 경쟁－민족중흥, 내재적 발전 그리고 대중문화의 흔적」, 『사회와역사』 93호, 한국사회사학회, 2012.

_____, 「1971년 광주대단지 사건 연구」, 『기억과전망』 18호, 민주화운동기념사업회 한국민주주의 연구소, 2008.

김경욱, 「1980년대 이후, 한국 분단영화에 재현된 역사적 트라우마에 관한 연구」, 『영화연구』 63호, 한국영화학회, 2015.

김복순, 「냉전 미학의 서사욕망과 대중감성의 젠더－해방 후~1950년대까지의 신문 소설을 중심으로」, 『여성문학연구』 27호, 한국여성문학학회, 2012.

김봉국, 「이승만 정부 초기 자유민주주의론과 냉전 담론의 확산」, 『한국사학보』 66호, 고려사학회, 2017.

김삼수, 「박정희 시대의 노동정채고가 노사관계」, 『개발독재와 박정희 시대』, 창비, 2012.

김선엽, 「1980년대 한국영화에 등장한 포스트식민주의적 혼종성」, 『영화연구』 28호, 한국영화학회, 2005.

김성보, 「전후 한국 반공주의의 균열과 전환」, 『역사와 실학』 62호, 역사실학회, 2017.

김수현, 「한국 분단영화의 이데올로기의 변천－쉬리 이후 한국 분단영화를 중심으로」, 서강대 언론대학원 석사, 2005.

김승경, 「1980년대 이산가족 영화에서 드러나는 가족주의 양상」, 『동아시아문화연구』 55호, 한양대 동아시아연구소, 2013.

김영옥, 「70년대 근대화의 전개와 여성의 몸」, 『여성학논집』 18호, 이화여대 한국여성연구원, 2001.

김영준·이현진, 「〈의형제〉 내러티브 분석을 통한 분단인식 고찰」, 『인문사회』 21호, 아시아문화학술원, 2015.

김예림, 「'배반'으로서의 국가 혹은 '난민'으로서의 인민－해방기 귀환의 지정학과 귀환자의 정치성」, 『상허학보』 29호, 상허학회, 2010.

_____, 「1960년대 중후반 개발 내셔널리즘과 중산층 가정 판타지의 문화정치학」, 『현대문학의 연구』 32호, 한국문학연구학회, 2007.

김의수, 「한국 분단영화에 관한 연구」, 서강대 신문방속화과 대학원 석사, 1999.

김일영, 「1960년대 정치지형 변화」, 『1960년대의 정치사회변동』(한국정신문화연구원 편), 백산서당, 1999.

김정민·송낙원, 「1980년대 한국 독립영화사 연구」, 『디지털영상학술지』 12호, 한국디지털영상학회, 2015.

김정환, 「1980년대 영화의 정당화 과정으로서의 기회구조 분석 – 민중 문화 운동과 영화시장 개방을 중심으로」, 『한국콘텐츠학회논문지』 13호, 한국콘텐츠학회, 2013.

김종국, 「80년대 한국영화의 도시 공간 양식, 〈바람 불어 좋은날〉(1980)과 〈칠수와 만수〉(1988)」, 『한국콘텐츠학회논문지』 16호, 한국콘텐츠학회, 2016.

김지혜, 「1970년대 대중소설의 영화적 변용 연구」, 『한국문학이론과 비평』 58호, 한국문학이론과 비평학회, 2013.

김청강, 「냉전과 오락영화」, 『한국학연구』 61호, 고려대 한국학연구소, 2017.

_____, 「좌절하는 '남자다움' – 섹스영화, 임포텐스, 그리고 '성' 치료 담론(1967~1972)」, 『역사문제연구』 40호, 역사문제연구소, 2018.

_____, 「현대 한국의 영화 재건 논리와 코미디 영화의 정치적 함의(1945-60) – 명랑하고 유쾌한 '발전 대한민국' 만들기」, 『진단학보』 112호, 2011.

김충국, 「분단과 영화 – 봉합의 환상을 넘어 공존의 실천으로」, 『한국민족문화』 53호, 부산대 한국민족문화연구소, 2014.

김학재, 「자유진영의 최전선에 선 국민」, 『한국현대생활문화사 1950년대』, 창비, 2016.

김현주, 「1950년대 여성잡지 〈여원〉과 '제도로서의 주부'의 탄생」, 『대중서사연구』 18호, 2007.

김현철, 「여성노동자를 둘러싼 스크린의 정치 – 1960-80년대 영화 속 여공과 여차장, 식모와 다방 레지」, 『여성연구논총』 28호, 서울여대 여성연구소, 2013.

남승석·장원윤, 「분단의 영화적 형상화와 무교적 메타포」, 『영화연구』 58호, 한국영화학회, 2013.

노명우, 「스펙터클로 재현되는 '조국 근대화'와 영화 〈팔도강산〉 시리즈(1967-1971)의 대중성」, 『인문콘텐츠』 38호, 인문콘텐츠학회, 2015.

노지승, 「1970년대 호스티스 멜로드라마 혹은 이주, 성노동, 저항의 여성 생애사」, 『여성문학연구』 41호, 한국여성문학학회, 2017.

_____, 「남성 주체의 분열과 재건, 1980년대 에로영화에서의 남성성」, 『여성문학연구』 30호, 한국여성문학학회, 2013.

_____, 「영화 영자의 전성시대에 나타난 하층민 여성의 쾌락」, 『한국현대문학연구』 24호, 한국현대문학회, 2008.

_____, 「영화, 정치와 시대성의 징후, 도시 중간계층의 욕망과 가족」, 『역사문제연구』 15호, 역사문제연구소, 2011.

류보선, 「탈향의 정치경제학과 미완의 귀향들 – 한국현대소설의 계보학 1」, 『현대소설연구』 61호, 한국현대소설학회, 2016.

문재철·홍민지, 「'4·19' 역사재현에 대한 연구 – 뉴스영화를 중심으로」, 『영상예술연구』 28호, 영상예술학회, 2016.

박명림, 「종전과 "1953년 체제"」, 『1950년대 한국사의 재조명』(문정인·김세중 편), 선인, 2004.

_____, 「한국전쟁과 한국 정치의 변화」, 『한국전쟁과 사회구조의 변화』(정신문화연구원 편), 백산서당, 1999.

박미란, 「1960년대 스릴러 영화에 나타난 위장된 정체와 불안의 지각 – 〈마의 계단〉과 〈불나비〉를 중심으로」, 『인문논총』 72호, 서울대 인문학연구원, 2016.

박민영, 「중생구제와 자기실현의 불교영화 – 1980년대 이후의 작품을 중심으로」, 『한국문예비평연구』 47호, 창조문학사, 2015.

_____, 「1960년대 후반 코미디영화의 '명랑'과 '저속'」, 『한국극예술연구』 51호, 한국극예술학회, 2016.

_____, 「1960년대 후반 코미디영화의 여성 재현과 젠더 정치학－〈남자는 싫어〉(안면희, 1967)와 '백금녀의 영화화'를 중심으로」, 『대중서사연구』 27호, 대중서사학회, 2017.

_____, 「공간, 관계, 여성으로 다시 읽는 '가족드라마' 〈박서방〉」, 『영상예술연구』 27호, 영상예술학회, 2015.

_____, 「1970년대 호스티스 수기의 영화화 연구」, 『한민족어문학』 81호, 한민족어문학회, 2018.

박숙자, 「해방후 고통의 재현과 병리성－반공체제 속 '부랑자'와 '비국민'」, 『한국문학이론과 비평』 76호, 한국문학이론과비평학회, 2017.

박유리나, 「영화 고지전을 통해 본 분단서사와 그 극복 가능성 전망」, 『통일인문학』 55호, 건국대 인문학연구원, 2013.

박유희, 「한국영화사에서 1980년대가 지니는 의미」, 『영화연구』 77호, 2018.

박일아, 「희극성과 결합한 분단영화의 특징－1990년대 이후를 중심으로」, 『영상문화』 22호, 한국영상문화학회, 2013.

박준식, 「1960년대의 사회환경과 사회복지정책」, 『1960년대 정치사회변동』(한국정신문화연구원 편), 백산서당, 1999.

박지연, 「영화법 제정에서 제4차 개정기까지의 영화정책(1961~1984년)」, 『한국영화 정책사』, 나남, 2005.

박지윤·함충범, 「영화 〈무릎과 무릎 사이〉(1984) 속 젠더 재현의 이중적 양상 연구」, 『민족문화연구』 80호, 고려대 민족문화연구원, 2018.

박찬효, 「최인호의 1960~1970년대 중단편 소설에 나타난 도시 재현 양상과 "사랑"의 윤리」, 『현대소설연구』 54호, 한국현대소설학회, 2013.

박현선, 「'난민'과 한국영화」, 『상허학보』 48호, 상허학회, 2016.

서인숙, 「한국형 블록버스터에서 분단의 재현방식」, 『문학과영상』 12호, 문학과영상학회, 2011.

손영님, 「1970년대 청년영화, 저항과 '공모'의 균열」, 『대중서사연구』 24호, 대중서사학회, 2018.

손정임, 「1970년대 한국영화의 '무작정 상경'한 여성 표상」, 『한국근현대사연구』 83호, 한국근현대사학회, 2017.

송아름, 「1970년대 '청년'이 재구성한 '호스티스'의 의미」, 『개신어문연구』 43호, 개신어문학회, 2018.

_____, 「1980년대 한국영화계의 욕망과 '국민감독' 임권택의 탄생」, 『한국극예술연구』 48호, 한국극예학회, 2015.

송희복, 「문화연구의 관점에서 본 영화 속의 사회상」, 『국제언어문학』 37호, 국제언어문학회, 2017.

신양섭, 「임권택 영화에서의 여성 주체의 근대성에 대하여」, 『국한연구』 35호, 한국국학진흥원, 2018.

신정원, 「한국영화의 가족담론을 통해 본 여성주체－영화 〈하녀(1960)〉와 〈하녀(2010)〉를 중심으로」, 『한국여성철학』 27호, 한국여성철학회, 2017.

신종곤, 「소설 최후의 증인과 영화 〈최후의 증인〉에 나타나는 서사 구조 비교 고찰」, 『열린정신 인문학연구』 13호, 원광대 인문학연구소, 2012.

심혜경, 「1960년대 문화영화와 젠더, 그리고 가족-국가」, 『현대영화연구』 31호, 현대영화연구소, 2018.

연윤희, 「1960년대 '노동'하는 식모와 권리 인정에 관한 외침」, 『인문과학연구논총』 37호, 명지대 인문과학연구소, 2016.

_____. 「1960년대 도시빈민과 사회적 인정에 대한 갈망-〈학사주점〉과 〈초우〉를 중심으로」, 『대중서사연구』 22호, 대중서사학회, 2016.

오영숙, 「타락한 여성/고아 청년-사회적 트라우마와 1960년대 멜로드라마」, 『현대영화연구』 22호, 한양대 현대영화연구소, 2015.

_____. 「1960년대 한국영화와 수치심」, 『영화연구』 69호, 한국영화학회, 2016.

오제연, 「4·19혁명 전후 도시 빈민」, 『한국현대생활문화사 1960년대』, 창비, 2016.

유승민, 「'반공'의 감각과 불온의 정치학-박정희 체제 하의 '반공영화'를 읽는 방법론에 대한 고찰」, 『대중서사연구』 35호, 대중서사학회, 2015.

이경란, 「노마디즘의 시각으로 본 영화 〈길소뜸〉의 여성인물 연구」, 『인문학논총』 38호, 경성대 인문과학연구소, 2015.

이대범·정수완, 「1960년대 '개발동원체제' 균열의 봉합체로서 〈팔도강산〉」, 『현대영화연구』 27호, 현대영화연구소, 2017.

이민영, 「"영자의 전성시대", 1970년대와 '청년문화'의 복화술」, 『우리어문연구』 63호, 우리어문학회, 2019.

이병천, 「개발독재의 정체 경제학과 한국의 경험」, 『개발독재와 박정희 시대』, 창비, 2012.

이상록, 「1980년대 중산층 담론과 호모 에코노미쿠스의 확산-시장은 사회와 인간을 어떻게 바꿨나?」, 『사학연구』 130호, 한국사학회, 2018.

_____. 「고도성장기 서민의 체감 경제」, 『한국현대 생활문화사 1970년대』, 창비, 2016.

_____. 「산업화시기 출세 성공 스토리와 발전주의적 주체 만들기」, 『인문학연구』 28호, 인천대 인문학연구소, 2018.

이상희, 「방송캠페인의 사회적 효과-이산가족찾기 운동의 이론적 의의」, 『사회과학과 정치연구』 6호, 서울대 사회과학연구소, 1984.

이소현, 「분단 서사와 민족주의-한국형 블록버스터의 여성 재현을 중심으로」, 『미디어, 젠더&문화』 21호, 한국여성커뮤니케이션학회, 2012.

이순진, 「영화, 독보적인 대중문화」, 『한국현대생활문화사 1960년대』, 창비, 2016.

이영일, 「분단비극 40년 영상 증언한 한국영화」, 『북한』 6월호, 북한연구소, 1984.

이영환, 「해방 후 도시 빈민과 4·19」, 『역사비평』 46호, 역사문제연구소, 1999.

이윤종, 「1980년대 한국영화에서의 죽음과 에로스의 단면-변강쇠에서의 노동과 유희의 불가능한 병치」, 『상허학보』 47호, 상허학회, 2016.

_____. 「호스트, 호스티스를 만나다」, 『사이(SAI)』 22호, 국제한국문학문화학회, 2017.

이임하, 「상이군인, 국민 만들기」, 『중앙사론』 33호, 한국중앙사학회, 2011.

이정우, 「개발독재와 빈부격차」, 『개발독재와 박정희 시대』, 창비, 2012.

이지현, 「휴전 소재 영화를 통해 살핀, 한국 사회의 표상들」, 『인문콘텐츠』 31호, 인문콘텐츠학회, 2013.

이충직·이수연, 「1970년대 한국영화에 나타나는 여성 노동자의 계급적 상상력」, 『영상예술연구』

21호, 영상예술학회, 2012.

이하나, 「미국화와 욕망하는 사회」, 『한국현대생활문화사 1950년대』, 창비, 2016.

_____, 「반공주의 감성 기획, '반공영화'의 딜레마-1950~60년대 '반공영화' 논쟁을 중심으로」, 『동방학지』 159호, 연세대 국학연구원, 2012.

이혁상, 「한국영화 진흥기구의 역사」, 『한국영화 정책사』, 김동호 외, 나남, 2005.

이현진, 「1980년대 성애영화 재평가를 위한 소고(小考)」, 『현대영화연구』 18호, 현대영화연구소, 2014.

_____, 「1980년대 성애영화 재평가를 위한 소고」, 『현대영화연구』 18호, 한양대 현대영화연구소, 2018.

_____, 「분단의 표상, 간첩」, 『씨네포럼』 17호, 동국대 영상미디어센터, 2013.

이호규, 「1960년대 서사에 나타나는 '청년' 표상의 조건과 선택」, 『대중서사연구』 23호, 대중서사학회, 2017.

이화진, 「가난은 어떻게 견딜 만한 것이 되는가」, 『한국극예술연구』 60호, 한국극예술학회, 2018.

임미리, 「1971년 광주대단지 사건의 재해석」, 『기억과전망』 26호, 민주화운동기념사업회 한국민주주의연구소, 2012.

임유경, 「북한 담론의 역사와 재현의 정치학-1950~1970년대 북한 담론의 형성과 변환을 중심으로」, 『상허학보』 56호, 상허학회, 2019.

임종수·박세연, 「『선데이서울』에 나타난 여성, 섹슈얼리티 그리고 1970년대」, 『한국문학연구』 44호, 동국대 한국문학연구소, 2013.

장미경, 「1970년대 여성노동자의 섹슈얼리티와 계급정치」, 『사회과학연구』 14호, 서강대 사회과학연구소, 2006.

장우진, 「1980년대 이장호 감독의 영화에 재현된 터전의 상실과 혼성적 공간」, 『현대영화연구』 12호, 한양대 현대영화연구소, 2016.

정성호, 「한국전쟁과 인구사회학적 변화」, 『한국전쟁과 사회구조의 변화』(한국정신문화연구원 편), 백산서당, 1999.

정영권, 「리얼리즘에서 소비주의로-한국과 영국 뉴 웨이브 영화의 사회문화사」, 『현대영화연구』 14호, 한양대 현대영화연구소, 2018.

정주아, 「정치적 난민의 공간 감각, 월남작가와 월경의 체험」, 『한국근대문학연구』 31호, 한국근대문학회, 2015.

정태수, 「1980년대 한국영화에서 생산의 공간에 관한 연구(1980~1987)」, 『현대영화연구』 13호, 한양대 현대영화연구소, 2017.

정현경, 「1970년대 혼성적 도시 표상으로서의 도시인의 우울-별들의 고향, 영자의 전성시대, 바보들의 행진, 어제 내린 비를 중심으로」, 『한국극예술연구』 41호, 한국극예술학회, 2013.

조관연, 「'조국 근대화' 담론과 타문화 인식-국책영화 〈속 팔도강산-세계를 간다〉를 중심으로」, 『역사문화연구』 39호, 한국외대 역사문제연구소, 2011.

_____, 「극영화 〈팔도강산〉(1967) 속의 조국 근대화 담론과 로컬리티」, 『인문콘텐츠』 14호, 인문콘텐츠학회, 2009.

조서연, 「1960년대 베트남전쟁 영화와 파월 한국군의 남성성」, 『민족문학사연구』 68호, 민족문학사연구소, 2018.

조준형, 「한국영화 검열사의 몇 가지 주제에 대한 시론적 연구」, 『한국극예술연구』 59호, 한국극예술학회, 2018.

조지훈, 「197080년대 민중문화운동과 한국영화 − 이장호 영화를 중심으로」, 『영화연구』 61호, 한국영화학회, 2014.

최애순, 「1950년대 활자매체 『명랑』 '스토리'의 공유성과 명랑 공동체」, 『한국문학이론과 비평』 59호, 한국문학이론과 비평학회, 2013.

추광영, 「이산가족찾기 운동에 대한 시민참여와 방송의 공공성」, 『사회과학과 정치연구』 6호, 서울대 사회과학연구소, 1984.

하길종, 「외대학보」 (1979년 2월호), 『하길종 영화논집 − 영화 인간구원의 메시지』, 예조각, 1981.

하정현·정수완, 「이장호 민중영화의 여성 재현 〈바람 불어 좋은 날〉, 〈바보선언〉을 중심으로」, 『인문콘텐츠』 44호, 인문콘텐츠학회, 2017.

한영현, 「1980년대 초중반 한국영화의 도시 공간 분석」, 『씨네포럼』 24호, 영상미디어센터, 2016.

_____, 「4·19혁명과 1960년대 초반 영화에 반영된 '청년'의 형상」, 『영상예술연구』 22호, 영상예술연구, 2013.

_____, 「잡지 『희망』이 상상한 전후 재건 도시」, 『대중서사연구』 23호, 대중서사학회, 2017.

_____, 「탈제도화된 가족과 대중의 감정구조」, 『현대영화연구』 64호, 2015.

함충범, 「6·25전쟁 소재 한국영화 〈남과 북〉 연구 − 휴전 표상의 방식과 시대 반영의 양상을 중심으로」, 『인문학연구』 46호, 조선대 인문학연구원, 2013.

허 은, 「불신의 시대, 일상의 저항에서 희망을 일구다」, 『한국현대 생활문화사 1970년대』, 창비, 2016.

허주영, 「남성 동성사회의 가장자리와 불완전한 남성성」, 『한국여성학』 34호, 한국여성학회, 2018.

홍경희, 「한국의 도시화 − 제3부 인구면으로 본 1960-1970년간의 도시화」, 『논문집』 17호, 경북대, 1973.

홍성태, 「폭압적 근대화와 위험사회」, 『개발 독재와 박정희 시대』, 창비, 2012.

홍진혁, 「〈오발탄〉, 〈박서방〉, 〈혈맥〉의 스타일적 차이에 따른 해방촌 재현의 의미」, 『씨네포럼』 26호, 동국대 영상미디어센터, 2017.

황병주, 「박정희 체제의 근대적 시공간 인식과 시골/도시 담론」, 『역사연구』 31호, 역사학연구소, 2016.

황혜진, 「1970년대 여성영화에 나타난 공사 영역의 접합양식」, 『영화연구』 26호, 한국영화학회, 2005.

신문·잡지 기사 및 기타

국토해양부, 「우리 국토면적 10만km² 넘었다」, 국토해양부, 2008.

「관객동원수로 본 68년도 영화」, 『대한일보』, 1968.12.21.

「관광한국의 이미지 부각을 위하여」, 『경향신문』, 1973.5.2.

「광주 단지주민들의 가난한 나날 무법 부른 불모의 황야」, 『동아일보』, 1971.8.11.

「구정의 홍행가」, 『서울신문』, 1967.2.9.

「군사혁명의 당위성을 주장한 농촌영화 〈쌀〉」, 『동아일보』, 1963.12.20.

「군자여서 상군들 집단폭행 역사를 습격 파괴」, 『경향신문』, 1958.6.19.

「근대화를 위한 혁신운동제창」, 『경향신문』, 1964.1.10.

「경원효과(經援效果)는 뚜렷」, 『동아일보』, 1957.2.27.

「겨울여자 방화 60년 사상 최고 관객 - 수입은 겨우 외화 한 편 매상액과 비슷」, 『경향신문』, 1978.2.16.

「기틀 다지는 관광한국」, 『매일경제』, 1972.11.9.

김종문, 「국산 반공영화의 맹점/〈피아골〉과 〈죽음의 상자〉에 대해서」, 『한국일보』, 1955.7.24.

「〈길소뜸〉 본선진출 베를린 영화제에서」, 『경향신문』, 1986.1.25.

「도시와 농촌의 격차」, 『경향신문』, 1968.4.10.

「대종상 작품상에 〈깊고 푸른 밤〉·〈어미〉 - 반공 부문엔 〈길소뜸〉 선정」, 『동아일보』, 1985.12.21.

「등한히 못할 상이군인문제」, 『동아일보』, 1952.9.25.

「무더위도 에로티시즘엔 맥못춰 한여름 서울 개봉관 이변의 호황」, 『경향신문』, 1982.8.5.

「[문화계용어논단] ① 과연 바로 쓰이고 있는지…/문예영화와 대중」, 『서울신문』, 1967.2.28.

「미국의 추가원조기대 민주적인 반공국가 이룩」, 『경향신문』, 1961.5.31.

박인환, 「외화본수를 제한/영화심위 설치의 모순성」, 『경향신문』, 1955.12.3.

박승걸, 「영화계의 새로운 시도/제작의식의 승화와 영화적 감각의 모오멘트」, 『동아일보』, 1956.5.4.

「반공영화의 몇 가지 형(하)/〈주검의 상자〉를 중심으로」, 『한국일보』, 1955.8.4.

「방화주제곡 레코드 붐」, 『경향신문』, 1975.5.6.

「베를린 영화제를 보고」, 『동아일보』, 1961.7.19.

「[뱅가드] 4·19와 영화」, 『서울신문』, 1961.4.19.

「상반기 흥행으로 본 영화 베스트 10」, 『대한일보』, 1967.6.17.

「상영보류 2년 3개월의 〈오발탄〉」, 『동아일보』, 1963.7.26.

「상이군인 반공청년 패싸움 결혼식 피로연서 언쟁 끝에」, 『동아일보』, 1959.4.27.

「상이군인을 원호하자」, 『경향신문』, 1952.9.3.

「상이군인집단행패」, 『경향신문』, 1958.8.10.

상허학회 학술발표 자료집, 「동아시아의 인민과 유리(遊離) - '난민'의 초상」, 상허학회 2016년 여름 학술대회, 2016.7.

「[서울 풍물지④] 동대문 주변」, 『주간희망』, 1956.9.21.

「[서울 풍물지②] 소공동 일대」, 『주간희망』, 1956.9.14.

「[서울 풍물지⑤] 종로의 애수」, 『주간희망』, 1956.10.5.

「선거철 이상기류」, 『동아일보』, 1967.4.13.

「수준 높아진 방화 에로티시즘」, 『경향신문』, 1982.3.24.

「시급한 민생문제해결」, 『동아일보』, 1964.1.10.

「신산업시대의 전개와 조건」, 『매일경제』, 1978.2.9.

「[신영화] 미수(未遂)했으나 주목할 실험/김기영 감독의 〈하녀〉」, 『동아일보』, 1960.11.9.

「[신영화] 서민생활을 그린 〈마부〉」, 『경향신문』, 1961.2.18.

「[신영화] 진지한 의욕작 〈오발탄〉」, 『경향신문』, 1961.4.17.

「[신영화] 해병의 인간상 묘사」, 『경향신문』, 1961.10.28.

「[새영화] 격조 있는 명랑영화 〈팔도강산〉」, 『경향신문』, 1967.2.25.

「[새영화] 말쑥한 칼리카튜어/이봉래 감독의 월급장이」, 『경향신문』, 1962.7.21.

「[새영화] 앉아서 보는 세계일주 〈속 팔도강산〉」, 『경향신문』, 1968.10.19.

「[새영화] 운명의 손」, 『동아일보』, 1954.12.19.

「[새영화] 유례 없던 공중전이 장관 신상옥 감독의 〈빨간 마후라〉」, 『서울신문』, 1964.4.4.

「[새영화] 즐길 수 있는 드라마/박종호 감독 〈골목 안 풍경〉」, 『서울신문』, 1962.7.01.

「안소영 육감적 연기 자랑」, 『동아일보』, 1982.2.4.

「오발탄의 문제성」, 『경향신문』, 1963.11.2.

오영진, 「반공영화의 몇 가지 형(상)/〈주검의 상자〉를 평하기 위한 하나의 서론」, 『한국일보』, 1955.8.3.

「양념적 개념 벗고 대담한 화명 유도 짙어진 러브신 어느 여우가 잘하나」, 『경향신문』, 1982.4.9.

「연예 '82 그 명암을 더듬어(3) 영화」, 『경향신문』, 1982.12.22.

「영자의 전성시대 초순 중에 속편 촬영」, 『경향신문』, 1975.6.2.

「영화계의 하한기 결산/방화-근래 드문 낮은 기록/외화-강(强) 프로로 호경기」, 『서울신문』, 1962.9.3.

「영화 〈피아골〉 상영 중지/"좋지 못한 영향"을 고려」, 『조선일보』, 1955.8.25.

「영화법 발효 10개월 문제점 많아 허덕이는 영화가」, 『경향신문』, 1973.12.1.

「영화 〈팔도강산〉 곳곳서 말썽」, 『동아일보』, 1967.3.27.

「[영화평] 본격적인 군사극 〈돌아오지 않는 해병〉」, 『조선일보』, 1963.04.25.

유두현, 「영화기법의 신경향/네오 레아리즘에 대하여」, 『조선일보』, 1954.5.10.

「우리 영화 점점 대담해진다」, 『경향신문』, 1982.2.23.

이규환, 「한국영화의 걸어 갈 길」, 『서울신문』, 1954.11.7.

이봉래, 「근래의 쾌작/영화 〈자유부인〉」, 『한국일보』, 1956.6.7.

이영일, 「분단비극 40년 영상 증언한 한국영화」, 『북한』 6월호, 북한연구소, 1984.

「이유 없이 기자구타 주점서 상이군인이」, 『경향신문』, 1958.5.17.

「의욕 찬 신록/여성 화제」, 『한국일보』, 1968.5.16.

이정선, 「[영화평] 〈운명의 손〉을 보고」, 『한국일보』, 1954.12.19.

이청기, 「피아골에 대한 소견/실패의 원인은 작품정신의 모호화(하)」, 『한국일보』, 1955.9.2.

이청기, 「피아골에 대한 소견/주제는 고답적인 반공효과 노린 것(상)」, 『한국일보』, 1955.9.1.

이청기, 「한국영화 성찰의 계기/위기를 어떻게 극복할 것인가」, 『경향신문』, 1955.7.4.

「인기 되찾는 국산영화」, 『동아일보』, 1979.4.9.

「[잃어버린 군상②] 먹고 살기에 마른 눈물=그 이름 전쟁미망인」, 『주간희망』, 1956.6.29.

「[잃어버린 군상⑧] 밝을 줄 모르는 서울의 25시」, 『주간희망』, 1956.8.24.

「[잃어버린 군상④] 백주의 암흑=꿈 없는 비극의 씨들」, 『주간희망』, 1956.7.13.

「[잃어버린 군상⑥] 백주의 암흑 서울의 지붕밑=구슬픈 남산길의 생태」, 『주간희망』, 1956.7.27.

「위대한 '전진의 해'로」, 『매일경제』, 1967.1.17.

정비석, 「원작과 영화」, 〈자유부인〉에 대체로 만족」, 1956.6.14.

「제작 풍성, 흥행은 저조」, 『경향신문』, 1974.11.24.

「즐거운 추석맞이/영화 가이드」, 『대한일보』, 1968.10.5.

「지도력 반경 넓히는 정상외교」, 『경향신문』, 1981.6.25.

「지평선」, 『한국일보』, 1961.4.14.

「〈짝코〉, 〈가깝고도 먼길〉 등 2편 대종상 반공영화 부문 본선에」, 『경향신문』, 1981.10.22.

「칸 영화제 초청받은 영화감독 이두용」, 『동아일보』, 1982.2.10.

「컬러 TV시대 영화계, 충격적 반응 시설 현대화 등 대책 부심」, 『경향신문』, 1980.11.15.

「투자 규모 269억 원 광주 대단지 사업 73년까지 민자 포함 각종 시설 확장」, 『경향신문』, 1971.6.16.

「파문 던진 영화/피아골」, 『한국일보』, 1955.8.25.

「〈팔도강산〉 공보부 지시로 시도 순회 상영」, 『조선일보』, 1967.4.7.

「피아골에 대한 소견/실패의 원인은 작품정신의 모호화(하)」, 『한국일보』, 1955.9.2.

홍종철, 「대통령 연두교서의 역점」, 『동아일보』, 1966.1.22.

허백년, 「오라이냐 예술이냐, 양면성에 고민하는 영화계」, 『조선일보』, 1958.12.2.

「혁명공약」, 『동아일보』, 1966.5.14.

「60년의 영화계」, 『동아일보』, 1960.12.21.

「1960년 영화 회고」, 『한국일보』, 1960.12.25.

「78 문화계 분야별로 본 3대 이슈」, 『동아일보』, 1978.12.23.

「85 연예계 미 개방 압력 속 인기·흥행도 희비 쌍곡선」, 『경향신문』, 1985.12.26.

「O양의 아파트」, 『경향신문』, 1978.4.1.

「「O양의 아파트」 변장호씨 영화화」, 『경향신문』, 1976.12.8.